제2판 0세부터 8세까지

특수아동 교육

정 대 영

창지사

머리말

특수교육은 지난 15년간 유네스코가 제시한 "모두를 위한 교육"이라는 슬로건 아래 이루어졌습니다. 유네스코는 2015년 인천포럼에서 향후 15년 동안의 세계 교육 방향으로 "모두를 위한 포용적이고 공평한 양질의 교육"을 제시하였습니다. 21세기 전반의 특수교육 역시 이러한 맥락에서 이루어질 것으로 전망됩니다,

최근 한국 특수교육 환경은 몇 가지 커다란 특징이 있습니다. 첫째, 한국 특수교육의 환경은 다양성의 시대에 들어섰습니다. 문화적 다양성이 확대되고 있으며, 한때 동일문화권이라고 여겼던 집단 문화의 분화 현상이 가속화되고 있고, 그에 따른 요구 다변화 현상도 심화되고 있습니다. 이러한 현상은 교육대상의 요구 다양화로 나타나 이해 당사자들 간의 갈등을 증폭시킬 수 있는 특수교육의 중요한 과제가 되고 있습니다. 둘째, 통합교육 현상의 가속화입니다. 학령기 특수교육대상 학생의 약 70%가 일반학교 특수학급이나 통합학급에 배치되어 교육을 받고 있고, 조기교육 단계의 경우 그 폭이 더 넓어지고 있습니다. 이제 조기교육을 담당하는 전문가들은 영유아기 및 아동기 초기의 장애영유아를 쉽게 만날 수 있게 되었으며, 특수교육에 참여하여 교육의 일차적 책무를 보다 적극적으로 감당해야 할 상황에 이르렀습니다. 셋째, 인문학적 가치와 실증주의적 접근이 동시에 요구되고 있습니다. 교육이 지향하는 거대 목표를 어떻게 과학적으로 접근하여 성과를 낼 것인지에 대한 고민이 확대되고 있습니다. 이제 특수교육은 인문과학 시대의 한가운데에 놓여 있으며, 특수교육 전문성과 전문가의 역할과 기능, 책무에 대한 깊은 사색이 요구되고 있습니다. 넷째, 테크놀로지의 급속한 발전에 따라 교육이 총체적으로 변화와 혁신을 요구받고 있습니다. 미래 세계는 현재와는 전혀 다른 삶의 모습들로 우리에게 다가오고 있습니다. 생경한 미래 사회에 대처할 장애인의 삶의 기능과 역량은 어떠한지를 성찰하고 어떻게 준비시킬 것인지를 고민해야 하며, 새로운 테크놀로지들이 교육에서 어떤 시너지 효과를 낼 수 있도록 할 것인지도 우리 특수교육 전문가들이 해결해야 할 과제가 되고 있습니다.

조기특수교육은 조기교육의 중요성과 크게 다르지 않지만 발달과 학습의 결손, 결함 및 지체로 특징지어지는 장애영유아의 조기교육이야말로 더욱 중요할 것입니다. 장애영유아의 경우 조기교육 기회, 특히 중요 시기에 적기교육 기회의 상실은 그 이후의 발달과 능력에 막대한 지장을 초래하기 때문입니다. 장애영유아의 일반적인 특성은 학습 고원 현상이 길고 특정 과제의 학습에 필요한 절대학습량이 많이 요구되므로 이를 충족시켜 학습 성과를 내기 위해서는 적기에 양질의 충분한 학습량을 확보하는 것이 무엇보다 우선되어야 할 것입니다. 특히, 조기특수교육에서는 학습 선수 기능과 기초학습 기능의 발달 수준이 개인의 미래 학습의 속도와 양을 좌우하는 학습의 마태 효과를 지적하지 않을 수 없습니다. 조기학습 역량은 눈덩이를 만드는 것과 같아서 시작의 능력 수준과 역량의 크기가 후속 학습의 양과 질은 물론 속도를 좌우하기 때문에 아무리 강조해도 지나치지 않을 것입니다.

이러한 맥락에서 장애영유아의 지도를 위한 『특수아동 교육: 0세에서 8세까지』를 집필하게 되었고, 2019년 누리과정 개정에 발맞추어 내용을 수정 보완하여 제2판을 출판하게 되었습니다. 이 책의 내용 구성을 보면, 제1장은 조기특수의 이론적 근거와 아동의 일반적 발달, 그리고 조기교육 및 조기특수교육의 정당성을 탐색하고 있습니다. 제2장은 조기특수교육의 개념, 범위, 특성을 중심으로 교육 서비스 모형, 특수교육 관련 법을 다루고 있습니다. 제3장은 장애영유아의 진단 및 평가와 관련된 내용을 다루고 있습니다. 특히, 장애의 사정과 특수교육대상자의 선정 배치 절차, 방법 및 검사도구들의 특성을 소개하고 있습니다. 제4장은 부모와의 협력, 특히 장애자녀를 지닌 부모의 심리적 특성과 반응, 가족 참여와 협력의 중요성과 방법, 그리고 교사의 적절한 반응법을 소개하고 있습니다. 제5장은 조기특수교육 분야에서 가장 중요한 영역 중의 하나인 통합교육을 소개하고 있습니다. 제6장은 표준교육과정, 누리과정 및 특수교육과정을 중심으로 조기특수교육의 학교 급별 연계성과 그 중요성을 집중적으로 다루었습니다. 제7장은 특수교육에서 특수성의 하나로 강조되고 있는 개별화교육을 소개하고 있습니다. 제8장부터는 지적장애 및 발달지체, 지체장애 및 건강장애, 자폐스펙트럼장애, 청각장애, 학습장애, 정서행동장애, 의사소통장애, 시각장애의 순서로 법에 규정된 특수교육대상 영유아의 개념, 원인, 특성, 진단 및 평가, 지도 방법을 소개하고 있습니다. 아울러 영재성을 지닌 영유아를 별도의 장으로 나누어 소개하고 장애와 영재의 공존 가능성을 소개하고 있습니다. 특히, 제2판의 경우 장애 영역별 교육을 중심으로 기술하고 있는 제8장부터 제15장까지의 교육과정 적합화 영역에서는 '2019 개정 누리과정' 영역과 맞추어 재구성하였습니다.

특수교육은 몇 가지 특징을 지니고 있습니다. 먼저 특수교육은 인간 중심의 기본권 보장이 중요한 가치가 되고 있습니다. 학습자, 교사, 보호자 및 관계자 모두의 권익이 존중되며, 책무가 뒷받침되어 구성원들의 최대 행복을 지향한다고 할 수 있습니다. 둘째, 특수교육 내용은 일반교육과정이 제시하고 있는 표준적인 내용과 핵심적인 역량의 교집합으로 학습자의 요구에 따라 맞춤식 교육이 이루어집니다. 셋째, 특수교육은 완전통합교육을 지향하고 있으며, 그 효과성과 효율성은 조기교육 시기에 가장 높은 것으로 보고되고 있습니다. 넷째, 특수교육은 과학적 연구기반 교수를 제공하고자 합니다. 학습자에게 최적의 교수 조건과 방법, 내용을 찾아 제공하려는 노력이 부단히 이루어지고 있습니다. 다섯째, 특수교육은 여러 학문 분야가 협력적으로 접근하는 다학문적이고, 다차원적이며, 종합적인 접근 방식을 택하고 있습니다. 마지막으로 특수교육은 집중적인 교육 서비스를 제공하고자 합니다. 집중적이란 통상 장애영유아에게 주당 30~40시간의 교육 서비스가 제공됨을 말합니다. 이상과 같은 조건들은 특수교육이 효과적이기 위해서 기본적으로 갖추어야 할 필요조건이라고 할 수 있습니다.

이 책이 특수교육의 과정 속에서 여러분에게 아이디어를 제공함으로써 특수교육 실제의 촉매제가 될 수 있기를 바랍니다. 이 책이 나오기까지 내용 검토와 교정에 수고를 해 주신 경남은혜학교 교감 송미진 박사님, 창원대학교 특수교육과에서 강의를 하고 있는 박은미 박사님에게 감사드립니다. 아울러 촉박한 일정 속에서 이 책이 출판될 수 있게 도와주신 창지사의 김기섭 사장님, 이상대 전무님, 이윤미 편집장님에게도 감사의 말씀을 드립니다. 이 책을 접하는 모든 분과 장애영유아, 그 가족들에게 평화가 항상 함께하기를 기도드립니다.

2020. 1.
올곧게 자란 편백나무동산을 마주한 연구실에서
玉堂 정대영

차례

Chapter 04 | 부모와 협력 • 89

Chapter 05 | 통합교육 • 117

Chapter 01 조기특수교육의 이론, 발달 및 철학

조기특수교육은 9세 미만의 매우 어린 아동을 대상으로 하므로 발달이론을 간단히 살펴볼 필요가 있다. 먼저 조기특수교육의 다섯 가지 주요 발달 영역, 즉 신체, 인지, 적응, 의사소통, 사회 정서적 발달에 관하여 기술하고, 나아가 조기특수 철학을 살펴볼 것이다.

1 이론적 기초

가족은 자녀의 출산과 더불어 상처받기 쉬운 상태에 놓이게 되는데, 특히 자녀가 장애를 갖게 되었을 경우 그 가능성이 더 커진다. 출생 즉시 장애가 확인되지 않더라도 출생 후 몇 년 뒤에 드러날 수도 있다. 이러한 현상은 사회 경제적 수준이 낮은 가정에서 특히 두드러진다. 일반적으로 저소득층 가정을 비롯하여 한 부모 가정, 부모의 교육 수준이 낮은 가정, 다문화 가정과 같은 환경적 요인은 발달기 위험군 아동으로 하여금 경도 및 중등도 지적장애로 진행될 위험성을 높인다. 부모에게 일찍이 유아의 자극, 학업 전 훈련을 도와주고 관련 정보를 제공해 줄 경우 영유아의 인지발달은 촉진될 수 있지만, 그러한 중재나 노력이 없을 경우 저소득층의 영유아는 발달이 지체될 위험에 놓이게 된다. 저소득층 가정의 자녀는 고소득층 자녀보다 사고와 질병에 노출될 위험성이 높고 사고나 질병을 겪으면 더 오랫동안 고통을 받게 되는 **이중위험**에 노출될 수 있다.

이러한 위험성을 줄이기 위하여 효과적인 조기중재가 필요하며 그 배경이 되는 철학과 이론이 강조되고 있다. 이와 같은 철학적 배경에 기초하여 미국에서는 1964년 헤드스타트Head Start를 시작했다. 취학 전 조기중재와 프로그램은 발달 가소성에 근거하여, 특히 저소득층 자녀를 대상으로 실시되었다.

양질의 취학 전 교육은 유치원과 학령기 교육의 성공으로 이어지고 비용 대비 효과적이다(Raynod, 2005). 특히, 유아특수교육은 장애영유아는 물론 아동기의 독특한 요구를 충족시켜 주는 데 효과적이다(MaCormick et al., 2006). 이 절에서는 유아 특수교육의 이론적 근거가 되는 매슬로우Maslow와 퀴블러 로스Kübler Ross의 연구를 포함하여 발달이론, 행동이론 및 기타 이론 등을 소개하고자 한다.

1) 발달적 접근

미국의 심리학자 게젤Gesell은 아동의 발달 단계에 따라 행동을 기술하고 약 6세까지 일련의 단계를 거치며 신체적 및 인지적 발달이 급속히 이루어진다는 주장을 하였다(Gesell, 1925). 그 후 피아제Piaget는 신생아부터 36개월 유아에 이르기까지의 발달 과정을 감각운동기와 전조작 단계로 나누어 기술하였다.

피아제에 의하면 모든 유기체는 환경에 적응하려는 경향이 있다. 이러한 적응은 동화와 조절이라는 상호 보완적인 과정에 의해서 이루어진다. 동화는 새로운 정보나 경험을 접할 때 그러한 정보와 경험을 이미 자신에게 구성되어 있는 도식에 적용시키려고 하는 경향성을 뜻한다. 그리고 조절은 새로운 정보나 경험을 인식하기 위해 기존의 도식을 수정하는 것을 의미한다. 인지 구조가 외부로부터의 자극에 직면했을 때 이들 양자 사이에 동화와 조절이 원활하게 이루어지는 것을 평형 상태라고 한다. 인지 구조는 반복되는 평형 과정을 통해 보다 상위의 심리적 구조로 발달되며, 개인이 어떤 특정한 상황에서 보여 주는 행동은 인지 구조의 특성에 의해서 결정된다고 볼 수 있다. 피아제 이론에 의하면 인지 구조의 특성은 어린이부터 성인에 이르기까지 생의 일정 기간 동안 매우 천천히 발달되므로 일관성을 보여 주며 발달 단계를 형성한다. 피아제는 인지 발달 단계를 감각운동기(0~2세), 전조작기(2~7세), 구체적 조작기(7~12세), 형식적 조작기(12~소인)의 4단계로 구분하였다.

〈표 1-1〉 피아제 인지 발달 단계와 특성

발달 단계	나이	특성
감각운동기	0~2세	• 미분화 상태, 자기 자신과 주변 환경을 구분하지 못함, 바라는 것과 현실을 구분하지 못함, 관심이 자신에게 한정되어 있음 • 점차 자신으로부터 탈중심화, 이 단계 후기에는 사물 개념이 형성됨 • 예상, 관계, 공간, 시간 등의 개념을 초보적인 동작의 수준에서 형성
전조작기	2~7세	• 영상이나 언어 등과 같은 상징적 표현으로 자신이 접하는 세계를 나타냄, 사고를 시간적 및 공간적으로 확장하게 됨
구체적 조작기	7~12세	• 한 변인의 영향을 보완 혹은 상쇄해 주는 관계를 이해하는 가역적 사고가 형성되고, 구체적인 사물이나 현상에 국한되는 조작적 논리가 형성됨
형식적 조작기	12세~성인	• 가능한 모든 경우를 고려하여 연역적으로 문제를 해결함 • 가설적, 유추적, 연역적 추론이 가능해지며 문제를 해결할 때 종합적인 사고를 하게 됨

피아제는 영유아기 아동을 능동적 행위자로 보았으며, 자기 주변 세계에 관하여 시행착오 실험을 수행하는 어린 과학자라고 말했다. 피아제는 보호자가 아동에게 기술을 지도하여 발달 준비 상태를 갖출 수 있지만 다음 발달 단계의 기술을 앞당겨 가르치는 데에는 찬성하지 않았다.

유아특수교육의 과제는 특별요구를 지닌 아동이 피아제가 믿었던 아동의 발달 단계에 적절한 활동을 할 수 있는 방법을 찾는 것이다. 언어심리학자들에 의하면 언어가 다른 방법으로 구조화될 때 아동이 명료한 발화를 수천 번 하고, 그것을 이용하여 규칙을 만들어 내도록 연습할 때 가장 잘 습득된다(Chomsky, 1968). 발견학습의 개념을 발전시킨 브루너Bruner는 "아는 것은 과정이지 결과가 아니다."라고 유사한 제안을 하였다.

에릭슨(Erikson, 1963)은 초기 아동기의 이해를 돕기 위해 심리사회적 관점을 추가했다. 그는 인간이 각자 통과하며 성공적으로 해결해야 할 '발달상 위기'가 있음을 주장하였다. 이러한 통찰력은 유아교육자들의 관심거리가 되고 있는 부모의 과잉보호를 경고하고 있다는 점에서 유아교육 전문가들과 부모들에게 특히 도움이 된다. 자율성 대 수치심과 의심 단계를 보면, 이 접근이 아동으로 하여금 자신의 환경을 탐색할 수 있고, 스스로 신뢰하는 것을 학습하며, 자신의 성취에 자긍심을 느끼도록 허용하고 있음을 의미한다. 에릭슨(Erikson, 1963)의 통찰력은 부모와 전문가들에게 경험 실조가 얼마나 위험한지를 경고하고 있다. 이상하거나 위험한 상황에 직면하도록 허용하지 않고 부모가 그들을 불필요하게 보호한다면 아동은 에릭슨의 자동성 단계를 성공적으로 통과하지 못할 것이다. 그리고 그들은 스스로 부모의 두려움을 내면화하며 불안한 상태로 학교에 들어가게 된다.

〈표 1-2〉 에릭슨의 사회정서 발달 단계와 특성

발달 단계	나이	특성
1단계: 기본적 신뢰감 대 기본적 불신감	0~1세	• 사회적 관계에서 유아의 욕구와 필요가 적절히 일관성 있게 충족되면 돌보는 사람뿐만 아니라 타인도 신뢰하게 됨 • 기본적 신뢰감의 형성은 세상에 대한 태도를 형성함
2단계: 자율성 대 수치심	1~3세	• 배변 조절 가능, 걸을 수 있고, 혼자 먹을 수 있음 • 스스로 선택하고 자신의 의지를 드러내는 자율성을 가짐 • 사회적 기대와 압력을 의식하면서 수치심과 회의가 나타남
3단계: 주도성 대 죄책감	3~6세	• 언어 능숙, 활동 영역 확대, 새로운 것에 대한 호기심이 나타남 • 목표 지향적, 경쟁적, 상상력이 풍부하고 대범함 • 한편 오이디푸스 콤플렉스의 시기로 양심이 발달함 • 초자아의 형성
4단계: 근면성 대 열등감	6~12세	• 아이의 세계가 확장됨 • 학교를 통해서 근면성 획득: 읽기, 쓰기, 셈하기 등 인지 기술 획득, 또래와 같이 놀고 일하는 것을 배움 • 열등감 발달: 실수나 실패를 반복하게 되거나 학교나 사회가 아이에 대한 편견적 태도를 취할 때 발달하기 쉬움

브론펜브레너(Bronfenbrenner, 1989)는 맥락, 즉 환경을 고려해야 한다고 했다. 그는 아동이 가정에 있을 동안 가족 환경 내에서 발달하고, 결국 지역사회 환경 내에서 발달한다고 하였다. 그는 이것을 생태라고 하였다. 따라서 브론펜브레너는 아동을 평가할 때 아동뿐만 아니라 가정과 지역사회라는 환경적 맥락을 검토할 것을 주장하였다. 이와 마찬가지로 아동발달을 촉진시킬 방법을 결정할 때도 가족적 및 지역사회 자원을 이용할 것을 권고했다.

비고츠키Vygotsky 역시 사회적 배경에 관심을 집중했다. 그는 근접발달영역zone of proximal development이라는 개념을 제시하였다. 이 개념은 아동이 어느 순간 어떤 것을 학습할 준비가 되어 있음을 말해 주는 것으로 아동을 지도하기 위해서는 그가 무엇인가를 학습할 준비가 거의 되어 있는지를 확인할 필요가 있다. 아동이 교사 앞에서 또는 약간의 도움을 받으며 무엇을 할 수 있지만, 그 과제를 독립적으로 할 수 없을 경우 그 과제는 근접발달영역 내에 있다고 말한다. 인지적으로 어려운 과제는 아동이 그것을 수용할 수 있을 정도로 더 발달할 때 도입되어야 한다. 근접발달영역에서 교사의 지원은 브루너의 발견학습 이론에서처럼 동일한 목적으로 작용하며, 아동의 탐색을 구조화하는 학습이 가능한 학습계단scaffolding을 제공한다(Bronfenbrenner & Morris, 1998).

유아특수교육에 도움이 되는 다른 이론으로 콜버그Kohlberg의 도덕발달 이론을 들 수 있다. 그의 이론에 의하면 아동은 정신적 정글의 법칙을 가지고 시작하는데, 그 과정에서 조작적 질문은 "내가 이것을 하고 벌을 받을까, 아니면 보상을 받을까?", "내가 부모(보호자)를 조정할 수 있을까, 아니면 이것을 그만둘까?"라는 것들이 된다. 그는 이러한 것들을 낮은 수준의 도덕적 추론 단계로 보았다. 그의 연구는 장애 관련 분야의 연구에 그다지 관심을 받지 못했다. 다수의 장애아동, 특히 인지 및 감각손상을 지닌 경우 자기 주변 세계는 정의감이나 도덕감을 불러일으키지 않을 수도 있다. 다수의 보호자가 장애아동에게 스스로 도덕적 결정을 하도록 허용하지 않을 수 있고, 이로 인해서 아동은 보다 높은 수준의 도덕적 추론 단계로 점진적으로 발달해 가는 과정을 방해받을 수도 있다.

2) 행동주의적 접근

조작적 조건형성에 관한 스키너Skinner의 접근은 행동을 결과, 특히 강화와 관련짓는다(Skinner, 1953). 사람은 즐겁고 유쾌한 사건이 이어지는 행동을 반복하는 경향이 있는데, 그는 이 과정을 정적강화라고 하였다. 또한, 인간은 불쾌한 상황으로부터 벗어날 수 있는 행동 역시 반복적으로 하려는 경향이 있는데, 이를 부적강화(강화 제거/제거 강화)라고 하였다.

스키너와 그를 지지하는 행동주의자들은 행동수정이 행동에 오랫동안 영향을 미치고 작용한다는 점을 밝혔다. 이와 대조적으로 강화를 제거함으로써 일부 행동은 제거될 수 있다. 소거는 부모나 전문가가 영유아의 바람직하지 못한 습관과 행동 패턴을 제거할 수 있게 도와준다. 스키너의 경우 벌은 특정 행동을 약화시키지만 다른 상황에서 다시 나타낼 수 있기 때문에 벌보다는 강화를 더 선호한다.

스키너의 연구 중 가장 중요한 개념은 행동형성shaping이다. 행동형성은 부모와 조기교육 전문가가 영유아에게 새로운 행동을 지도하는 데 매우 유익한 기법이다. 이 기법은 장애영유아와 발달지체아가 처음부터 바르게 수행할 수 없기 때문에 단계적으로 접근하여 과제수행 능력을 습득시키는 데 유용하다. 행동수정은 최근 행동지원, 긍정적 행동지원 등으로 발전을 거듭하며 특수교육 분야에서 중요한 지도 기법으로 자리 잡고 있다.

3) 기타 접근법들

심리학자 매슬로우(Maslow, 1953)는 생리적 욕구, 안전 욕구, 사회적 욕구, 존중 욕구, 자아실현 욕구의 다섯 가지 욕구 수준을 제시하였다. 처음 두 수준은 생존(주거, 음식, 수면)과 안전(신체적 및 사회 심리적)에 관한 것이다. 매슬로우에 따르면 아동 및 청소년은 이러한 욕구가 충족되었을 때 환경과의 상호작용을 주도적으로 할 수 있게 된다. 그러나 그들은 욕구가 일단 충족되면 더 이상 추구행동을 하지 않는다. 중간 수준의 욕구는 완전히 만족할 수 없는 사랑과 자존감이고, 최고 수준의 욕구는 자아실현이다.

매슬로우의 연구는 장애영유아나 그 가족을 이해하는 데 도움이 된다. 특히, 가족의 경우 장애아의 출생은 안전과 생존 욕구를 크게 위협한다. 부모는 자녀의 조건을 완화시킬 수 있는 전문가를 찾아 안전을 도모하고자 한다. 일부 부모는 모든 것을 뒤로 미루고 객관적인 제삼자가 보기에 비현실적인 행동을 추구한다.

퀴블러 로스(Kübler Ross, 1969)에 의하면 모든 가족은 죽음(가족 구성원이 장애에 반응하는 것도 유사함)에 직면할 때 현실을 부정하는 첫 반응을 보인다고 한다. 조기중재나 유아특수교육 담당자는 부모에게서 나타나는 이러한 거부가 매우 강한 충동임을 이해시켜야 한다. 다음 단계에서 그들은 현실에 직면할 때 분노를 나타내고, 그다음에는 "내 아이를 치료해 주시면 ~을 하겠습니다."라는 신과의 타협 단계로 나아간다. 마지막에는 우울과 수용의 단계로 이어진다. 일부 부모는 우울의 과정을 거치지 않고 바로 수용 단계로 나아가기도 한다.

장애아동은 이 다섯 단계를 스스로 통과할 수 있을 것이다. 그러나 경험에 따르면 장애를 갖고 태어났거나 아주 이른 나이에 장애를 갖게 된 영유아는 이런 자아(비장애인 자아)를 갖지 못하기 때문에 퀴블러 로스 이론에서 가정하는 일종의 상실을 경험하지 않을 수 있다. 오히려 글리드만과 로스(Glidman & Ross, 1980)가 가정하는 장애아동이 느끼는 분노는 공허한 경험을 하지 못함으로써 오는 것이라고 하였다.

2 발달: 출생부터 8세까지

이 절에서는 적응 발달, 인지 발달, 의사소통 발달, 신체 발달, 사회 및 정서 발달에 대해 살펴보기로 한다.

1) 적응 발달

영아는 주요 보호자, 즉 어머니와의 리듬을 확립시킨다. 영아는 반응적이고 활동 수준이 낮은 부모와 과제 지향적이고 활동 수준이 높은 부모에게 다르게 반응한다(Allen & Marotz, 2007). 부모가 신체놀이를 좋아하면 아동은 신체활동을 위한 준비를 한다. 또한, 부모가 영아의 기분에 관심을 가지고 적절히 반응할 때 아동은 신체적으로 이완되고 미소를 짓는다.

자조 발달

영아는 자신을 위해 스스로 행동할 수 없는 반면, 유아는 독립적으로 행동할 수 있고, 그렇게 하려고 주장한다. 출생 후 2년(12~24개월)이 되면 유아는 배변훈련을 하고 손으로 음식을 집어 먹거나, 물을 마시기 위해 컵을 움켜잡으려고 하며, 몸에 끼는 옷을 벗으려고 한다. 3세가 되면 스스로 음식을 먹을 수 있고 옷을 입고 벗을 수 있으며, 스스로 물건을 치우고 다른 사람이 방 청소를 할 때 돕는다.

장애나 발달지체를 지닌 영유아는 가정보다 보육, 유아특수교육 프로그램을 통해 자조 기술을 배우게 된다. 유아특수교육 담당자들은 다음과 같은 이유 때문에 자조 기술을 가르친다.

첫째, 부모는 자녀의 장애를 탓하며 이런 자조 기술에 소홀히 하는 경향이 있다.

둘째, 부모는 장애아동을 어떻게 가르칠지에 대해 확신을 갖지 못할 수 있다.

셋째, 적응장비의 사용법 학습, 자신의 제약에 따른 대처 방법의 학습 등 여러 가지 발달적 요구 때문에 매주 여러 시간을 유아특수교육 인사들로부터 지원을 받아야 할 필요가 있다.

사회적 행동

아동이 사용하는 사회 기술 전략은 연령과 상황에 따라 매우 다양하다. 기존의 집단에 들어갈 수 있는 아동은 자신의 성격뿐만 아니라 집단 구성원, 집단의 심리역학을 이해할 수 있는 능력을 이용하며, 이러한 기술은 시행착오를 통해 학습한다. 또래집단에 자연스럽게 성공적으로 합류하는 아동은 자신의 행동과 집단 내의 다른 아동의 행동에 맞추어 어울릴 수 있다.

초기 아동기 집단의 상태는 특정 집단 내에서 아동의 사회 이력에 상당히 좌우된다. 신체적 요소(키, 몸무게, 얼굴의 매력), 성격 요인(능동적 대 수동적, 적응적 대 경직적, 수용 대 공격)이 중요하고 사회 이력(아동과 집단 구성원의 집합적 경험, 집단 구성원이 아동과 함께 이용하는 상호작용 패턴) 또한 중요하다. 집단 내에서 구성원으로서의 자격을 유지하기 위해서는 자신의 행동(신체적, 언어적)을 집단 구성원의 행동과 적절히 조율할 수 있어야 한다. 어린 아동은 언어를 사회적으로 적절히 사용하는 화용론을 숙달할 필요가 있다. 자유놀이를 할 때, 이야기 시간이나 다른 활동을 할 때 각각 사용되는 말이 있고, 교사가 아니라 다른 아동에게 사용하는 말이 있다. 화용론 습득에 실패하면 비장애 아동과의 통합에 상당히 제약을 받게 된다.

아동은 부적절한 행동을 하게 되면 사회적으로 고립되거나 외톨이가 될 수 있지만, 자신의 행동을 바꿀 수 있고 또래들로부터 수용될 수 있으며 거부당했더라도 다시 수용될 수 있다.

2) 인지 발달

영아의 뇌는 여러 단계를 거쳐 발달하는 것으로 나타난다(Zigler, Finn-Stevenson, & Hall, 2004). 뇌발달의 첫 단계에는 조직의 분화와 신경관 폐쇄가 이루어진다. 둘째 단계인 임신 초기 몇 주부터 3개월 중반까지는 얼굴과 머리가 형성된다. 셋째 단계는 신경이 뇌의 가까운 곳으로 이동하며, 넷째 단계에는 신경이 뇌의 먼 곳까지 이동한다. 니켈(Nickel, 1992)은 3, 4단계를 조직화Organization와 수초화myelination라고 하며 두 작용은 출생 후부터 지속된다고 보고하였다.

영유아의 인지 발달은 주로 환경에 의해 영향을 받지만 유전 요인도 중요하다. 청각, 시각, 촉각이 동원되는 자극 놀이 역시 중요하다. 그러므로 아동이 탐색할 기회를 충분히 갖도록 허용할 필요가 있다. 영아는 발달적으로 중요한 걷기가 가능해지면 인지 성장을 더욱 촉진시킬 수 있다. 자유롭게 사용할 수 있는 손의 활동과 걷기는 환경의 탐색을 촉진시키며 그와 더불어 인지가 발달된다.

특히, 출생 후 첫 2년 동안 인지 발달의 중요한 측면은 언어를 다룰 수 있는 뇌의 구조가 생성된다는 점이다. 이 시기 동안 신경연합 또는 시냅스는 모국어를 학습할 수 있는 뇌를 형성시킨다.

사실 언어는 아동기 초기에 가장 잘 학습되며, 뇌의 여러 부위를 자유롭게 이용하도록 한다. 사람의 경우 대부분 언어의 생성은 브로카 영역, 언어의 이해는 베르니케 영역이 담당한다. 언어란 뇌 기능의 중추이므로 뇌는 어디든 그것을 사용할 공간을 확보하고 있다.

인지에 대한 신경심리학적 관점은 뇌가 정보로부터 지식을 능동적으로 종합하고 그 과정에서 이와 같은 창의적 과정을 지원하는 조직기재로 작용한다는 것이다. 인지는 사실 기억뿐만 아니라 창의적 기능을 지니고 있다. 사람은 사건이나 복잡한 이미지를 단순히 저장하지 않고 그것을 정신적으로 재창조한다.

인지는 언어보다 사용 범위가 훨씬 더 넓다. 어린 아동이 인지 영역에서 주로 하는 활동은 자신, 자신의 환경, 안전에 중요한 자연법칙(중력, 인과관계 등)에 관하여 배우는 것이다. 그들은 또한 읽기 준비도, 기초계산 기능과 같은 학업 선수 기능을 습득해야 한다. 아울러 새롭거나 다른 상황에 들어가고 능숙하게 반응할 수 있는 적응행동을 배워야 한다.

아동은 학습하기 위해 먼저 정보에 집중해야 한다. 아동기 초기에는 청각적 및 시각적 정보가 많이 입력된다. 특히, 놀이를 하는 동안 아동은 사물의 크기, 질감 및 다른 속성에 관하여 많은 것을 학습한다. 아동은 보호자의 안내에 따라 그들이 가르쳐 주고 설명하는 단어들을 습득한다. 예를 들어, 블록으로 탑을 쌓을 때 보호자는 '크다', '작다', '단단하다', '부드럽다'와 같이 단순한 단어를 자연스럽게 지도한다. 이러한 과정을 통해 부모, 보호자, 조기교육자는 아동이 사물의 물리적 속성에 주의를 집중하도록 해야 하고, 아동은 놀이를 하면서 그러한 측면에 주의를 집중하게 된다.

그러나 아동이 주의를 집중하는 정보 중 다수는 그들에게 의미가 없다. 특히, 두 성인이 경제 상황이나 정치에 관한 이야기를 할 경우 더욱 그렇다. 아동이 이러한 대화에 주의를 기울이더라도 대화의 의미를 파악하지 못하므로 정보를 지각하지 못한다. 아동은 주의를 기울이고 호기심을 가질 수 있으나 대화 내용을 자신의 경험과 관련짓지 못함으로써 들은 어휘들이 뇌에 지각되지 않는다.

인지 발달의 또 하나의 중요한 개념은 정보처리과정이다. 피아제(Piaget, 1962)는 새로운 사실을 현재의 정신 구조에 적합화함으로써 정보를 동화시키거나 그 구조를 변경하여 정보를 조절한다고 믿었다. 예를 들어, 아동이 오리를 보고 있을 때 걷지만 사람이 아니므로 동물이라고 생각한다. 아동이 새를 보게 되면 전혀 다른 새로운 개념을 접하게 된다. 따라서 아동은 새의 구성 요소에 대한 자신의 사고(생각)를 변경하여 수용하게 된다. 조절이 이루어지고 나면 아동은 상당한 시간이 지난 뒤에 기억을 이용하여 오리는 새라는 개념을 이끌어 낸다.

학습이란 무엇인가? 행동주의자들은 학습이란 행동의 변화라고 주장한다. 즉 아동의 행동이 변화되었을 때 그것을 보고 무엇인가 학습이 이루어졌다는 것을 알게 된다. 아동이 다르게 행동하지 않는다면 학습하지 않았다고 결론을 내릴 수 있다. 반두라(Bandura, 1953)는 학습이 행동으로 드러나지 않고서도 이루어질 수 있다고 주장하였다. 그와 같은 인지행동주의자들은 학습이란 행동 역량의 변화이지 반드시 행동의 변화를 가져와야 하는 것은 아니라고 주장한다. 이 두 가지 주장은 교수적 접근의 이론적 바탕이 되고 있는데, 스키너 연구에 기초한 행동수정은 학습 과정에서 행동 자체의 변화가 있어야 한다는 입장이고, 반두라 이론에 기초한 인지행동수정은 학습이 이루어지지만 변화가 드러나지 않을 수도 있다는 입장이다.

3) 의사소통 발달

의사소통 발달은 특히 듣기, 말하기, 언어 및 시력과 관련이 있다. 영아의 의사소통 발달에는 생후 1년 동안 전형적으로 나타나는 몇 가지 능력이 있다. 첫째, 의사소통을 위해 복합적인 양식 채널을 이용할 수 있는 능력이다. 둘째, 감각통합 기술을 이용하는 것으로서 보고, 듣고, 느낀 것 등을 통합하여 모든 정보를 이해한다. 셋째, 습관화이다. 어린 아동은 매일 새로운 소리와 장면에 주의를 집중하고 신속히 학습하여 환경 내의 낡은 장면이나 소리를 무시하고 새롭고 다른 것에 집중한다. 습관화는 감각이 환경 내의 변화에 대한 우리의 반응에 과부하가 걸리지 않도록 해 준다.

듣기

영아는 정상 또는 정상에 가까운 청력을 지니고 태어나며, 성인처럼 들을 수 있다. 신생아조차도 소리의 차이를 구별할 수 있다. 그들은 좋아하는 소리에 조용히 진정하게 되고 예상치 못한 소리에 눈을 깜빡이거나 울거나 움직임을 멈추거나 놀람 반응을 보인다. 영아는 1~2세까지 청력을 이용하여 방향을 찾을 수 있게 되며, 소리가 나는 방향으로 머리를 바르게 돌릴 수 있게 된다.

이 시점부터 청각은 두 가지 중요한 기능을 한다. 첫째, 언어를 습득하는 주요 수단으로 기능한다. 둘째, 듣기는 환경과의 연결 수단으로 기능한다. 듣기는 항상 먼 거리와 가까운 영역을 취급하며 다차원적이고 전방위적인 특징을 지닌다. 듣기는 이러한 특징 때문에 초기 경고 시스템이라고 할 수 있다. 이와 대조적으로 시력은 눈을 뜨고 있을 때만 단일 반향의 정보를 받아들이고 전방위적으로는 받아들이지 못한다. 눈은 빛을 직선으로만 받아들인다. 유아특수교육 전문가들이 가장 관심을 가져야 할 부분 중의 하나가 듣기의 언어습득 기능이다.

말하기

신생아는 주로 울기를 통해 음성적 의사소통을 한다. 영아는 1개월부터 4개월 사이에 옹알이babble & coo를 할 때 미소를 짓거나 큰 소리로 웃을 수 있고, 나아가 1음절어 소리를 낼 수 있고 반복하며 즐거워한다. 그러나 대부분의 의사소통은 계속 신체적으로 이루어진다. 영아는 긴장될 때나 이완 상태에서 어떻게 느끼는지를 어머니와 보호자에게 몸으로 말한다. 이 단계의 의사소통은 영아의 행동을 해석하기 위한 음성화 이상의 유용한 척도가 된다. 영아는 일반적으로 생후 3개월에서 6개월부터 옹알이를 시작한다. 옹알이의 경우 단순한 소리는 자음 1개와 모음 1개로 된 2개의 음소로 구성되어 있고, 때로는 1음절 음성화와 결합되기도 한다.

영아는 생후 9개월부터 15개월 사이에 첫 단어를 말한다. 부모는 영아의 말을 이해할 수 있지만, 다른 사람들은 흔히 이해하지 못한다. 사실 이때 영아가 하는 말이 실제 단어인지, 아닌지에 대한 논란이 일기도 한다. 일반적으로 '다-나', '마-마'와 같은 반복적인 음절 소리를 내며, 옹알이와는 약간 다르다. 그것이 의미 단위인 형태소로 구성되어 있는지는 분명하지 않다. 2~3 어문 발화는 일반적으로 2세 이전에 나타난다(18~24개월).

이러한 모든 발달은 특히 청력이 정상적이고 지능이 평균이거나 평균에 가까워야 하며, 자율근육의 미세운동을 잘 조절할 수 있어야 이루어 진다. 예를 들어, 뇌성마비는 말을 할 때 이용되는 수백 가지의 자극 조절 근육에 어려움이 있어 말이 지체되는 장애이다.

언어

영아는 5~8개월이 되면 간단한 단어와 구(빠이빠이)를 이해한다. 생애 첫 1년 동안 자신의 지식을 드러내지 못할 때조차도 급속히 언어가 발달한다. 유아는 첫 단어를 말할 때쯤이면 말할 수 있는 것보다 훨씬 더 많이 이해할 수 있게 된다.

브루너(Bruner, 1981)에 의하면 영아는 첫 단어를 말하기 전에 의도적인 의사소통을 한다. 의도적 언어 전 의사소통은 세 가지 범주, 즉 타인의 지원을 얻기 위한 것, 사람들의 관심과 주의를 끌기 위한 것, 타인과 주의집중을 함께 공유하기 위한 것으로 분류될 수 있다.

매우 어린 아동은 언어를 마치 흡수하듯이 습득한다. 아동은 수천 번의 발화를 하며 단어의 의미가 무엇인지, 단어가 어떻게 형성되는지, 단어들이 모여 어떤 기능을 하는지를 학습한다. 아동의 마음은 언어습득 과정에 적극적이고 별개의 문장을 생성하는 내재된 규칙이나 구조를 이끌어내고 이해한 문장을 통합한다. 각 아동은 자신의 공동체 언어를 만들어 내며, 아무도 말한 적이 없는 문장을 생성하고 문법과 구문의 독특한 오류를 범한다.

발달은 첫 2년 이후 계속되고 상대적으로 표현언어보다 수용언어 능력이 우수한 상태가 지속된다. 아동은 2세 동안에 주어, 동사, 목적어를 포함하여 실제 문장을 형성한다. 3세부터 5세까지는 다른 구문적 구조를 나타내기 시작하고 접속사를 이용하여 두 가지 분리된 사고를 한 문장으로 결합한다. 초기 아동기에 이르면 대부분의 아동은 복잡한 복문장까지 이해할 수 있게 되고, 의문문과 평서문을 구분할 수 있으며, 이러한 구조를 이용하여 구어를 산출할 수 있다. 아울러 6세에 이르면 대부분의 아동은 2,500단어 정도를 알게 된다. 초기 아동기 동안 언어 발달은 언어 구조와 수백 단어의 지식을 숙달한다.

언어가 정상적으로 발달하기 위해서는 온전한 청력, 정상 또는 정상에 가까운 지능, 풍부한 언어 자극 환경이 갖추어져야 한다고 가정한다. 그러나 이러한 조건들이 항상 갖추어지는 것은 아니다. 지적 능력이 정상 수준에 미치지 못하는 아동은 수용언어를 발달시키지만 표현언어에 어려움을 겪고, 복잡한 구조와 추상적 단어에 문제를 지닐 수 있다. 언어를 폭넓게 사용하지 못하는 가정이나 정교한 언어 패턴의 발달 기회가 부족한 가정에서 자란 아동은 청력, 지능, 운동조절이 모두 정상일지라도 언어 발달이 지체될 수 있다.

음소인식은 단어를 듣고 음소를 구별하고 음소를 구어 단어로 결합할 수 있는 타고난 능력이다. 초기 아동기 교육자들은 질문을 통해 음소인식 기능의 발달을 돕는다. 또 다른 지도툴은 파닉스 교수이다. 파닉스는 음과 음에 쓰여진 기호 사이의 관계이다. 교사는 어린 아동이 발음에 따라(음성학적으로) 철자하도록 도와주어 한 단계씩 거쳐 능숙한 철자를 할 수 있게 된다.

시력

시력은 출생 후 지속적으로 발달한다. 신생아(출생 후 28일 이내)는 빛에 민감하다. 따라서 이 시기의 신생아 방은 어둡게 한다. 그들은 사물과 형상을 볼 수 있지만, 멀리 있는 사물에 초점을 맞추지 못한다. 가끔 양쪽 눈이 함께 작용하지 못하고 교차될 수도 있다. 신생아는 생후 1개월이 되면 두 눈을 함께 움직일 수 있고 더 이상 교차시키지 않는다. 글래스(Glass, 1993)는 신생아의 경우 2.5피트(약 76cm) 떨어져서 볼 수 있어야 한다고 보고했다. 그들은 또한 밝은 물체를 추적할 수 있어야 하고 2개월이 되면 두 물체를 번갈아 볼 수 있어야 하며 사물을 선호하는 표정을 짓는다. 영아는 4개월이 되어도 보호자와 다른 사람들의 얼굴을 시력만으로는 구분하지 못하고 소리, 접촉, 기타 보충 감각 정보에 의존해야 한다(Allen & Marots, 2007). 5개월에서 8개월에 이르면 깊이지각이 나타난다. 영아는 탁자 판이 떨어질까 겁내는 모습을 보일 수 있다. 또한, 시력만으로 익숙한 얼굴을 인식할 수 있게 된다. 영아의 시력은 계속 발달하여 6개월이 되면 거의 성인 수준에 이른다.

4) 신체 발달

아동이 5세에 이르면 키가 거의 성인의 반에 이르게 된다. 이 수준에서 키가 두 배로 성장하는 데 10여 년이 걸린다. 영아의 몸무게는 출생 후 1년이 지나면 세 배로 늘어나고 신체의 크기는 50% 증가한다.

일반적으로 신체 발달은 머리에서 발끝으로(두미발달), 중심에서 밖으로(중심말초발달) 성장한다. 영아는 처음에 머리를 들고, 돌리다가 나중에 어깨를 들어 올리고 움직이며, 그다음에는 몸을 들어 움직인다. 다리와 발은 마지막에 들고 움직인다. 이러한 발달 순서는 생후 2년이 되어 걷게 될 때 큰 영향을 미친다. 중심에서 밖으로 발달하는 것을 가장 명확히 설명할 수 있는 사례는 치아의 모습에서 볼 수 있다. 유아의 첫 치아는 잇몸 한가운데에서 나기 시작하여 점차 양쪽 옆으로 나게 된다.

두미발달과 중심말초발달의 원리는 물리치료와 초기 중재에 지침을 제공해 준다. 영아는 자율적으로 다리를 굽히기 전에 머리를 들어 올린다. 신생아는 엎드리고 다리를 굽히기에 앞서 머리를 들 수 있다. 그 후에는 반듯이 누워 두 다리를 들어 올릴 수 있다. 4개월이 되면 두 무릎을 벌리고 두 발을 맞닿아 다이아몬드형의 자세를 취할 수 있으며, 이러한 동작을 즐긴다. 이와 마찬가지로 영아는 손가락을 움직이기에 앞서 팔을 움직이고 발가락을 꿈틀거리기에 앞서 다리를 움직인다.

이러한 패턴은 두 가지 면에서 교사와 치료사에게 도움이 된다. 첫째, 그들이 무엇을 찾는지 보여 준다. 특정 연령에 이르면 나타나게 될 움직임을 예측하고 예상했던 시기가 되어도 나타나지 않으면 발달의 지체를 의심하게 된다. 둘째, 중재를 위한 발달 지침을 제공해 준다. 치료사는 어떤 운동이 다른 운동의 중요한 전조가 된다는 것을 알고 있고 영유아가 다음 발달 과제를 성공하기 위해 이와 같은 선수 기술을 습득하도록 도와줄 수 있다. 영아는 관심 있는 뭔가를 보기 위해서 고개를 들어 물체에 눈길을 맞추도록 조절해야 한다. 상당한 시간 동안 그런 자세를 취하고 있어야 하고, 관심 있는 물체를 계속 바라보기 위해서 자세를 조절할 수 있어야 한다.

9세 미만 아동의 신체 발달에 관해서는 상당히 많이 알려져 있다. 출생 후 12개월 동안 몇 가지 중요한 변화가 일어난다. 골격이 강화되고 연골이 뼈를 만들며, 서 있을 때 자신의 몸무게를 지탱할 수 있게 된다. 신생아가 생후 1개월이 되면 머리를 옆으로 돌리고, 엎드려 있으면 기기를 할 수 있고, 잡아 주면 몇 초간 머리를 똑바로 세울 수 있게 된다. 3개월이 되면 손이 닿을 거리에 있는 물건을 움켜잡을 수 있게 되는데 이는 의도적인 행동이라기보다 주로 비자발적인 반응이다.

생후 3개월쯤에 이르면 머리를 들거나 움직이는 등 첫 자발적 통제행동이 나타난다. 6개월이 되면 사지가 강화되고 협응이 개선되며, 지지 없이 구르고 앉을 수 있다. 엄지손가락과 나머지 손가락을 맞닿을 수 있게 되고 집게 모양으로 물건을 집어 들 수 있다. 한 손에서 다른 손으로 물건을 옮겨 잡을 수 있고, 입으로 가져갈 수 있다. 물체 가까운 쪽의 팔을 뻗어 물건을 잡을 수 있고 신체의 반대편의 물건도 잡을 수 있다.

9개월에 이르면 서 있을 수 있다. 8개월에서 12개월 사이에는 물건을 쌓고 큰 물건 속에 작은 물건을 넣을 수 있다. 발을 앞으로 당겨 입에 넣을 수 있고, 몸을 일으켜 서 있는 자세를 취할 수 있다. 12~13개월이 되면 도움 없이 설 수 있고, 다른 사람의 손을 잡고 걸을 수 있으며 도움 없이 몇 발자국 걸을 수 있다.

영아는 운동 기술을 숙달할 때까지 몇 시간이고 연습을 하고, 동일한 기능을 반복하여 연습하고 수천 번의 시행착오를 한다. 중요한 것은 영아는 스스로 움직이기 시작하고 어머니로부터 독립하려고 하면서 스스로 분리된 존재라는 개념을 파악하기 시작한다. 이 단계는 두 번째 중요한 아이디어, 즉 영아는 움직일수록 더 많이 배운다는 점을 알려 준다.

18개월이 되면 대부분의 영아는 혼자 걸을 수 있고 2세가 되면 날릴 수 있다. 2세 말이 되면 블록을 6층 이상 쌓을 수 있고, 1세 때와 동일한 것을 반복해서 할 수 있다. 그들은 대근육운동 조절뿐만 아니라 소근육운동 조절을 연습하고 정교화한다. 손과 눈의 협응도 더욱 정교해진다. 이 시기 동안에 유아는 도구를 이용하여 스스로 먹을 수 있다. 2~2.5세가 되면 단순히 움직이기 위해서가 아니라 대·소근육운동 기술을 이용한다.

스스로 걷게 되면 매우 큰 효과를 얻게 된다. 손이 자유로워지고 그 손으로 다른 운동 과제를 수행할 수 있다. 사실 걷기는 영아기가 끝나고 유아기가 시작된다는 것을 의미하는 지표가 된다. 이 시기가 되면 사물을 잡고 기능적으로 이용한다. 걸을 수 있게 되면 걷기에 더 이상 주의를 집중할 필요가 없기 때문에 인지 발달을 촉진시킬 수 있다.

운동은 자아의식의 중심이 된다. 즉 자신과 타인을 구별하고 신체에 대한 지식과 신체로 할 수 있는 것을 알게 된다. 일부 아동은 보는 것보다 움직임과 접촉을 통해서 더 많이 학습한다. 운동행동은 모든 감각을 통합한다. 아동은 움직이고 물건을 집어 들 때 그것을 맛보고 냄새를 맡으며 소리가 나면 듣게 된다. 이러한 모든 능력은 환경적 요인(수행 방식, 탐색할 공간, 허용적 부모, 필요한 장비 등)과 더불어 성숙 요인(아동이 무엇인가를 할 수 있게 허용하는 신경학적 역량)과 함께 발달한다.

운동 발달의 중요한 시기는 18개월부터 60개월까지이다. 아동의 중요한 대 · 소근육운동 기술이 5세까지 발달되지 않으면 도움이 필요하다. 3세가 되면 스스로 옷을 입고 양말을 신고 신발을 신을 수 있다. 유아는 물건을 수십 센티미터까지 던질 수 있고 두 팔과 몸을 이용하여 잡을 수 있다.

4세에 이르면 공을 튀길 수 있고 튀어 오르는 공을 잡을 수 있다. 5세에는 균형을 유지한 상태로 양발로 번갈아가며 스키핑을 할 수 있다. 정확히 공을 굴려 물건을 맞힐 수 있고 구르는 공을 찰 수 있다. 6세에 이르면 스스로 옷을 입을 수 입고 음식을 먹을 수 있으며, 스스로 화장실을 이용할 수 있다. 7세에서 8세가 되면 어린이 야구와 같이 조직화된 스포츠를 즐길 수 있다.

신체 발달 영역은 몇 가지 이유로 과거보다 더 중요시된다. 어린 아동의 비만은 국가적 관심거리가 되고 있다. 과체중 아동은 당뇨의 위험이 있다. 타입 II 당뇨는 성인기에 발생하는 당뇨로 알려져 있으나, 아동에게서도 흔히 나타나 미국 당뇨협회는 그 명칭 변경 운동을 벌였다. 질병 통제 및 예방센터Centers for Disease Control and Prevention: CDC에 의하면 소아청소년과 의사들은 과체중인 어린 아동에게서 심장질환, 만성 관절 문제, 고콜레스테롤, 고혈압 및 당뇨가 발생할 수 있다고 보고하였다.

5) 사회 및 정서 발달

영유아는 잠자기, 먹기, 기초운동 활동, 보호자와의 사회적 관계 등 몇 가지 제한적인 영역에서만 행동을 할 수 있다. 이와 같이 정상행동의 범위가 제한되며, 각 아동에 따라 다른 자연적 변인과 결합됨으로써 이 영역의 지체와 다른 문제를 조기에 인식하기 어렵게 된다.

일반적으로 영아는 선택된 자극에 주의집중 시간을 연장할 수 있는 능력을 발달시킬 때 상호작용을 시작한다. 미소 짓기, 음성화하기, 얼굴 근육 이용하기는 모두 보호자와 상호작용을 주도하고 지속시키는 수단이 된다. 출생 후 3개월 동안 영아는 상호작용을 통제하기 위한 이와 같은 새로운 능력을 검증한다. 영아는 성인의 주의를 얼마나 오랫동안 끌 수 있는지, 성인에게 무엇을 시킬 수 있는지 알아보고자 한다. 4~5개월이 되면 영아는 상호작용에 자동성을 보이며, 한 성인에서 다른 성인으로 주의를 이동하고 대상물에서 성인으로, 다시 대상물로 주의를 이동한다. 6~10개월이 되면 어머니 및 유아특수교육 전문가와 의도적인 상호작용을 점점 더 많이 하게 된다.

아동은 말하기 시작하면서 요구를 할 수 있게 되고 감정을 표현한다. 이 시기에 이르면 행복감에서 즐거움, 불편함에서 분노, 자부심에서 수치심에 이르는 광범위한 정서를 나타내야 한다. 특히, 생후 2년 동안 강한 자아감, 장난감이나 물건의 소유감을 드러내고 무엇이든 스스로 하려고 한다. 이 단계에서 동료와 짝지어 놀이를 할 수 있고 3세에 이르면 부러움과 질투, 자부심 등 더욱 미묘한 정서를 광범위하고 적절히 나타낸다. 3~4세가 되면 점차 말, 분노, 행복감을 보이며, 정서적 극단 상황에서 신속히 회복할 수 있다. 아동은 무엇인가를 잘했을 경우 자부심을 느끼고 잘못했을 때는 후회를 한다. 발달적으로 적절한 상호작용 놀이를 하고 적응행동에 중요한 사회 기술을 할 수 있게 된다. 이러한 기술은 자조 기술을 수행할 때처럼 성인으로부터 배우는 것이 아니라 오히려 다른 아동들로부터 배워야 한다. 6~7세에 이르면 자신이 처한 상황에 따라 행동을 조절해야 한다. 초등학교 1학년이 되면 스스로 놀이할 능력이 생기고 다른 아동과 협동적 놀이를 할 수 있게 된다. 대부분 연령에 적합한 행동에 자신감을 보이며 자신의 능력을 자랑스러워한다.

취학 전 기간에는 정상적인 행동이 여러 차원에서 이루어진다. 취학 전 아동은 다른 아동과 함께 놀고, 좌절에 대처하는 성인을 보며, 낯익은 성인과는 친사회적 관계를 맺고 낯선 성인과는 멀리하거나 다른 형태의 관계를 형성한다. 이러한 변인들이 증가하면 조기교육 전문가와 부모는 아동 행동의 장애, 지체, 일탈을 이해할 기회가 더 많아진다. 그러나 한편으로는 일상을 벗어난 위축이나 부끄러움의 표현, 다른 한편으로는 공격행동이나 표출행동을 보인다고 반드시 사회 정서적 발달에 문제가 되는 것은 아니다.

다양한 이유로 조기교육 관련자들이 아동을 탓하지 않는 것이 중요하다. 사회정서행동은 항상 선행 사건에 대해 반응하고, 행동은 원하는 것을 얻거나 싫어하는 것을 회피 또는 도피하는 기능으로 작용한다. 조기교육 관계자는 어렵고 부적절한 명칭의 행동과 아동만 보기보다는 행동을 일으키는 조건을 이해하려고 노력해야 하며, '이 행동이 그 상황에서 어떤 기능을 하는가?'에 초점을 맞추어야 한다. 어떤 행동은 감각 피드백을 얻기 위해, 다른 행동은 강화를 얻기 위해, 또 다른 행동은 자극으로부터 도피하거나 회피하기 위해 할 수 있다. 일반적 발달에는 의사소통적 역할을 하는 행동들이 포함된다. 즉 행동이 의사소통 의도를 전달한다. 따라서 유아특수교육에서는 아동보다 행동에 초점을 맞추어야 한다. 아동이 반응하는 선행사건이 무엇인지를 이해하면 그것을 변경할 수 있고 보다 적절한 행동으로 유도할 수 있다. 그 과정의 어느 단계에서 아동이 보이는 곤란한 행동, 어려운 행동을 비판하거나 명칭을 붙일 필요가 없다.

어린 아동은 외부의 스트레스 유발 요인을 이해할 능력이 제한되어 있고 이러한 사건과 사고에 대해 자신의 감정을 표현할 수 있는 방법도 제한되어 있다. 아동의 행동은 가족들이 필요에 따라 받아들이는 변화(가족이 다른 집이나 다른 도시로 이사하기, 새로운 아동 보호 제도의 시작)에 의해 영향을 받을 수 있다. 가족 구성원을 당황하게 하는 또 다른 변화(부모의 실직, 부모의 별거나 이혼)에 의해 어린 아동이 행동에 변화를 가져오는 것은 당연하며, 이를 장애로 진단할 문제는 아니다.

3 유아교육과 유아특수교육의 철학적 공통점과 차이점

1) 공통점

유아특수교육 철학은 유아교육 분야에서 끌어낸 것임과 동시에 유아교육에 기여하고 있다. 유아교육과 유아특수교육은 차이점보다 유사점이 더 많다. 두 분야 모두 어린 아동과 부모에게 직접서비스를 제공한다. 그러나 두 분야를 이끄는 철학 사이에는 차이점도 있다. 이러한 차이점은 유아교육 환경에서 유아특수교육 서비스를 제공할 때, 즉 일반 유아교육 환경에서 특수아동이 통합교육을 받을 때 중요하다. 예를 들어, 뇌성마비 아동이 위스타트 프로그램에 배치될 때 지도할 과제에 대해 아주 다르게 접근할 수 있다.

국가 수준에서는 두 영역 담당 부서의 정책과 접근은 각 아동과 가족의 특성에 따라 개별적으로 대처할 것을 강조한다. 유아교육과 유아특수교육의 철학적 공통점은 다음과 같다. 첫째, 두 영역 모두 조기교육에서 강조되는 발달적으로 적절한 실제를 중시한다. **발달적으로 적절한 실제**란 연령별 적절한 실제와 개인별 적절한 실제를 모두 포함한다. 유아특수교육은 유아교육만큼 발달적으로 적절한 실제를 따른다. 아동을 안내하고, 지원하며 격려하고 환경을 구조화함으로써 아동이 스스로 탐색하고 상호작용하며 학습할 수 있도록 시도한다. 둘째, 학제 간 협력적 접근을 하는 점이다. 유아교육자들은 취학 전 영유아가 중요한 교육적 요구를 갖고 있지 않거나 아주 소수의 유아만 갖고 있다고 생각하는 반면, 유아특수교육자들은 중요한 교육적 요구를 많이 지니고 있다고 생각한다. 이러한 시각의 차이와 전문성의 차이는 학제 간 협력을 더욱 필요로 하게 한다. 셋째, 서비스를 제공할 아동의 연령 범위에 관하여 두 분야 간 유사점이 점차 증가하고 있다. 유아특수교육에서 조기란 출생 또는 장애나 발달지체가 진단되는 시점부터를 의미한다. 반대로 유아교육은 전통적으로 3세부터 5세까지의 유아에 대한 서비스에 초점을 맞추는 경향이 있다.

두 분야 역시 불필요한 낙인적 용어나 장애 명칭을 회피하고자 한다. 또한, 모든 프로그램의 질적 수준을 강조하며 서비스를 설계하고 전달하는 과정에서 가족의 중요성을 강조한다. 명칭 문제는 아동과 가족의 사생활을 침해할 수 있다는 점 때문에 신중을 기하고 있다.

2) 차이점

유아교육과 유아특수교육은 철학적으로 함께 하지만 일부 차이점을 보인다. 첫째, 서비스 기간과 가족지원이다. 유아특수교육은 0세부터 2세까지를 무상, 3세부터 5세까지를 의무교육으로 규정한다. 그러나 유아교육은 3세부터 5세까지의 유아를 교육대상으로 삼고 교육을 의무화하지는 않는다. 둘째, 유아특수교육은 유아교육에 비해 아동의 발달을 더 자주, 깊이 있게 측정하고 추적하며, 개별화가족지원계획을 위해 아동의 요구를 확인하고 진전도를 측정하는 데이터 기반의 접근 또는 증거기반의 교수와 접근을 강조한다. 그러나 유아교육은 개별화가족지원계획을 수립하지 않고 따라서 공식적으로 아동의 연간 모니터링 제도가 없다. 셋째, 유아특수교육은 직접교수와 기타 교수법, 행동수정에 의존해 왔다. 유아교육은 구성주의 교수법을 강조하고 행동수정은 그다지 강조하지 않는다. 넷째, 유아특수교육은 가족의 참여와 광범위한 의사결정권을 부모에게 넘겨 준다. 유아교육은 가족 중심의 접근을 강조하지만, 실제는 그렇지 않으며 아동이 별문제가 없을 경우 부모의 참여도가 낮다. 다섯째, 전환계획이다. 유아특수교육은 장애, 지체, 일탈된 어린 아동이 다음 교육 환경에서 적응할 수 있는 능력을 준비할 것을 강조하지만, 유아교육은 아동의 다음 교육 환경이 그들의 요구에 적절하기를 기대한다. 일반 유아는 장애가 없기 때문에 유치원, 1학년 담임교사, 행정가들은 심한 교육적 요구를 지닌 유아특수교육 관계자들에 비해 그러한 단계를 쉽게 완수할 수 있다. 유아특수교육자가 당면한 기본적인 선택은 학업 선수 기능과 사회 발달 사이의 문제이다. 특별한 교육적 요구를 지닌 어린 아동은 학업 선수 기능에 집중적인 지원을 받아야 하고 교수 활동 시 행동수정 기법을 반드시 이용해야 한다. 그러나 학업보다 사회 기술을 더 중요시하는 유아특수교육자는 아동에게 활동할 선택의 자유를 훨씬 더 많이 부여한다.

요약

조기교육 이론

발달적 접근

- 피아제에 의하면 모든 유기체는 동화와 조절이라는 상호 보완적인 과정을 통해 환경에 적응해 간다. 인지 발달 단계를 감각운동기, 전조작기, 구체적 조작기, 형식적 조작기의 4단계로 구분하였다.
- 에릭슨은 인간이 각자 통과하며 성공적으로 해결해야 할 '발달상 위기'가 있음을 주장하고, 발달 단계를 기본적 신뢰감 대 기본적 불신감, 자율성 대 수치심, 주도성 대 죄책감 등 8단계로 구분하였다.
- 브론펜브레너는 아동이 발달하는 과정에 가정과 지역사회라는 생태를 중요시하고, 발달을 촉진시킬 방법을 결정할 때 가족 및 지역사회 자원을 이용할 것을 권고했다.
- 비고츠키는 아동이 어느 순간 어떤 것을 학습할 준비가 되어 있는 상태를 말하는 근접발달영역의 개념을 도입하였다.
- 콜버그의 도덕발달 이론에 의하면 다수의 장애아동, 특히 인지 및 감각손상을 지닌 경우 자기 주변 세계는 사실 정의감과 도덕감을 불러일으키지 않을 수도 있다.

행동주의적 접근과 기타 접근법

- 스키너는 조작적 조건형성 이론을 근거로 정적강화, 부적강화, 행동형성 등으로 행동의 학습을 설명했다.
- 매슬로우는 생리적 욕구, 안전 욕구, 사회적 욕구, 존중 욕구, 자아실현 욕구의 다섯 가지 욕구 수준을 제시하였다.

발달

적응 발달

- 장애나 발달지체를 지닌 영유아는 가정보다 보육, 유아특수교육 프로그램을 통해 자조 기술을 배우게 된다.
- 아동이 사용하는 사회 기술 전략은 연령과 상황에 따라 매우 다양하고, 이러한 기술은 시행착오를 통해 학습한다.

인지 발달

- 인지 발달의 중요 개념은 언어, 주의집중, 정보처리이다. 학습이란, 스키너 연구에 기초한 행동수정은 학습 과정에서 행동 자체의 변화가 있어야 한다는 입장이고, 반두라 이론에 기초한 인지행동수정은 학습이 이루어지지만 변화가 드러나지 않을 수도 있다는 입장이다.

의사소통 발달

- 의사소통은 특히 듣기, 말하기, 언어 및 시력과 관련이 있고, 복합적인 양식 채널 이용 능력, 감각통합 기술, 습관화를 통해 발달한다.
- 의도적 언어 전 의사소통은 타인의 지원을 얻기 위한 것, 사람들의 관심과 주의를 끌기 위한 것, 타인과 주의집중을 함께 공유하기 위한 것의 세 범주로 분류된다.

신체 발달

- 일반적으로 신체 발달은 머리에서 발끝으로(두미발달), 중심에서 밖으로(중심말초발달) 성장해 간다.

사회 및 정서 발달

- 영유아는 잠자기, 먹기, 기초운동 활동, 보호자와의 사회적 관계 등 몇 가지 제한적인 영역에서만 행동을 할 수 있다.
- 영아는 선택된 자극에 주의집중 시간을 연장할 수 있는 능력을 발달시킬 때 상호작용을 시작한다.

유아교육과 유아특수교육의 철학적 공통점과 차이점

- 두 영역 모두 조기교육에서 강조되는 발달적으로 적절한 실제를 중시하고 학제 간 협력적 접근을 한다.
- 서비스 기간과 가족지원, 발달의 측정과 추적 빈도, 교수법적 측면, 가족의 참여와 부모의 의사결정권, 전환계획 등에서 차이점을 보인다.

Chapter 02

조기특수교육의 이해

일반적으로 조기특수교육은 장애를 지녔거나 발달지체를 보이는 9세 미만의 영유아를 대상으로 하며, 현재 무상교육 또는 의무교육을 실시하고 있다. 발달상의 문제를 지닌 아동에 대한 20년간의 추적 연구 결과에 의하면 3세에 발달지체를 지닌 것으로 확인된 아동은 성인기까지 문제가 지속된다.

1 조기특수교육의 개념

1) 특수교육과 조기특수교육의 의미

모든 아동은 신체적 특성과 학습 능력 면에서 차이를 보인다. 대부분의 아동이 보이는 이러한 차이는 집단교육 중심으로 이루어지는 일반교육 환경에서 무리 없이 학습을 수행할 수 있을 것으로 인식하고 있다. 특수란 상당히 포괄적인 용어로서 신체적, 지적 및 행동적으로 수행이 특정 기준에서 벗어난 경우로 다양한 교육적 요구를 의미한다. **특수아동** 또는 **특별한 요구를 지닌 아동**(**특별요구아동**)이란 "학습적 요구나 특성이 대부분의 아동과는 현저히 달라서 그들의 잠재 능력을 충분히 계발하기 위해 교육과정 및 교수의 수정이나 특별지원교육을 필요로 하는 아동을 말하며, 장애나 영재 등을 가진 아동"을 뜻한다(정대영, 2017).

일반적으로 **특수교육**이란 학습자의 교육적 요구가 평균으로부터 크게 벗어나 특별한 교육적 지원을 필요로 하는 장애나 결함을 지닌 학습자와 영재성을 지닌 학습자를 대상으로 하는 다양한 교육을 의미한다. 그러나 국내에서 특수교육이라고 하면 정신적 및 신체적 장애나 발달의 지체를 지닌 학습자를 대상으로 하는 교육을 의미하며, 「장애인 등에 대한 특수교육법」(이하 「특수교육법」)에서는 특수교육을 "특수교육대상자의 교육적 요구를 충족시키기 위하여 특성에 적합한 교육과정 및 특수교육 관련 서비스 제공을 통하여 이루어지는 교육"이라고 규정한다. 여기서 특수교육대상자란 "**시각장애, 청각장애, 지적장애, 지체장애, 정서행동장애, 자폐성장애, 의사소통장애, 학습장애, 건강장애, 발달지체 및 그 밖의 대통령령으로 정하는 장애에 해당하여 특수교육을 필요로 하는 사람**"으로 제한되고 있다.

특히, 영유아기의 경우 장애가 심하여 명확히 드러난 경우가 아니면 특수아동이나 장애아동이란 명칭을 가급적 붙이지 않으며, 발달 위험군 아동 또는 위험군 아동이라고 한다. 그 이유는 장애라는 명칭이 낙인으로 작용하여 아동의 발달과 교육 등 여러 측면에 바람직하지 못한 영향을 미칠 가능성이 크기 때문이다. 따라서 「특수교육법」에서도 발달지체라는 별도의 특수교육대상 범주를 두어, "**신체, 인지, 의사소통, 사회·정서, 적응행동 중 하나 이상의 발달이 또래에 비하여 현저하게 지체되어 특별한 교육적 조치가 필요한 영아 및 9세 미만의 아동**"이라고 규정하고 있다.

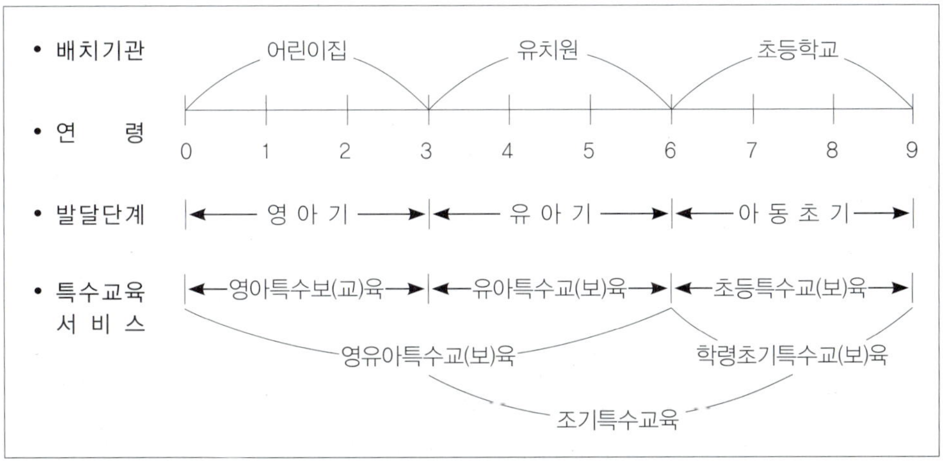

[그림 2-1] 조기특수교육 개념도

조기특수교육은 8세 이하의 아동과 그 가족을 서비스의 대상으로 하며, 이 서비스에는 교육적, 발달적 및 치료적 활동이 광범위하게 포함된다. 좀 더 구체적으로 말하면 **조기특수교육**은 출생에서 8세까지의 특별한 요구를 지닌 아동을 위한 가족 중심의 서비스를 의미하며, 연령과 학제를 고려하여 3단계, 즉 영아기(0~2세), 유아기

(3~5세), 아동기 초기(6~8세, 초등학교 3학년까지)로 구분한다(그림 2-1). 장애나 발달지체를 지닌 이 시기의 아동은 인지, 언어, 운동, 자조 기술, 사회정서 등 여러 분야에서 또래에 비해 뒤떨어지므로 연령에 맞는 학년에 배치되어 학습하기가 어렵다. 따라서 이들은 대개 발달 수준에 따라 1~2년간 취학을 유예하고 보육 또는 유아교육 중심의 조기교육기관에 배치되어 조기교육 서비스를 받기도 한다.

2) 조기특수교육의 특징

조기특수교육이 강조되는 배경에는 몇 가지 중요한 연구들이 있다. 첫째, 시설에 수용된 영유아동이 적절한 자극을 받지 못하고 자랄 때 성장과 발달이 매우 지체된다(Nave, Nishioka, & Burk, 2009). 둘째, 지적장애 아동을 대상으로 유치원교육을 실시한 결과 부적절한 학습 환경은 지적장애의 원인이 될 수 있음이 밝혀졌다(Kirk, 1972). 아울러 지능은 생애 초기에 급속히 발달하며, 건강한 지능 발달은 환경으로부터 제공되는 적절한 자극에 좌우된다는 점이 밝혀졌다. 셋째, 영유아의 풍부한 조기교육 환경의 필요성을 인식하고 헤드스타트나 위스타트와 같은 보상교육이 급속히 확산되었다. 넷째, 최근의 뇌 연구는 아동의 생애 초기 경험의 중요성을 확인하고 강조하고 있다.

최근 조기특수교육은 이론과 증거기반의 실제에 기초하여 이루어지는 특수한 영역이다(Hallahan, Kauffman, & Pullen, 2012). 증거기반의 실제란, 아동, 가족, 전문가 및 체제에 관한 연구에서 효과적인 것으로 입증된 결과를 교육 현장에 적용하는 것을 말하며, 다음과 같은 원리를 바탕으로 한다. 〈표 2-1〉은 각 원리를 이끌어 낸 실험연구의 근거를 제시하고 있다.

〈표 2-1〉 조기특수교육의 기본 원리와 증거기반의 실제

① 가족과 가정은 중요한 양육 환경이다.
- 가족 중심의 실제
- 사회적 지원과 자원 중심 모델
- 부모교육 프로그램

② 관계를 강화시키는 것이 필수적이다.
- 관계 중심 프로그램
- 부모-유아 상호작용 프로그램
- 또래 상호작용 프로그램
- 전문가 협력 프로그램

③ 아동은 자신의 환경에 반응하고 관찰을 통해 학습한다.
- 반응이 뒤따르는 환경
- 자연적 학습기회에 참여
- 증거기반의 실제를 적용한 학급에 참여

④ 성인은 아동의 경험을 조정하여 학습을 촉진시킨다.
- 전방위 학습 환경
- 활동 중심 중재
- 일상의 구조화
- 개연성 높은 요구
- 촉진 및 촉진-용암 전략

⑤ 아동이 발달적으로 진전된 상황에 접근하고 참여하는 것은 보다 성공적이고 독립적인 참여를 위해 필요하다.
- 지역사회나 가정 상황에 일어나는 학습기회
- 유치원의 통합적 놀이집단 참여
- 통합 환경에서 사회적 통합 중재

⑥ 실제는 개별적이고 역동적이며 목표 지향적이다.
- 학습전략과 연계된 목표 확인
- 환경 자원 요구와 연계된 목표 확인
- 일상 중심의 인터뷰를 통하여 요청된 활동 분야에 부모 투입

⑦ 프로그램 간의 전환은 반응을 잘해 주는 성인에 의해 강화된다.
- 후속 상황의 요구 사정과 필요 기술 지도
- 후속 상황으로의 전환에 대비한 개인 및 가족 준비
- 기관 간의 동의에 기초한 원만한 전환교육

⑧ 가족과 프로그램은 넓은 맥락에 의해 영향을 받는다.
- 가족 중심 계획
- 지원적 지도
- 문화적으로 민감한 프로그램 설계

출처: Odom, S. & Wolery, M. (2003). Early childhood special education: Evidence-based practices. Journal of Special Education, 37, 166.

조기특수교육은 직접서비스와 간접서비스로 나눌 수 있다. 직접서비스는 아동과 가족을 대상으로 일대일, 소집단, 학급 단위로 조기특수교육을 실시하는 것을 말한다. 간접서비스는 조기특수교육자들이 아동과 가족에게 서비스를 제공하는 다른 성인들(부모, 가족 구성원, 특수교육팀의 다른 전문가, 일반조기교육 전문가)을 안내하고 지원하는 것을 말한다. CEC의 유아특수교육분과는 조기특수교육 지침으로 다음 세 가지 가치를 제시하고 있다(Sandall, Hemmeter, Smith, & McLean, 2005).

- 모든 아동과 가족을 존중하기
- 질 높고 종합적이며 협력적인 가족 중심의 서비스와 지원 제공하기
- 가족과 지역사회가 능동적이고 의미 있게 참여하는 모든 아동의 권리를 존중하기

조기특수교육자들은 다양한 능력과 요구를 지닌 아동에게 교육을 제공한다. 영유아를 위한 특수교육은 일반적으로 **비범주적 접근**을 한다. 비범주적이란 장애유형별이 아니라 연령과 장애의 정도 등 요구에 따라 서비스를 구성하는 것을 말하며, 영역이란 발달의 각 분야를 말한다. 소근육운동 영역은 가위질하기와 같은 소근육 활동과 협응을 강조하며, 대근육운동 영역은 균형을 유지하고 걷거나 점프하기와 같은 대근육 활동과 협응을 다룬다. 자조/적응 영역은 착탈의, 식사와 같이 스스로 할 수 있는 능력들이 포함된다. 의사소통 영역은 아동이 언어를 이해하고 생성하는 능력을 다루며, 인지 영역은 문제해결과 자신이 알고 있는 것을 소통하는 것 등이 포함된다. 사회정서 영역은 다른 사람들과 효과적으로 상호작용하고 정서를 적절히 소통하는 것을 다룬다.

최소 제한적 환경

최소 제한적 환경이란 가능한 한 장애아동을 일반 아동과 함께 교육할 수 있는 일반교육 환경을 의미한다. 많은 전문가는 장애를 지닌 아동이 가능한 한 일반 아동과 함께 교육을 받는 것이 바람직하다고 본다. 심한 장애를 지닌 아동의 경우에는 장애를 지닌 다른 아동과 함께 배치되지만, 부분적으로 일반 아동과 상호작용을 할 수 있도록 계획할 수 있다.

영유아

흔히 지체나 손상을 지닌 아동은 지역사회 중심의 어린이집, 장애전담어린이집 등에 배치된다. 아동이 통합 프로그램에 배치될 때 일반 유아교사, 유아특수교사, 부모 등으로 이루어진 팀은 아동이 그 프로그램에서 성공적으로 적응하며 지낼 수

있도록 교수적 조정이나 지원 유형에 대해 자주 논의해야 한다. 점검과 상담 등 효과적인 간접서비스를 통해 조기특수교육 전문가는 일반조기교육자들에게 정기적으로 특별훈련이나 상담을 제공할 수 있다. 일부 조기특수교육 전문가는 통합 상황에서 협력이 부족한 중재와 일반조기교육 전문가가 상담 과정에서 내용을 충분히 이해하지 못하는 점 등에 대해 관심을 가져야 한다.

초등 저학년

통합학교와 실제에 관한 논의가 수년간 이루어졌음에도 불구하고 가족과 교육자들은 여전히 일반적인 실제와 바람직한 실제 간의 간극에 대해 다루고 있다. 완전통합교육을 제공할 때 가장 효과적인 것으로 여겨지는 학교는 다음과 같은 특성을 지니는 경향이 있다.

- 모든 학생이 지역사회의 이웃 학교에서 교육받을 권리를 지니고 있다는 점을 공유하고 있다.
- 가족관계를 발달시키기 위해 노력한다.
- 일반교사, 특수교사, 학생들에게 높은 기대를 하도록 격려한다.
- 문제해결을 위해 협동적 접근을 한다.
- 직원의 역량 강화를 중요시한다.
- 연구기반 전략을 이용한다.

다시 말해 효과적인 프로그램은 아동과 가족에게 서비스를 제공하기 위하여 생태학적 접근을 택한다. 조기특수교육 서비스를 받는 아동은 특성, 능력, 요구의 관점면에서 범위가 넓어 스펙트럼적 특징을 지니고 있다.

3) 일반조기교육의 특징

일반조기교육은 **발달적으로 적합한 실제**developmentally appropriate practice: DAP의 원리에 기초하여 이루어진다. 일반조기교육자들은 아동에게 발달적으로 적합한 환경을 조성하여 각 아동의 능력과 흥미를 고려한 교육을 한다. 개별화에 초점을 둔 이 접근은 일반조기교육의 초석이 된다. 그럼에도 불구하고 일반조기교육과 조기특수교육은 개별화와 발달적으로 적합한 실제를 정의하는 방법에서 차이를 보인다.

첫째, 조기특수교육 전문가는 각 아동의 독특한 발달적 결함을 강조하고 개별화된 장단기 목표를 설정하고자 한다. 조기특수교육 전문가는 개별 학생의 요구 충족과 차별화교육에 관심을 갖고 개별 학생의 독특한 요구에 맞는 프로그램을 개발하고자 하는 반면 일반조기교육 전문가는 자존감 향상, 학업 전 기능과 그 기능의 지도 등 일반적인 발달문제를 중시하고 현재의 프로그램에 적응하도록 돕고자 한다.

둘째, 조기특수교육 전문가는 제시된 장단기 목표의 도달 여부를 확인하기 위하여 종합적이고 반복적인 평가를 실시한다. 그들은 각 아동의 진전도와 개별화 중재 프로그램의 효과를 확인하고, 이를 근거로 교수 계획을 수정하거나 조정한다. 하지만 일반조기교육 전문가는 이와 같은 평가를 자주 하지 않는다.

셋째, 조기특수교육 전문가는 가족 중심의 서비스에 초점을 맞추는 경향이 있다. 일반조기교육 전문가는 가족이 아동의 발달과 학습지원에 큰 영향을 미친다는 것을 인정하지만, 조기특수교육 전문가와 같은 방식으로 교육적 협력자로 보거나 변화를 위한 중심 기관으로 보지 않는다.

넷째, 조기특수교육 전문가는 일반조기교육 접근법과 더불어 아동의 발달을 촉진시키기 위해 촉진, 시간지연, 병행대화와 같은 특수 전략을 채택한다. 그들은 이러한 기법을 이용하여 현재와 미래의 학교 성공에 필요한 학습 선수 기능을 지도한다. 전문가들은 최소한 장애를 지닌 아동이 통합 프로그램에서 성공할 수 있도록 완전히 개별화된 계획과 더불어 개별화교수 전략을 이용할 필요가 있다.

2 조기특수교육 서비스를 받는 영유아동의 특성

발달지체는 인지, 신체, 의사소통, 사회 · 정서 및 적응행동의 발달에 현저한 지체를 나타내어 조기특수교육 서비스를 받아야 하는 9세 미만의 아동을 말할 때 사용한다. 위험조건을 지닌 영유아도 서비스를 받으며, 위험군으로 분류된 영유아 및 취학 전 아동 역시 서비스를 받는다. 확인된 위험조건은 발달지체와 발달문제를 일으킬 가능성이 큰 것으로 판단되는 신체적 또는 정신적 조건으로 진단되며 뇌성마비, 청각 및 시각손상, 터너증후군 또는 다운증후군과 같은 염색체 이상이 그 사례이다. 영유아 프로그램은 환경적 위험조건을 겪고 있는 아동에게도 도움을 줄 수 있다. 최빈곤층 아동, 학대받는 아동, 약물남용이나 기타 조건을 경험하는 아동은 발달지체가 될 가능성이 크다.

〈표 2-2〉「특수교육법」에 제시된 특수교육대상자의 범주와 특성

장애 범주	특성
시각장애	시력의 일부 또는 전부 상실. 약시 또는 맹
청각장애	청력의 일부 또는 전부 상실. 난청 또는 농
지적장애	인지 능력과 적응행동 상의 유의한 제한. 장애 정도가 다양하며 인지손상이라고도 함
지체장애	이동 능력이나 운동 활동 수행 능력을 손상시킬 정도로 유의한 신체적 제약. 정형외과장애라고도 함
정서행동장애	학습에 부정적인 영향을 미치는 사회·정서 영역의 유의한 문제. 행동장애 또는 정서장애라고도 함
자폐성장애	사회적 반응과 의사소통에 특별한 어려움을 보임
의사소통장애	말의 정확한 생성이나 의사소통을 위해 언어의 의미 있는 사용과 관련된 장애. 말언어장애라고도 함
학습장애	정보처리과정의 어려움으로 학습 선수 기능인 인지와 기초학습 기능인 읽기, 쓰기 및 수학에 어려움을 겪는 문제와 관련된 장애
건강장애	3개월 이상의 의료적 지원이 필요한, 학습에 부정적인 영향을 줄 정도로 심한 만성질환
발달지체	발달이 또래에 비하여 현저하게 지체되어 특별한 교육적 조치가 필요한 영아 및 9세 미만의 아동

〈표 2-2〉는 「특수교육법」(2007)에 제시된 특수교육대상자 범주를 기술하고 있다. 특별한 요구가 매우 강한 아동은 유치원 과정에서부터 특수교육을 받게 되고 대부분은 초등학교 저학년이 끝나기 전에 필요에 따라 특수교육대상자로 선정되어 특수교육 서비스를 받는다.

「특수교육법」에 따라 0세부터 2세까지는 무상특수교육, 3세(유치원)부터는 의무특수교육을 받을 수 있으며, 9세 미만의 아동이 특별한 요구를 지닌 경우 발달지체라는 이름으로 특수교육대상자로 선정되어 특수교육을 받을 수 있다.

1) 영유아의 특성

발달지체로 판별된 대부분의 영유아는 문제의 기질적인 근거를 나타내지 않는다. 발달지체를 지닌 영유아의 부모들은 사회적 지위 측면에서 다양하다. 발달지체를 지닌 다수의 영유아는 저소득층 가정 출신이고, 이들의 1/3은 저체중으로 태어났으며, 그 비율은 일반 영유아의 4배에 달한다.

발달지체를 지닌 영유아는 영아기부터 조기중재 프로그램에 등록하는 경향이 높아지고 있다. 특히, 장애를 명확하게 진단받은 영유아나 생물학적 또는 환경적 위험요인을 지닌 영유아는 생후 1년 이내에 조기중재 프로그램에 등록하는 경향이 있다. 의료적, 사회 및 교육적 요구를 지닌 영유아를 대상으로 하는 서비스들은 개별화 조기중재 서비스를 강조하고 있다. 다수의 아동과 가족은 서비스를 받는 데에 어려움이 많기 때문에 아동의 발달을 최적화하기 위해 광범위한 생태학적 맥락에서 이들의 독특한 요구를 고려하는 것이 중요하다.

2) 유치원 단계 아동의 특성

유치원 단계의 아동이 발달지체나 위험조건을 지니고 있는 것으로 확인되면 장애전담어린이집, 특수유아학교나 유치원통합학급 또는 어린이집에 통합되어 교육을 받을 수 있다. 초등학교 저학년의 경우 「특수교육법」에 규정된 특수교육대상자로 선정되어 교육을 받는다. 특별한 요구가 강하거나 시각, 청각, 지체장애 등이면 초등학교 1~2학년 때부터 특수교육대상자로 선정되어 교육을 받게 되지만, 그렇지 않은 경우에는 학년이 올라가면서 특별한 요구의 유형과 정도에 따라 특수교육대상자로 선정되어 교육을 받게 된다.

3 특별한 요구를 지닌 영유아동의 조기교육 프로그램 목표

조기특수교육은 영아, 유아 및 초등 저학년의 세 단계로 볼 수 있다. 각 단계에 맞추어 개발된 프로그램은 각 생애주기에 따라 아동과 그 가족들의 요구를 반영하여 목표를 설정한다.

1) 영아의 중재

영아를 대상으로 하는 조기중재는 발달지체나 발달상의 문제가 될 위험성을 지닌 0세부터 2세까지의 아동을 대상으로 한다. 서비스를 받기 시작한 아동의 연령이 인지적 진전을 예고하는 중요한 변수가 되는 것으로 밝혀졌기 때문에 이러한 교육 서비스는 일찍 시작될수록 좋다. 그러나 이 시기에는 주로 부모가 병원을 찾아다니며 치료에 중점을 두기 때문에 교육의 중요한 시기를 놓치기 쉽다. 미국 북캐롤라이나에서 조사한 바에 따르면 유아가 조기중재 프로그램 서비스를 받기 시작하는 연령이 17개월인 것으로 나타났다(Buysse, Bernier, & McWilliam, 2002).

조기특수교육에 대한 철학, 아동의 특성, 선택할 수 있는 서비스의 유형 등이 다소 다르기는 하지만, 영아를 대상으로 하는 대부분의 조기중재 프로그램은 다음과 같은 목표를 지향하고 있다.

- 부모에게 아동발달과 관련된 요구를 다룰 수 있는 정보, 지원 및 도움을 제공한다.
- 부모에게 아동발달의 일차적 촉진자와 자녀의 주요 옹호자로서의 자신감을

형성시킨다.

- 가족 구성원들 사이의 상호작용을 촉진시켜 능력감과 즐거움을 격려한다.

영아 프로그램에 대한 부모의 인식 연구를 보면 부모는 제공되는 서비스를 매우 가치 있게 여기고 있다. 특히, 기술적 지식, 기능 및 정서적 지원을 제공하는 프로그램이 가족들에게 유익한 것으로 평가받고 있다.

2) 유아의 중재

유아의 중재는 발달지체나 위험을 지닌 3세부터 5세까지의 유치원 단계의 아동을 대상으로 한다. 대다수의 유아 프로그램은 다음의 다섯 가지 목적을 갖는다.

- 유아기 이후의 교육에 효과적으로 참여할 수 있도록 아동의 인지, 대 · 소근육 운동, 적응 기술, 사회정서 기술, 의사소통 기술의 지원과 촉진시킨다.
- 일반교육과정에 참여 기회를 증가시킬 수 있는 기초 문해 기능을 발달시킨다.
- 사회적 능력을 형성하고 지원한다.
- 발달적으로 적절한 독립성을 촉진시켜 가족, 학교 및 지역사회 생활에 완전히 참여할 수 있게 한다.
- 미래에 일어날 문제와 장애를 예방하거나 최소화한다.

3) 아동 초기: 초등학교 저학년 학생의 중재

초등학교에 입학하게 되면 특수교육대상자로 선정되어 일반학급이나 특수학급, 특수학교에 배치되어 교육을 받게 된다. 초등학교 저학년 특수교육대상 학생을 위한 특수학급이나 통합학급의 교육 목적은 다음과 같다.

- 적절한 교육과정과 교수적 조정 및 수정을 제공하여 일반교육과정에 참여할 수 있도록 한다.
- 아동과 그 가족, 일반교사, 아동을 돕는 기타 전문가들에게 팀 지원을 제공한다.

특수학급의 주요 목표는 다음과 같다.

- 아동의 인지, 대·소근육운동, 적응 기술, 사회정서 기술, 의사소통 영역의 잠재력을 계발한다.
- 아동의 독립성, 자기결정, 자기옹호 기술 능력의 발달을 촉진한다.
- 아동의 사회 및 학업 기술을 발달시켜 학교와 지역사회에 완전포함을 촉진한다.

조기특수교육 프로그램은 지역, 인적 자원, 아동의 연령, 학교 체제 등에 따라 다소 달라질 수 있을 것이다.

4 특별한 요구를 지닌 영유아동을 위한 서비스 전달모형

1) 조기특수교육 서비스 모형

영유아 조기특수교육 서비스는 주로 세 가지 모형, 즉 가정 중심, 센터 중심, 가정-센터 중심 프로그램으로 구분된다. 이러한 프로그램은 주로 공립기관에 의해 실시되어야 하지만, 요건을 갖춘 다른 기관들에 의해 제공될 수도 있다. 지역교육기관 역시 다양한 서비스를 제공할 수 있고 중재 기간과 출석 일수도 다양할 수 있다. 각 모델은 아동과 그 가족들에게 장단점을 지니고 있다.

가정 중심 프로그램

가정 중심 프로그램에서 조기특수교육 전문가는 가정을 방문하여 아동과 가족을 대상으로 직접 활동한다. 아동과 가족은 모두 중재의 초점이 된다. 가정방문 활동을 할 동안 조기특수교육 전문가는 아동과 직접 활동을 할 수도 있고(아동과 놀이하기), 아동과 간접적으로 활동을 할 수도 있다(보호자 안내). 상호작용, 교수, 토론의

페이스는 부모의 선호와 요구, 아동의 능력에 따라 결정된다. 다음은 가정 중심 프로그램을 위해 고려되어야 할 것으로 제안된 내용이다.

- 중재는 가정과 자연환경 속에서 목욕, 식사, 놀이, 가족오락, 취침 등 일상생활 활동에 포함되어야 한다.
- 중재는 참여하고 싶은 모든 가족 구성원을 포함시켜야 한다.
- 서비스의 강도와 범위 수준을 가족의 요구 수준과 맞추어야 한다.

일반적으로 가정방문을 하는 동안 조기특수교육 전문가는 다음과 같은 활동에 참여한다.

- 가족 구성원을 위해 아동의 놀이와 학습을 촉진시키기 위한 모델링을 이용한다.
- 가족 구성원과 아동의 상호작용에 대한 피드백을 제공한다.
- 다양한 방법과 상황에서 기술을 사용할 수 있는 능력을 관찰한다.
- 부모 및 보호자와 아동의 기능과 학습을 촉진시키기 위한 방법에 대해 브레인스토밍을 한다.

가정방문은 가정이나 부모가 선호하거나 희망하는 다른 장소로 갈 수 있으며, 가급적 가족에게 편한 장소를 선택하는 것이 좋다. 전문가는 부모의 참여와 더불어 가족활동 가운데 아동의 기능을 지도할 수 있는 방법을 모색하도록 노력해야 한다. 예를 들어, 아동에게 머리 드는 행동을 지도하고자 한다면 활동을 하는 동안 머리를 3초 간 들어 올리기, 아침에 셔츠를 입을 때, 소파에서 아빠와 함께 놀이를 할 때, 장난감을 집을 때 등 일상생활 상황에서 머리 들기를 훈련한다. 자연환경 내에서의 중재가 부모와의 브레인스토밍에 근거하고 상식적인 차원에서 이루어지지만, 연구는 경력이 많은 전문가가 초보 전문가에 비해 학습 환경 측면에서 자연환경 이용 능력이 더 우수한 것으로 나타나고 있다(Raab & Dunst, 2004). 많은 가족은 표적 행동의 지도를 일상생활 속에 포함시키는 것이 지도하기 쉽고 시간을 절약해 주는 것으로 판단한다. 그러나 아동의 전체 중재 프로그램은 가족이 선호하거나 선택하지 않는 한 가족의 일상생활에 투입시킬 필요는 없다.

가정방문을 하는 동안 상호작용은 편안하고 구조화되어야 하며, 지원적이고 전문적이어야 한다. 가정에 전문가가 방문하는 경우 부모는 자녀의 장애, 그들의 생활 환경, 부모로서의 능력 등에 대해 강하게 느낄 수 있다(Peterson, Luze, Eshbaugh, Jeon, & Kantz, 2007). 가정방문을 할 때 가족 구성원들의 반응은 고마워하는 사람부터 원망하는 사람에 이르기까지 매우 다양하다. 그러나 가족 구성원들의 다양한 정서적 반응을 다룰 수 있는 한 가지 방법은 없다. 전문가는 일반적으로 공감과 객관성을 균형 있게 유지하면서 가족 구성원들의 요구를 최대한 충족시켜 줄 방법을 모색할 필요가 있다.

〈표 2-3〉 가정 중심 프로그램의 장단점

장점	단점
• 아동과 가족이 그들에게 익숙한 환경에서 지속적으로 접촉할 수 있음 • 시간적 융통성이 있음 • 가족 구성원 모두가 접촉할 기회가 증가함 • 서비스의 강도에 유연성이 있음 • 서비스 비용이 비교적 적게 듦	• 서비스 제공자의 훈련과 경험에 개인별 차이가 심할 수 있음 • 치료사들과 추가의 서비스를 코디할 기회가 제한될 수 있음 • 장애가 없는 동일 연령의 아동과의 접촉이 제한될 수 있음

최상의 가정지도 활동은 간단하면서도 아동과 가족에게 즐거워야 한다. 가정 중심 프로그램은 영아에게 제공되는 가장 일반적인 서비스 모델이지만, 유아에게도 제공될 수 있다.

센터 또는 기관 중심 프로그램

센터 또는 기관 중심 프로그램의 경우에는 아동이 서비스를 받기 위해서 센터나 기관으로 간다. 여기서 센터나 기관이란 어린이집, 장애전담어린이집, 유치원, 유아특수학교, 특수학교 병설 유치원 등을 말하며, 제공되는 서비스는 직원의 수나 지원 기관에 따라 다양할 수 있다. 일부 프로그램의 경우 전문가가 아동에게 여러 가지 직접서비스를 제공하고, 정기적으로 가족들에게 모임을 제공한다. 다른 프로그램의 경우 부모가 센터를 방문하여 전문가의 중재활동을 모델로 삼아 중재방법을 배우게 된다. 일부 프로그램은 정규 스케줄에 형제자매나 확대가족을 참여시킬 수 있으며, 가족에게 정보, 훈련, 사회적 강습회 등을 제공한다. 센터 중심 프로그램을 위해 제안된 실제는 다음과 같다.

- 아동의 독립적 놀이와 학습을 촉진시킬 수 있도록 물리적 환경이 안전하고 깨끗하며 장벽이 없어야 한다.
- 아동 대 성인 직원의 비율이 안전, 건강, 목표 달성을 극대화시킬 수 있어야 한다.
- 제공되는 자료와 장난감은 발달적으로 적합해야 한다.
- 활동은 아동이 성인, 또래 및 자료 등을 주도적으로 선택하고 참여하도록 자극해야 한다.
- 팀 구성원들은 정기적으로 다른 지원 및 가족들과 의사소통을 해야 한다.

센터 중심 프로그램에서 제공되는 서비스는 아동의 연령, 아동과 가족의 요구, 기관의 자원에 따라 다양하다. 예를 들어, 영아 센터 중심 프로그램은 일일 출석을 거의 요구하지 않고 다양한 출석 스케줄을 제공할 수 있다.

〈표 2-4〉 센터 중심 프로그램의 장단점

장점	단점
• 아동과 가족을 위한 일관성 있고 사전 정비된 프로그램 • 동일 연령의 다른 아동들과 상호작용할 기회 제공 • 치료와 이동을 포함한 대부분의 서비스 제공	• 집단 속에서 각 아동과 그 가족의 요구를 수용하기 어려움 • 장애가 없는 아동과의 상호작용이 제한적일 수 있음

가정-센터 중심 프로그램

일부 지역에서는 가정과 센터가 연계하여 프로그램을 제공한다. 예를 들어, 가족 구성원들이 유치원이나 보육기관에서 일반 아동에게 제공하는 프로그램을 선택할 수 있다. 센터에서 제공하는 프로그램의 서비스를 받으면서 한 달에 한 번 정도 가정방문 서비스를 받을 수 있다.

재정과 지역의 특성에 따라 가정-센터 중심 프로그램을 활용할 수 있을 것이다. 재정 지원이 열악하고 훈련된 전문가가 부족할 경우에는 이러한 서비스 프로그램을 운영할 수 없다. 그럼에도 불구하고 전문가는 각 아동의 특성, 능력, 건강, 가족의 선호 및 요구에 근거하여 개별화 서비스를 제공하려고 노력한다.

2) 초기 아동기 학생(초등학교 저학년)을 위한 조기특수교육 모형

순회특수교사는 일반적으로 유치원과 초등학교 1학년의 경우, 학업 선수 기능이나 학습준비도를 판별할 수 있도록 일반교사들을 도와줄 수 있다. 특별요구가 강하거나 복합적인 아동은 집단학습을 통해서 그다지 도움을 받지 못한다. 순회특수교사는 일반교사가 이러한 아동에게 개별 또는 소집단 학습 상황을 조성하고 직접교수를 제공할 방법을 찾을 수 있도록 도와줄 수 있다.

초등학교 저학년에 재학 중인 장애를 지닌 많은 아동은 일반학급, 학습도움실(시간제 특수학급), 독립특수학급(전일제 특수학급), 특수학교 등 다양한 교육환경에 배치될 수 있다.

일반학급

특수교육대상 학생의 다수는 일반학급에 배치되어 교육을 받는다. 이러한 학급을 편의상 통합학급이라고도 한다. 하지만 일반학급에서 학교생활의 몇 %를 보내야 시간제 특수학급과 구분할 수 있는지에 대한 규정이나 근거가 없다. 미국의 경우, IDEA 2004에 의하면 학교생활의 대부분을 일반학급과 특수학급에서 교육을 받고 학교생활의 21% 미만을 일반학급 밖에서 관련 서비스를 받는 경우를 일반학급이라고 한다.

학습도움실(특수학급-시간제)

학습도움실은 시간제 특수학급 정도로 알려져 있다. 학습도움실은 통합교육을 강조하면서 전일제 특수학급보다는 통합교육에 가까운 교육환경으로 1994년 특수교육 발전계획을 발표할 때 처음으로 도입된 용어이다. 미국의 IDEA 2004에 의하면, 학교생활의 21% 이상 60% 이하를 일반학급 밖에서 특수교육과 관련 서비스를 받을 때 붙여지는 서비스 명칭이다. 그들은 학업적 요구 영역 중 한 가지에서만 어려움을 보이는 것이 아니라 한 가지 이상의 영역에서 어려움을 보일 수 있다. 즉 그들은 읽기나 수학, 또는 이 두 영역에 어려움을 지닐 수 있다. 그들의 학업적 요구는 그들이 일반교육을 받지 못할 정도로 심각하지는 않지만, 그렇다고 일반교육을 통해서 또래들과 유사한 성취를 할 수 있을 정도는 아니다. 이러한 학생은 매주 일정한 시간 동안(하루에 1시간씩, 주 4회) 특수교사, 읽기 전문가 또는 기타 전문가로부터 집중적이고 개별화된 교수를 받는다.

특수학급(전일제)

일반학급 밖에서 학생이 학교생활의 61% 이상을 특수교육과 관련된 서비스를 받는 경우를 분리특수학급 또는 독립특수학급(IDEA 2004)이라고 한다. 우리나라는 특수학급이라고 부르며, 특수교육을 받는 학생이 시간제로 오는 경우와 전일제로 오는 경우로 구분한다. 이 학생들은 일반학급과 학습도움실에서는 감당할 수 없는 학업적 요구를 지닌 경향이 있어서 특수교사에게 교육을 받는다. 더욱이 이들은 일반학급에서는 성공 기회를 경험하기 어려운 수준의 사회적 및 행동적인 측면에 어려움을 지닐 수 있다.

순회교육/완전통합교육

이 모델에서는 특수교사가 영유아를 지원하는 통합교육 전문가로서 활동한다. 특수학급이 없는 일반학교의 일반학급에 포함되어 있는 특별한 요구를 지닌 유치원 및 초등학교 저학년 아동의 경우, 순회특수교사가 교육 서비스를 담당한다. 최근 초등학교의 경우 특수학급 설치 비율이 높기 때문에 특별한 요구를 지닌 아동은 대부분 특수학급에서 특수교육 서비스를 받을 수 있다.

일반적으로 순회교육 서비스는 직접서비스(아동의 환경에서 아동을 지도)와 협력적 상담 서비스가 결합되어 제공된다. 아동기 순회특수교육 활동에는 다음과 같은 내용들이 포함된다.

- 개별화된 환경에서 아동에게 직접서비스를 제공한다.
- 아동의 개별화교육계획 목표와 관련하여 일반교사들의 상담 및 코칭을 한다.
- 조기교육 학급에 정서적 지원과 격려를 한다.
- 일반교사와 가족들을 위한 정보 자원과 기타 서비스를 제공한다.

순회특수교사는 일반교사와 협력하여 교육과정을 수정하거나 조정함으로써 특별요구아동의 장단기 목표를 교육과정과 일정에 포함시켜 달성할 수 있을 것이다. 더욱이 아동이 학급의 모든 활동에 참여할 수 있도록 환경적 적합화에 대해 논의하고 환경을 정비할 필요가 있다. 특수교사는 영유아의 장단기 목표 달성을 위하여 그들이 소속된 환경 안에서 일관성 있게 교육받을 수 있도록 정보를 제공해야 하며, 보다 생산적인 상호작용을 경험할 수 있도록 해야 한다.

또한, 일반교사는 아동의 사회 정서적 환경을 개선할 방법에 대해 도움이 필요할 수 있다. 예를 들어, 일반교사는 그림카드나 단어로 아동의 요구를 표현할 수 있도록 지도함으로써 의사소통과 문제해결력을 향상시킬 수 있다. 순회특수교사는 일반교사에게 발달 기술을 지도하기 위한 특별한 전략을 시범보이고 강화할 수 있다. 예를 들어, 순회특수교사는 영유아가 지원을 요청하기 전에 5초간 기다리도록 격려함으로써 일부 영유아의 의사소통 반응을 증가시킬 수 있다.

3) 조기특수교육을 위한 생태학적 접근

생태학적 체제 관점은 가족, 학교, 지역사회 생활의 구조를 구성하는 여러 상황을 발달-영향 경험의 맥락으로 본다. 여러 상황에서의 경험은 아동의 발달과 학습에 긍정적으로나 부정적으로 영향을 미친다. 생태학적 맥락이나 상황은 활동 상황, 미시체제, 자연적 학습 환경으로 기술되어 왔다. 어떤 아동은 일상생활, 아동과 가족의 일상, 가족의식, 학교활동, 가족과 지역사회 전통에 대한 경험을 통해 학습한다.

조기특수교육 전문가는 아동과 가족의 직접적인 환경과 외부 요인이 발달과 학습에 영향을 미친다고 본다. 한 부모 가정, 저소득층 등 현재 가정이 직면한 여러 조건은 아동기 초기에 극적인 영향을 미친다.

브론펜브레너(Bronfenbrenner, 1992)의 생태학적 체제모델은 아동의 기능을 지원하거나 방해하는 요소, 가족의 대처 요소를 확인하는 데 매우 유용할 수 있다. 특별요구를 지닌 아동의 가족은 자녀에게 중재나 지원을 제공하는 능력에 부정적으로나 긍정적으로 영향을 줄 수 있는 다중 조건에 직면한다. 지원팀은 이러한 위험 요소를 인식하고 가족들에게 적절한 지원을 제공하려고 노력한다. 브론펜브레너는 생태학적 위험 요소들을 미시체제, 중간체제, 외부체제로 묶었다.

미시체제

미시체제에는 아동의 정서적, 신체적 및 물질적 요구를 충족시킬 부모와 가족 단위의 능력이 포함된다. 예를 들어, 장애아동의 청소년(10대) 어머니는 스스로 자신을 무기력하게 지각하므로 특별한 의사소통문제를 나타낼 수 있다(Lea, 2006). 그들의 갑작스럽고 예측할 수 없는 통제력, 거친 체벌, 놀이 부족, 아동 고민에 대한 위로와 위안 부족, 불규칙적인 식사 패턴, 기복이 심한 정서 등은 아동, 특히 발달문제를 지닌 아동에게 좋지 못한 영향을 미친다.

중간체제

중간체제는 아동이 생활하고 있는 두 가지 이상의 상황 간의 상호작용이 포함되며, 경제, 문화 및 건강 요인이 중복된다. 장애나 발달지체 및 의료적 문제를 동시에 지닌 아동의 가족은 건강한 아동을 둔 가족과는 다른 지원을 필요로 할 것이다.

외부체제

외부체제는 가정의 사회 조건을 포함하고 있다. 미발달, 열악한 건강 보호, 불안전한 가정 등의 사회 조건은 아동의 발달에 영향을 미치고 가족이 질병을 겪게 될 기회를 증가시킨다. 가난하면 가족이 자극을 주는 장난감이나 학교 성공과 연관된 학습 자료를 구입할 형편이 안 되므로 아동의 학습을 제한시킬 수 있다. 가끔 조기특수교육 전문가들은 지원하고 있는 가족이 겪는 많은 문제 때문에 좌절감을 느낄 수 있다. 전문가들은 자신에게 위임된 책임을 다하기 위해 가족과 상호작용하는 가운데 가치를 찾고 효과적 중재를 실시하기 위한 동기 요인을 찾을 필요가 있다. 조기특수교육 분야는 아동-가족의 관계, 가족의 자원 및 가족의 사회적 지원을 강화함으로써 아동과 가족에게 생태학적 접근 방식의 지원을 할 수 있을 것이다.

5 특수교육과 관련된 법

「특수교육법」 및 관련법은 특수교육과 관련 서비스 등에 관한 국가와 지방자치단체의 책무 및 학습자의 권리가 규정되어 있다. 여기서는 특수교육과 직접 관련이 있는 「장애인 등에 대한 특수교육법」과 「장애인복지법」에 대해 알아보기로 한다.

1) 「장애인 등에 대한 특수교육법」

「장애인 등에 대한 특수교육법」은 1977년에 제정되어 수차례 개정을 반복했던 「특수교육진흥법」이 폐지되면서 새로 제정·공포된 법률이다. 이 법은 국가와 지방자치 단체가 장애인 및 특별한 교육적 요구가 있는 사람에게 적절한 교육 환경을 제공하고 장애 유형·장애 정도의 특성을 고려한 교육을 실시하여 이들의 자아실현과 사회 통합을 이루는 것을 목적으로 한다. 이 법률의 주요 내용은 다음과 같다.

첫째, **의무·무상교육.** 의무교육은 특수교육대상자의 유치원, 초등학교, 중학교 및 고등학교 과정으로 하고, 무상교육은 특수교육대상자의 전공과 및 만 3세 미만의 장애영아를 대상으로 한다.

둘째, **장애의 조기 발견.** 교육장 또는 교육감은 영유아의 장애 및 장애 가능성을 조기에 발견하기 위한 홍보를 실시하고 무상으로 선별 검사를 실시한다. 보호자 또는 각급 학교의 장은 장애를 가지고 있거나 의심되는 영유아 및 학생을 발견한 때에는 교육장 또는 교육감에게 진단 · 평가를 의뢰하여야 한다. 다만, 각급 학교의 장이 진단 · 평가를 의뢰하는 경우에는 보호자의 사전 동의를 받아야 한다.

셋째, **장애영아의 교육지원.** 만 3세 미만의 장애영아의 보호자는 조기교육이 필요한 경우 교육장에게 교육을 요구할 수 있고, 교육장은 특수교육지원센터의 진단 · 평가 결과를 기초로 만 3세 미만의 장애영아를 특수학교의 유치원 과정, 영아학급 또는 특수교육지원센터에 배치할 수 있다. 장애영아가 의료기관, 복지시설 또는 가정 등에 있을 경우에는 특수교육교원 및 특수교육 관련 서비스 담당 인력 등으로 하여금 순회교육을 제공하도록 할 수 있다.

넷째, **종일제를 운영하는 유치원 과정의 교육기관.** 종일제를 운영하는 유치원 과정의 교육기관에 특수교육대상자가 배치되는 경우, 해당 각급 학교의 장은 특수교육대상자에 대한 종일제 운영을 담당할 인력을 학급당 1인 이상 추가로 배치할 수 있다.

다섯째, **특수학교의 학급 및 각급 학교의 특수학급 설치 기준.** 특수학교와 각급 학교의 장은 유치원 과정의 경우, 특수교육대상자가 1인 이상 4인 이하인 경우 1학급을 설치하고, 4인을 초과하는 경우 2개 이상의 학급을 설치한다. 초등학교 · 중학교 과정의 경우, 특수교육대상자가 1인 이상 6인 이하인 경우 1학급을 설치하고, 6인을 초과하는 경우 2개 이상의 학급을 설치한다.

2) 「장애인복지법」

「장애인복지법」의 기본이념은 장애인의 완전한 사회 참여와 평등을 통한 사회 통합이며, 장애인의 인간다운 삶과 권리 보장을 위한 국가와 지방자치단체 등의 책임을 밝히고 있다. 또한, 이 법의 목적은 장애인의 생활 안정과 복지 증진 및 사회활동 참여도를 높이는 데에 있다.

첫째, **장애인의 권리 규정**. 장애인은 인간으로서 존엄과 가치를 존중받을 권리가 있고, 정치 · 경제 · 사회 · 문화, 그 밖의 모든 분야의 활동에 참여할 권리가 있다.

둘째, **장애인 및 보호자 등에 대한 의견 수렴과 참여 규정**. 국가 및 지방자치단체는 장애인 정책의 결정과 그 실시에 있어서 당사자 및 보호자의 의견 수렴을 위한 참여를 보장하고 있다.

셋째, **장애 발생 예방 및 조기 발견 명시.** 국가와 지방자치단체는 장애의 원인이 되는 질병의 조기 발견과 조기 치료, 장애 발생을 예방하기 위하여 필요한 조치 및 조기 발견과 조기 치료 및 그 밖에 필요한 정책을 강구할 것을 규정하고 있다.

요약

특수아동 또는 특별한 요구를 지닌 아동

- 학습적 요구나 특성이 대부분의 아동과는 현저히 달라서 그들의 잠재 능력을 충분히 계발하기 위해 교육과정 및 교수의 수정이나 특별지원교육을 필요로 하는 아동을 말하며, 장애나 영재 등을 가진 아동을 말한다.

특수교육의 개념

- 일반적으로 학습자의 교육적 요구가 평균에서 크게 벗어나 특별한 교육적 지원을 필요로 하는 장애나 결함을 지닌 학습자와 영재성을 지닌 학습자를 대상으로 하는 교육을 의미한다.
- 「장애인 등에 대한 특수교육법」에서는 '특수교육대상자의 교육적 요구를 충족시키기 위하여 특성에 적합한 교육과정 및 특수교육 관련 서비스 제공을 통하여 이루어지는 교육'이라고 규정한다.

조기특수교육의 개념

- 조기특수교육은 8세 이하의 아동과 그 가족을 서비스의 대상으로 하며, 이 서비스에는 교육적, 발달적 및 치료적 활동이 광범위하게 포함된다.
- 연령과 학제를 고려하여 3단계, 즉 영아기(0~2세), 유아기(3~5세), 아동기 초기(6~8세, 초등학교 3학년까지)로 구분한다.
- 조기특수교육은 이론과 증거기반의 실제에 기초하여 이루어지는 특수한 영역이다. 증거기반의 실제란 아동, 가족, 전문가 및 체제에 관한 연구에서 효과적인 것으로 입증된 결과를 교육의 현장에 적용하는 것을 말한다. 조기특수교육은 직접서비스와 간접서비스로 나눌 수 있다.
- 「특수교육법」에 따라 0세부터 2세까지는 무상특수교육, 3세(유치원)부터는 의무특수교육을 받을 수 있으며, 9세 미만의 아동이 특별한 요구를 지닌 경우 발달지체라는 이름으로 특수교육대상자에 선정되어 특수교육을 받을 수 있다.

조기특수교육 서비스를 받는 영유아동

- 특수교육대상자란 "시각장애, 청각장애, 지적장애, 지체장애, 정서행동장애, 자폐성장애, 의사소통장애, 학습장애, 건강장애, 발달지체 및 그 밖의 대통령령으로 정하는 장애에 해당하여 특수교육을 필요로 하는 사람"으로 제한되고 있다.
- 영유아기의 경우 장애가 심하여 명확히 드러난 경우가 아니면 특수아동이나 장애아동이란 명칭을 가급적 붙이지 않으며, 발달 위험군 아동 또는 위험군 아동이라고 한다.
- 「특수교육법」에서도 발달지체라는 별도의 특수교육대상 범주를 두어, "신체, 인지, 의사소통, 사회 · 정서, 적응행동 중 하나 이상의 발달이 또래에 비하여 현저하게 지체되어 특별한 교육적 조치가 필요한 영아 및 9세 미만의 아동"이라고 규정하고 있다.

특별한 요구를 지닌 영유아동의 조기교육 프로그램 목표

- 조기특수교육은 영아, 유아 및 초등 저학년의 세 단계로 볼 수 있다. 각 단계에 맞추어 개발된 프로그램은 생애주기에 따라 아동과 그 가족들의 요구를 반영하여 목표를 설정한다.

특별한 요구를 지닌 영유아동을 위한 서비스 전달모형

- 영유아 조기특수교육 서비스는 주로 세 가지 모형, 즉 가정 중심, 센터 중심, 가정 센터 중심 프로그램으로 제공될 수 있다.
- 초등학교 저학년에 재학 중인 장애를 지닌 많은 아동은 일반학급, 학습도움실(시간제 특수학급), 독립특수학급(전일제 특수학급), 특수학교 등 다양한 교육환경에 배치될 수 있다.
- 생태학적 체제 관점은 가족, 학교, 지역사회 생활의 구조를 구성하는 여러 상황을 발달-영향 경험의 맥락으로 본다.

특수교육과 관련된 법

- 특수교육과 직접 관련이 있는 대표적인 법으로 「장애인 등에 대한 특수교육법」과 「장애인복지법」이 있다. 「특수교육법」 및 관련법은 특수교육과 관련 서비스 등에 관한 국가와 지방자치단체의 책무 및 교육권자의 권리가 규정되어 있다.

Chapter 03 특수아동의 사정

교육자는 장애를 지닌 영유아를 조기에 판별하는 데 중요한 역할을 한다. 아동들은 발달 속도가 각기 다르지만, 일반적으로 발달 순서는 모두 동일한 것으로 본다. 조기특수교육자들은 진단평가를 통하여 아동의 특별한 학습 요구를 확인하고, 이를 근거로 개별화된 교육 프로그램을 제공하게 된다.

1 사정의 의미와 유형

특수교육에서의 진단이란 대상아동이 일반 아동과 얼마나 다른지를 알아내기 위함이 아니라, 그들의 특성을 찾아내고 적절한 교육적 요구를 제공하는 데 그 목적이 있다. 이러한 진단과정을 통하여 아동에 관한 정보를 수집하고, 그 정보들을 토대로 하여 대상에 적합한 교육계획을 수립한다. 나아가 프로그램이 적절한 시기에 적합하게 실행되고 있는지, 이 프로그램을 통해 아동이 어느 정도 성취를 했으며, 프로그램이 어느 정도 효과가 있는지를 점검하는 과정이 반드시 뒤따라야 한다. 이 과정을 '평가'라고 하며, 이것은 특수아동의 교육에 있어서 진단과 항상 동반되는 과정이다. 일반적으로 평가라고 하면 교육대상의 수준을 가늠하는 것이라고만 생각하기 쉬우나, 특수교육에서는 아동을 위한 프로그램 자체를 평가하는 의미가 크다는 것을 유념할 필요가 있다.

사정이란 아동에 관한 체계적인 정보의 수집을 통하여 의사결정하기까지의 모든 과정을 말한다. 사정도구는 특정 도구의 지침, 지역기관의 선호, 전문가의 선호, 사정의 목적, 도구 이용의 가능성 등에 따라 다양한 아동에게 이용된다. 교사는 우선 아동에 관해 정보가 필요한 이유를 결정하고, 이러한 자료 수집 과정에 가장 적합한 전략을 선택한다.

사정 과정에서는 여러 자원을 이용한다. 즉 아동의 상태, 기능, 진전을 측정하기 위해 전문가들이 여러 가지 도구(평가도구, 직접관찰, 부모조사, 체크리스트)를 이용하고 여러 사람(부모, 치료사, 일반교사)으로부터 정보를 이끌어내야 한다. 전문가들 역시 여러 접근 방법을 이용한다. 즉 그들은 정보 수집 과정에서 한 가지 절차에 의존하지 않고 각 아동의 감각, 신체, 반응 등의 차이를 조정하려는 시도로 여러 전략을 선택한다. 유아에게 일반적으로 이용되는 평가도구의 유형에는 규준참조형 검사, 준거참조형 검사, 놀이중심 평가, 판정중심 평가 등이 있다.

1) 규준참조형 검사

규준참조형 검사는 아동의 수행성을 동일 연령의 다른 아동의 수행성과 비교할 수 있도록 설계되어 있다. 규준참조형 검사는 대부분 표준화검사로서 바닥연령(모든 문항을 통과하는 연령 수준)과 천장연령(오직 한 문항만 통과하는 수준)을 제공하며, 타당도와 신뢰도에 관한 정보를 제공해 준다. 영유아용 규준참조형 검사는 발달연령 점수, 백분위점수와 같은 양적 점수를 제공해 준다. 규준참조형 검사는 교육자들에게 학년 수준의 표준점수와 백분위점수를 제공하여 읽기, 수학, 사회, 과학 및 기타 교과를 동일연령의 또래들과 비교할 수 있게 해 준다.

2) 준거참조형 검사

준거참조형 검사와 교육과정중심 검사는 아동을 설계된 표준과 비교한다. 일반적으로 영역별 발달연령에 상응하는 발달연령 근사치(개략적 발달연령)를 6세 이하 아동에게 제공한다. 이 유형의 검사도구는 아동의 특정 기능과 목표의 습득 정도를 결정하기 위해 이용되며, 6세 이하의 아동의 경우 '통과', '미통과'와 같은 수행성의 질에 관한 정보를 제공한다. 준거참조형 검사도구들은 평가와 교육과정 체크리스트를 결합시켜 프로그램 개발의 기초 자료를 제공한다.

3) 놀이중심 평가

놀이중심 평가에는 인지, 사회, 정서, 운동, 의사소통 영역의 자연스러운 행동 또는 적절한 행동을 이끌어내도록 반구조화된 놀이 삽화가 포함되어 있다. 이 형태의 평가는 일반적으로 영유아에게 이용된다. 팀 구성원들은 동일한 놀이/평가 회기를 관찰하고, 그 결과를 즉시 논의한 뒤 총체적 평가 프로그램을 개발한다. 관찰할 필요가 있는 모든 행동이 첫 평가에서 드러나지 않기 때문에 전체 팀이나 개별 전문가에게 추가 평가를 위해 다른 사건과 시간이 필요하다. 원하는 경우 부모가 이 평가의 주요 인사로 참여할 수 있으며, 장난감을 이용하여 아동의 가정 및 평가센터에서 실시할 수 있다. 체크리스트, 직접관찰, 부모 보고, 준거참조형 검사는 이 유형의 평가로 이용될 수 있다.

4) 판정중심 평가

평가의 실질적 과제는 각 아동이 실제로 보이는 행동을 관찰하는 것이다. 판정중심 평가는 아동의 행동과 기능에 관하여 전문가가 지각하고 관찰한 내용을 기록한다(McLean, Wolery, & Bailey, 2004). 감각손상/신경학적 제약을 지닌 아동의 경우, 전통적 평가도구로는 세밀하게 평가할 수 없다. 전통적 평가도구들은 작은 기능의 습득을 파악할 수 있을 정도로 충분한 문항 밀도를 갖지 못하고 있다. 그래서 대부분 아동이 알고 있는 것을 평가하기 위해 의사소통이나 운동반응을 이용한다. 판정중심 평가는 체계적인 관찰을 통해 아동에 대한 객관적인 정보 및 아동의 흥미도와 같은 주관적인 정보 등을 기록한다. 따라서 판정중심 평가는 평가하기 어려운 아동, 감각결함 아동, 전통적 평가도구와 실제에 능력이 반영되지 않는 아동에게 가장 유용하다. 판정중심 평가는 임상적 판단을 이용하므로 평가자의 편견이 들어갈 수 있다. 그럼에도 불구하고 이 평가는 전통적 평가가 불가능할 때나 아동의 능력에 미묘한 변화를 반영할 수 없을 때 유용하다. 전문가는 판정중심 평가를 이용하여 다음과 같은 정보를 수집하고자 한다.

- 아동의 현재 나타난 기능과 행동
- 일반화되고 있는 기능
- 아동이 과제를 시도하는 방법

- 아동이 과제를 완수하지 못하는 이유
- 과제수행을 위해 아동에게 요구되는 지원 수준
- 자극에 대해 아동의 반응이 갖는 기능
- 감각, 신체, 기질적 차이에 따라 조정이 이루어질 때 아동이 반응하는 방법

판정중심 평가는 준거참조형 검사나 규준참조형 검사에서 드러나지 않는 기능을 확인하여 지도하고, 점검할 수 있는 기술을 관찰하여 충분히 수량화하는 데 그 목적이 있다.

2 사정의 목적

사정은 선별, 적격성, 프로그램 계획, 목표 점검을 위해 실시된다. 각 목적에 따라 다른 평가도구를 이용하여 필요한 정보를 수집한다.

1) 선별

선별은 아동이 어떻게 기능하는지를 살펴보는 첫 번째 단계이다. 선별검사 결과 아동이 문제가 있는 것으로 판단되면 보다 종합적인 평가를 받게 된다. 선별검사를 통해 문제가 있다는 것을 확인할 수 있지만, 이를 근거로 서비스를 결정할 수는 없다. 초등학교 저학년 학생의 경우 교육과정중심 평가를 이용하여 선별할 수 있다.

2) 적격성

적격성이란 영유아 또는 초등학교 저학년 학생이 특수교육대상자 선정 기준에 적합한지를 결정하기 위한 기준을 말한다. 영유아의 특수교육 적격성을 결정하기 위해 규준참조형 검사를 실시해 왔으나, 최근 이러한 목적을 위해 교육과정중심 평가

와 같은 참평가(현장생활중심의 평가)를 이용할 것을 제안하고 있다. 메이시, 브리커와 스콰이어스(Macy, Bricker, & Squires, 2005)의 연구는 교육과정중심 평가가 표준화된 규준참조형 검사처럼 서비스를 필요로 하는 영유아를 판별하는 데 효과적이라는 것을 발견했다. 전통적으로 적용해 왔던 평가방법으로 한 시점에서 수행성을 1회 측정할 경우에, 그 결과는 중재 계획과 무관하고 검사 실시 비용이 많이 드는 경향이 있다. 초등학교 저학년 학생의 경우, 「특수교육법」에 제시된 장애 범주에 적합한지를 결정하기 위해 학생에게 여러 가지 평가를 실시한다. 초등학교 저학년 학생은 학년 수준, 표준점수, 백분위를 산출해 주는 도구로 평가받게 된다.

3) 프로그램 계획

전문가들은 영유아 및 초등학교 저학년 학생의 프로그램을 계획하기 위해 준거참조형 검사 또는 교육과정중심 평가를 이용한다. 그들은 작은 진전이라도 찾아낼 수 있고, 프로그램을 개발하는 데 유용한 정보를 수집할 수 있는 평가도구를 선호하게 된다.

원형평가arena assessment는 적격성을 결정하고 프로그램을 계획하기 위해 출생부터 3세까지의 아동에게 자주 이용된다. 아동과 부모, 특수교사, 언어치료사, 작업 또는 물리치료사, 보건교사 등이 원형으로 둘러앉아서 아동을 관찰한다. 팀원들은 원형평가를 하기 전에 팀의 각 구성원이 자신의 학문적 관점, 준거참조형 검사를 통하여 알고자 하는 기능과 행동을 판별하기 위해 아동 관계자와 만남을 갖는다. 평가에 이어 원하는 행동을 관찰할 수 없으면 추가의 평가 시간을 마련한다. 원형평가를 이용하는 전문가들은 훈련을 통해 시간을 절약하고, 자신의 학문적 평가 관점에서 아동을 관찰할 수 있다. 원형평가 후 팀원들은 아동과 가족의 목표나 표적 행동을 개발하기 위해, 중재전략과 절차를 확인하기 위해, 일상생활이나 활동을 방해하지 않고 가장 쉽게 투입될 수 있는 가족 및 학급 일상을 판별하기 위해 모임을 갖는다. 원형평가는 교육 프로그램이 개별 전문가에 의해서가 아니라 집단에 의해 작성되므로 통합된 결과와 중재를 촉진시키고 팀의 응집력을 조장한다. 초등학교 저학년 학생의 경우 전문가는 교육계획을 개발하기 위해 규준참조형 검사, 준거참조형 검사, 교육과정중심 평가, 형식적 및 비형식적 검사를 이용한다.

4) 목표 점검

특정 결과와 장단기 목표에 대한 아동의 진전도에 관하여 정보를 수집하는 활동을 목표 점검이라고 한다. 전문가들은 목표 점검을 통해 기능 습득을 추적하고, 중재가 아동의 학습에 효과적이었는지를 확인한다. 아동의 기능에 대한 평가와 사전에 기술한 시작과 종료 활동을 구체적으로 서술하기보다 지속적인 과정으로 접근할 때 전략과 활동을 쉽게 변경할 수 있다.

사실 대부분의 영유아를 담당하는 특수교사는 훌륭한 평가란 '일상생활 속의 활동과 놀이 시간에 아동을 관찰하며, 시간의 경과에 따라 진전도를 점검할 수 있는 것'으로 정의하고 있다. 일부 교사는 아동의 실제 학습을 측정하기 위해 노력, 진전, 성취를 설명해 줄 아동의 작품을 수집하는 포트폴리오 평가를 이용한다. 이 유형의 평가는 아동에 관한 두 가지 유형의 정보, 즉 관찰(비디오 녹화자료, 영유아의 의사소통 표집 녹음자료, 초등학교 저학년 학생들의 구두읽기 녹음자료)과 작업표집(아동의 인지적 변화를 반영하는 그림, 이전에 수행할 수 없었던 과제를 수행하는 사진, 시험이나 프로젝트 및 비형식적 인벤토리와 같은 학교 작업, 초등학교 저학년 학생들의 체크리스트)이 있다.

목표를 점검하기 위해서는 체계적인 계획을 세워야 한다. 영유아를 담당하는 특수교사가 아동의 현재 수행성에 관한 자료를 가지고 있을 때 전문가, 행정가, 가족 구성원들 간의 의사소통이 원활히 이루어질 수 있다. 이처럼, 특수교육에서는 자료 수집이 필수적이지만, 증거가 되는 정규 자료 수집이 폭넓게 이루어져야 하며, 일반 조기교육 환경에 있는 장애아동에 관한 체계적인 정보 수집도 제대로 이루어질 필요가 있다.

3 특수교육대상자 사정 과정

사정이란 특수교육대상자를 선별하기 위해 대상자의 특성 또는 교육상의 현저한 문제점들을 파악하는 과정으로서, 학생의 특별한 교육적 요구를 진단하여 그에 상응하는 적절한 조치를 강구하기까지의 여러 절차와 방법을 통칭하는 말이다. 이 과정은 결코 아동이 가진 문제점을 밝히고자 하거나 장애가 있음을 확인하고자 하는 목적이 아니라는 것을 염두에 두어야 한다. 진단평가 과정에서 결정 내려야 할 중요한 두 가지 핵심은 첫째, 아동을 어떤 교육 환경에서 가르칠 것이냐고 하는 교육배치의 문제이며, 둘째, 아동에게 어떤 교육내용을 제공할 것이냐고 하는 문제로, 즉 개인차를 알아내어 각 영역의 능력에 따라 적절한 프로그램을 개발하는 것이 무엇보다 중요하다. 특수교육대상자의 진단평가는 대상자 발견, 선별검사, 장애진단, 교육적 지원과 중재, 평가 등의 과정을 거친다.

1) 대상자 발견

교육현장에서 장애가 있는 아동을 찾아내는 일은 절대 쉽지 않다. 아무리 연령이 어리다 해도 모든 아동마다 각기 특성이 다르고, 기능 영역별로 어떤 영역은 조금 더 빠르게 또는 늦게 발달하는 경우가 많기 때문에 단순히 '다르다'라는 이유 하나만으로 선별이나 장애진단을 의뢰해서는 오히려 부작용을 일으킬 수도 있다.

대상자를 발견하게 되었을 때, 교사는 부모의 자존심이 상하지 않도록, 또는 충격을 받지 않게 하면서 그 사실을 전달하고 그 이후의 선별이나 진단과정에 대해서도 안내해 주어야 한다. 발견 후 부모에게 아동에 대한 질문을 하거나 선별과정에 대한 동의를 얻을 때에 편안하고 일상적인 어조로, 그리고 아동의 더 나은 미래를 위해 필요한 과정임을 인간적인 측면에서 접근하는 방식이 필요하다. 아동에게 문제가 있는 듯한 어휘나 말투를 사용하거나 큰 사건을 발견한 것처럼 일상적이지 않은 어조로 아동에 대해 이야기하면 부모는 방어와 부정의 태도를 보이게 된다.

진단과정을 필요로 하는 아동이 발견되면, 우선 그 아동의 부모와 인격적이고 인간적인 만남을 먼저 가져서 라포rapport(공감대가 형성되고 친밀한 느낌이 드는 관계로, 상대방의 말을 신뢰할 수 있게 됨)를 형성해야 한다. 라포형성 과정에서는 아동에 대한 좋은 점을 이야기하고 칭찬해 주어 교사가 아동에 대해 좋은 감정과 인상을 갖고 있음을 확신시켜 주어야 한다. 그래야만 교사가 아동의 진단에 관한 이야기를 꺼냈을 때 부모가 교사의 본심을 이해하고 그에 동의할 수 있다. 물론 방어적인 부모는 어떤 상황에서도 이를 거부할 가능성이 있지만, 그러한 경우에도 꾸준히 관계 형성과 진심 어린 설득이 필요하다.

2) 선별

선별은 장애가 의심되는 아동을 진단하기에 앞서 일차적으로 확인하는 단계이다. 선별과정에서 대상아동이 가진 특성이 또래 아동에 비해 그 차이의 정도가 큰 것으로 확인되면 장애를 확인하기 위해 한층 더 심도 있는 진단이 필요하다는 결론을 얻게 되며, 그 차이가 수용 가능한 수준이면 특수교육대상자가 아닌 것으로 판별된다. 즉 전문적인 장애진단평가가 필요한 아동을 '구별'해내는 과정인 것이다. 선별은 시각, 청각, 발달검목표 등과 같은 다양한 영역에서 실시하는데, 유전자 이상을 확인하기 위한 양수검사, 출생 즉시 이루어지는 장애와 관련된 판별검사 등도 의사에 의해 행해지는 선별검사라고 할 수 있다.

선별과정은 가능한 한 빠르고 간단하게 실시할 수 있는 것이 좋다. 가장 먼저 실시할 수 있는 것이 교사와 부모의 관찰이다. 교사는 아동을 섬세하게 관찰하여 현재의 수행 기능과 사회적 행동에 있어서의 문제점들을 확인한다. 그리고 아동의 부모가 가정에서 관찰한 특징적인 내용과 의견도 면담을 통해서 듣고 기록해 두어야 하며, 그러한 내용들이 일반적인 발달 과정에 비하여 어느 정도 차이를 보이는지 살펴보도록 한다. 선별과정 내에서 아동 관찰과 부모와의 면담이 이루어진 후 선별검사가 필요한 것으로 확인되면 아동의 기본적인 기능들을 측정하는 몇 가지 검사도구를 이용하여 선별검사를 실시한다. 보건복지부에서도 영유아 건강검진 사업을 실시하고 있어서, 만 6세 미만의 모든 영유아가 시각과 청각의 측정, 신체계측, 발달평가 등을 무상으로 받을 수 있다.

3) 장애진단

장애를 지닌 유아의 진단은 여러 측정 방법을 사용하여 다양한 정보를 수집하는 포괄적이고도 종합적인 과정이 강조되며, 특히 단일 검사점수나 한 가지 유형의 진단 결과로 중요한 결정을 내리지 않도록 해야 한다. 이것은 일생에서 가장 중요한 발달기에 잘못된 진단으로 인한 문제를 감소시키기 위해서이다. 장애를 지닌 유아의 진단은 보통 감각 능력, 의사소통 능력, 지각 및 운동 기능 발달, 인지 능력, 자조 및 적응 기술, 사회 · 정서 발달의 여섯 가지 영역으로 분류하여 이루어질 수 있다. 현재 우리나라 교육 현장에서 많이 사용되고 있는 진단도구를 발달 영역별로 제시하면 〈표 3-1〉과 같다.

〈표 3-1〉 발달 영역별 진단검사도구 사례

발달 영역	진단검사도구
감각 능력	청력검사, 시력검사, 반사검사
의사소통 능력	우리말 조음·음운평가, 구문의미이해력검사, 문장이해력검사, 취학전 아동의 수용언어 및 표현언어척도(PRES), 그림어휘력검사, 영유아언어발달검사(SELSI), 언어문제해결력검사
지각 및 운동 기능 발달	포테이지 아동발달검사, 지각-운동발달검사(PMDT), 반사검사, 한국판 시지각발달검사(K-DTVP-2), 시각-운동통합발달검사(VMI), 한국판 오세레츠키 운동능력검사, 일상생활동작검사
인지 능력	웩슬러 아동용지능검사(K-WISC-IV), 웩슬러 유아용지능검사(K-WPPSI), 카우프만 아동용지능검사(K-ABC-II), 한국형 개인지능검사(KISE-KIT), 포테이지 유아발달검사, 기초학습기능검사, 학습준비도검사, KISE-기초학력검사, 한국판 그림지능검사
자조 및 적응 기술	포테이지유아발달검사, 사회성숙도검사, 적응행동검사, 지역사회적응검사
사회 · 정서 발달	문제행동기능평가, 아동기자폐증평정척도(CARS), 적응행동검사, KISE 자폐아동교육진단검사, 이화-자폐아동행동발달평가도구(E-CLAC), 지역사회 적응검사, KISE적응행동검사, 아동·청소년 행동평정척도

위와 같은 검사도구를 이용하여 장애를 진단하고자 할 때에는 반드시 검사자가 진단도구에 대해 숙련되어 있어야 한다. 또한, 진단도구에서 규정한 장소, 시간, 검사방법 등을 반드시 준수하여 검사할 때 정확한 결과를 얻을 수 있다. 이러한 규정을 지키지 않았을 경우에는 잘못된 진단결과를 얻음으로써 장애가 없는 유아에게 장애진단이 내려지거나 반대의 경우가 발생할 수 있다. 특히, 지능검사의 경우 표준화된 지 오래된 검사도구를 이용하여 검사할 경우 결과가 실제 수준보다 높게 나타나는 플린효과가 발생하므로 최근에 표준화된 검사도구를 이용해야 한다(정대영, 2019).

4) 교육진단 및 프로그램 계획

교육진단

장애가 진단된 후에는 아동의 특성을 파악하여 그 요구에 맞는 개별적인 교육 프로그램을 개발해야 한다. 이를 위하여 먼저 아동의 현재 기능의 상태, 즉 여섯 가지 발달 영역에서 습득한 기술의 정도와 강점, 약점 등을 평가하고 앞으로 습득해야 할 기능과 기술을 진단한다. 그리고 그 결과에 알맞은 목표를 세워 이를 교육하기 위한 프로그램을 적용시켜 단계적인 발달을 꾀하도록 해야 한다. 교육진단 도구들은 절대적 기준에 따른 평가 체계이며, 개별적인 기술들에 대해 비교적 상세하게 나타나 있어 유아의 현재 기능 수준을 알기에 용이하다. 또한, 유아가 일상적인 생활 속에서 필요로 하는 기술들로 구성되어 있다(Allen & Cowdery, 2015).

프로그램 계획

장애를 지닌 아동은 학습 속도와 양식에 있어 다양한 개인차를 지니고 있기 때문에 집단학습으로는 그들의 능력과 특성에 부응한 적절한 교육을 보장할 수 없다. 개인의 독특한 교육적 요구에 알맞은 적절한 교육을 보장하기 위해서는 교육과정을 수정하거나 특별한 교수-학습 방법을 도입할 필요가 있다. 적절한 교육을 실시하기 위한 교육경영 계획이 바로 개별화교육계획이다. 즉 개별화교육계획은 특수교육 서비스를 받는 아동을 위한 하나의 법적 요구 조건으로서 장애를 지니고 있고, 특수교육적 서비스가 필요하다고 인정된 아동을 위해 개별적으로 마련되어야 하는 '공식 교육계획서'이다. 개별화교육계획에는 장애를 지닌 아동의 적절한 교육을 보장하기 위한 외형적인 문서라는 의미와 그러한 문서를 작성하는 데 있어서 다양한 구성원이 상호 협력하는 과정이라는 두 가지 의미를 내포하고 있다. 개별화교육계획을 단순히 작성된 문서로만 보아서는 안 되며, 문서를 작성하는 데 참여하는 인사와의 협력적인 작업까지도 포함한 이해가 필요하다. 개별화교육계획은 개별 아동에 대해 학급의 공통교육과정으로 집단학습이 어려운 과목에 대해 특별히 설계된 지도계획이라 볼 수 있다.

아동과 더불어 그 가족을 지원하기 위한 프로그램을 개별화가족지원계획이라고 한다. 개별화가족지원계획은 서비스 제공과 평가에 참여하는 가족들과 전문가들 간의 협력적인 상호 교환을 통해 개발되어야 하며, 아동의 성장과 발달을 돕기 위해 가족의 관심과 우선적으로 필요한 것, 가족이 이용할 수 있는 자원에 대한 내용을 포함해야 한다. 서비스 중재자와 팀의 다른 구성원들은 가족이 우선적으로 무엇을 필요로 하는지, 그리고 아동에게 가장 중요하고 시급한 것이 무엇인지를 확인하고 도와주어야 한다. 즉 개별화가족지원계획의 목적은 아동의 발달 목표를 성취하기 위해 아동뿐만 아니라 가족이 원하는 목표에 도달하기 위해 자신의 장점과 모든 자원을 활용하는 데에 있으며, 가족이 스스로 자원을 이용할 수 있고 스스로 문제를 해결해 나갈 수 있도록 지원하는 것이다.

5) 진전도 점검 및 프로그램 평가

진전도 점검

진전도 점검이란, 프로그램을 아동에게 실시한 후 얼마만큼의 발달과 향상을 보이는지를 점검하는 단계이다. 프로그램 적용 이전의 아동의 기능 수준 및 발달 상태와 적용 이후의 상태를 상세하게 비교 분석하여 어떤 발달 영역에서 어느 정도의 향상을 나타내는지를 확인한다. 그 결과에 따라 현재 적용하고 있는 프로그램을 같은 방식대로 계속 실시할 것인지, 아니면 수정이나 보완이 필요한지를 판단할 수 있다. 향상이 전혀 나타나지 않는 분야에 대해서는 목표를 수정하거나 중재방법을 바꾸어 적용할 필요가 있다.

프로그램 평가

프로그램 평가란 개별화교육계획 자체를 평가하고, 그 효과를 검증하는 과정이다. 프로그램의 평가는 프로그램에 대해 전문적으로 숙련된 사람들이 수행하도록 해야 한다.

개별화교육계획은 연간 목표, 단기 목표 등을 설정하고 작성하는데, 이러한 목표들을 세부적으로 살펴보고 현재 수행 정도와 비교해 보아야 한다. 발달 영역 각각의 활동 프로그램이 적절하고, 효과적으로 수행되고 있는지, 매일, 매주, 매월별 프로그램의 목표 설정은 합당하며, 이에 적합하게 운영되고 있는지 등을 평가한다. 또한, 개별화가족지원계획도 프로그램 평가가 필요하다. 가족들을 지원하기 위한 프로그램이 원활하게 진행되어 가족들이 만족하고 있는지, 프로그램이 진행되면서 추가적으로 가족들에게 필요한 부분이 드러나지는 않았는지 평가한다. 프로그램의 평가내용을 간단한 질문으로 나타내면 다음과 같다(김경숙 외, 2010).

- 계획한 것이 수행되었는가?
- 효율적으로 수행했는가?
- 이용 가능한 자원을 효과적으로 이용하였는가?
- 제공한 서비스는 유아 및 가족의 요구와 필요성을 충족하였는가?

6) 주요 검사도구

장애를 지닌 영유아를 검사하는 데 주로 사용되는 검사도구들을 영역별로 분류하여 제시하면 다음과 같다.

언어 검사

우리말조음 · 음운평가U-TAP(김영태 · 신문자, 2004)는 우리나라 자음 또는 모음 말소리에 문제를 보이는 조음 · 음운장애 아동이 단어와 문장에서 산출하는 발음을 체계적으로 평가하기 위해 고안되었다. 주요 대상은 만 2~12세의 아동이지만, 그림을 많이 이용하는 검사이므로 취학 전(만 3~6세) 아동에게 가장 적합하며, 낱말 수준에서의 자음과 모음을 검사하는 그림낱말검사와 문장 수준에서의 자음과 모음을 검사하는 그림문장검사로 구성되어 있다. **영유아 언어발달검사**SELSI(김영태 · 김경희 · 윤혜련 · 김화수, 2003)는 언어장애의 조기선별을 목적으로 영유아의 언어 발달의 정도를 평가하기 위하여 개발되었으며, 대상은 4~35개월의 영유아이다. 수용언어검사와 표현언어검사의 두 영역으로 구성되어 있다. **그림어휘력검사**PPVT-R(김영태 · 장혜성 · 임선숙 · 백현정, 1995)는 만 2세 0개월~8세 11개월의 아동의 수용어휘력을 검사하기 위하여 고안된 검사도구로 품사별 · 범주별로 구성된 112개의 문항을 포함하고 있으며, 네 개의 그림 중에서 검사자가 지시하는 것을 아동이 가리키도록 되어 있다. **취학전 아동의 수용언어 및 표현언어 발달척도**PRES(김영태 · 성태제 · 이윤경, 2003)는 아동의 언어가 정상적으로 발달되고 있는지 혹은 언어발달지체가 있는지를 판별할 수 있고, 수용언어와 표현언어 발달 간의 차이를 알 수 있다. 대상은 만 2세 0개월~6세 5개월의 취학 전 아동이며, 수용언어 영역 45문항과 표현언어 영역 45문항의 총 90문항으로 구성되어 있다. **언어문제해결력검사**(배소영 · 임선숙 · 임지희, 2000)는 만 5~12세의 아동을 대상으로 특정한 상황에서 대답하는 능력을 평가함으로써 언어를 통한 문제해결 능력을 측정하기 위한 검사이다.

지각 및 운동 검사

오세레츠키운동능력검사OTMP(김정권 · 권기덕 · 최영하, 1997)는 만 4~16세의 아동 및 청소년의 소근육 및 대근육운동 기술의 수준을 측정하기 위한 검사도구로, 여섯 개의 영역(일반적 정적 협응검사, 손동작 협응검사, 일반동작 협응검사, 운동속도검사, 동시적 자발동작검사, 단일동작 수행능력검사)의 총 60문항으로 구성되어 있다. **한국판 시지각발달검사-2**K-DTVP-2(문수백 · 여광응 · 조용태, 2003)는 만 4~8세까지의 아동의 시지각 능력을 측정하기 위한 검사도구이다. 이 검사는 8개의 하위검사(눈-손 협응, 공간위치, 따라 그리기, 도형-배경, 공간관계, 시각통합, 시각-운동속도, 형태 항상성)로 구성되어 있으며, 각 하위검사는 운동개입이 최소화된 검사와 운동개입이 뚜렷한 검사로 분류된다.

적응행동 검사

국립특수교육원 적응행동검사NISE-K · ABS(류재연 · 이준석 · 장정애, 2018)는 유아용과 초 · 중등용으로 개발되었으며, 유아용 표준화 검사도구는 개념적 기술, 사회적 기술, 실제적 기술의 3개 영역, 10개 하위 영역, 125개 문항으로 구성되어 있다. **지역사회적응검사**CIS-A(김동일 · 박희찬 · 이달엽, 2004)는 지적장애를 지닌 아동이나 발달장애를 지닌 아동을 대상으로 지역사회에 통합되는 데 필요한 적응 기술들을 포괄적으로 측정하기 위한 검사도구이다. 3개의 영역, 즉 기본생활 영역, 사회자립 영역, 직업생활 영역으로 구성되어 있으며, 총 164문항으로 되어있다. **KISE 적응행동검사**KISE-SAB(정인숙 · 강영택 · 김계옥 · 박경숙 · 정동영, 2003)는 지적장애를 지닌 아동의 경우 만 5~17세를 대상으로 하고, 일반 아동의 경우 21개월~만 17세를 대상으로, 적응행동을 측정하기 위한 검사이다. 개념적 적응행동검사, 사회적 적응행동검사, 실제적 적응행동검사의 세 가지 소검사로 구성되어 있으며, 총 242문항이다. **KISE 자폐행동 체크리스트**(정대영 · 박희찬, 1997)는 생활연령이나 기능 수준에 관계없이 자폐성향을 지닌 모든 개인에게 이용할 수 있는 행동체크리스트이다. 이 검사는 감각, 관계, 신체 및 사물 이용, 언어, 사회 및 자조의 5개 영역을 측정하는 57문항으로 구성되어 있다. 아울러 일반적인 체크리스트가 지니고 있는 문제점, 즉 발생 빈도를 측정하지 못하는 점을 보완하기 위해 발생 빈도에 따라 57개 문항에 1~4까지의 가중치를 부여함으로써 검사도구의 타당성과 신뢰성을 높였다.

정서행동 검사

아동 · 청소년 행동평가척도K-CBCL(오경자 · 이혜련 · 홍강의 · 한은혜, 1997)는 만 4~17세 아동의 정서행동문제를 평가하기 위한 검사도구로 3개의 하위척도로 구성된 사회능력척도와 13개의 하위척도로 구성된 문제행동증후군척도로 이루어져 있다.

지능 검사

한국판 색채누진행렬L-CPM(임호찬, 2004)은 지능을 측정하기 위한 검사로, 월령 33~98개월까지의 아동을 대상으로 하는데, 시각 기능과 인지 능력만 있으면 지능을 측정할 수 있게 되어 있어서 지체장애, 언어장애, 지적장애, 청각장애를 지닌 아동에게도 적용할 수 있다. 세 가지 세트로 구성되어 있으며, 한 세트당 12문항씩 총 36문항으로 되어 있다. **KISE 한국형 개인지능검사**KISE-KIT(박경숙 · 정동영 · 정인숙, 2002)는 만 5~17세의 아동과 청소년의 지능을 측정하기 위한 검사이다. 동작성 검사 5개와 언어성 검사 5개, 보충검사 2개로 구성되어 있다. **한국판 K-ABC-II**(문수백, 2014)는 만 3세부터 18세까지의 아동과 청소년의 정보처리와 인지 능력을 측정하는 개인지능점사이며, 순차처리, 동시처리, 학습력, 추리력, 결정성 지적 능력을 포함하여 광범위한 인지 능력들을 측정한다. **한국 웩슬러 유아지능검사**K-WPPSI(박혜원 · 곽금주 · 박광배, 1996)는 만 3세 0개월~7세 3개월 유아의 지능을 측정하기 위한 검사도구로 동작성검사와 언어성검사로 구성되어 있다. **한국 웩슬러 아동지능검사**K-WISC-IV(곽금주 · 오상우 · 김청택, 2011)는 만 6세 0개월~ 16세 11개월 아동의 지능을 측정하기 위한 검사도구이며, 동작성검사와 언어성검사로 구성되어 있다.

학습 검사

기초학습기능 수행평가체제-읽기검사BASA-Reading(김동일, 2000)는 읽기장애나 읽기곤란을 진단하기 위한 검사도구로 초등학교 1~3학년의 아동을 대상으로 하며, 기초평가와 형성평가로 구성되어 있다. **읽기진단검사**(김윤옥, 2001)는 초등학교 1학년~고등학교 1학년 학생을 대상으로 대상자의 읽기 수준을 파악하기 위한 검사이다. 초등학교 1학년부터 고등학교 1학년까지의 총 10개 학년의 학기별 읽기 수준을 파악할 수 있도록 20단계로 위계화되어 있다. **국립특수교육원 기초학습기능검사** NISE-B · ACT(이태수 · 나경은 · 서선진 · 이준석 · 김우리, 2017)는 만 5세부터 14세까지의 아동을 대상으로 기초학습(읽기, 쓰기, 수학) 능력을 측정하고 특수교육대상아동과 장애 발생의 위험성이 높은 아동의 선별, 진단 및 교육 정보 제공을 하기 위해 개발되었다.

7) 비형식적 검사

장애를 지닌 아동을 발견 및 선별, 진단하기 위해서는 다양한 자료가 필요하다. 장애의 진단은 아동의 일생에 매우 큰 변화를 가져오는 중대한 사안이기 때문에 자료의 폭이 넓고 양이 많을수록 좋으며, 수집한 여러 자료는 종합적으로 파악하여 분석해야 한다. 관찰기록법에는 서술기록법과 간격기록법, 사건기록법이 있다.

서술기록법

서술기록법이란 특정 사건이나 행동의 전체 내용을 이야기하듯이 있는 그대로 서술하는 방법으로, 일화기록법과 연속기록법이 있다(Fisher, Piazza, & Roane, 2013). **일화기록법**은 특정한 시간이나 장소의 제한 없이 관찰자가 기록할 만한 가치가 있다고 느끼는 짧은 사건에 대해 간략하게 서술하는 것이다. 이 기록법은 사건이 발생한 후에 기록하기 때문에 과거형으로 서술되며, 사건이 발생한 후 가능한 한 빠른 시간 내에 관찰사의 주관적 해석을 개입하지 않고 객관적으로 기록해야 한다. **연속기록법**은 일정한 시간 또는 미리 정해진 활동이 끝날 때까지 사건이 발생한 순서대로 상세하게 이야기식으로 서술하는 것이다. 일화기록과 달리 연속기록법은 사건들이 진행되는 동안 기록하기 때문에 현재형으로 서술한다. 이때 사건의 발생 순서대로 기록하되 사건이 바뀔 때마다 시간을 기록하며, 1회 관찰시간은 보통 10분 내외가 적당하고 30분을 초과하지 않도록 한다. 그리고 일화기록과 마찬가지로 객관적인 사실만 기록하고 필요한 경우 관찰지 오른쪽 한 면을 이용하여 보충설명이나 관찰자의 해석을 기록하여 객관적인 자료와 구분하도록 한다.

간격기록법

간격기록법 또는 동간기록법은 관찰대상의 행동을 일정한 간격(동일한 간격)으로 여러 회에 걸쳐 관찰하여 행동의 발생을 기록하는 방법으로, 전간격기록법과 부분간격기록법, 순간시간 표집법이 있다.

전간격기록법은 전체 관찰시간을 일정한 간격으로 나눈 후 하나의 간격 내내 그 행동이 나타났을 때만 발생했다고 기록하는 방법이다. 이 방법은 행동이 한 간격에서 부분적으로 나타나면 그 간격에서 행동이 발생하지 않은 것으로 기록하기 때문에 자리 이탈과 같이 지속성을 보이는 행동에 적절하며, 틱과 같이 순간적으로 나타나는 행동을 기록하게 되면 행동 발생이 실제보다 지나치게 적게 기록될 수 있다.

부분간격기록법은 전체 관찰시간을 일정한 간격으로 나눈 후 하나의 간격 속에 그 행동이 한 순간이라도 나타나면 발생한 것으로 기록하는 방법이다. 이 방법은 한 간격에서 행동의 발생 횟수 또는 지속시간에 상관없이 발생의 유무만 기록하기 때문에 미소짓기와 같이 순간적으로 지나가는 행동에 적절하지만 행동 발생이 실제보다 지나치게 많이 기록될 수 있다(표 3-2 참조).

〈표 3-2〉 부분간격기록법에 의한 과잉행동의 관찰(예)

부분간격기록표	시간 간격	10초	20초	30초	40초	50초	60초
표적행동: 과잉행동 아동 이름: 정○○ 관찰자: 김○○ 관찰 일시: 19. 11. 19. 시작 시간: 10:10 종료 시간: 10:20 전체 관찰 칸 수: 60 과잉행동 칸 수(+): 27 백분율(%): 45%	1분	+	−	−	−	+	+
	2분	−	−	+	+	+	−
	3분	+	−	+	+	−	−
	4분	−	+	−	+	−	−
	5분	+	−	+	−	−	+
	6분	−	−	+	−	+	−
	7분	−	+	−	+	−	−
	8분	+	−	+	+	−	−
	9분	+	+	−	−	+	−
	10분	−	−	+	−	+	+
	비고	+: 과잉행동 / −: 과잉행동 없음					

※ 과잉행동(%)=27(표적행동이 관찰된 칸(+) 수)/60(전체 관찰 칸 수)X100=45

출처: 홍준표(2009). 응용행동분석.

순간시간표집법은 전체 관찰시간을 일정한 간격으로 나눈 후 각 간격의 마지막 관찰 순간에 행동이 나타났을 경우 발생한 것으로 기록하는 방법이다. 순간시간표집법은 전간격기록법이나 부분간격기록법과 달리 관찰자가 간격의 처음부터 끝까지 관찰하지 않아도 되므로 여러 아동의 행동을 관찰할 때 유용하다. 순간시간표집법은 빈번하면서 다소 안정된 비율로 나타나는 엄지손가락 빨기나 상동행동과 같은 행동을 관찰할 때 유용하지만, 지속시간이 짧은 행동을 관찰하기에는 부적절하다(표 3-3 참조).

〈표 3-3〉 주의집중 행동을 40분 동안 2분 간격으로 순간시간표집법에 의하여 관찰한 결과

관찰 시간	관찰 간격					비고
	2분	4분	6분	8분	10분	
9:00~9:10	−	−	+	+	−	+: 주의집중 −: 한눈팔기
9:10~9:20	−	+	+	−	+	
9:20~9:30	+	+	−	−	+	
9:30~9:40	−	+	+	−	+	

↑ 표집된 관찰 순간

※ 주의집중(%)=11('+'로 관찰된 칸 수)/20(전체 관찰 칸 수)X100=55
출처: 홍준표(2009). 응용행동분석.

사건기록법

사건기록법은 관찰기간 동안 지속적으로 관찰하여 관찰대상의 행동이 발생할 때마다 기록하는 것으로 행동의 빈도(관찰시간 동안 행동이 발생한 횟수), 행동의 강도(행동의 힘, 에너지, 발휘력 등의 정도), 행동의 지속시간(행동이 시작되어 끝날 때까지의 전체 시간), 행동의 지연시간(자극이 주어지고 행동이 발생하기까지의 시간)을 기록할 수 있다.

관찰대상 행동의 발생 횟수가 행동에 대한 중요한 정보가 될 때 **행동의 빈도**를 측정하며, 욕하기나 물건 던지기와 같은 공격적 행동을 빈도로 기록한다. 관찰결과는

관찰기간과 함께 그 기간에 발생한 행동의 횟수를 제시하거나, 관찰기간 동안 발생한 행동의 횟수를 관찰기간으로 나눈 행동의 비율로 나타내기도 한다.

〈표 3-4〉 관찰기록법의 장단점

기록법	장점	단점
서술 기록법	• 아동의 행동과 전반적 인상에 대한 기록 제공 • 행동, 사건의 전후관계에 대한 정보를 얻을 수 있음 • 더 체계적이고 수량적인 정보가 필요한 문제행동을 발견하는 수단이 됨 • 다른 기록법에 비해 사전준비가 간편	• 다른 기록법과 달리 양적 자료를 제공하기 어려움 • 다른 기록방법에 비해 더 많은 시간을 필요로 함 • 관찰결과를 일반화시키기 어려움 • 여러 아동을 동시에 관찰하기 어려움
간격 기록법	• 시간-행동의 관계를 밝히는 데 도움이 됨 • 관찰자 간 신뢰도의 점검이 용이 • 비교적 짧은 시간 내에 많은 정보 수집	• 행동이 나타나는 형태나 상황에 대한 정보를 제공하지 못함 • 낮은 비율로 나타나는 행동이 과대 추정되고 높은 비율로 나타나는 행동이 과소 추정될 수 있음 • 관찰자의 훈련이 많이 요구됨
사건 기록법	• 비교적 덜 빈번하게 나타나는 행동을 탐지 • 특정 행동의 다양한 측면에 대한 정보를 얻을 수 있음 • 일정 기간에 걸친 행동의 변화에 대한 정보 수집	• 행동이 나타나는 형태나 상황에 대한 정보를 제공하지 못함 • 시작과 끝이 명백하지 않은 행동에는 적용하기 어려움 • 관찰시간이 일정하지 않으면 관찰결과의 비교가 용이하지 않음

행동의 강도는 행동의 빈도에 비해 자주 사용되지 않지만, 행동의 힘이나 크기가 중요한 정보일 때 유용한 방법으로 특수도구를 사용하여 강도를 측정하게 된다. 예를 들어, 관심대상이 목소리의 크기라면 음성측정기를 사용하여 데시벨 수준을 측정하며, 손의 쥐는 힘이라면 악력계를 사용하여 측정한다. 관찰결과는 관찰기간 동안 측정된 측정치의 합을 관찰 횟수로 나눈 평균으로 나타낸다.

행동의 지속시간은 성질부리기와 같이 행동이 얼마나 오래 지속되었는지가 중요한 측면일 때 측정한다. 행동의 지속시간을 측정할 때는 측정의 정확성을 위해 초시계를 사용하도록 한다. 관찰결과는 총 지속시간(관찰기간 동안 발생한 행동의 지속시간의 합), 평균 지속시간(총 지속시간을 행동의 발생 횟수로 나누어 산출), 지속시간 백분율(총 지속시간을 총 관찰시간으로 나눈 후 100을 곱하여 산출)로 나타낸다.

행동의 지연반응시간은 수업시간에 과제를 시작하라는 지시가 주어진 이후부터 과제를 시작하는 시점까지의 시간을 측정하는 것과 같이 어떤 자극이 주어진 후 행동이 개시되기까지 시간이 얼마나 걸리는지가 행동의 중요한 측면일 때 측정한다. 측정 시 일반시계나 초시계를 사용하며, 관찰결과는 관찰기간 동안 측정된 측정치의 합을 관찰 횟수로 나눈 평균으로 나타낼 수 있다. 각 관찰기록법의 장단점은 〈표 3-4〉와 같다.

면담

아동의 문제를 해결하기 위해서는 부모의 정보가 매우 중요하다. 면담은 언어적 상호작용을 매개로 하여 부모로부터 교육에 부합하는 여러 가지 정보를 수집하는 방법으로, 이를 통하여 심도 있는 정보 수집이 가능하고, 반응의 진실성 여부를 확인할 수 있다. 또한, 면담을 통하여 정보 수집뿐만 아니라 부모와 좋은 관계를 유지하게 해 주고, 아동의 문제해결에 필요한 정보를 주기도 한다. 면담을 통하여 알아내야 할 사항들에는 출생 전, 출생 시, 출생 후의 사건, 가정환경, 병력 및 큰 사건, 아동 성장 시 보이던 행동, 현재 아동의 생활방식 등 구체적이고 세부적인 기술 수준 등이 있다.

4 특수교육대상자 선정절차 및 배치

특수교육대상자가 되기 위해서는 「장애인 등에 대한 특수교육법」 제15조에 따라 [그림 3-1]과 같이 특수교육을 필요로 하는 사람으로 선정되어야 한다.

보호자 또는 각급 학교의 장 (보호자 동의)	• 장애가 있거나 있다고 의심되는 영유아 및 학생 발견 시 진단평가 의뢰
↓	
교육감 또는 교육장 접수	• 특수교육지원센터에 진단평가 의뢰
↓	
특수교육지원센터	• 진단평가에 회부된 후 30일 이내에 진단평가 시행 • 선정 여부 및 필요한 교육지원 내용에 대한 최종 의견을 작성하여 교육장 또는 교육감에게 보고 • 과정에서 보호자의 의견진술 기회 충분히 보장
↓	
교육장 또는 교육감	• 특수교육지원센터로부터 최종 의견을 통지받은 때부터 2주일 이내에 특수교육대상자로의 선정 여부 및 교육적 지원 내용을 결정하여 보호자에게 통보 – 특수교육운영위원회에게 대상 선정 및 학교 지정 배치에 대해 심사 ※ 시·군·구 특수교육운영위원회: 유, 초, 중학생 ※ 시·도 특수교육운영위원회: 고등학생 • 특수교육대상자의 선정 결과 및 학교 지정 배치를 신청인에게 서면으로 통지
↓	
학생 또는 보호자	• 배치된 학교에 취학

[그림 3-1] 특수교육대상자 선정절차

출처: 교육과학기술부(2008). 장애인 등에 대한 특수교육법령 해설자료.

특수교육대상자 선정과정에서 부모 또는 보호자가 자녀교육에 대해 충분히 의견을 진술하도록 하고 있으며, 선정배치 결과를 통보받은 후 진단평가 결과에 만족하지 못할 경우에는 재심을 청구할 수 있도록 함으로써 절차적 권리를 보장하고 있다.

요약

사정의 의미와 유형

- 특수교육에서의 진단이란 대상아동의 특성을 찾아내고 적절한 교육적 요구를 제공하는 데 그 목적이 있다.
- 사정이란 아동에 관한 체계적인 정보의 수집을 통하여 의사결정에 이르는 모든 과정을 말한다.
- 유아에게 일반적으로 이용되는 평가도구의 유형에는 규준참조형 검사, 준거참조형 검사, 놀이중심 평가, 판정중심 평가 등이 있다.

사정의 목적

- 사정은 선별, 적격성, 프로그램 계획, 목표 점검을 위해 실시된다.
- 선별은 아동이 어떻게 기능하는지를 살펴보는 첫 번째 단계이다.
- 적격성이란 영유아 또는 초등학교 저학년 학생이 특수교육대상자 선정 기준에 적합한지를 결정하기 위한 기준을 말한다.
- 전문가들은 영유아 및 초등학교 저학년 학생의 프로그램을 계획하기 위해 준거참조형 검사 또는 교육과정중심 평가를 이용한다.
- 목표 점검은 특정 결과와 장단기 목표에 대한 아동의 진전도에 관하여 정보를 수집하는 활동이다.

특수교육대상자 사정 과정

- 사정이란 특수교육대상자를 선별하기 위해 대상자의 특성 또는 교육상의 현저한 문제점들을 파악하는 과정으로서, 학생의 특별한 교육적 요구를 진단하여 그에 상응하는 적절한 조치를 강구하기까지의 여러 절차와 방법을 통칭하는 말이다.
- 사정 과정에서 결정 내려야 할 중요한 두 가지 핵심은, 아동을 어떤 교육 환경에서 가르칠 것인가라고 하는 교육배치의 문제이며, 아동에게 어떤 교육내용

을 제공할 것인가를 확인하는 것이다.

- 사정의 과정은 대상자 발견, 선별검사, 장애진단 등의 과정을 거친다.

특수교육대상자 선정절차 및 배치

- 특수교육대상자가 되기 위해서는 「장애인 등에 대한 특수교육법」 제15조에 따라 특수교육을 필요로 하는 사람으로 선정되어야 한다.
- 특수교육대상자 선정과정에서 부모 또는 보호자가 자녀교육에 대해 충분히 의견을 진술하도록 하고 있으며, 선정배치 결과를 통보받은 후 진단평가 결과에 만족하지 못할 경우에는 재심을 청구할 수 있도록 함으로써 절차적 권리를 보장하고 있다.

Chapter 04 부모와 협력

부모와 가족 구성원들은 영유아 발달에 중요한 역할을 하기 때문에 좋은 관계를 형성하고 유지할 필요가 있다. 이러한 역할은 자녀가 어려움을 겪거나 장애를 지니고 있을 경우에는 더욱 의미가 커진다. 하버드대학 아동발달센터(2017)는 긍정적인 보육과 책임 있는 반응이 영유아의 건강한 발달에 매우 중요함을 강조했다.

부모는 시간이 지나면서 진정한 협력을 통해 자녀의 요구를 이해하고 최고의 지원자가 된다. 조기교육은 문화가 다양화됨에 따라 아동 중심에서 가족 중심의 접근법으로 발전되고 있다. 최근 문화와 언어뿐만 아니라 가족 구조 역시 다양화됨으로써 아이들은 부모, 한 부모, 조부모, 확대가족 구성원 등 다양한 환경에서 양육되고 있다. 따라서 장애 자녀를 둔 가족 구성원이 긴밀한 관계 속에서 호혜적 기능을 발휘하도록 가족의 요구와 정서를 검토하고 가족 체제의 관점에서 가족의 역동성을 탐색할 필요가 있다.

1 장애 자녀의 가족을 위한 정서적 지원

오늘날 부모들은 여러 가지 방법으로 도움과 정서적 지원을 받을 수 있다. 예를 들어, 일부 부모들은 장애 부모 단체에 가입할 수 있다. 가족 구성원들은 서로를 격려하고 지원하며 유용한 자원에 관한 정보를 교환한다. 일부 기관은 장애 자녀를 양육한 경험이 있는 부모를 멘토로 소개해 주어 도움을 받을 수 있게 한다. 자녀가 어릴 때 정서적 지원을 받게 되면 가족 체제 내에서 보다 쉽게 적응할 수 있다.

1) 전문가의 가족 존중

가족 중심 접근법에 의하면 전문가는 부모가 아동의 건전한 발달과 학습에 중요하다는 점을 존중해야 한다. 조기특수교육자들은 가족뿐만 아니라 개별화의 실제와 서비스를 이해하고 가족이 자녀 양육에 자신감을 갖도록 다음과 같은 양육 능력을 증진해 주어야 한다(Trivette & Keilty, 2017). 첫째, 부모는 자녀를 사랑하고 스스로를 책임 있는 양육자로서 효과적인 양육을 할 수 있는 것으로 인식해야 한다. 둘째, 부모는 자녀의 진단과 상황에 관한 최소의 정보를 제공받아야 한다. 셋째, 그들은 즉시 적용할 수 있는 조치를 알고 싶어 하고 긴급히 안내받기를 원한다. 교사는 장애아동의 부모가 자녀의 미래에 대해 낙관적인 태도를 유지하도록 지원할 필요가 있다.

가족 중심 접근법은 가족에게 영향을 주는 여러 가지 정서적 속성을 존중하고 도움을 요청하는 개별 가족에 관심을 가져야 한다. 조기교육자들이 부모의 관심에 반응할 수 있지만, 부모들은 다른 전문가들로부터 부적절하고 민감한 처치를 경험했을 수도 있다. 이러한 상황에서 '조기 중재 서비스'가 가족의 생활을 지배하고 방해한다면 '조기 중재'가 아니라 '조기 방해'가 될 수 있다.

2) 정서적 지원의 요구

장애아동 부모는 일반적으로 일반아동 부모보다 높은 수준의 스트레스를 경험한다(정대영, 2019). 부모와 보호자의 정서적 요구는 가족과 전문가 간의 파트너십을 촉진시키는 데 중요하다. 스트레스에 효과적으로 대처할 수 있는 부모는 자녀의 요구에 적절히 반응할 가능성이 크다. 양육 반응은 아동의 발달과 웰빙에 긍정적인 영향을 미친다(Cook & Sparks, 2008). 장애 자녀를 둔 가족은 아동이 향상될 것이란 희망을 갖거나, 아동의 장애를 예방하고 완화시키키기 위해 적기에 중재를 제공해야 한다는 위기의식을 갖거나, 가족이 경험하는 다중적이고 복합적인 어려움으로 인하여 스트레스를 받게 된다(Brotherson et al., 2010).

2 부모의 반응

장애 아동의 부모는 자녀와 자녀의 장애 조건에 대해 다양한 적응 단계를 경험한다(표 4-1).

〈표 4-1〉 부모의 적응 단계

가족 반응	감정 상태	서비스 제공자의 반응	서비스 제공자가 할 수 있는 일
• 수치심, 죄의식, 무가치함, 과잉보상 • "걱정 마세요.", "이겨낼 거예요." • 진단쇼핑, 연구모드	충격, 불신, 거부	• 부모가 아동을 위해 빨리 움직이지 못하고 행동하지 못한다는 좌절과 관심 • 분노, 불편함 • 당신이 부모를 접촉하는 유일한 사람이라고 할 때 실수에 대한 두려움	• 측은함을 가지고 경청하기 • 적극 경청하기 • 인내심 갖기 • 자원 제공(사정 의뢰 등) • 다른 문화적 견해의 이해와 존중하기
• 서비스 제공자나 보호자에게 분노가 전이될 수 있음 • 언어적 학대 • 타인 비난하기 • 건강한 자녀를 둔 사람에게 기분 나빠하기	분노와 분개	• 서비스 제공자에 관해 감정을 상하게 됨 • 가족이나 아동에 관하여 분노를 나타내는 것에 관심 가짐 • 극복하려는 태도 • 부모가 쉽게 도전적임	• 부모의 반응을 사적으로 받아들이지 말 것 • 자녀와 성공적인 상호작용을 통해 자신을 갖게 함 • 긍정적인 부모-아동 상호작용 자원과 시범을 보임
• 불가피함의 수용이 늦어짐, 결정과 함께 활동, 협상하기, 일이 잘 안되면 우울하게 됨	협상	• 부모를 도와주려고 노력할 때 부모에게 접근하기 쉬움 • 아동을 향상시킬 수 좌절함	• 가족에게 공감적 이해를 보여 줌 • 부모가 자신의 감정이 정상임을 이해하도록 도와줌 • 정직하게 의사소통함
• "무슨 소용?" • "웬 성가심?" • 무기력하고 희망이 없음, 건강한 자녀를 갖지 못한 상실감에 슬퍼함	우울과 실망	• 가족과 아동에게 할 일이 너무 많음 • 비현실 기대 설정 • 고칠 수 없다는 죄의식을 가짐	• 부모가 과제를 작은 단위로 나눌 수 있게 도와줌 • 자녀의 강점을 발견하도록 도와줌 • 활동이나 중재의 성공을 보장함 • 전문가 및 기타 지원 서비스 기관에 상담 의뢰함

가족 반응	감정 상태	서비스 제공자의 반응	서비스 제공자가 할 수 있는 일
• 뭔가 의미 있는 일이 이루어질 수 있음을 깨닫게 됨 • 생활 스타일에 적응 • 아동 요구에 조정하여 대처함 • 실제적인 것을 하려는 의지를 보임	적응과 순응	• 위안, 안심 • 무지에 대한 두려움 • 아동의 연구를 충족시키지 못할 수 있음	• 다른 부모로부터 위안을 받도록 격려함 • 가족과 지원 체제를 연결함 • 인내심을 격려하고, 긍정적인 상호작용 기법 시범 보이기 • 자녀가 진전을 보일 때 부모를 칭찬하기 • 가족과 열린 마음으로 정기적인 의사소통을 하며 다른 서비스 제공하기 • 특수교육 모임에 초청해 주고 격려하기

출처: Cook, Klein, & Chen (2020). Adapting early childhood curricula for children with special needs(10th eds.). NJ: Pearson.

1) 충격, 불신, 거부

부모들은 자녀의 장애와 손상을 알게 되면 충격을 받거나 사실을 믿지 않으려는 반응을 하게 된다. 충격과 불신은 수치심, 죄의식, 무가치함을 동반할 수 있다. 부모들은 아동의 조건에 마주한 현실에 서서히 적응하면서 현재 지니고 있는 문제를 거부할 수 있다. 흔히 처음에는 자녀에게 아무 문제가 없다고 말해 줄 사람을 찾으려고 여러 전문가를 찾아다닌다. 따라서 부모들은 여러 병원과 의사를 찾아다니는 '의사쇼핑' 과정을 경험한다. 영유아의 문제를 현재의 과학으로 정확히 진단하기가 어렵기 때문에 다양한 관찰을 통해 단편적인 정보와 복잡한 증거들을 찾아 조합하는 것이 효과적이다.

사람들이 예상치 못한 소식을 들었을 때 그에 대한 대처 방법을 모색할 시간이 필요하듯이 자녀의 장애를 인정하지 못하고 거부하는 심리를 다시 생각해 보아야 한다. 가족이 어려운 문제에 대처할 준비가 되어 있지 않을 경우 수용을 거부함으로써 복잡한 정보와 감정을 통합하고 조정할 시간이 필요하다.

2) 분노와 억울함

일단 부모가 자녀의 어려운 현실을 마주할 수 있게 되면 분노하거나, 억울해하거나, 부러움을 느끼는 등의 정서를 경험할 것이다. 그들은 도움이 되지 않는 권고를 받거나 비현실적인 의료적 또는 교육적 중재를 받고 실망한다면 의료계, 치료사, 교사, 학교에 분노할 것이다. 그들은 가장 도움을 주려는 전문가에게조차 직접 분노에 찬 비난을 할 수 있다. 이러한 상황에서 교사들은 이해, 열정, 진정한 보호를 통해 참된 전문성을 보여 줄 수 있다. 그들은 부모가 분노할 권리가 있음을 받아들이고 이러한 감정에 겁먹거나 사적인 감정을 갖지 말아야 하며, 오히려 인정하고 경청함으로써 부모의 강한 감정을 수용해야 한다.

시간이 지나면 자녀와 관련하여 긍정적이고 성공적인 경험을 하지만 한편으로는 분노 감정을 지니게 된다. 이 시기는 아동 및 부모와 함께 변화를 시도할 시기가 아니다. 오히려 부모들에게 자녀의 삶의 질을 변화시키기 위해 뭔가를 해야 한다는 점을 꾸준히 상기시킬 필요가 있다. 부모들은 자신 내에 자원을 가지고 있다는 점을 발견하고 재발견해야 한다. 그들은 각자 지니고 있는 관심과 어려움에 적합한 자원을 제공받아야 한다.

3) 협상

일부 부모들은 협상을 통해 분노를 해소하고자 한다. 그것은 불가피한 지적 및 정서적 수용을 늦추려는 시도와 유사하다. 이 시기 동안 부모와 가족 구성원들은 부지런히 노력하고 의사를 결정할 수 있다. 중재 결과 자녀의 상태가 빠르게 개선되지 않거나 기대한 만큼 변화가 나타나지 않으면 협상은 우울 세계로 역행할 수 있다.

교사들은 도움을 주기 위해 부모의 자연스러운 감정을 능동적으로 이해하고 수용함으로써 공감적 이해를 보여 주어야 한다. 공감은 다른 사람의 감정과 정서를 마치 자신의 것처럼 공유하는 능력이다. 부모의 말을 경청하고 그들의 감정에 공감하는 것이 중요하다. 공감은 부모의 감정을 진심으로 존중하며 이해할 수 있다는 점을 전달하는 강력한 전략이다(Failka, 2016).

4) 우울과 낙심

부모와 자녀는 모든 제안에 "무슨 소용이야?" "왜 형이야?" 식의 반응을 할 수 있다. 희망이 없는 무거운 강박감은 현재의 문제에 새로운 차원을 추가할 수 있다. 부모들은 전적으로 무기력하게 느끼는 공통적인 특징을 보인다. 그들은 희망이 없다고 느끼기 때문에 자원을 더 요청할 수 있다. 개인적 상실감과 슬픔을 통해 자녀의 장애 조건을 인정하고 그에 따라 활동하게 되는 것은 적응 과정의 중요한 부분이다.

부모가 잘할 수 있는 것을 찾도록 격려하고 자녀의 강점에 대해 협의한다. 부모가 희망을 갖지 못하고 무기력해지면 일상생활 과제의 관리나 약속을 지키는 데 어려움을 겪게 되고 수면이 부족하거나 피로해진다. 전문가들은 부모에게 스스로 재충전하는 데 시간이 걸린다는 점을 이해시킬 필요가 있다. 공감적 서비스 제공자는 부모의 다양한 제안에 열려 있어야 하고 논의의 기회로 삼고 경청해야 한다. "무슨 소용이람?"이라고 부르짖는 말에 가장 단순한 방법은 조심스럽게 칭찬해 주고 부모에게 도움이 될 여러 가지 방법을 찾도록 제안하는 것이다. 부모들에게 장애인 부모단체나 복지관, 기타 지역사회 장애 관련 단체를 소개하여 유익한 정보를 찾을 수 있게 도와준다.

5) 적응과 조정

가족들은 가족과 아동의 요구를 수용할 수 있는 지원을 받고, 긍정적인 적응 방법을 경험하면서 부정적이거나 강한 정서적 감정을 보다 긍정적인 정서로 바꾸게 되는 경향이 있다. 그 결과 부모들은 실제적이고 유용한 일을 하려는 의지가 점차 강해진다. 그들은 일상적인 요구를 충족시키기 위해 새로운 지식을 배우고 적용하려고 하며, 인간이 모두 독특하고 특별하여 사랑받을 가치가 있다고 느끼게 된다.

교사는 부모가 장애 자녀 양육에 어려움을 겪는다는 점을 고려하여 적응의 주기를 이해하고 긍정적으로 접근할 필요가 있다. 부모들은 적응 과정에서 네 가지 수준의 긍정적인 대안적 경험을 하게 된다(Blacher et al., 2013).

- **현실 도피:** 장애란 거부한다고 해결될 문제가 아니다. 가족은 그 영향을 충분히 이해하지 못한다. 예를 들어, 아동은 남아이기 때문에 과잉행동적일 수 있다.
- **특별한 명칭:** 아동이 독특한 어려움에 직면할 수 있음을 인식하고 부모는 도움을 모색한다.
- **정상화:** 일부 부모들은 자녀의 장애를 인정하며, 일반교육 환경에서 비장애 아동들과 어울려 살아가는 방식을 배우고 적응해야 한다는 인식을 갖게 된다.
- **자아실현:** 부모들은 자녀가 다르다는 것을 수용하지만 그래도 괜찮다고 여긴다.

가족이 적응의 어느 단계에 있는지를 파악하는 것보다 다른 감정으로 다양한 페이스로 활동할 때 그들의 독특한 반응을 알고 수용하는 것 중요하다. 부모들은 시간이 지남에 따라 가족 중에 장애 자녀가 있다는 점에 익숙해져 간다. 그들은 장애 조건이 미칠 부정적인 영향을 찾기 위해 숙련된 학습 방법을 선택한다. 일부 부모들은 가족의 응집력과 개인적 성장이 증가하는 등 긍정적인 측면도 있다(Collings, 2008).

오늘날 가족의 역할은 직장을 다니는 어머니가 증가하면서 지속적으로 변화되고 있다. 그러므로 조기교육자들은 어머니뿐만 아니라 아버지에게도 관심을 가져야 한다.

3 체제로서의 가족

가족 체제 관점에 따르면 장애 영유아와 가족은 호혜적 특성을 지닌다. 가족 구성원은 다른 구성원들과 고립하여 기능하지 않는다. 어느 한 가족 구성원에 대한 중재는 다른 구성원에게 영향을 미치고 가족들 간에 상호작용한다(Hanson & Lynch, 2013). 아동과 부모 및 형제의 요구는 보다 큰 사회적 및 생태학적 체제 내에서 기능하는 전체 가족의 맥락에서 고려되어야 한다. 모든 가족 체제는 관계적 또는 상호작용적 하위 체제로 구성되어 있다. 즉 하위 구성 체제는 부부 하위 체제(부-부), 부모 하위 체제(부모-자녀), 형제 하위 체제(자녀-자녀), 확대가족 하위 체제(가족-확대가족)의 네 가지가 있다(Turnbull et al., 2014). 물론 실제 가족 구성은 다를 수 있다.

장애 자녀를 갖게 되면 네 가지 하위 체제 모두에 영향을 받는다. 아동의 장애 때문에 부부 관계에 스트레스가 더해질 수 있고, 확대가족에게는 영향이 거의 미치지 않을 수도 있다. 또 다른 장애 자녀가 출생하지는 않을까 두려워 더 이상 자녀를 갖지 않을 수도 있다. 대안적으로 나이 많은 형제들은 부모들을 도와서 스트레스를 줄여 줄 수 있다. 하나의 하위 체제에서 일어나는 일은 어떤 일이든지 모든 가족에게 영향을 미치게 된다.

장애 아동이 가족 구성원들에게 미칠 영향을 예측하기란 어렵다. 여러 가지 차원에 따라 다르므로 가족 구조는 과거 20여 년 동안 극적으로 변화하고 있다. 이혼 가정과 재혼 가정이 늘어나면서 아동의 가정 양육환경 또한 변하고 있으며, 이혼 가정의 증가와 더불어 조부모와 손자로 구성된 조손 가정이 늘어나고 있다. 가족의 요구를 파악하면 서비스를 제공하기가 쉬워지며, 가족을 이해하기 위해 다음 사항들을 고려할 필요가 있다(Turnbull et al., 2014).

- 모든 가정은 구성, 특성, 문화, 생활 스타일이 독특하다.
- 가정은 엄격하거나 유연한 경계를 지닌 상호작용 체제이다.
- 모든 가정은 체제를 유지하고 구성원들의 성장과 발달을 유지하는 다양한 기능을 이행하고 있다.
- 모든 가족 구성원은 다양한 스트레스를 가져오는 여러 가지 변화와 전환 상황을 경험한다.

4 확대가족과 형제자매의 요구와 반응

가족 체제 이론에서 예견된 바와 같이 확대가족과 형제 역시 독특한 요구를 지니면 반응을 보인다. 조부모 역시 깊은 슬픔에 빠질 수 있고 그들은 손자 손녀로 인하여 고통을 경험할 뿐만 아니라 장기적인 문제에 대처하기 위해 노력하는 사랑하는 아들딸을 바라보고 의기소침하게 한다.

가족 체제 관점에서 가족을 바라볼 때 장애가 없는 형제의 요구 변화에도 관심을 기울여야 한다. 예를 들어, 영유아는 장애 형제자매를 이해하지 못하고, 학령기 아동은 장애 형제자매에 관하여 또래와 자신의 의문에 대답할 정보가 필요하며, 십대와 청소년은 형제자매의 미래와 그들이 해야 할 미래의 역할에 관한 정보가 필요하다.

부모와 전문가들은 형제자매가 감정에 대해 서로 이야기하고 긍정적인 관계를 촉진시킬 수 있도록 도와줄 수 있다. 장애가 없는 형제자매가 장애 형제자매의 학습과 참여를 지원할 기회를 제공하는 것이 효과적인 방법이다. 특히, 형제자매 관계가 긍정적일 때 영유아도 효과적인 역할 모델이 될 수 있다. 장애에 대한 가족 구성원들의 반응에 커다란 변화가 있다는 점을 고려하면 부모와 전문가들은 형제자매의 기대와 요구에 민감해야 한다. 장애 자녀는 비장애 자녀에 비해 대인관계, 학교 기능, 여가 시간 이용, 가정에서의 행동, 불행감이나 두려움 등과 관련된 문제를 더 많이 나타내지만, 장애를 지닌 형제자매가 일반적으로 긍정적인 경험을 하게 된다.

전문가들은 장애아동의 부모에게만 관심을 가질 것이 아니라 가족 전체에 관심을 가지고 이해하며 그들의 어려움을 경청하려고 노력해야 한다. 예를 들어, 부모는 비장애 자녀가 장애 자녀에 대해 질문할 때 어떻게 반응해야 할지 고민하게 된다. 이 경우 교사들은 그들의 고민에 귀 기울이고 대처 방법을 함께 생각하고 해결하려는 노력을 격려해야 한다.

교사는 확대가족의 나이나 관계 특성에 상관없이 재치 있고 열려 있으며 정직해야 한다. 또한, 부모의 감정과 태도에 우선순위를 두고 항상 세심한 관심을 가져야 한다. 가족 모두는 어떤 방법으로든 서로 상호작용해야 하고, 교사는 구체적인 방식으로 상호작용을 해야 한다. 교사는 긍정적인 신념을 가지고 장애아동과 형제자매는 물론 가족들과 잘 지낼 수 있도록 도와줄 수 있다.

5 팀 구성원으로서의 부모

부모나 다른 보호자는 발달하는 아동에게 정서적 지원 체제를 제공할 뿐만 아니라 가정과 학교에서 자녀 교육을 위한 팀 구성원으로서 기여하는 데 중요한 역할을 한다. 그러나 일부 장애 유아의 부모들은 자신에게 교사의 역할을 지나치게 강조한다고 믿고 있다. 전문가들은 추가의 스트레스를 회피하기 위해 자녀 교육에 관여하는 부모들이 지치지 않도록 노력해야 한다.

교사는 가족들이 장애아동의 학습과 발달 요구를 이해할 수 있도록 자녀의 기능과 발달 수준에 관한 정보를 제공해야 한다. 가족 구성원들이 팀 구성원들에게 기여하고자 한다면 먼저 교사가 이야기하는 내용을 이해할 수 있어야 한다. 교사는 검사 결과를 부모들이 이해할 수 있도록 쉽게 풀어서 설명해 주어야 한다. 예를 들어, "자녀가 시지각 문제를 지니고 있습니다."라고 말하는 것은 그다지 의미가 없다. 그러나 교사가 '숟가락을 이용하여 음식 떠먹기, 퍼즐 맞추기, 블록 쌓기, 장난감 상자에 장난감 가져다 놓기'와 같이 눈과 손을 이용하는 협응과제로 설명한다면 자녀의 문제를 쉽게 파악할 수 있을 것이다.

6 가족 참여를 위한 선택

장애 아동과 비장애 아동이 차이점보다 유사점이 더 많은 것처럼 두 집단의 부모들 역시 차이점보다 유사점이 많다. 장애아동의 부모는 독특한 감정을 지닐 수 있지만 그들 역시 다른 부모들처럼 요구, 좌절, 희망, 두려움, 꿈을 지니고 있다. 하지만 교육자들은 모든 아동을 동일한 방법으로 지도할 수 없듯이 모든 가족에게 항상 동일한 방법으로 대할 수는 없다.

가족이 가족 기능과 중재 서비스의 결과에 크게 영향을 미친다는 점을 전문가들이 인식함에 따라 중재 철학은 가족 중심의 실제를 강조하고 있다. 가족 중심의 실제란 "가족의 존엄성을 존중하는 태도로 가족을 대하며, 개별화하며, 융통성이 있고 각 가족의 독특한 특성에 반응하며, 가족 구성원들이 의사를 결정할 수 있도록 편견 없이 완전한 정보를 제공하며, 가족 구성원들로 하여금 아동, 부모, 가족 기능을 강화시키기 위해 선택할 수 있게 하는 것"을 의미한다(Division for Early Childhoods Recommended Practices, 2014). 가족들은 참여를 선택할 수 있다는 점을 명확히 인식해야 한다. 전문가들은 가족들이 서비스의 연속성과 선택할 기회를 이해하도록 도와주어야 한다.

1) 연속성

가족 중심의 실제는 단계적이기보다 일련의 연속성을 지니고 있다. 일부 가족들은 수동적으로 참여하는 반면 적극적으로 참여하는 가족들도 있다. 가족들이 의사결정, 프로그램 실시, 옹호 활동에 능동적으로 참여하는 데 열려 있기를 바란다. 프로그램의 특성뿐만 아니라 가족의 요구, 가치, 생활 스타일은 가족 참여 수준을 결정하는 경향이 있다. 개별화가족지원계획은 가족과 전문가의 참여 수준을 명확히 밝히고자 한다. 전문가들은 부모의 참여 수준이 부모의 관심과 아주 밀접하다고 판단해서는 안 된다. 부모 참여가 반드시 자녀에 대한 관심 정도를 나타내는 것은 아니다.

자녀의 진전도와 문제해결 방법을 배우기 위해 부부가 함께 학습하는 활동을 더 선호하는 것으로 나타나고 있다. 아버지의 참여 정도는 참석하기 편리한 시간에 초대받느냐에 따라 좌우되는 것 같고, 개인적으로 참여를 요청받았을 때 더 고마워한다(Charlesworth, 2017). 그러므로 전문가들은 아버지와 함께 참여하기 쉬운 조건을 이해하고 방법을 모색해야 한다.

2) 지원과 동반자적 관계 형성

요즘처럼 맞벌이 부부가 많은 상황에서 시간적 제약뿐만 아니라 문화적 기대가 다르기 때문에 가족의 학교생활 참여는 쉽지 않다. 급속히 돌아가는 사회는 시간, 에너지 및 자원의 경쟁이 심해지고 있다.

흔히 교육자들과 가족들은 아동의 교육적 발달에 대한 부모의 역할에 관하여 서로 다른 문화적 기대를 지니고 있다. 일부 문화에서 학급 방문은 비판의 상징으로 여겨지지만, 다른 경우 학교에 대한 부모의 부정적 경험이 학교에 대한 무관심으로 이어질 수도 있다. 부모들이 학교에서 자녀에게 문제가 일어날 때만 접촉한다면 참여를 꺼리게 되고 부적절한 감정을 갖게 될 것이다.

부모-전문가 간의 강한 동반 관계는 수용적이고 열린 학급 분위기를 조성할 때만 형성될 수 있다. 부모들이 학교를 방문할 경우 처음 몇 차례는 어려울 수 있다. 일부 부모들은 자녀 때문에 마지못해 학교를 방문하게 된다고 생각할 수도 있으며, 소소한 규칙 위반으로 심한 스트레스를 받을 수 있다. 이때, 교사는 세심한 계획을 수립하여 학습을 지원함으로써 문제를 예방하거나 최소화할 수 있다.

가족과 지속적인 접촉 유지. 장애 유아교사들은 일반 조기교육 교사들과 달리 가족과 지속적으로 접촉하고 관계를 유지할 방법을 찾아야 한다. 가정통신문, 전화, 문자, 전자 우편을 이용하여 지속적으로 가족과 접촉해야 한다. 신뢰 관계가 형성되면 문제에 대해 협의하기가 수월해진다. 일단 신뢰가 형성되면 지속적인 접촉을 통해서만 유지될 수 있다.

관찰자로서의 부모. 경험 있는 조기교육자들은 일상적인 교실 수업 활동에 부모가 참여하는 것이 다양한 방식으로 도움이 된다는 것을 인식하고 있다. 교사들은 아동의 행동 관리에 관한 특정 기법과 효과적인 접근법에 대해 부모들에게 시범을 보여 줄 수 있다. 많은 부모들은 교실에서 관찰한 지도 기법을 가정에서 아동과 상호작용하는 가운데 적용할 수 있다.

부모들이 학교 활동에 참여함으로써 얻을 수 있는 혜택이 많지만, 일부 가족들, 특히 취업하여 연가나 휴가를 자유롭게 낼 수 없어 거의 참여할 수 없는 가족도 있다는 점을 이해해야 한다.

자녀와의 상호작용. 교사는 부모가 자녀와 인사하도록 격려하고 그들을 두루 안내한다. 이러한 사회적 기술은 아동에게도 지도해야 한다. 교사가 단계를 설정하고 관리를 하면 빠른 시간 내에 초기의 서먹서먹함이 자신감과 안전감으로 변할 수 있다. 부모가 자녀와 게임을 즐기게 하며, 좋은 시간을 보내고 편하게 느끼도록 할 수 있다.

지속적으로 짧은 방문하기. 부모가 편한 시간에 방문해서 자녀 학습 활동을 가능한 한 많이 이해할 수 있도록 한다.

관찰 지침 제공하기. 교사는 관찰할 내용을 부모에게 말해 줌으로써 자녀를 면밀히 관찰할 수 있도록 도와준다. 관찰 내용이나 방법을 간단히 제시하면 도움이 될 수 있다.

후속 조치. 가능하면 모든 부모는 관찰하고 참여한 경험에 관한 소감을 교사와 다른 부모들과 이야기하는 것이 좋다. 이와 같은 대화를 통해 스스로 가졌던 의문을 해소하고 교사는 자녀의 독특한 행동을 설명하고 자녀의 긍정적인 태도를 지적해 줄 수 있다.

참여자로서의 부모. 일부 프로그램에서는 부모에게 보조자로 참여하도록 권장한다. 부모는 학급 활동을 기꺼이 지원할 수 있다. 그러한 경험은 전문가들이 유아와 함께 활동하면서 보여 주는 바람직한 전략을 관찰하고 배울 중요한 기회가 된다. 부모에게 게임을 하거나 소집단 활동을 지도하도록 요청하는 것이 도움이 된다. 부모가 이전에 활동한 경험이 있다면 자녀의 참여를 촉진시키기가 더 쉽다. 아동들은 반복을 좋아한다. 활동은 참여하는 부모와 자녀에게 유익해야 한다.

3) 부모와의 협의

부모와의 개별 협의는 가장 효과적인 격려 방법 중 한 가지여야 한다. 부모는 편한 시간에 학교나 가정에서 협의할 수 있으며, 부모나 전문가의 요구에 따라 다양하게 할 수 있다. 전문가는 특정 제안에 대해 협의할 때 부모의 언어 이해 수준에 따라 개별화할 수 있다. 읽기나 쓰기를 못하는 부모들에게는 아동에 관한 중요한 정보를 놓치지 않도록 지원해 주어야 한다. 협의를 원활히 하기 위해 다음과 같은 기술을 개발해야 한다.

- 문화적으로 반응적이고 모든 가족 구성원과 라포를 개발할 수 있는 능력
- 거슬리지 않는 태도로 정보를 획득할 수 있는 능력
- 가족의 관심과 그들이 원하는 정보를 이해할 수 있는 능력
- 쉽게 이해할 수 있는 언어로 바람직한 정보를 제공할 수 있는 능력
- 협력적으로 문제를 해결할 수 있는 능력
- 요약하고 새로운 목표를 확인하도록 돕고 적절한 제안을 할 수 있는 능력

협의 준비. 전문가는 부모에게 적절한 정보를 제공하도록 준비해야 한다. 자녀의 활동 사례, 일화 기록, 비디오 기록, 로그, 사정 자료를 쉽게 이용할 수 있어야 한다. 전문가 주도의 협의회는 개별 초대, 전화, 편지, 전자 우편 등을 통해 다양하게 이용할 수 있다. 가능하면 부모에게 자료와 시간을 선택할 수 있게 해 주고, 성인이 편하게 앉을 수 있는 의자를 준비한다.

협의회 시작. 전문가는 부모와 인사를 나누고 협의회 참여에 감사한 마음을 가진다. 가벼운 주제로 대화를 시작하여 부모의 마음을 편하게 해 준다.

협의 실시. 협의의 목적을 명확히 알려주고 부모가 말이 적으면 말할 수 있는 분위기를 조성해 주어야 한다. 전문가는 "부모님이 관찰한 내용과 관심 사항에 대해 정보를 공유할 수 있기 바라고, 자녀를 도와주기 위해 함께 활동할 방법을 찾을 수 있기 바랍니다."라고 유도한다. 전문가는 부모가 충분히 의견을 말할 수 있도록 도와주어야 하고, 부모가 무엇을 말하든 주의 깊게 들어야 한다.

세심한 경청은 부모와의 생산적인 관계를 발전시키는 데 중요하며, 능동적이고 적극적인 경청은 서로를 이해하는 데 중요하다. 상대의 관점이나 요점을 이해하지 못하면 원만한 의사소통이 불가능하다(Hanson & Lynch, 2013). 다음 여섯 가지 반응 기술, 즉 문호 개방 상태, 명확한 반응, 상대의 말을 반복하거나 풀어서 말하기, 침묵, 숙련된 질문, 요약 기술은 상대방의 말을 효과적으로 경청하는 데 중요하다.

대화를 할 때 최소한의 격려는 말하는 사람으로 하여금 자신이 말하는 것을 더욱 듣고 싶어 한다는 것을 알려주는 단서가 된다. 문호 개방 상태로는 "음, 네, 그것 재미있군요." 등과 같이 적절한 반응으로 상대의 말에 맞장구를 치며 대화가 자연스럽게 이어지도록 한다.

명확히 반응해 주는 것은 들은 내용의 의미를 분명히 파악하지 못할 때 듣는 이로 하여금 부모와 가족 구성원을 이해하는 데 도움이 된다. "말씀하시는 내용을 정확히 이해할 수 없습니다. 다시 한번 말씀해 주시겠어요?"처럼 반응하면 명료하게 대화를 할 수 있게 된다.

다시 말하기는 전문가와 부모의 협의 과정에서 부모의 말을 다시 말하여 소통을 원활히 할 수 있는 방법이다. 이러한 과정은 전문가가 부모의 말을 정확히 이해했는지, 잘못 이해했는지를 피드백해 줌으로써 오해를 줄이고 서로의 의견을 분명하게 소통할 수 있다.

침묵은 경청을 촉진시키는 데 도움이 될 수 있다. 침묵은 듣는 이로 하여금 경청과 말보다는 비언어적 신호에 집중할 수 있게 한다.

숙련된 질문은 필요한 정보를 구체적으로 얻고 명료화하며 대화의 초점이 벗어날 때 바로잡을 수 있게 해 준다.

부모와 협의할 동안에는 따뜻한 태도가 중요하다. 부모와의 협의는 철저히 준비하고 정직한 태도로 임해야 한다. 부모가 질문했을 때 전문가가 대답하지 못할 경우 그것에 대한 정보가 없음을 말하고 다음에 알려주겠다고 말해야 한다. 조기특수교육자는 의사나 심리치료사가 아니므로 잘못된 정보를 전달하지 않도록 특히 유의해야 한다. 교사는 지역사회 내에 있는 정신과병원, 사회복지기관, 특수학교, 특수유아학교 등 관련 전문가 집단이나 기관에 관한 연락처 등의 정보를 확보해 두는 것이 바람직하다.

전문가는 아동의 진전을 설명하고, 아동의 기술과 행동의 특정 사례를 긍정적으로 설명할 수 있어야 한다. 전문가는 아동이 학교에서 무엇을 할 것인지, 무엇을 성취하는지, 다음 단계에는 무엇을 할 것으로 기대되는지에 대해 논의할 수 있다. 전문가는 협의한 내용과 결과를 이해하고 이를 요약하여 가족 구성원들이 명확히 이해할 수 있게 확인시켜 준다.

협의 종료. 전문가들은 시간의 제약에 따라 협의회를 제한된 시간에 마쳐야 한다. "남은 시간이 몇 분 안 되는군요. ________을 좀 설명해 주실까요?", "이제 협의를 마칠 시간입니다. 추가 질문이 있으신지요?" 등과 같이 협의 종료 시간이 다가오면 부드럽게 시간을 상기시켜준다. 다음 협의회를 약속하고 "네, 다음 협의회는 ______가 괜찮을까요? 시간을 내어 주셔서 감사합니다."라는 말로 마친다. 협의를 마무리하고 문 앞까지 바래다주고 따뜻하게 작별 인사를 한다.

협의 후. 전문가들은 협의 동안에 협의 내용을 기록할 시간을 충분히 확보할 필요가 있다. 협의 사항 기록은 협의 내용의 공감과 정보 공유 측면에서 중요하고 상담을 계속해 가는 데 도움이 된다. 협의 과정에서 그 내용을 기록하되 대화를 방해하지 않고 부모가 불편하지 않도록 배려하며 메모에 지나치게 열중하는 것은 현명하지 못하다. 부모들에게는 메모한 내용과 목적에 대해 알려주고 아동을 도와주는 데 직접 이용될 수 있는 정보만을 기록할 필요가 있다.

4) 인터넷 기반의 의사소통을 통한 가족 참여

다양한 유형의 부모 참여가 아동에게 도움이 되지만 모든 가족이 참여한다는 것은 매우 어렵다. 최근 핸드폰은 모든 가족들이 사용할 정도로 흔한 소통 수단이 되고 있지만 전자 우편 등의 인터넷 기반 의사소통 방법 역시 소통을 늘리는 데 도움이 된다. 이러한 새로운 소통 방식을 항상 이용할 수는 없지만 다음과 같은 방식으로 쌍방향 소통 가능성을 높여 줄 수 있다.

- 아동 활동과 성취에 관한 긍정적인 정보를 전자 우편으로 보내어 공유한다.
- 아동의 활동을 사진으로 찍어 보낸다.
- 부모와 아동이 가정에서 할 수 있는 적절한 활동을 전자 우편으로 소개한다.
- 학급 단위로 밴드를 설치하여 일정, 활동 등의 정보를 공유한다.
- 가족이 서로 지원할 수 있도록 모임이나 협의를 지원한다.

전자 우편을 이용하거나 스마트폰 메신저, SNS 등을 이용할 때는 개인의 정보 보호와 관리에 특별한 관심을 가져야 한다. 사적인 문제와 사안은 개별 통신을 통해 소통하고 개인 정보와 사생활에 관한 정보를 지켜주고 보호해야 한다.

7 다문화 가정과의 협력

오늘날 다양성이 증가하는 상황에서 전문가와 가족 간의 전통적인 의사소통 패턴은 도전을 받고 있다. 이러한 다양성은 모든 부모에게 민감한 의사소통 패턴을 요구하므로 전문가들은 현실을 인식하고 적절히 대처할 필요가 있다. 조기교육자들은 다른 문화적 관점을 인정하고, 보다 큰 주류 사회와 문화권 내에서 일할 수 있는 능력을 향상시키며, 가족의 이해를 증진시키고, 가족이 심리적으로 편안하게 느끼는 경계선 안에서 효과적으로 활동할 방법을 학습해야 한다.

1) 문화모델과 아동 양육 실제

부모가 자녀와 양육에 대해 어떤 관점을 지니고 있는지를 이해하는 것은 가족과의 관계 발달에 중요하다. 교사는 아동과 가족에 관한 정보를 수집하는 과정에서 성인-아동의 상호작용 능력, 식사하기, 화장실 이용 능력, 잠자기 패턴, 훈육 방식 등에 관한 사항들을 파악하게 된다. 일부 부모는 가정의 신념과 양육 실제로 인해 교사들과 갈등을 일으킬 수 있다.

문화모델은 사람들이 보편성을 지니고 그 보편성 내에서 행동을 이해하는 것으로 아동 양육 행동에 관한 유용한 사고방식을 제공해 주며, 사람들이 자신의 신념을 실제로 전환시킬 수 있게 도와준다. 가족 중심 접근의 한 가지 주요 장점은 문화적 항상성의 기회를 극대화하고 문화적으로 반응하는 교육을 실시하는 가정과 프로그램 간에 보육과 양육의 연속성을 확보할 수 있는 것이다(Iruka, Durden, & Kennel, 2015). 이러한 이해는 중재의 실제가 가족 중심이 되게 하고, 양육 목표와 궤도를 같이 할 것이다. 아동 양육 태도는 매우 다양하므로 전문가와 부모 사이에 갈등을 일으킬 수 있어 아동 양육에 대한 신념과 실제가 다양할 수 있음을 존중하는 것이 중요하다.

독립성과 자동성의 가치 대 의존성과 복종. 대부분의 문화는 독립성, 복종, 화목, 존경을 강조한다. 훈육 방법은 가정의 문화에 따라 다양하고 가족과 조기교육 전문가 간의 문화적으로 차이가 날 수 있는 부분이다.

장애에 대한 태도. 각 문화는 장애와 그 원인에 관한 관점과 믿음이 서로 다르다. 조기특수교육 실천가들이 장애에 대한 가정의 문화적 해석을 잘 이해할 때만 부모와 상호 존중하는 파트너십을 형성할 수 있다. 조기 중재 서비스의 부모 참여 정도와 특성은 장애의 성격에 관한 그들의 신념과 관계가 있다.

인종차별주의의 영향. 불행하게도 인종차별주의는 우리 사회에서 일어나고 있는 매우 현실적인 현상이다. 소수 계층에 속한 사람들은 인종차별과 편견을 경험할 수 있다. 인종차별주의는 아동 양육 실제에 큰 영향을 미칠 수 있다.

가족 구조. 조기교육 전문가들은 흔히 가족 구조와 구성 측면에서 문화적 차이를 마주한다. 전통적으로 조부모, 부모와 자녀 중심의 대가족 제도는 이미 오랜 전에 사라지고 부모와 자녀의 핵가족 체제를 넘어 편부모 가족, 조손가족, 소년소녀가족 등 다양화되어 가고 있다.

부모의 역할. 부모가 자녀의 발달 측면에서 자신의 역할을 어떻게 보는지에 대한 관점에는 문화적 차이가 있다. 중산층 부모들은 자신을 명확히 교사로 보고 있다. 그들은 자녀에게 기초학습을 지도하고 문제행동의 학습을 돕는다. 다른 부모들 역시 자신을 교사로 보지만 도덕성과 적절한 행동을 중심으로 지도한다.

2) 언어 차이

하위문화 간의 가장 분명한 차이는 구어 및 비구어적 의사소통에서 볼 수 있다. 1차 언어로 가족과 의사소통을 할 수 없으면 부모와 전문가 모두 큰 좌절감을 느낄 수 있다. 이러한 상황은 오해의 원천이 되고 정보가 부적절하게 전달될 수 있다. 구어나 문어의 번역 역시 조기 중재 프로그램 서비스에서 중요하다. 언어 장벽을 파괴하고 아동 프로그램에 가족의 참여를 촉진할 수 있는 한 가지 방법은 다른 가족을 이용하여 지원하고 격려하는 것이다. 활동의 일부이기는 하지만 광주, 대구, 대전 등 10여 개의 이상의 시도교육청은 가정통신문을 7개 국어로 보냄으로써 언어적 차이로 인한 문제를 최소화하고자 노력하고 있다(조선일보, 2019. 9. 7.).[1)]

8 특별한 가족들과의 활동

전문가들은 부모들과 일하며 여러 가지 어려움을 마주하지만, 특히 특별한 요구를 지닌 부모들과 활동할 때 어려움에 직면하게 된다. 이런 부모의 장애나 환경 특성이 다양하며, 이를 일반화하려는 것은 현명하지 못하고 위험하다. 부모 역시 모두 독특한 요구를 지닌 개인임을 명심할 필요가 있다.

1) 발달장애 아동 부모

발달장애 부모들은 자녀가 장애로 진단되었기 때문이라기보다 오히려 위험군이기 때문에 조기중재 프로그램에 등록하는 경향이 크다. 발달장애 아동 부모와 함께 일하는 동안 파트너십을 개발하기 위해 제안된 여러 가지가 있지만 가장 중요한 점은 자녀의 진전도를 효율적으로 점검할 수 있는 부모가 되도록 역량을 키우는 것이

1) http://news.chosun.com

다. 이 목표를 위해 다음 지침을 참고할 수 있을 것이다.

- 우선순위 선정: 전문가들은 부모들과 우선순위를 결정하여 효과적인 양육 기술을 발달시키도록 도와준다. 일상생활에 관한 기본적인 요구를 관리하고 그와 관련하여 지원 혜택을 받을 수 있는지를 결정해야 한다.
- 협력적 도움: 가능한 한 속히 부모를 도와줄 다른 기관이 있는지를 찾아보고 협력적인 방안을 모색해야 한다.
- 자주 긴밀한 접촉: 전화를 비롯한 통신 수단을 이용하여 자주 정보를 주고받고 소통해야 한다.
- 긴 설명 피하기: 간략하고 명료하게 부모의 할 일과 수행 방법을 설명한다.
- 읽기 요구의 최소화: 독해력을 어느 정도 지니고 있을 경우는 문서로 된 자료를 줄 수 있지만 그렇지 않으면 가급적 읽기 자료를 이용하지 않는다.
- 적절한 부모-아동 상호작용의 시범을 보인다.
- 부모에게 자녀의 행동을 이해하도록 돕는다.
- 발달장애 부모를 가능한 한 학교의 다양한 활동에 참여시킨다.

2) 이혼 가정

교육자들은 한 부모 가정이나 이혼한 부모에 의해 양육되는 아동들을 지도하게 된다. 장애 자녀를 지닌 가정의 이혼 비율이 더 높은지에 대해서는 논란의 여지가 있다. 이유 여하를 막론하고 해체된 가족은 스트레스를 많이 경험하고 1~2년 동안 적응 과정을 거쳐야 한다. 다음은 교육자들이 부모와 자녀의 스트레스를 최소화할 수 있게 도와줄 수 있는지에 대해 논의하고자 한다.

- 법원에 의해 금지되지 않은 한 이혼한 부모는 의사결정자의 역할을 지속적으로 한다. 그러므로 부모 모두를 협의회의 참석자 명부에 등록하고 각자에게 협의회 통지를 발송해야 한다.
- 부모가 양육에 함께 동의하지 않을 경우, 교육자들은 갈등을 해소하기 위해 비

공식적인 협의회를 이용할 수 있다.

- 부모 모두 자녀 생활에 관여할 경우 모든 학교 활동에 초대하고 법으로 금지되지 않는 한 자녀의 건강과 학교 기록을 양친 모두에게 보낸다.
- 이혼 가정, 해체 가정, 친부모, 양부모 등 거부감이 드는 용어 사용을 피한다.
- 이혼 부모에게는 별도의 협의 기회를 제공하고 양친과 정보를 공유한다.
- 다른 유형의 가족 구조를 긍정적으로 묘사하는 교육과정과 활동을 선택한다.

9 가난의 영향

다수의 장애아동과 그 가족은 장애뿐만 아니라 가난과도 싸워야 한다. 장애아동은 다른 아동에 비해 가난한 가정에서 살아갈 가능성이 더 크다. 가난과 연합된 스트레스 유발요인은 확실히 성인뿐만 아니라 아동에게도 영향을 미친다. 그런데도 중앙정부나 지방자치단체에서는 장애 자녀 가정이나 장애인 가정에 대해 충분한 지원을 하지 못하고 있다. 이러한 이유 때문에 조기 중재 전문가들은 가난이 가족 기능에 미치는 영향을 이해하고 지역사회 자원에 관하여 충분히 이해하고 있어야 한다. 가난이 가족의 역동성에 미치는 영향은 다음과 같다.

건강

- 임신 기간 중 영양 부족으로 인한 저체중인가, 아니면 출생 결함인가?
- 가족이 적절한 영양식을 할 수 있는가?
- 체중 감소, 피로, 두통, 짜증, 집중력 저하, 잦은 감기 등 건강에 문제가 있는가?
- 가족이 건강관리를 도와줄 적절한 인적 자원을 지니고 있는가?

생산성

- 가족이 자녀 양육을 적절히 할 수 있는가?

- 가족이 장난감을 적절히 사줄 수 있는가?
- 가족이 동물원 방문 등 지적 자극을 적절히 경험시켜 줄 수 있는가?

레저나 레크리에이션

- 가족이 놀이, 운동, 사회화 기회를 제공하고 있는가?
- 가족이 공원이나 놀이동산 등 레크리에이션 장소로 데려갈 시간이 있는가?
- 부모가 흡연, 음주와 같은 고위험 및 건전하지 못한 습관을 지니고 있는가?

물리적 환경

- 가족이 안전하고 편안한 집에 거주하고 있는가?
- 가족이 불안전하고 분열적인 이웃과 살고 있는가?

정서적 웰빙

- 가족 구성원들이 실업, 경제력 부족 등 생활 관련 스트레스로 고통을 받고 있는가?
- 가족 구성원들이 가난의 영향으로 인한 자존감 결여로 고통을 받고 있는가?

가족 상호작용

- 경제적 스트레스로 인한 가족의 갈등과 불안을 가져오는가?
- 연상의 형제자매가 양육을 집중적으로 지원하는가?

양육의 질은 어린 아동이 다양한 환경적 상황에 대처할 수 있도록 하는 주요 열쇠가 된다(Lieberman & Osoksky, 2009). 또한, 어머니와 자녀의 요구에 초점을 맞출 때 장기적으로 수혜 효과가 증가한다. 가난이 존재하는 한 일상적인 삶의 질뿐만 아니라 사회 정서 행동적 웰빙에 초점을 둔 협력적 서비스의 요구가 중요하다. 조기특수교육자들은 지역사회 내의 자원과 교실 밖 지역 자원에 관한 정보를 충분히 파악하고 아동과 가족의 옹호자가 되어야 한다.

요약

장애 자녀의 가족을 위한 정서적 지원

- 가족 중심 접근법에 의하면 전문가는 부모가 아동의 건전한 발달과 학습에 중요하다는 점을 존중해야 한다.
- 가족 중심 접근법은 가족에게 영향을 주는 여러 가지 정서적 속성을 존중하고 도움을 요청하는 개별 가족에 관심을 가져야 한다.
- 부모와 보호자의 정서적 요구는 가족과 전문가 간의 파트너십을 촉진시키는 데 중요하다.

부모의 반응

- 부모들은 자녀의 장애와 손상을 알게 되면 충격을 받거나 사실을 믿지 않으려는 반응을 하게 된다. 충격과 불신은 수치심, 죄의식, 무가치함을 동반할 수 있다.
- 일단 부모가 자녀의 어려운 현실을 마주할 수 있게 되면 분노하거나, 억울해하거나, 부러움을 느끼는 등의 정서를 경험할 것이다. 시간이 지나면 자녀와 관련하여 긍정적이고 성공적인 경험을 하지만 한편으로는 분노 감정을 지니게 된다.
- 부모들은 분노의 단계를 지나면 협상을 통해 분노를 해소하고자 한다.
- 그러나 희망이 없는 무거운 강박감은 현재의 문제에 새로운 차원을 추가할 수 있다. 부모가 잘할 수 있는 것을 찾도록 격려하고 자녀의 강점에 대해 협의하는 것이 중요하다.
- 가족들은 가족과 아동의 요구를 수용할 수 있는 지원을 받고, 긍정적인 적응 방법을 경험하면서 부정적이거나 강한 정서적 감정을 보다 긍정적인 정서로 바꾸게 되는 경향이 있다.

체제로서의 가족

- 가족 체제 관점에 따르면 장애 영유아와 가족은 호혜적 특성을 지닌다.
- 가족의 요구를 파악하면 서비스를 제공하기가 쉬워진다.

확대가족과 형제자매의 요구와 반응

- 가족 체제 이론에서 예견된 바와 같이 확대가족과 형제 역시 독특한 요구를 지니며 반응을 보인다.
- 가족 체제 관점에서 가족을 바라볼 때 장애가 없는 형제의 요구 변화에도 관심을 기울여야 한다.

팀 구성원으로서의 부모

- 부모나 다른 보호자는 발달하는 아동에게 정서적 지원 체제를 제공할 뿐만 아니라 가정과 학교에서 자녀 교육을 위한 팀의 구성원으로서 기여하는 데 중요한 역할을 한다.
- 교사는 가족들이 장애아동의 학습과 발달 요구를 이해할 수 있도록 자녀의 기능과 발달 수준에 관한 정보를 제공해야 한다.

가족 참여를 위한 선택

- 장애 아동과 비장애 아동이 차이점보다 유사점이 더 많은 것처럼 두 집단의 부모들 역시 차이점보다 유사점이 많다.
- 가족 중심의 실재는 단계적이기보다 일련의 연속성을 지니고 있고, 가족에 따라 수동적으로 또는 적극적으로 참여한다.
- 부모-전문가 간의 강한 동반 관계는 수용적이고 열린 학급 분위기를 조성할 때만 형성될 수 있다.

부모와의 협의

- 부모와의 개별 협의는 가장 효과적인 격려 방법 중의 한 가지여야 한다.
- 협의는 준비, 시작, 실시, 종료, 협의 후 조치 등 일련의 과정을 면밀히 계획하여 추진함으로써 효과를 극대화하는 것이 바람직하다.

인터넷 기반의 의사소통을 통한 가족 참여

- 핸드폰은 모든 가족들이 사용할 정도로 흔한 소통 수단이 되고 있지만 전자우편 등의 인터넷 기반 의사소통 방법 역시 소통을 늘리는 데 도움이 된다.

다문화 가정과의 협력

- 조기교육자들은 다른 문화적 관점을 인정하고, 보다 큰 주류 사회와 문화권 내에서 일할 수 있는 능력을 향상시키며, 가족의 이해를 증진시키고, 가족이 심리적으로 편안하게 느끼는 경계선 안에서 효과적으로 활동할 방법을 학습해야 한다.
- 부모가 자녀와 양육에 대해 어떤 관점을 지니고 있는지를 이해하는 것은 가족과의 관계 발달에 중요하다.
- 문화모델은 사람들이 보편성을 지니고 그 보편성 내에서 행동을 이해하는 것으로 사람들이 당신의 신념을 실제로 전환시킬 수 있게 도와준다.
- 하위문화 간의 가장 분명한 차이는 구어 및 비구어적 의사소통에서 볼 수 있다. 1차 언어로 가족과 의사소통을 할 수 없으면 부모와 전문가 모두 큰 좌절감을 느낄 수 있다.

특별한 가족들과의 활동

- 발달장애 부모들은 자녀가 장애로 진단되었기 때문이라기보다 오히려 위험군이기 때문에 조기중재 프로그램에 등록하는 경향이 높다.
- 발달장애 아동 부모와 함께 일하는 동안 파트너십을 개발하기 위해 제안된 여러 가지가 있지만 가장 중요한 점은 자녀의 진전도를 효율적으로 점검할 수 있는 부모가 되도록 역량을 키우는 것이다.
- 이유 여하를 막론하고 해체된 가족은 스트레스를 많이 경험하고 1~2년 동안 적응 과정을 거쳐야 한다.

가난의 영향

- 다수의 장애아동과 그 가족은 장애뿐만 아니라 가난과도 싸워야 한다. 가난과 연합된 스트레스 유발요인은 확실히 성인뿐만 아니라 아동에게도 영향을 미친다.
- 가족에 영향을 미치는 기타 요인들로는 건강, 생산성, 레저나 레크리에이션 기회, 물리적 환경, 정서적 웰빙, 가족 상호작용의 양과 질 등이 있다.

Chapter 05 통합교육

통합은 다양화되어 가는 우리 사회의 중요한 화두이고, 특히 통합교육은 미래 특수교육의 중요한 방향으로 생각된다. 그러나 특수교육대상자를 통합교육 환경에 배치하는 것만이 최선이 아니다. 이들에게 최적의 교육 서비스를 어디서 어떻게 제공할 수 있을지를 고민하는 것이 더 중요하다.

1 통합교육의 의미와 정상화

통합교육은 오늘날 특수교육 서비스의 큰 흐름으로서 그 개념 안에는 목적, 가치 및 실천 과정에 관한 복잡한 요인들을 포함하고 있다. 뿐만 아니라 시대정신, 학습자의 요구, 다양한 상황, 물리적 및 정신적 요소, 사회 경제적 및 정치적 요인, 교육철학 등 여러 변인의 영향을 받기 때문에 그 의미와 실제는 나라마다 다양한 특성을 보이고 있다(정대영, 2017). 「특수교육법」(2007)에서는 통합교육을 "**특수교육대상자가 일반학교에서 장애유형 및 장애 정도에 따라 차별을 받지 아니하고 또래와 함께 개개인의 교육적 요구에 적합한 교육을 받는 것**"이라고 규정하고 있다.

통합교육에 관한 용어들은 시대적 요구나 철학, 문화, 역사 등의 배경에 따라 생성되고 새로운 용어로 대치되는 발달 과정을 거치게 되고, 용어의 선정은 학문적 보편성과 특수성에 비추어 볼 때 매우 중요한 의미를 갖는다. 배제exclusion란 특정 공동체 밖으로 제외시키는 것을 의미하고, 분리segregation란 집단을 범주화해서 별도로 나누는 것을 의미한다. 통합integration이란 공동체 안에 또 하나의 소집단으로 소속되는 것을 의미하고, 완전통합inclusion은 공동체 내의 평등한 구성원으로 인정받고 함께 상호작용하는 것을 의미한다(그림 5-1).

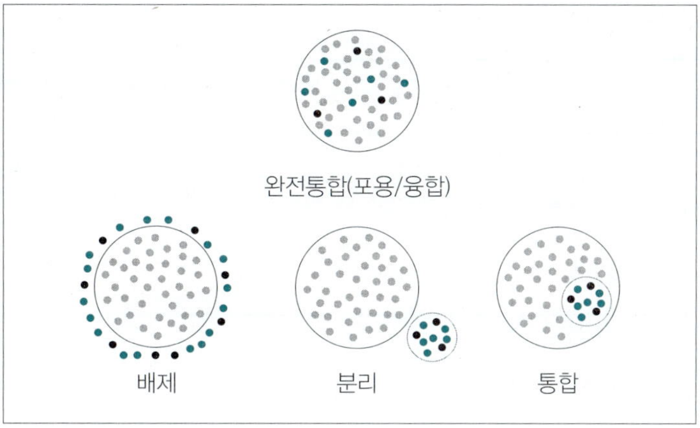

[그림 5-1] 통합교육 관련 용어의 개념도

완전통합이 된 상황에서는 개인의 교육적 요구에 따라 적절한 서비스를 받을 수 있다면 장애와 비장애, 느린 학습자, 지적 경계선 아동 등의 특별한 명칭이 사실상 의미가 없다. 교수자의 측면에서 보면 다만 학습자의 독특한 요구에 따라 일반교사와 특수교사가 협력적 역할을 수행하는 것이 완전통합의 최종 기대목표라고 할 수 있다. 완전통합교육의 개념을 사용자마다 서로 다르게 기술하지만 대부분의 정의는 다음 사항들을 포함하고 있다(정대영, 2017; Cook, Klein, & Chen, 2020).

첫째, 장애를 지닌 모든 학생은 일반학급에만 출석해야 한다.
둘째, 장애를 지닌 모든 학생은 자신의 이웃에 있는 학교에 출석해야 한다.
셋째, 일반교육이 장애를 지닌 모든 학생의 일차적 책임을 진다고 가정한다.

특수교육 분야에서는 통합교육이라는 용어의 개념 범위를 넘는 새로운 접근의 용어로 포용 또는 융합이라는 용어를 사용하고 있다. 통합교육과 관련된 용어의 시대적 변화를 나타내면 〈표 5-1〉과 같다(정대영, 2017).

〈표 5-1〉 통합교육 용어의 변천과정

분리교육 → separation	← 통합교육 → integration		← 완전통합(포용교육/융합교육) inclusion	
1960 정상화 normalization	1970 메인스트림 제한적 환경의 최소화	1980 UN 세계장애인의 해 미국: 일반교육 우선 정책 REI	1990 UN: 살라만카 선언 (완전통합교육 도입) 1994: 「특수교육진흥법」 (통합교육 규정)	2015 인천포럼: 모두를 위한 포용적 양질의 특수교육 (QEFA)

정상화란 특별한 서비스를 요구하는 아동이 정상적인 생활경험으로부터 분리되지 않도록 보장하는 접근법, 즉 장애아동의 교육적, 사회적 및 레크리에이션 환경이 가능한 한 일반 아동의 것과 가장 가까운 것을 의미한다. 최근에는 이러한 환경을 자연적 환경이라고 한다.

학교는 학업적 정보만 전해 주는 것이 아니라 사회적 가치도 전해 준다. 정상화의 개념에 의하면 아동이 신체적 손상이나 피부색 등에 의해 일반학교에서 분리되는 것은 잘못된 것으로 본다. 정상화 사상은 최근 특수교육에서 강조하는 통합교육의 중요한 근거가 되고 있다. 정상화의 개념과 그 확대 측면을 보면, 차이를 가진 사람들을 주류의 사회에 통합시키려는 운동에 따라 장애아동 및 청소년을 위한 통합교육 운동이 가속화되었다. 지난 수십 년간의 서비스 모델들은 개인 내의 문제보다 개인을 주류 사회로 수용하고, 학습과 성장과정을 개선시키기 위해 개인의 환경을 변화시키거나 개선시키는 데 중점을 두었다.

2 조기통합교육의 이론적 배경

조기통합교육의 이론적 배경은 윤리적 측면, 사회화 측면, 발달적 측면, 비용효과의 압력 등과 관련하여 살펴보기로 한다.

1) 윤리적 측면

완전통합교육 지지자들이 강조하는 윤리적 힘은 장애아동이 가능한 한 인생의 모든 과정에서 통합된 삶을 살아갈 권리가 있다는 점이다. 던(Dunn, 1968)은 장애아동의 분리교육에 대한 부당함을 대중에게 처음으로 일깨워 주었다. 그는 특수학급은 대부분의 발달지체 아동에게 적절한 교육을 제공하지 못한다고 주장하였다. 장애아동의 통합은 조기교육에 대한 다문화 접근과 함께 이루어졌다. 완전통합교육의 목표는 문화적, 인지적 및 신체적 특징이 두드러진 아동이 교육 시스템에 수용되는 것이다. 이러한 상황이 완성되기 전까지는 분리교육과 관련된 문제는 미해결 상태로 남아 있게 될 것이다.

2) 사회화 측면

장애아동을 교육의 주류에 포함시키는 것은 일반적으로 발달하는 아동과 동일한 사회적 지위를 갖게 됨을 의미한다. 즉 완전통합교육은 인식을 개선시킨다. 공동체 구성원들은 발달지체 아동에게 더욱 익숙해져야 하고, 이는 결국 더욱 큰 수용으로 이어진다. 발달장애 아동 역시 일반 아동처럼 풍부한 조기교육 경험을 해야 한다. 장애아동의 조기분리교육은 일반 아동에게 거리감을 느끼게 하고, 오해를 불러일으키며, 나아가 거부하게 만든다. 어린 아동이 실제 세계에서 분리되는 것은 다음에 재진입해야 한다는 것을 의미한다. 장애아동끼리 놀고 상호작용할 경우 정상적인 사회 기술을 학습할 기회가 부족하다. 그러므로 정상적으로 발달하는 아동과 놀이를 통해 건전한 발달을 촉진시키기 위해 설계된 프로그램을 경험할 필요가 있다.

취학 전 아동은 장애가 분명히 드러난 아동을 알아갈 필요가 있다. 영유아기 아동은 특별한 영향을 받지 않는 한 발달적으로 다른 아동을 수용하는 데 별문제가 없다.

3) 발달적 측면

통합교육 경험은 장애아동 및 발달지체 아동에게 매우 유익하다. 그들은 매일 도전적인 자료, 장비, 도구, 활동 등을 계획적이든 비계획적이든 자극으로 접하게 된다. 그곳에서 다양한 아동과 상호작용하면서 그들을 모델로 삼아 모방하기도 하고 함께 놀기도 하면서 도움을 받는다. 교사는 발달의 규칙성과 불규칙성을 이해하고 한 아동이 특별히 반응하고 특정 기술을 학습할 수 있는 중요 시기에 지도하는 순간마다 모든 아동에게 도움을 줄 수 있다.

발달의 중요 시기는 모든 아동에게 중요하다. 일반 아동은 여러 차례 반복을 통해서 초인종 소리와 전화기 소리를 구분할 수 있게 된다. 그러나 감각손상 아동은 그렇지 못하다. 외부의 자극에 반응할 특별한 지원과 기회를 제공하지 않으면 학습이 어렵고 일상적인 자극이 학습으로 이어지지 않는다. 특히, 언어습득은 발달의 중요 시기와 맞물려 있다. 청력손상 아동은 언어 발달의 중요 시기 이전에 청력 문제를 치료받지 않으면 언어를 적절히 습득하지 못한다.

지도할 수 있는 순간은 발달의 중요 시기와 관련되어 있는데, 아동이 동기가 매우 유발되어 있어 특정 기술을 보다 잘 습득할 수 있는 시점을 의미한다. 통합된 장애아동은 매일 그러한 순간을 여러 차례 갖게 된다. 따라서 교사는 그러한 기회를 인지하고 발달적으로 적절한 학습을 할 수 있도록 안내하는 것이 중요하다.

또 한 가지 조기통합교육의 중요한 이론적 근거는 모방이다. 모방은 누구에게나 중요한 학습 과정이다. 발달문제가 있는 아동이 놀이를 적절히 학습하기 위해서는 모방하며 함께 놀아 줄 아동이 필요하다. 행동문제 아동이 공유하며 차례 지키기를 학습하고자 한다면 이 기술을 수행할 줄 아는 아동을 모방하고 그와 상호작용할 기회를 가져야 한다.

4) 비용 문제

조기통합교육의 비용 문제는 부모, 프로그램 제공자, 행정가, 기타 프로그램 소비자 등에게 주요 관심사이다. 조기특수교육 프로그램의 경제적 측면이 중요하지만 우리가 지적할 수 있는 유일한 타당성은 아니다.

조기통합교육 비용 관련 자료는 통합교육이 별도의 분리교육 체제를 구축하여 이원적 접근을 하기보다 현재의 프로그램을 이용할 수 있기 때문에 경제적 대안이 될 수 있다고 주장한다(Odom, Parrish, & Hikido, 2001). 지역사회에 있는 기존의 프로그램을 이용하여 조기특수교육을 실시할 경우 예산을 줄일 수도 있다(Allen & Cowdery, 2015). 그러나 조기통합교육은 앞에서 언급한 바와 같이 예산 문제 이상의 다른 요인들이 관련되어 있다.

분리특수교육의 반대 논리

- 인식 개선이 잘 안될 것이다.
- 정상으로 발달하는 아동과 놀면서 건전한 발달을 할 필요가 있다.
- 장애영유아를 실제 세계로부터 분리할 경우 재진입이 요구되며, 재진입 문제는 아동을 일반상황으로부터 아예 분리하지 않음으로써 피할 수 있다.
- 정상 발달 아동은 장애아동을 알아갈 필요가 있다.

3 통합보육 및 통합교육의 유형과 지원

특수교육대상 유아의 보육기관은 장애전담어린이집과 장애통합어린이집으로 구분된다. 어린이집은 장애를 지닌 영유아를 이상과 같은 기관과 연계하여 특수교육 진단평가, 개별화교육계획 등을 시행함으로써 장애를 지닌 영유아가 적절한 보호와 교육 서비스를 받을 수 있도록 한다. 아울러 지방자치단체의 장은 지정된 기관이 장애를 지닌 영유아에게 적절한 서비스를 제공하지 못한다고 판단될 경우 종사자 인건비 등의 보조금 지원을 중단할 수 있다.

1) 통합보육의 유형

장애전담어린이집

장애전담어린이집이란 미취학 장애아만을 20명 이상 보육하기 위하여 「영유아보육법 시행규칙」에 따른 시설 및 설비를 갖추고, 상시 18명 이상의 장애아(단, 미취학 장애아 9명 이상 포함)를 보육하는 기관 중 시 · 도지사 또는 시장 · 군수 · 구청장이 장애전담어린이집으로 지정한 기관을 말한다.

장애통합어린이집

장애통합어린이집이란 어린이집 정원의 20%(미취학, 취학 장애아 포함) 이내에서 장애아 종일반을 편성운영하거나, 장애아 종일반을 별도로 편성하지 않은 채 미취학장애아를 3명 이상 통합보육하고 있는 어린이집(종일반 기준임)을 말한다.

일반 어린이집

미지정 일반 어린이집이 장애를 지닌 아동을 보육할 경우, 아동의 수(미취학, 취학장애아 포함)는 통합보육 상한이 정원의 20% 이내여야 하고, 반편성 기준은 장애를 지닌 아동이 편성된 반을 기준으로 지원을 하지만 인건비에 대한 지원은 없다.

2) 보육기관 장애아보육 지원 대상

「영유아보육법」에 의하면 장애를 지닌 영유아는 만 0세부터 만 12세의 미취학 아동에 이르기까지를 지원 대상으로 규정하고 다양한 지원을 하고 있으며, 지원대상의 조건은 다음과 같다.

- 장애 소견이 있다는 의사 진단서를 제출한 만 5세 이하 아동
- 「특수교육법」(2007)의 제15조에 따라 발달지체를 보이는 특수교육대상자로 선정된 만 3세부터 만 8세까지 아동
- 취학연령이 되었음에도 부득이하게 질병 등의 사유로 일반 초등학교 및 특수

학교에 취학하지 못한 장애아동

- 질병 등의 사유로 부득이하게 교육부가 제공하는 순회교육을 받는 장애아동이 어린이집을 이용하는 경우 보육료를 지원할 수 있음. 이 경우 순회교육 장소를 어린이집으로 할 수 있도록 조치함
- 장애가능성이 있는 영아(만 0~2세) 및 장애인복지카드(등록증)를 미소지한 만 5세 이하 장애아동
- 장애를 지닌 아동이 부득이하게 휴학한 경우에도 보육료를 지원할 수 있으며, 이 경우 장애인복지카드 소지자는 만 6세 이상 만 12세까지 지원할 수 있고, 특수교육대상자 진단 · 평가 결과 통지서를 제출한 경우 만 6세 이상에서 만 8세까지 지원함
- 장애를 지닌 아동이 정부지원을 받는 특수학교(유치부 또는 초등학교 과정)를 이용할 경우에는 장애아동 무상보육료 지원이 불가능하며, 초등학교 과정 아동은 방과 후 보육료 지원이 가능함

3) 학령기 통합교육 모형

통합의 단계와 수준을 동시에 고려한 단계식 분류로는 장애학생을 통합시킬 의향을 밝히는 단계, 통합을 실험하기 위해 여러 가지 프로젝트를 설정하는 단계, 일반교육 환경에 통합된 장애학생이 생활을 정상적으로 실천하는 단계로 구분하기도 한다. 점심시간에 친구들과 어울리든가 일반학생들과 레저 시설을 함께 사용하는 사회적 통합, 일반학생이 교육을 받는 것과 동일한 교육시설에 배치되는 장소적 통합, 일반학습과 수업이 이루어지는 학급에 장애학생을 통합시키는 기능적 통합으로 구분되기도 한다. 도우버(Dover, 1994)는 포함교육 모델을 다음과 같이 제시하고 있다.

- 전일제 특별학급: 특수교육대상 학생이 모든 학교생활을 특수학급이나 학습도움실에서 보낸다.
- 메인스트림 모델: 특수교육대상 학생은 학습 및 행동이 수용될 수 있는 범위 내에서 일반학급 활동에 참여한다.

- 비학업적 모델: 특수교육대상 학생이 미술, 음악, 가정생활, 체육 등 일부 과목에 한하여 일반학급에 참여한다.
- 특별 학습지원 모델: 필요에 따라 특수교사가 일반학급 밖에서 특수교육대상 학생을 일대일로 지도하고 지원한다.
- 홈 클래스 모델: 특수교육대상 학생이 일반학급의 일부 활동에 참여한다.
- 사회적 메인스트림 모델: 특수교육대상 학생이 일반또래들과 적절히 어울려 일반학급 수업 활동에 참여한다.
- 지원교수 모델: 특수교육대상 학생이 일반학급에서 수업을 받는 가운데 특수교육지원 서비스를 받는다.
- 협동적 모델: 특수교사와 일반교사가 특수교육대상 학생의 요구를 충족시켜 주기 위해 함께 활동하고 문제를 해결한다.
- 완전통합(완전포함) 모델: 특수교육대상 학생이 학교생활의 100%를 일반학급에서 보낸다. 특수교사는 일반교사에게 상담 서비스만을 제공한다.

4 통합교육을 방해하는 변인

통합을 가로막는 요소로는 물리적, 사상적, 관행적 및 개념적 요소 등 여러 가지가 있다. 물리적 장벽은 확인만 되면 쉽게 해결책을 찾을 수 있다. 예를 들어, 휠체어를 이용하는 아동은 계단으로 올라갈 수 없기 때문에 경사로를 만들거나 엘리베이터를 설치하면 문제가 해결된다. 그러나 이념적 및 개념적 장벽을 변화시키기 위해서는 우리의 사회체제와 내면을 살펴보아야 한다.

1) 인식의 부족

통합교육의 인식은 장애를 지닌 가족뿐만 아니라 교육계의 제삼자 모두 관련이 있다. 즉 모든 아동의 가족, 조기교육자, 조기특수교육자, 행정가, 입법자, 사업가 및 지역사회 지도자 등 모든 사람의 문제이다. 통학버스기사, 보조원 및 영양사 역시 통합교육과 그 목적을 이해할 필요가 있다.

통합교육에 대한 이해를 높일 수 있는 방법에는 통합에 관한 기사를 이용하는 것에서부터 통합교육기관을 방문하기에 이르기까지 여러 가지가 있다. 긍정적인 태도는 통합교육 성공의 가장 중요한 요소가 된다. 이것은 근이영양증 아동이 일반 아동과 함께 공놀이를 해야 한다는 말이 아니라 오히려, 일반 아동이 근이영양증 아동을 어떤 태도와 방식으로 포함시킬 수 있을까? 라는 질문을 하는 것이다. 장애를 현실로 받아들이고 장애를 지닌 아동을 무시하는 것이 아니라 그 아동을 위해 교육과정을 조정하여 그의 통합 요구를 충족시켜 주는 것이 중요하다.

가장 바람직한 프로그램은 모든 아동이 소속감을 느끼고 학습할 수 있으며, 그들의 잠재력을 충분히 계발할 수 있는 비전이나 생각을 공유하는 것이다. 거기에는 모든 아동이 각자 자신의 방식으로 자신을 가치 있게 여기며, 각 아동의 성취와 상호존중에 대한 자부심을 가지고 서로 도울 수 있는 공동체 의식이 있어야 한다.

2) 전문가 준비의 부족

교직원이 적절한 훈련을 받지 못했거나 상담 지원이 부족하면 통합교육이 어려워진다. 일부 교사는 장애를 지닌 아동을 지도할 준비가 되어 있지 않다. 그들은 장애에 대한 이해가 부족하고, 특히 중증의 장애를 지닌 아동이나 의료적으로 쉽게 다칠 수 있는 아동에 관한 정보가 부족하다. 이러한 교사는 자신의 의도와는 달리 장애를 지닌 아동에게 상처를 줄 수 있고, 다양한 아동을 효과적으로 지도할 교육적 전략을 충분히 준비하지 못하고 있다고 생각할 수 있다. 장애 자녀를 둔 가족들 역시 모든 교사가 자기 자녀와 같은 아동을 보호하고 지도할 준비가 되어 있는지에 대해 우려할 수 있다.

통합교육이 확대되면서 교육자들은 아동을 지도할 수 있는 새롭고 다양한 접근 방식을 고려해야 한다. 장애를 지닌 아동이 포함되지 않은 학급을 담당했던 교사들은 이제 그들을 포함시켜 교육할 기법을 개발해야 한다. 아울러 지금까지 장애를 지닌 아동을 소집단으로 분리하여 지도하던 특수교사들도 이제는 이들을 일반학급에 포함시켜 이들을 위한 개별화교육 프로그램을 운영하는 방법에 대해 고민해야 한다.

3) 교육평가에서 배제 또는 지원 부족

장애를 지닌 아동이 일반학급에 포함되어 있을 때 또래들과 함께 일반교육과정의 내용을 배우게 된다. 원칙으로는 일반학급에 포함된 모든 아동이 일반교육의 표준에 도달해야 하지만 현실적으로 가능하지 않다. 따라서 일반교육에서 평가를 할 때 장애를 지닌 아동을 위한 평가 조정이 이루어져야 한다.

4) 교사-아동의 비율 및 학급 규모

교사 대 아동의 비율과 학급의 규모는 통합교육의 중요한 변수가 된다. 많은 교육자는 교사당 아동의 수가 줄어들어 개별화교육 프로그램을 마련하고 각 아동의 요구에 반응할 수 있기를 희망한다.

장애를 지닌 아동이 학급에 포함되면 교사가 교수적 협력, 교수-학습 계획 및 실행을 하는 데 더 많은 시간이 소모된다. 교사 대 아동의 비율은 통합교육의 성공에 많은 영향을 줄 수 있으며, 교수-학습 측면에서 다른 유형의 기능을 필요로 할 수 있다.

조기교육자들은 예비교사, 자원봉사자, 관련 서비스 전문가, 특수교육 실무원 등과 함께 활동할 수 있도록 장애를 지닌 아동을 포함하여 모든 아동을 지도할 수 있는 기법은 물론 참여하는 성인들을 관리할 수 있어야 한다.

5) 지원의 부족

질 높은 교육을 실시하기 위한 전략은 통합교육을 성공적으로 실시하는 데 필요한 지원을 고려하고 가족이나 행정가와 이러한 지원의 가치를 공유하고 공감하는 것이 중요하다. 모든 아동을 위한 교육은 일반교육의 높은 표준을 충족시킬 수 있을 것이라는 기대에 부응해야 한다. 가끔 통합의 의의와 요건에 대한 이해 부족으로 인하여 예산이나 인력의 지원이 적절히 이루어지지 않을 수도 있다. 특수교사나 특수교육 실무원을 법정 정원이나 필요 수준에 맞게 채용하지 못하는 문제는 현실적 요구를 정책이 제대로 반영하지 못하는 사례이다. 통합교육을 지원하기 위한 지도 자료나 연수의 부족도 팀 접근과 통합을 어렵게 한다.

지원 부족 현상을 극복하는 것은 행정의 책임이다. 행정은 리더십을 개선하고 통합의 비전에 대한 책무를 점검할 필요가 있으며, 책임의 공유를 촉진시킬 필요가 있다. 또한, 모든 관계자 및 기타 모든 사람이 동의하고 믿을 수 있는 통합의 당위성과 비전을 제시할 필요가 있다.

5 통합교육 찬반에 대한 논쟁

1) 완전통합교육의 지지

적극적인 지지자들은 완전통합교육을 개인의 기본권으로 인식하려고 한다. 완전통합교육을 하게 되면 학생과 학교는 장애 명칭의 탈피, 사회적 수용, 독립성 향상 및 서비스의 통합 등의 측면에서 이점을 얻게 된다. 학생에게 장애의 명칭을 붙이지 않으면 낙인 효과만 가져오는 장애를 결정할 필요가 없어진다. 특수교육대상 학생이 학교에서 기능하고, 과제를 정상적으로 수행하며, 작업장이나 지역사회에서는 또래들과 상호작용할 기회를 갖도록 수용하게 된다는 입장이다(peters, 2004; skipper, 2006).

아울러 일반 또래 아동이 특수교육대상 학생과 상호작용하는 방법을 학습하는 것도 중요하다. 교사가 평생교육, 작업 습관, 여가활동 등에 초점을 맞추어 교육할 때 학습자의 독립성은 향상된다. 나아가, 일반교사와 특수교사가 통합된 환경 속에서 학생들의 요구를 충족시키는 데 필요한 교육활동을 함께 설계할 때 통합을 촉진시킬 수 있다.

완전통합교육의 이점을 얻기 위해서는 교육자들과 아동 지지자들이 근본적인 교육개혁을 완수하도록 노력해야 한다. 교사가 모든 학생을 교육시켜야 한다는 책무를 받아들이고 각 개인의 교육적 요구를 충족시켜 줄 수 있는 교수법을 채택하기 위해서는 패러다임을 바꾸는 길 외에는 방법이 없다. 그에 대한 대안으로 북유럽국가들과 영국에서는 전체 학교 차원의 접근, 즉 전교적 접근 모형whole school approach을 제시하고 있다. 결국, 지금까지와는 다른 학교의 조직과 구조를 바꾸어 모든 학생의 교육적 요구를 충족시켜 줄 수 있는 학교를 만들어야 한다.

2) 완전통합교육에 대한 반대

완전통합교육을 반대하는 사람들은 실용적, 사회 정치적, 경험적 이유를 들어 반론을 제기한다. 많은 연구자는 일반교사가 특수교육대상 학생을 포함하여 교육하는 데 필요한 의지와 교육적 조정 능력이 있는가에 의문을 제기해 왔다. 일부 연구자는 대부분의 일반학급 교사가 학업성취가 매우 낮은 학생을 효과적으로 지도할 시간이 부족하고, 그에 대한 훈련을 충분히 받지 않았으며, 올바른 태도가 부족하다고 주장했다.

일부에서는 완전통합교육을 광범위한 사회 정치적 상황에서 통합, 장애 명칭 붙이지 않기, 교육의 효율성과 수월성 등 보다 깊은 관심을 끄는 정서적 문제에 초점을 맞춘 정책이라고 비판하였다. 또한, 완전통합교육이 객관적인 방법으로 철저히 평가되지 못했다고 주장하고 있다. 사실, 완전통합교육에 관한 많은 연구는 통합교육에 대한 태도를 주로 다루고 있다.

일반적으로 말해 중도장애학생을 담당하는 교사들은 완전통합교육을 호의적으로 생각하는 반면에 경도 및 중등도장애 학생을 담당하는 교사들은 반대하고 있다. 이는 두 집단이 일반교육과의 관계에서 다른 역사를 지니고 있으며, 교육목표가 서로 다르기 때문에 나타나는 결과일 것이다.

3) 논쟁의 핵심

완전통합교육에 관한 논쟁의 핵심 요소는 '어떻게 하면 연령과 학년 수준에 적합한 배치를 할 것인가?'이다. 연령과 학년 수준에 적절한 배치란 학생의 실제 학업 수준과 관계없이 동일 연령의 또래와 함께 학급에 배치하는 것을 의미한다. 즉 14세 학생의 읽기와 셈하기 능력이 초등학교 1학년 수준이라고 하더라도 자기 또래의 중학교 3학년에 배치되어야 한다는 것을 의미한다. 이 요소는 오늘날 학급의 실제에 적합하지 않은 이상이나 가치 또는 목적에 바탕을 두고 있기 때문에 많은 논란이 되고 있다. 완전통합교육 지지자들은 일반학급이 모든 장애를 지닌 아동을 수용할 수 있다고 믿으며, 중도·중복장애를 지닌 아동이 그 배치 장소에서 교육적 및 사회적으로 혜택을 받을 수 있을 것이라고 믿는다. 또한, 집단교수법과 협동학습법을 선호하며, 전통적인 학급 규모와 자원은 특수교육대상 학생을 관리·수용하는 데 있어서 적절하다고 생각한다.

이와 반대로 많은 특수교육자는 완전통합교육이 학습자의 능력 범위 내에서(학업, 사회, 체육, 공학, 음악, 서비스, 교육과정) 이루어져야 한다고 본다. 특수학급과 같은 대안적 교수 집단이나 대안적 학습 환경에 배치하지 않고서는 적절한 학업교과나 기능적 교과를 학습하기 어렵다고 믿고 있다(Kauffman, 1993).

최근 국내의 경우 특수학교보다 일반학교에 배치된 특수교육대상 학생의 수가 약 73%(교육부, 2019)로 더 많은 실정이며, 이러한 경향은 점점 더 확대될 것이다. 특수학교에서는 주로 일반학교와 부분적으로 교류통합이나 사회통합 프로그램에 중점을 두고 있다. 부모들의 완전통합교육 요구와 더불어 특수교육의 주요 무대는 일반교육 환경으로 옮겨가고 있으며, 그에 따른 효율적인 통합교육을 실시하는 것이 특수교육계, 일반교육계 및 학계의 공동과제가 되고 있다.

4) 장애아 조기통합의 성공 조건

통합보육은 철학적 측면과 인권 차원에서 당위성이 인정되고 이상적이기는 하지만, 성공적으로 실시하기란 매우 복잡하고 어려운 과정이다. 여러 가지 요인이 복합적으로 작용하므로 그 성과는 한두 가지 요인에 의해서만 나타나는 것이 아니다.

통합보육의 성공을 위해서 요구되는 조건을 상정하는 것도 쉬운 일이 아니다. 살렌드(Salend, 1984)는 아동의 성공적인 통합을 위한 요인으로써 장애를 지닌 아동의 준비, 일반 아동의 준비, 보육교사들의 의견 교환, 장애를 지닌 아동의 발달 수준 평가 및 교사 연수 등을 들고 있다.

통합보육의 조건을 종합적으로 정리하면 아동 요인, 또래 요인, 교사와 교수적 요인, 행정적 요인 및 부모와 지역사회의 태도 등의 요인을 들 수 있으며, 각 요인에 관련된 구체적인 내용을 살펴보면 다음과 같다(Allen & Cowdery, 2015).

아동 요인

- 적응행동과 사회성 발달 수준
- 일반적인 인지 능력 수준
- 학습준비도 및 교과학습 수준
- 통합프로그램 참여에 대한 자발성

또래 요인

- 장애를 지닌 아동에 대한 일반 아동의 태도
- 장애를 지닌 아동에게 적응하고자 하는 일반 아동의 자발성

교사와 교수적 요인

- 정규 통합보육 프로그램의 질
- 장애를 지닌 아동의 발달적 요구에 대한 교사의 이해도
- 장애를 지닌 아동을 보육 프로그램에 적응시키려는 일반교사의 자발성과 의지

- 통합보육에 포함되어 있는 장애를 지닌 아동의 수
- 일반교사를 위한 연수교육의 질

행정적 요인

- 성공적인 통합을 위한 준거의 확립
- 제공되는 보육 자원의 질
- 전문 직원과 적절한 서비스의 제공

부모와 지역사회의 태도

- 통합 프로그램에 대한 장애를 지닌 아동 부모의 태도
- 장애를 지닌 아동과 통합에 대한 일반 아동 부모의 태도
- 장애를 지닌 아동에 대한 지역사회의 태도

물리적 환경과 보조공학의 지원

- 일반 아동과 장애를 지닌 아동의 적절한 비율
- 장애를 지닌 아동 특성에 따른 자리 배치 및 보조공학 지원
- 지체장애를 지닌 아동에 대한 학급 배치의 고려

5) 장애아 통합보육 준비과정

입학을 위한 진행 절차

- 접수 및 안내: 명단 확인과 놀이 활동 안내문을 부모에게 주고 입학상담 진행이 어떻게 이루어지며 부모가 해 주어야 할 역할에 대해 안내해 준다.
- 부모와 장애를 지닌 유아의 놀이 활동을 통해 평가한다.

부모 상담

- 입학상담 면접지를 중심으로 부모에게 유아 및 가족에 관해 질문하고 얻어진

정보는 교육진단서의 주 상담 내용기록란에 기록한다.

- 포테이지 아동발달 관찰표를 기준으로 장애를 지닌 유아의 현행 수준을 재확인 평가하고, 교육진단서에 있는 '유아의 현행 수준'의 그래프에 영역별 수준을 기록한다.
- 부모상담 시 통합교육 프로그램(예: 등하원 시간, 부모교육, 수업 관련 가정의 지원 내용 등)을 정확하게 안내하고, 기관에서 도움을 얻을 수 있는 부분과 타 기관의 도움(예: 언어재활, 물리치료 등)이 필요한 부분을 함께 알려 준다.

입학상담 결과 회의

- 입학상담에 참여한 모든 유아의 평가가 끝난 후 상담을 담당했던 교사들이 모여 교육진단서의 내용을 중심으로 회의를 실시한다.
- 유아의 현 수준과 특성, 가족의 특수성을 고려하여 배치 가능한 연령의 학급을 결정하고 기관의 입학 여부를 결정한다.

입학상담 결과 통보

입학상담 회의를 거친 뒤 유아의 입학상담 결과를 전화로 알려 준다. 학급 배치와 기관에서 본 유아의 교육 및 지원 방향을 알려 주고, 타 교육기관에 대한 정보도 함께 제공한다.

부모의 준비

장애를 지닌 아동의 통합에 대하여 그 부모는 자녀와 관련된 모든 정보를 어린이집 관계자와 상담을 하고, 관련 자료를 제출하여 통합에 따른 빠른 적응을 돕도록 하여야 하며, 가정과 연계하여 함께 아동의 교육을 진행해 나가도록 한다. 아울러 아동이 방과 후 전문적인 재활 서비스를 받는 기관과 연계하여 팀 접근을 할 수 있도록 조정자적 역할을 하도록 하여야 한다.

교사의 준비

교사는 통합교육을 받게 될 아동에 대한 정보를 상세히 숙지하고 아동의 특성을 파악한다. 아울러 장애를 지닌 아동이 어린이집 생활에 즐겁게 적응할 수 있도록 일반 아동에게 통합될 장애를 지닌 아동에 대한 특성을 인지시켜 선입견을 가지지 않도록 한다.

어린이집의 준비

어린이집에서는 장애를 지닌 아동의 특성에 따른 교육적 접근에 어려움을 느끼지 않도록 환경을 정비하고, 관련 전문기관과 연계한 통합보육에 문제점이 발견될 경우 장애를 지닌 아동에 대한 적절한 중재와 지원을 위해 팀을 구성하도록 한다.

6 통합보육과 통합교육을 위한 팁

통합보육과 통합교육은 교사나 부모만의 노력으로는 성공하기 어렵다는 점을 앞서 지적하였다. 조기교육에 관여하는 모든 관계자가 통합보육과 통합교육을 위해 각자의 역할을 충실히 하는 것이 중요하다. 다음은 장애 영역별로 유아기에 가족과 교사가 할 수 있는 활동들을 소개하기로 한다(정대영, 2017).

1) 시각장애

가족을 위한 팁

- 시각장애를 지닌 아동에게 가정환경에 적응할 수 있도록 돕고, 자유롭게 다닐 수 있도록 허용하기
- 가정 내의 불필요한 장애물을 제거하고, 주변 환경에 대한 방향 감각을 갖도록 돕기

- 가정에서 가구를 재배치하거나 환경을 조정할 경우에는 항상 이에 관한 정보를 알려 주기
- 시각장애를 지닌 아동으로서 가능한 한 일찍 시작해야 할 특별한 이동 기술을 지도하기
- 아동과 가족을 지원하는 지역사회기관과 단체에 관한 정보 알아 두기
- 개별화가족지원계획과 조기교육 프로그램에 익숙해지기

교사를 위한 팁

- 이동 능력 개발을 위해 학급, 학교, 지역사회 환경을 탐색하고 학습하도록 돕기
- 촉감을 발달시키고 청력을 이용하는 활동을 함께 하여 정보 획득 능력을 발달시키기
- 어린 아동이 미소를 짓거나 시선을 마주 보는 법 등을 학습하도록 돕기
- 가족과 협력하여 방향 감각과 이동 능력을 발달시켜 가정과 학교상황에 적응하도록 돕기
- 학급에서 일반 아동들과 정상적인 목소리로 대화하고 상호작용을 할 수 있도록 돕기
- 청각 및 촉각을 활용하는 보조기기에 익숙해지도록 돕기

2) 청각장애

가족을 위한 팁

- 청각장애를 지닌 아동과 그 가족을 지원하는 기관과 시민단체에 관한 정보를 확보하기
- 청각장애를 지닌 아동과 관련된 복지관, 병원, 학교 등과 꾸준히 접촉하기
- 개별화가족지원계획에 익숙해지기
- 자녀 조기통합교육에 관심을 가지고 적극적으로 참여하기(어린이집, 유치원 등)

- 자녀의 의사소통 능력 발달에 관심을 가지고 전문가와 상의하기
- 자극이나 물체, 사람 등에 대해 동시에 시각적이고 구어적인 방법으로 이름을 말해 주기

교사를 위한 팁

- 가능한 한 조기에 교실에서 수용 및 표현 의사소통 형태를 발달시키는 데 초점을 맞추기
- 청각장애를 지닌 아동이 단어란 추상적이고, 여러 가지 의미를 지니며, 관용적 표현의 일부임을 이해하도록 돕기
- 청각장애를 지닌 아동이 비장애 아동과 상호작용하도록 돕기
- 가급적 조기에 학교와 가정이 연계하여 일관성 있게 청각장애를 지닌 아동의 의사소통 기술을 발달시키기
- 청각장애를 지닌 아동이 사용할 보조기기(예: 보청기)에 익숙해지기
- 보청기를 착용하고 학급에서 적절히 활동할 수 있다는 점에 확신을 갖기
- 아동이 인공와우 수술을 받은 경우, 사용하고 있는 기계에 대해서 충분한 지식을 가지고 있어야 하며, 아동의 듣기를 촉진하고 의사소통기술을 증진시킬 수 있도록 교육적인 환경을 만들어 주기
- 아동의 학급이 바뀌더라도 인공와우를 계속해서 효과적으로 사용할 수 있도록 도와줄 수 있어야 하며, 인공와우 장치에 어떤 문제가 생겼을 경우 신속하게 이를 처리하기

3) 지적장애 및 발달지체

가족을 위한 팁

- 지적 차이를 지닌 아동을 이해하는 맥락에서 모든 사람의 다양성 이해를 촉진시키기
- 장애를 지닌 자녀와 이웃의 비장애 아동 간에 교우관계를 형성할 기회 제공하기

- 교육계획 수립과정에 적극적으로 참여하고, 자녀에게 조기교육을 받을 수 있는 기회를 많이 제공하기
- 개별화가족지원계획에 친숙해지고, 일반 아동이 참여하는 조기교육 프로그램에 장애를 지닌 자녀를 포함시키는 일을 지원하도록 노력하기

교사를 위한 팁

- 각 아동의 능력에 먼저 초점을 맞추기
- 과제의 구성 요소를 명확히 제시하고, 학습 분위기를 흩트리는 외부의 자극 줄이기
- 단순한 과제로 시작하고 기술을 습득해 감에 따라 점차 복잡한 과제로 넘어가기
- 가급적 자료를 시청각적으로 제시하면서 말로 이야기해 주기
- 초기 학습 단계에서 반복학습을 통해 숙달시키기
- 비장애 아동과 적절한 행동을 할 때나 과제를 정확히 수행할 때 보상을 주기
- 학습의 일반화와 전이를 촉진시키기

4) 지체장애 및 건강장애

가족을 위한 팁

- 장애의 전반적 영향을 완화시키기 위해 의료진과 밀접한 관계를 유지하며 대응하기
- 지체장애 및 건강장애를 지닌 아동에게 자신의 환경을 탐색할 기회를 충분히 제공하기
- 비장애 아동과 어울릴 기회 제공하기
- 필요한 정보와 지원을 제공해 줄 옹호단체 및 지원단체에 가입하기
- 보건복지부나 지역복지기관 홈페이지에 자주 방문하여 지원 정보 얻기

교사를 위한 팁

- 지체 및 건강장애를 지닌 아동이 활동할 수 있는 교실 환경 조성하기
- 주변의 다양한 환경을 탐색하고 유익함을 얻도록 지원하기
- 서서히 독립하여 활동할 수 있도록 준비시키기
- 부모와 상담을 통해서 아동의 요구를 충분히 파악하기

5) 정서행동장애

가족을 위한 팁

- 부모 훈련 및 기타 지역사회 정신건강 서비스에 참여하기
- 사회복지사, 유아특수교사, 전문 자원봉사자와 긴밀하게 활동하기
- 유치원이나 복지관에서 이용하는 것과 동일한 중재전략을 가정에서도 적용하기
- 가족의 일상생활 일정표에 따라 생활하고 긍정적인 행동을 보상하는 유인체계 마련하기
- 옹호단체나 부모단체에 가입하기

교사를 위한 팁

- 유치원 원장, 사회복지사, 특수교사 등과 긴밀히 협력하여 효과적인 전략 개발하기
- 명확한 일정표와 규칙을 마련하고 학급 내 모든 아동의 긍정적인 결과 확보하기
- 모두를 지원할 수 있는 학습 및 사회적 환경 조성하기
- 모든 아동에게 특정 사회적 행동(지시 따르기, 인사 나누기, 장난감 함께 가지고 놀기, 화날 때 사용하는 말 등)을 지도하기
- 거리낌 없이 지원 인사에게 도움 요청하기, 협력의 중요성을 항상 명심하기

6) 자폐스펙트럼장애

가족을 위한 팁

- 자폐스펙트럼장애에 관한 정보를 찾아 읽기, 가능하면 다른 장애 영역에 대한 지식 갖기
- 자녀의 교육에 적극적으로 참여하고, 부모교육을 받기
- 자녀를 지도할 때 한 차례에 한 가지 행동을 선택하여 집중적으로 다루기
- 도우미 센터를 이용하여 적절한 휴식을 취하고 가족의 건강을 유지하기, 자녀 양육과 보호 부담을 줄일 수 있는 방법을 모색하고 적극 이용하기
- 긍정적인 태도를 갖게 훈련하고, 규칙적인 생활을 생활화하는 등 취학 준비 시키기

교사를 위한 팁

- 아동의 기능 수준에 맞게 지도하기
- 명확한 신체적 단서 또는 시각적 모델링을 이용하여 의미 있는 활동을 하도록 설득하기
- 언어적으로 지도할 때 구어적 단서와 신체적 단서를 짝지어 제시하기
- 한 차례에 한 가지만 지도하기, 추상적인 내용보다 구체적인 것에 초점 맞추기
- 간단하고 직접적인 문단을 이용하여 언어적 부담을 가급적 줄이기

7) 의사소통장애

가족을 위한 팁

- 정상적인 음조로 말함으로써 말과 언어의 모델이 되도록 하기
- 옹알이나 다른 소리에 반응하기
- 다른 아동과 같은 비율로 발달하지 않는다고 과잉교정을 하지 않기
- 청력검사를 실시하여 청각 구조와 생리의 이상예후 결정하기

- 아동이 정상 범주에서 발달하고 있는지 확인하고 다른 영역들을 관찰하기
- 어린이집이나 유치원에서 풍부한 언어경험을 제공하고 있는지 파악하기

교사를 위한 팁

- 말과 언어에 관련된 모든 프로그램에 부모를 참여시키기
- 모든 상황과 사건을 언어지도의 기회로 삼기
- 말과 사고의 연습을 위해 누가, 언제, 어디서, 무엇을, 어떻게, 왜 등의 질문하기
- 위치를 나타내는 말을 사용할 기회 제공하기
- 아동의 어휘를 늘릴 수 있는 다양한 활동하기

8) 학습장애

가족을 위한 팁

- 단어나 음 찾기와 같은 음운인식 훈련하기
- 주의를 집중할 때 강화하기
- 학습장애를 지닌 자녀의 강점과 한계를 이해하고 그들을 존중하기

교사를 위한 팁

- 지시를 할 경우 단문을 이용하며 한 번에 하나씩 하기
- 발달 수준을 고려하여 적절한 내용과 수준의 자료를 선정하기
- 요점과 의미를 명확히 하기 위해 예를 많이 들어주고 강화하기
- 새로운 자료나 기능을 학습할 때는 평소보다 더 많이 연습시키기

9) 영재

가족을 위한 팁

- 영재성은 여러 가지 방식으로 나타난다는 점을 인식하기(집중력, 기억력, 정보 능력 등)
- 박물관, 전람회, 전시장 및 기타 관심을 갖는 장소 방문하기
- 적절한 도전의식을 키울 수 있는 환경 제공하기
- 적절한 시각적, 청각적, 언어적, 운동 지각적 자극 제공하기
- 주고받기 방식의 대화를 많이 하기
- 그림책을 자주 보여 주고 사물이나 동물을 찾아보게 하며, 연령에 적합한 질문을 하기
- 불필요한 제지나 억제를 하지 않기
- 약간의 도전의욕을 일으킬 수 있는 수준의 놀이 자료를 제공하기

교사를 위한 팁

- 여러 가지 재능이 나타나는 양상을 관찰하기(예: 인지적, 예술적, 리더십 등)
- 아동에게 재능을 마음껏 표현할 기회를 제공하기
- 아동의 호기심을 자극하기
- 아동의 열정과 관련된 학습 활동 개발하기
- 준비된 정도에 따라 아동에게 여러 가지 언어를 구사해 보도록 허용하기

요약

통합교육의 의미와 정상화

- 통합교육은 "특수교육대상자가 일반학교에서 장애유형 및 장애 정도에 따라 차별을 받지 아니하고 또래와 함께 개개인의 교육적 요구에 적합한 교육을 받는 것"이다.
- 정상화란 장애유아의 교육적, 사회적 및 레크리에이션 환경이 가능한 한 일반 아동의 것과 가장 가까워야 한다는 것을 의미한다.

통합교육 및 통합교육의 유형과 지원

- 특수교육대상 유아의 보육기관은 장애전담어린이집, 장애통합어린이집으로 구분된다.
- 학령기 통합교육 모형은 전일제 특별학급, 메인스트림 모델, 비학업적 모델, 특별 학습지원 모델, 홈 클래스 모델, 사회적 메인스트림 모델, 지원교수 모델, 협동적 모델, 완전통합(완전포함) 모델 등이 있다.

통합교육을 방해하는 변인

- 통합을 가로 막는 요소로는 물리적, 사상적, 관행적 및 개념적 요소 등 여러 가지가 있다. 대표적인 요인으로 인식의 부족, 전문가 준비의 부족, 교육평가에서 배제 또는 지원 부족, 교사-아동의 비율 및 학급 규모, 지원의 부족 등이 있다.

통합교육 찬반에 대한 논쟁

- 완전통합교육의 지지: 완전통합교육을 개인의 기본권으로 인식한다. 완전통합교육을 하게 되면 학생과 학교는 장애 명칭의 탈피, 사회적 수용, 독립성 향상 및 서비스 통합 등의 측면에서 이점을 얻게 된다.
- 완전통합교육에 대한 반대: 반대하는 사람들은 실용적, 사회 정치적, 경험적 이유를 들어 반론을 제기한다. 일부 연구자는 대부분의 일반학급 교사가 학업

성취가 매우 낮은 학생을 효과적으로 지도할 시간이 부족하고, 그에 대한 훈련을 충분히 받지 않았으며, 올바른 태도가 부족하다고 주장했다.

- '어떻게 하면 연령과 학년 수준에 적합한 배치를 할 것인가?'라는 문제가 완전통합교육 찬반 논쟁의 핵심이다.
- 장애아 조기통합의 성공 조건은 아동 요인, 또래 요인, 교사와 교수적 요인, 행정적 요인 및 부모와 지역사회의 태도, 물리적 환경과 보조공학적 지원 등의 복합적인 요인이 작용한다.
- 장애아 통합보육 준비과정은 입학을 위한 진행 절차, 접수, 부모 상담, 입학상담 결과 회의, 입학상담 결과 통보, 부모의 준비, 교사의 준비, 어린이집의 준비 등의 과정을 거친다.

Chapter 06 표준보육과정, 누리과정 및 특수교육과정

교육과정에는 아동의 학습 방법, 학습 시기 및 학습 내용에 관한 사항들이 포함되어 있으며, 모든 아동을 위해 철저하게 계획되고 발달적으로 적절해야 한다. 그리고 문화와 언어적으로 반응하고 종합적이며 긍정적 결과를 촉진시킬 수 있어야 한다.

장애를 지닌 일부 아동은 개념을 학습할 때 또래에 비해 시간이 더 필요하고, 사전에 계획된 개별화교육계획 안에서 자발적 동기유발 활동을 할 수 있도록 촉진할 필요가 있다. 계획된 활동과 경험은 전통적으로 여겨 왔던 발달 영역을 모두 다루어야 한다. 최근 통합교육이 확대되고 있으므로 교사는 장애를 지닌 아동 및 위험군 아동의 독특한 학습 요구에 더욱 민감해야 하고 이들의 교육적 요구를 충족시켜 주기 위해 최선을 다할 필요가 있다.

이 절에서는 장애를 지닌 영유아를 위한 교육과정 모형을 소개하고, 국가 수준의 조기특수교육 교육과정에 이를 효율적으로 활용할 수 있는 교육과정 수정과 보편적 설계 등을 살펴보기로 한다.

1 장애를 지닌 영유아를 위한 교육과정 모형

장애를 지닌 영유아를 위한 교육과정 모형에는 발달적, 인지 발달적, 생태학적, 행동주의적 및 학문적 접근 교육과정 모형 등이 있다.

1) 발달적 접근 교육과정 모형

발달적 접근 교육과정 모형은 아동발달 이론에 근거하며, 그 기본적인 목적은 정해진 발달 단계에 따라 아동의 발달을 지원하는 것이다. 아동발달에 관한 수많은 임상연구가 아동의 연령에 따른 발달지표를 제시해 왔다. 발달적 접근 교육과정 모형에 따르면 유아는 예측이 가능한 순서에 의해 기술을 습득해 간다고 가정한다.

2) 인지 발달적 접근 교육과정 모형

피아제의 인지발달 이론에 의해 개발된 인지 발달 교육과정 모형은 환경 간의 관계, 즉 사물과 또래집단의 자발적인 놀이를 강조하며, 활동으로는 쌓기놀이, 모래놀이, 물놀이, 극놀이, 미술 · 공작활동, 음악, 이야기 시간, 동 · 식물 돌보기, 실외놀이, 견학 등이 있다. 아동은 각자의 활동을 선택하며 원하는 대로 개별적이거나 협동적으로 활동하도록 한다.

3) 생태학적 접근 교육과정 모형

생태학적 교육과정의 모형은 주로 장애의 정도가 심한 아동의 교육 실제에서 많이 계획 · 실행된다. 생태학적 접근을 주장한 브론펜브레너(Bronfenbrenner, 1979)는 완전통합 실행을 위한 유용한 이론적 구조를 제공하였다. 그에 의하면 인간발달은 광범위한 생태학적 구조 내에 다른 체제의 수준이 서로 영향을 주므로 유아가 개체적인 존재라고 하더라도 항상 사회 문화적인 환경 내에서 생활하며 성장하고 있다는 점을 고려해야 한다고 주장하였다. 생태학적 접근은 유아가 소속된 환경 내에서 환경과 서로 영향을 주고받으므로 구조의 한 부분의 변화가 구조의 다른 부분들을 변화시킬 것이라고 가정한다(정갑순 외, 2011). 또한, 너톨, 로메로와 케일스닉(Nuttall, Romero, & Kalesnik, 1992)은 [그림 6-1]과 같이 생태학적 접근 모형을 제시하였다.

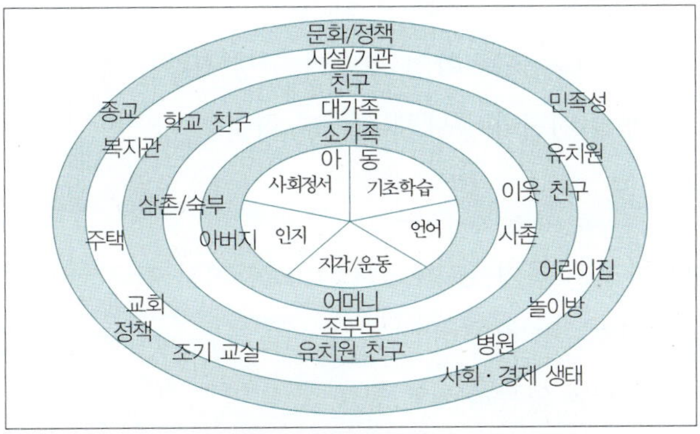

[그림 6-1] 생태학적 접근 교육과정 모형

4) 행동주의 접근 교육과정 모형

행동주의 접근은 아동의 발달과 학습이 아동 자신의 지각에 의해서가 아니라 아동을 둘러싼 외적 요인인 환경에 의해서 통제된다고 보는 것이다. 즉 모든 교육적 전략은 바람직한 방향으로 행동을 수정하기 위하여 계획되며, 고도로 체계화된 학습 환경을 제공하여 직접교수와 지속적인 평가가 이루어지는 것이 특징이다. 아동의 기술 발달 상태를 평가하여 분리된 여러 단계로 나누어서 아동 개개인의 진도에 맞추어 순서적으로 과제를 제공한다.

교수 활동은 목표를 충족시키기 위해 구조화된다. 바람직한 행동은 강화되고, 바람직하지 않은 행동에 대해서는 소거되거나 무시되기도 하고 때로는 타임아웃(일시격리)이나 반응대가와 같은 벌을 받기도 한다. 강화를 적용할 때 초기에는 바람직한 행동을 할 때마다 즉시, 연속적으로 제공하지만 일단 행동이 습득된 후에는 간헐적으로 주어진다. 행동주의 접근에서는 환경을 얼마나 잘 구조화하고 통제하며, 교수를 얼마나 정확하게 실행하느냐에 따라 그 성과가 달라질 수 있으므로 교사의 전문적인 지식과 주의 깊은 실행이 요구된다.

5) 학문적 접근 교육과정 모형

학문적 접근 교육과정 모형은 발달이 유아기에 습득해야 할 주요 기술(학업 전 습득해야 할 학업 선수 기술)과 초등학교 저학년에서 학습하는 학업적 기술에 근거한다고 전제한다. 그러므로 이 모형에서는 읽기, 쓰기, 셈하기, 계산하기, 시계 읽기 등의 기술을 학업 선수 기술 또는 학업 기술의 구성 요소로 분석하고 가르치게 된다(이소현, 2003). 장애를 지닌 아동에게 이러한 학문적 접근을 적용하는 데는 다음과 같은 문제가 있다.

- 학문적 교육과정은 읽기, 쓰기, 그리고 셈하기와 같은 전형적인 과목 영역에 중점을 두고 있으므로 아동이 자주 필요로 하는 비학문적 기술인 적절한 사회적 기술은 강조되지 않는다.

- 학문적 기술은 분리된 시간에 분리된 자료와 과제를 사용하여 가르친다. 그러나 자연스러운 환경 속의 많은 활동에 참여할 때 아동은 일부 다른 기술을 통합하여 수행할 수 있어야 한다.
- 지도되는 기본적인 학문적 기술은 자연스러운 상황에서 기능적 과제를 수행하기 위해 장애를 지닌 아동에게 요구되는 것과 다를 수 있다. 장애를 지닌 아동이 고립되어 습득한 기술은 그들이 실제로 매일의 생활에서 수행되는 기능 상황에 일반화하지 못할 수도 있다(유수옥, 2005).

그러므로 교사는 학문적 접근 교육과정 모형을 장애를 지닌 아동에게 적용할 때 일반화될 수 있는 기능적 측면의 내용을 삽입하여 지도하면 효과적일 것이다.

2 조기특수교육 교육과정

조기특수교육은 어린이집(0~2세), 유치원(3~5세), 초등학교 1~3학년(6~8세)까지의 아동이 대상임을 고려하면 이들을 위한 교육과정은 어린이집 표준보육과정, 누리과정, 특수교육교육과정(기본교육과정+공통교육과정)의 3단계로 이어지므로 각 단계의 아동을 지도하는 교사는 이웃 단계의 교육과정 내용과 연계성을 알아 둘 필요가 있다.

어린이집에 배치된 특수교육대상 유아에게는 표준보육과정을 기준으로 학습자의 요구에 맞추어 수정이나 조정을 거쳐 지도하게 되며, 유치원 단계의 특수교육대상 유아에게는 누리과정을 기준으로 학습자의 요구에 맞추어 수정이나 조정을 거쳐 지도하게 된다.

특수교육대상 아동이 초등학교에 입학하면 학습자의 요구에 따라 세 가지 유형의 교육 서비스 장소로 각각 배치될 수 있다. 학습 능력에 따라 일부 아동은 일반학급에 배치되는데 이처럼 특수교육대상 아동이 배치된 일반학급을 통합학급이라고 한다. 학습 능력이 상대적으로 더 낮아서 일반학급에서 학습이 어려운 경우에는 일반학교에 설치된 특수학급에 배치되며, 이들에게는 기본교육과정(특수교육대상 학생용 국가 수준 교육과정)에 근거하여 지도하거나 일반교육과정을 수정 또는 조정하여 지도한다. 특수교육대상 아동 중 학습 능력이 가장 낮은 집단은 일반적으로 특수학교에 배치되어 기본교육과정에 따라 지도를 받게 된다. 여기에서 특수교육교육과정이란 기본교육과정과 공통교육과정을 지칭한다.

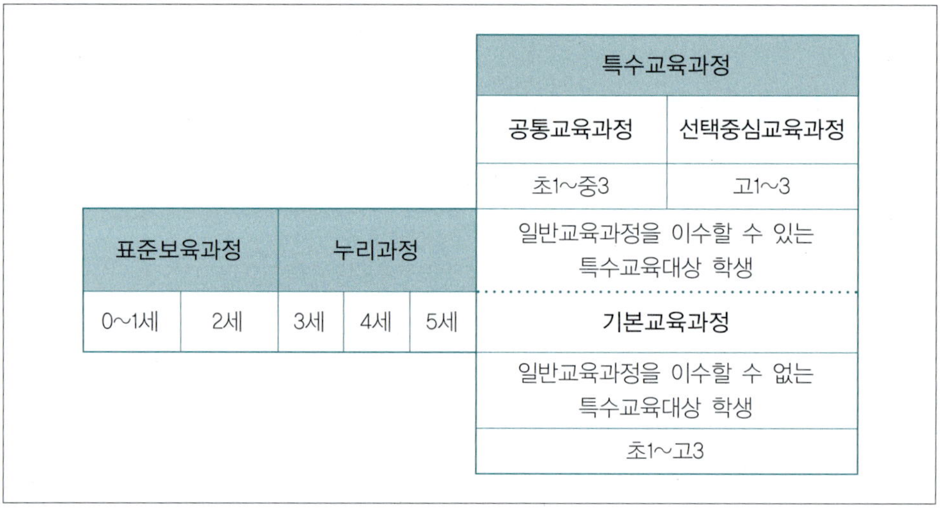

[그림 6-2] 교육과정 연계 구조도

조기특수교육을 담당하는 전문가는 현재 지도하고 있는 아동이 이 과정을 마치고 상급 학년에서 어떤 교육과정에 의해 교육받을 것인지, 상급 학년의 담당자는 이전 단계에서 무엇을 다루고 있는지를 명확히 알아 둘 필요가 있다. 이 시기의 특수교육대상 학생의 학습 내용과 수준은 단순히 발달 연령에 기준한 학교 급별에 의해 구분되기보다 개인의 장애 정도에 따른 교육적 요구와 능력에 따라 구분되는 것이 바람직하다. 따라서 조기특수교육 전문가는 어린이집에서부터 초등학교 저학년까지의 교육내용이 담긴 표준보육과정, 누리과정, 특수교육교육과정의 연계성 구조를 파악하고 교육의 실제에서 이를 고려할 필요가 있다(그림 6-2).

다음 절에서 국가 수준의 어린이집 표준보육과정, 누리과정, 특수교육교육과정(기본교육과정, 공통교육과정)에 대해 간단히 살펴보기로 한다.

1) 표준보육과정

어린이집 표준보육과정의 의미와 추구하는 인간상

제3차 어린이집 표준보육과정이란 어린이집의 만 0~5세 영유아에게 국가 수준에서 제공하는 보편적이고 공통적인 보육의 목표와 내용을 제시한 것이다(보건복지부 · 육아정책연구소, 2013). 표준보육과정은 0~1세 보육과정, 2세 보육과정으로 구성되어 있고, 3~5세의 경우 누리과정으로 통합되어 있다. 표준보육과정(보건복지부, 2013), 누리과정(교육부, 2019), 초중등 기본교육과정과 공통교육과정(교육부, 2015)에서는 우리나라 교육이 추구하는 인간상을 다음과 같이 명시하고 있다.

〈표 6-1〉 교육과정에서 추구하는 인간상

표준보육과정	누리과정	기본/공통교육과정
행복한 사람 창의적인 사람 배려하는 사람 사랑하는 사람 민주적인 사람	건강한 사람 자주적인 사람 창의적인 사람 감성이 있는 사람 더불어 사는 사람	자주적인 사람 창의적인 사람 교양 있는 사람 더불어 사는 사람

표준보육과정은 기본적으로 영유아를 다음과 같은 특징을 지닌 고유한 인격체임을 전제로 하고 있다.

- 개별적 특성을 지닌 고유한 존재
- 연령에 따라 발달 특성이 질적으로 다름
- 그 자체로서 존중받아야 하는 존재
- 직접적으로 경험할 때 의미 있는 지식, 기술, 및 바람직한 태도를 형성해 감
- 일상생활이 편안하고 학습과 경험이 놀이 중심으로 이루어질 때 최대의 능력

이 발휘됨

- 민감하고 반응적인 성인과의 신뢰 관계 속에서 최적의 발달을 이룸
- 영유아가 속한 가정, 지역사회가 협력할 때 그들에게 가장 긍정적인 영향을 미침

표준보육과정의 목적과 목표

표준보육과정은 영유아의 심신의 건강과 전인적 발달을 도와 행복을 도모하며, 민주시민의 기초를 형성하는 것을 목적으로 하며, 연령별 목표는 다음과 같다.

〈표 6-2〉 0~1세, 2세 보육과정 목표

관련 영역	0~1세 보육과정	2세 보육과정
기본생활 영역	건강하고 안전한 일상생활을 경험한다.	건강하고 안전한 생활 습관의 기초를 마련한다.
신체운동 영역	감각 및 기본 신체운동 능력을 기른다.	감각, 신체조절 및 기본운동 능력을 기른다.
의사소통 영역	발소리를 구분하고 의사소통의 기초를 마련한다.	의사소통 능력의 기초를 기른다.
사회관계 영역	친숙한 사람과 관계를 형성한다.	나를 인식하고 다른 사람과 더불어 생활하는 경험을 한다.
예술경험 영역	아름다움에 관심을 가진다.	아름다움에 관심을 가지고 예술경험을 즐긴다.
자연탐구 영역	보고, 듣고, 만지면서 주변 환경에 관심을 가진다.	주변 환경에 호기심을 갖고 탐색하기를 즐긴다.

표준보육과정의 편성과 운영

표준보육과정의 편성은 어린이집의 자율성과 융통성을 허용하되 내용 간의 균형을 유지하며 체계적으로 편성하여, 특히 다문화 시대의 반편견의 기조에서 이루어지도록 규정하고 있으며, 구체적인 내용은 다음과 같다.

- 어린이집의 운영 시간에 맞추어 편성한다.
- 표준보육과정에 제시된 각 영역의 내용을 균형 있게 통합적으로 편성한다.
- 영유아의 발달 특성 및 개인차, 경험을 고려하여 놀이를 중심으로 편성한다.
- 영유아의 일과 중 일상생활을 포함하여 편성한다.
- 어린이집과 보육실의 특성에 따라 융통성 있게 편성한다.
- 성별, 종교, 신체적 특성, 가족 및 민족 배경으로 인한 편견이 없도록 편성한다.

표준보육과정 운영은 개인차가 심한 특수교육대상 아동의 특성과 능력을 고려하며 구체적인 지침은 다음과 같다.

- 보육계획(연간, 월간, 주간, 일일 계획 등)에 의거하여 운영한다.
- 실내외 환경을 다양한 흥미 영역으로 구성하여 운영한다.
- 영유아의 능력과 장애 정도에 따라 조정하여 운영한다.
- 부모와 각 기관의 실정에 따라 부모교육을 실시한다.
- 가정과 지역사회와의 협력과 참여에 기반을 두어 운영한다.
- 교사 재교육을 통해 어린이집 표준보육과정 운영을 개선해 나간다.

표준보육과정의 교수-학습 방법

교수-학습 방법은 놀이, 흥미 중심의 다양한 활동을 균형 있게 하며, 교사와의 신뢰 속에서 능동적인 상호작용을 강조하며 구체적인 내용은 다음과 같다.

- 주도적인 놀이를 중심으로 교수-학습 활동이 이루어지도록 한다.
- 흥미를 중심으로 활동을 선택하고 지속할 수 있도록 한다.
- 생활 속 경험을 소재로 하여 지식, 기술, 바람직한 태도를 기르도록 한다.

- 교사와 신뢰감을 형성하고 개별적인 활동이 이루어지도록 한다.
- 교사, 환경, 또래와 능동적인 상호작용이 이루어지도록 한다.
- 주제를 중심으로 여러 활동이 통합적으로 이루어지도록 한다.
- 만 0~1세아, 만 2세아는 일상생활 및 개별 활동, 휴식 등이 균형 있게 이루어지도록 한다.
- 만 3~5세아는 실내외 활동, 정적·동적 활동, 대·소집단 활동 및 개별 활동, 일상생활 및 휴식 등이 균형 있게 이루어지도록 한다.

표준보육과정 평가

평가는 운영 평가와 영유아 평가로 구성되어 있다. 운영 평가는 프로그램 자체의 적절성, 적합성, 다양성 등을 중심으로 이루어지며, 운영 평가의 구체적인 내용은 다음과 같다.

- 표준보육과정의 목표와 내용에 근거하여 보육 내용이 적절히 편성·운영되는지 평가한다.
- 표준보육과정의 운영 및 활동이 영유아의 발달 수준과 흥미, 요구에 적합한지 평가한다.
- 영유아의 발달 수준, 흥미, 요구에 적합한 경험 및 학습을 촉진할 수 있는 다양한 활동을 평가한다.
- 일과 운영 및 보육 활동 구성 시 놀이 활동과 일상생활 활동의 양과 내용이 영아 및 유아 각 연령의 발달에 적합하게 계획되고 운용되는지 평가한다.
- 만 0~1세아, 만 2세아는 집단 활동보다 개별적인 상호작용과 교수법을 중심으로 상호작용이 진행되는지를 평가한다.
- 표준보육과정 운영 평가 결과를 수시로 반영하여 보육과정 운영 계획을 수정·보완하거나 다음 연도의 계획 수립 및 운영에 반영하는지 평가한다.

영유아의 평가는 표준보육과정의 목표에 내용에 근거하여 지식, 기술, 태도 등의 진전도를 종합적으로 평가하며 구체적인 내용은 다음과 같다.

- 표준보육과정의 목표와 내용에 근거하여 영유아의 특성과 변화 정도를 평가한다.
- 지식, 기술, 태도 등을 평가한다.
- 일상생활과 보육과정 활동 전반에 걸쳐 평가한다.
- 관찰, 활동 결과물 분석, 부모 면담 등 다양한 방법을 사용하여 종합적으로 평가하고, 그 결과를 기록한다.
- 평가 결과는 영유아에 대한 이해와 어린이집 표준보육과정 운영 개선 및 부모 면담 자료로 활용한다.

2) 누리과정

누리과정은 3~5세 유아의 심신의 건강과 조화로운 발달을 도와 민주시민의 기초를 형성하는 것을 목적으로 구성한 유치원 교육과정과 어린이집 표준보육과정을 통합한 공통 과정이다. 특히, 2019 개정 누리과정의 특성으로 유아 중심 · 놀이 중심을 추구, 성격을 공통의 교육과정으로 명시, 추구하는 인간상의 명시와 총론 구성 체계 확립, 기존 누리과정 구성 체계 유지 및 5개 영역 내용 간략화, 누리과정 실행력과 현장의 자율성 강조, 평가의 간략화를 명시하고 있다. 3~5세 누리과정의 구조는 [그림 6-3]과 같다.

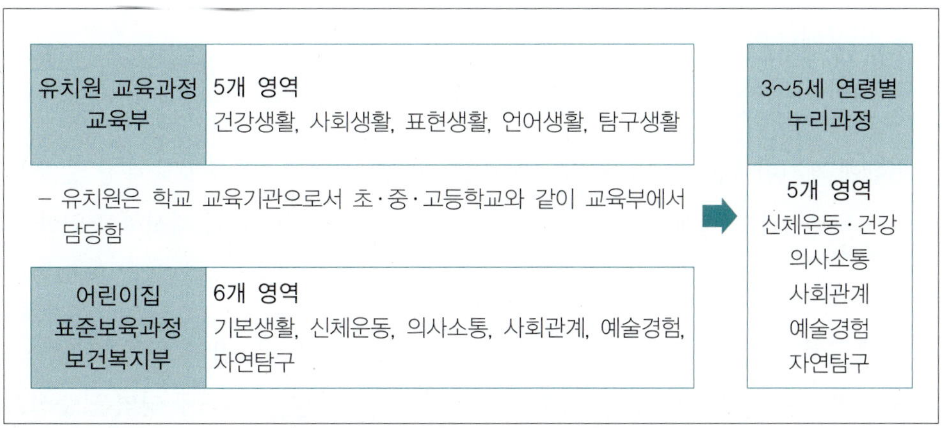

[그림 6-3] 3~5세 누리과정의 개념 구조

누리과정 성격, 목적 및 목표

누리과정의 성격은 전인발달을 지향하고, 발달 속도와 폭이 큰 3세부터 5세까지의 유아를 대상으로 한다는 점에서 연령별 발달 특성을 고려하고, 0~2세 표준보육과정과 초등학교 교육과정의 연계성을 강조하는 특징을 보인다. 누리과정은 3~5세 유아를 위한 국가 수준의 공통교육과정으로 성격을 규정하고 구체적인 내용은 다음과 같이 제시하고 있다(교육부, 2019).

- 국가 수준의 공통성과 지역, 기관 및 개인 수준의 다양성을 동시에 추구한다.
- 유아 중심과 놀이 중심을 추구한다.
- 유아의 전인적 발달과 행복을 추구한다.
- 유아의 자율성과 창의성 신장을 추구한다.
- 유아, 교사, 원장(감), 학부모 및 지역사회가 함께 실현해 가는 것을 추구한다.

누리과정의 목적은 '유아기 놀이를 통해 심신의 건강과 조화로운 발달을 이루고 인성을 바르게 하며, 민주시민의 기초를 형성하는 데 있으며', 이를 실현하기 위한 목표는 다음과 같다.

- 자신의 소중함을 알고, 건강하고 안전한 생활 습관을 기른다.
- 자신의 일을 스스로 해결하는 기초 능력을 기른다.
- 호기심과 탐구심을 가지고 상상력과 창의력을 기른다.
- 일상에서 아름다움을 느끼고 문화적 감수성을 기른다.
- 사람과 자연을 존중하고 배려하며 소통하는 태도를 기른다.

이상에 제시된 누리과정의 목적과 목표를 기반으로 하여 0~2세 보육과정 및 초등학교 교육과정과의 연계성을 중시하며 구성의 중점을 다음과 같이 제시하고 있다.

- 3~5세 모든 유아에게 적용할 수 있도록 구성한다.
- 추구하는 인간상 구현을 위한 지식, 기능, 태도 및 가치를 반영하여 구성한다.
- 신체운동 건강, 의사소통, 사회관계, 예술경험, 자연탐구의 5개 영역을 중심으

로 구성한다.

- 3~5세 유아가 경험해야 할 최소한의 내용으로 구성한다.
- 0~2세 보육과정 및 초등학교 교육과정과 연계할 수 있도록 구성한다.

아울러 누리과정의 영역별 목표는 다음과 같다.

〈표 6-3〉 3~5세 누리과정 영역별 목표

관련 영역	3~5세 누리과정
신체운동 · 건강 영역	실내외에서 신체활동을 즐기고, 건강하고 안전한 생활을 한다.
의사소통 영역	일상생활에서 필요한 의사소통 능력과 상상력을 기른다.
사회관계 영역	자신을 존중하고 더불어 생활하는 태도를 기른다.
예술경험 영역	아름다움과 예술에 관심을 가지고 창의적 표현을 즐긴다.
자연탐구 영역	탐구하는 과정을 즐기고, 자연과 더불어 살아가는 태도를 가진다.

누리과정의 편성과 운영

누리과정에 의하면 편성과 운영 영역은 편성 · 운영, 교수-학습 및 평가로 구성되어 있다. 누리과정 편성은 균형과 통합, 발달 특성과 경험을 고려하여 놀이를 중시하고 융통성 있게 편성한다. 아울러 반편견적 접근과 더불어 심화 확장성을 강조하고 있으며, 편성 · 운영의 구체적인 지침은 다음과 같다.

- 1일 4~5시간을 기준으로 편성한다.
- 일과 운영에 따라 확장하여 편성할 수 있다.
- 누리과정을 바탕으로 각 기관의 실정에 적합한 계획을 수립하여 운영한다.
- 하루 일과에서 바깥놀이를 포함하여 유아의 놀이가 충분히 이루어지도록 편성하여 운영한다.
- 성, 신체적 특성, 종교, 가족 및 문화적 배경 등으로 인한 차별이 없도록 편성하여 운영한다.
- 유아의 발달과 장애 정도에 따라 조정하여 운영한다.

- 가정과 지역사회와의 협력과 참여에 기반하여 운영한다.
- 교사 연수를 통해 누리과정의 운영이 개선되도록 한다.

누리과정의 교수-학습 방법

누리과정의 교수-학습 방법은 놀이, 흥미, 생활 경험, 능동적 상호작용, 주제 통합, 균형 있는 활동 등을 고려하여 유아가 자유롭게 참여하여 즐기며 배우도록 요구하고 있으며, 교수-학습 지원의 지침은 다음과 같다.

- 유아가 흥미와 관심에 따라 놀이에 자유롭게 참여하고 즐기도록 한다.
- 유아의 자유놀이부터 교사가 계획한 활동까지 놀이를 통해 배우도록 한다.
- 유아가 다양한 놀이와 활동을 경험할 수 있도록 실내외 환경을 구성한다.
- 유아와 유아, 유아와 교사, 유아와 환경 간에 능동적인 상호작용이 이루어지도록 한다.
- 5개 영역의 내용을 통합하여 유아의 경험과 연계되도록 한다.
- 개별 유아의 요구에 따라 휴식과 일상생활이 원활히 이루어지도록 한다.
- 유아의 연령, 발달, 장애, 배경 등을 고려하여 개별 특성에 적합한 방식으로 배우도록 한다.

누리과정의 평가

누리과정의 평가는 누리과정 운영 평가와 유아의 평가로 규정한다. 누리과정 운영 평가는 누리과정의 적합성과 효율성을 평가한다. 아울러 유아의 특성과 변화 정도를 평가하고, 그 결과 유아의 이해를 넓히며 누리과정 운영 개선의 자료로 활용하고자 하며, 평가의 중점 사항은 다음과 같다.

- 누리과정 운영의 질을 진단하고 개선하기 위해 평가를 계획하고 실시한다.
- 유아의 특성 및 변화 정도의 누리과정의 운영을 평가한다.
- 평가의 목적에 따라 적합한 방법을 사용하여 평가한다.

- 평가의 결과는 유아에 대한 이해과 누리과정 운영 개선을 위한 자료로 사용할 수 있다.

누리과정의 영역은 신체운동 · 건강, 의사소통, 사회관계, 예술경험, 자연탐구의 5개 영역의 명칭을 그대로 유지하고 있으나 '3~5세 누리과정'이 유아의 연령별로 구성하였다면, '3~5세 누리과정'은 각 범주를 3, 4, 5세의 연령별로 세분화하였으나, '2019 개정 누리과정'은 3~5세 유아가 경험해야 할 최소한의 내용으로 구성하였으며, 내용 범주를 3개 정도로 조정하고, 특히 연령별로 제시한 세부 내용의 핵심 요소를 내용과 통합 조정하여 59개의 내용을 간략화하였다.

〈표 6-4〉 보육과정과 누리과정의 내용 범주

구분	기본생활	신체운동	의사소통	사회관계	예술경험	자연탐구
보육과정	건강하게 생활하기	감각과 신체 인식하기	듣기	나를 알고 존중하기	아름다움 찾아보기	탐구하는 태도 기르기
	안전하게 생활하기	신체조절과 기본운동하기	말하기	나와 다른 사람의 감정 알기	예술적 표현하기	수학적 탐구하기
		신체활동에 참여하기	읽기	더불어 생활하기	예술 감상하기	과학적 탐구하기
			쓰기			

↓

구분	신체운동 · 건강	의사소통	사회관계	예술경험	자연탐구
누리과정	신체활동 즐기기	듣기와 말하기	나를 알고 존중하기	아름다움 찾아보기	탐구과정 즐기기
	건강하게 생활하기	읽기와 쓰기에 관심 가지기	더불어 생활하기	창의적으로 표현하기	생활 속에서 탐구하기
	안전하게 생활하기	책과 이야기 즐기기	사회에 관심 가지기	예술 감상하기	자연과 더불어 살기

따라서 실제 적용하는 단위 기관에서는 재원 아동의 발달 연령에 따른 요구를 충분히 파악하고 고려하여 유아의 능력에 적합한 교육 프로그램을 개발해야 할 것이다. 교육좌정 해설서나 교사용 지도서, 지도 프로그램 등에서 보다 상세히 소개되겠지만, 교사의 편성 및 운영과 관련하여 교육과정 조정과 수정을 위한 능력 개발이 요구된다. 나아가 교사들은 다양한 유아의 교육적 및 보육적 요구에 따른 최적의 접근을 위해 보편적 설계와 차별화 교수 등 다양한 교수-학습 전략에 관한 전문성 개발을 통해 학생들의 학습권과 보육권 보장에 최선을 다해야 할 것이다. 보육과정과 누리과정 내용 범주의 연계성은 〈표 6-4〉와 같다.

3) 초등 특수교육교육과정

조기특수교육대상 아동의 교육과정은 표준보육과정, 누리과정을 거쳐 초등학교에 입학하면 특수교육교육과정의 적용을 받는다. 국가 수준에서 특수교육교육과정은 기본교육과정과 공통교육과정으로 구분되며, 공통교육과정이란 일반교육에서 적용되고 있는 교육과정을 말한다. 특수교육대상 학생 중 일부는 일반교육과정을 수정 또는 조정을 통해 학습하고, 일반교육과정을 이수할 수 없는 학생을 대상으로 대안 교육과정인 기본교육과정을 개발하여 이수하도록 하고 있다. 이 절에서는 기본교육과정과 공통교육과정을 소개하기로 한다.

교육과정은 자주적인 사람, 창의적인 사람, 교양 있는 사람, 더불어 사는 사람을 교육하고자 하며, 교육과정을 통해 중점적으로 기르고자 하는 핵심 역량은 다음과 같다.

- 자기관리 역량
- 지식정보처리 역량
- 창의적인 사고 역량
- 심미적 감성 역량
- 공동체 역량

교육과정 구성의 중점

교육과정은 우리나라 교육과정이 추구해 온 교육 이념과 인간상을 바탕으로 미래 사회가 요구하는 핵심 역량을 함양하여 바른 인성을 갖춘 창의 융합형 인재를 양성하는 데에 중점을 두며, 교육과정을 구성하는 중점 내용은 다음과 같다.

- 인문 · 사회 · 과학 기술 기초 소양을 균형 있게 함양하고 학생의 적성과 진로에 따른 선택 학습을 강화한다.
- 교과의 핵심 개념을 중심으로 학습 내용을 구조화하고 학습량을 적정화하여 학습의 질을 개선한다.
- 교과 특성에 맞는 다양한 학생 참여형 수업을 활성화하여 자기 주도적 학습 능력을 기르고 학습의 즐거움을 경험하도록 한다.
- 학습의 과정을 중시하는 평가를 강화하여 학생이 자신의 학습을 성찰하도록 하고 평가 결과를 활용하여 교수-학습의 질을 개선한다.
- 교과의 교육목표, 교육내용, 교수-학습 및 평가의 일관성을 강화한다.
- 특성화 고등학교의 산업 수요 맞춤형 고등학교에서는 국가직무능력표준을 활용하여 산업사회가 필요로 하는 기초 역량과 직무 능력을 함양한다.
- 특수교육대상 학생의 개별적인 특성을 고려한 교육을 강조하여 개별 학생의 역량을 강화한다.

초등학교의 교육목표

초등학교 교육은 학생의 일상생활과 학습에 필요한 기본 습관과 기초 능력을 기르고 바른 인성을 함양하는 데에 중점을 두며, 구체적인 내용은 다음과 같다.

- 자신의 소중함을 알고 건강한 생활 습관을 기르며, 풍부한 학습 경험을 통해 자신의 꿈을 키운다.
- 학습과 생활에서 문제를 발견하고 해결하는 기초 능력을 기르고 이를 새롭게 경험할 수 있는 상상력을 키운다.

- 다양한 문화 활동을 즐기고 자연과 생활 속에서 아름다움과 행복을 느낄 수 있는 심성을 기른다.
- 규칙과 질서를 지키고 협동 정신을 바탕으로 서로 돕고 배려하는 태도를 기른다.

초등 특수교육교육과정 편성과 운영의 기준

초 · 중등학교 교육과정 편성 · 운영 기본 사항에는 일반적인 교육과정의 구조, 특징, 편성 방향의 주안점과 더불어 특수교육대상 아동의 교육을 위한 특별한 사항을 안내하고 있으며, 특수교육 관련 내용을 발췌하면 다음과 같다(교육부, 2015).

- 학교는 특수교육대상 학생의 장애 특성 및 정도에 따른 요구와 학교의 실정을 고려하여 공통교육과정 및 선택 중심 교육과정을 기본교육과정과 병행하여 편성 · 운영할 수 있다.
- 일반학급 및 특수학급에 배치된 특수교육대상 학생의 교육과정은 다음과 같이 편성 · 운영한다.
  ① 편제와 시간 배당은 해당 학년군의 교육과정을 따른다.
  ② 교과의 내용을 대신하여 생활 기능 및 진로와 직업 교육, 현장 실습 등으로 편성 · 운영할 수 있다. 그 영역과 내용은 학생의 장애 특성 및 정도를 반영하여 학교가 정한다.
- 중도 · 중복장애 학생이 포함된 학급을 운영하는 특수학교는 해당 학급 학생의 교육과정을 다음과 같이 편성 · 운영할 수 있다.
  ① 교과(군)별 50% 범위 내에서 시수를 감축하여 창의적 체험활동으로 현성할 수 있다. 감축을 할 경우 해당 교과는 학생의 수행 수준에 따라 교육과정을 재구성하여 운영한다.
  ② 교과의 내용을 대신하여 관련 생활 기능 영역으로 편성 · 운영할 수 있으며, 그 영역과 내용은 학생의 장애 특성 및 정도를 반영하여 학교가 정한다.
- 순회교육을 위한 교육과정의 편성 · 운영에 관한 사항은 시 · 도교육청에서 정

하며, 해당 학교 교육과정의 편제를 고려하여 학생의 장애 특성 및 정도에 알맞게 편성 · 운영한다.

- 특수교육 관련 서비스는 개별화교육계획에 따라 지원할 수 있다.

초등학교 저학년 편제와 시간 배당 기준

초등학교 교육과정은 교과(군)와 창의적 체험활동으로 편성되고, 교과(군)는 국어, 사회/도덕, 수학, 과학/실과, 체육, 예술(음악/미술), 영어로 한다. 다만 1, 2학년의 교과는 국어, 수학, 바른 생활, 슬기로운 생활, 즐거운 생활로 하고, 창의적 체험 활동은 자율 활동, 동아리 활동, 봉사 활동, 진로 활동으로 하며, 다만 1, 2학년은 체험 활동 중심의 '안전한 생활'을 포함하여 편성 · 운영한다.

〈표 6-5〉 시간 배당 기준

구분		1~2학년	3~4학년
교과(군)	국어	국어 448 수학 256 바른 생활 128 슬기로운 생활 192 즐거운 생활 384	408
	사회/도덕		272
	수학		272
	과학/실과		204
	체육		204
	예술(음악/미술)		272
	영어		136
소계		1,408	1,768
창의적 체험 활동		336 안전한 생활 64	204
학년군별 총 수업 시간 수		1,744	1,972

시간 배당 기준과 제시된 1시간 수업은 40분을 원칙으로 하되, 기후 및 계절, 학생의 발달 정도, 학습 내용의 성격, 학교 실정 등을 고려하여 탄력적으로 편성 · 운영할 수 있다. 학년군 및 교과(군)별 시간 배당은 연간 34주를 기준으로 한 2년간의 기준

수업 시수를 나타낸 것이다. 학년군별 총 수업 시간 수는 최소 수업 시수를 나타낸 것이다. 실과의 수업 시간은 5~6학년 과학/실과의 수업 시수에만 포함된 것이다.

4) 기본교육과정과 공통교육과정에서의 국어와 내용 영역과 핵심 개념 비교표

앞서 언급한 바와 같이 공통교육과정이란 일반교육과정을 의미한다. 특수교육교육과정에서는 기본교육과정과 구분하기 위해 초등학교 1학년부터 중학교 3학년까지를 대상으로 하는 일반교육과정을 공통교육과정이라고 한다. 다만, 특수학교에서는 시각장애, 청각장애, 지체장애 학생에게 국어, 체육, 영어에 한하여 이 교육과정을 활용할 수 있도록 하고 있다, 따라서 공통교육과정에서 추구하는 인간상, 교육과정 구성의 중점, 학교 급별 교육목표는 기본교육과정과 동일하다.

공통교육과정의 각 교과의 내용 체계는 같지만 기본교육과정에 비해 복잡하다. 기본교육과정과 공통교육과정의 국어과 내용 체계를 비교하면 다음과 같다.

〈표 6-6〉 기본교육과정과 공통교육과정의 국어과 내용 체계 중 영역과 핵심 개념 비교표

구분	기본교육과정	공통교육과정
영역	• 듣기 말하기 • 읽기 • 쓰기	• 듣기 말하기 • 읽기 • 쓰기 • 문법 • 문학
핵심 개념	• 듣기 말하기 원리 등 9개	• 듣기 말하기의 본질 등 30개

3 교육과정 수정과 보편적 학습설계

교수-학습 활동을 통하여 모든 학습자가 학습할 수 있도록 하기 위해서는 학습자의 교육적 요구와 특성을 고려한 교육과정의 수정과 더불어 보편적 학습설계가 선행되어야 한다.

1) 교육과정 수정, 교수적 조정, 교육과정 적합화

교육과정 수정은 교수와 사정의 모두에서 이루어질 수 있다. 수정은 주로 조정이나 적합화 형식으로 이루어진다. 조정은 교육과정의 내용이나 개념적 난이도를 의미 있게 변화시키지 않고 교수의 전달, 학생의 수행 방법, 사정 방법을 변화시키는 것이다(Miller, 2002). 즉 수정이란 흔히 자료나 과제를 고치는 것으로 교육과정이나 교수적 전략을 변경하는 것과는 다르다. 〈표 6-7〉은 9가지 일반적인 수정 유형을 설명하고 있다(정대영, 2007).

〈표 6-7〉 교육과정 수정의 9가지 유형

유형	설명	사례
규모	학생이 학습하고 완성해야 할 항목의 수나 양을 변경	• 수학 교재에 있는 짝수 번호의 문제만 풀기 • 어휘를 20개 대신 10개만 학습시키기
시간	학습에 허용된 시간의 양을 조절, 시험이나 과제를 완성하는 데 걸리는 시간의 양을 조절	• 과학 프로젝트를 완성하는 데 1주를 더 줌 • 단원 연습 문제를 완성하는 데 1시간 대신 1시간 30분을 허용하기
투입	교수 방법의 변화	• 협동학습 이용 • 시각적 자료의 제시 • 컴퓨터 지원 수업 이용
산출	학생의 반응 방법의 변화	• 대답을 쓰는 대신 답을 말하게 하고 녹음함 • 시험보다는 프로젝트를 완성시키기
난이도	과제를 완성하는 데 필요한 기술 수준의 변경	• 교과서를 보며 시험 치기 • 철자 자동 교정기 사용 허용

유형	설명	사례
참여	학생 참여의 다양한 수준 허용	• 학생 한 명이 각 학생에게 20개씩의 구체물을 나누어 주고, 구체물을 받은 학생들은 그것을 이용하여 뺄셈 문제를 풀기 • 한 학생은 보고서를 쓰고, 다른 학생은 참여 상황을 삽화로 그리기
지원 수준	개별적 지원 양의 변경	• 과제 완성을 위해 추가의 도움이 필요한 학생에게 보조교사가 일대일 지도하기 • 또래 교수 배정하기
대안적 목표	동일한 자료를 사용하지만 예상 결과를 변경	• 눈 부위의 그림을 제공, 한 학생이 눈 부위의 각 명칭을 말하고 나머지 학생들은 부위별 이름과 그 기능을 설명하기 • 한 학생은 요리할 음식의 재료를 확인하고, 다른 학생은 요리할 음식의 재료를 측정하여 섞기
대체 교육과정	자료와 수업의 변경	• 일부 학생은 소설을 읽고 토의하고, 일부 학생은 읽기 지도 수업에 참여하기

출처: Validated Practices for Teaching Students with Diverse Needs and Abilities(p. 290) by S. P. Miller, 2002, Boston: Allyn and Bacon.

교수적 조정이란 교육과정의 내용이나 개념적 곤란도를 변경하지 않고 교수적 차원에서 변화를 주는 것을 말한다(정대영, 2017). 교수적 조정에는 흔히 시간, 투입, 산출, 참여, 지원 수준 등이 포함된다. 예를 들어, 교사는 한 아동에게 과제를 완수할 수 있도록 다른 아동보다 시간을 더 줄 수 있다, 조정의 중요한 특징은 교수의 내용이 바뀌지 않는다는 점이다. 목표는 같지만 발달장애 아동을 위해 목표에 도달하는 방법은 바뀌거나 수정되어야 한다.

교수적 적합화는 조정보다 더 의미 있을 정도로 교수를 수정한다는 것을 의미한다. 발달지체 아동이 독특한 어려움을 가질 때 아동을 위하여 또래 아동의 학습 목표와는 다른 목표를 설정하거나 대체 교육과정을 이용한다. 즉 다양한 교육적 요구를 지닌 아동에게 교육과정을 보다 쉽게 성공적으로 달성할 수 있도록 하기 위하여 고안된 프로그램을 통하여 이루어지는 일련의 활동을 의미한다.

2) 보편적 학습설계

교육은 특수교육을 요구하는 아동을 일반교육과정에 더욱 접근시키기 위해 보편적 설계라는 건축학적 개념을 채택하고 있다. 보편적 설계란 '적합화' 요구나 특별히 설계할 필요가 없이 가능한 한 모든 사람이 최대한으로 이용할 수 있도록 환경과 산출 결과를 설계하는 것이다. 건축학에서의 보편적 설계는 건물의 입구에 경사로를 설치하거나, 건물 내에 에스컬레이터, 무빙워커, 승강기 등을 설치하는 경우를 예로 들 수 있다. 이것은 근본적으로 휠체어를 이용하는 사람이나 노약자를 배려한 것이지만 동시에 유모차, 손수레 혹은 다른 바퀴 달린 운반 기구를 사용하는 사람뿐만 아니라 일반인에게도 유용하다. 이와 동일한 개념으로 특수한 교육적 서비스가 요구되는 특수교육대상 아동이 일반교육 교육과정에 쉽게 접근할 수 있고, 나아가 학습목표를 성공적으로 달성할 수 있도록 학습상의 장애물을 제거하거나 감소시키는 것을 의미한다(정대영, 2017).

3) 근접발달영역

비고츠키(Vygotsky, 1978)에 의하면 아동은 발달해 가는 과정에서 스스로의 능력으로 해결할 수 없는 문제에 부딪히기도 한다. 물론 아동 스스로 해결할 수 있는 문제들도 있지만 아무리 명료하게 설명하더라도 아동의 능력 밖에 있는 문제들이 있기 마련이다.

근접발달영역Zone of Proximal Development: ZDP이란 '혼자서 문제를 해결하는 것으로 결정되는 실제적 발달 수준과 어른의 안내나 좀 더 능력 있는 또래들의 도움을 받아서 문제를 해결하는 것으로 결정되는 잠재적 발달 수준 사이의 영역'을 의미한다. 즉 아동이 교사나 다른 사람의 도움을 받아 어떠한 성취 목표에 쉽게 도달할 수 있는 수행 범위를 말한다. 이러한 비고츠키의 근접발달영역 개념은 일반 아동뿐만 아니라 조기특수교육대상 영유아의 지도에 긍정적 결과를 기대할 수 있는 유용하고 효과적인 교수 방법이다.

요약

장애를 지닌 영유아를 위한 교육과정 모형

- 장애를 지닌 영유아를 위한 교육과정 모형에는 발달적, 인지 발달적, 생태학적, 행동주의적 및 학문적 접근 교육과정 등이 있다.
- 발달적 접근 교육과정 모형은 아동발달 이론을 근거로 하며, 그 기본적인 목적은 정해진 발달 단계에 따라 아동의 발달을 지원하는 것이다.
- 인지 발달적 접근 교육과정 모형은 환경 간의 관계, 즉 사물과 또래집단의 자발적인 놀이를 강조하며 아동은 각자의 활동을 선택하며 원하는 대로 개별적이거나 협동적으로 활동하도록 한다.
- 생태학적 교육과정의 모형은 유아가 소속된 환경 내에서 환경과 서로 상호작용을 하므로 구조의 한 부분의 변화가 구조의 다른 부분들을 변화시킬 것이라고 가정한다.
- 행동주의 접근은 아동의 발달과 학습이 아동 자신의 지각에 의해서가 아니라 아동을 둘러싼 외적 요인인 환경에 이해서 통제된다고 보는 것이다.
- 학문적 접근 교육과정 모형은 발달이 유아기에 습득해야 할 주요 기술과 초등학교 저학년에서 학습하는 학업적 기술에 근거한다고 전제한다.

조기특수교육 교육과정

- 조기특수교육대상 아동에게는 어린이집 표준보육과정, 누리과정, 특수교육교육과정(기본교육과정+공통교육과정)이 적용된다.
- 표준보육과정은 영유아의 심신의 건강과 전인적 발달을 도와 행복을 도모하며 민주시민의 기초를 형성하는 것을 목적으로 한다.
- 누리과정은 3~5세 유아의 심신의 건강과 조화로운 발달을 도와 민주시민의 기초를 형성하는 것을 목적으로 구성한 유치원 교육과정과 어린이집 표준보육과정을 통합한 공통 과정이다.
- 국가 수준에서 특수교육교육과정은 기본교육과정과 공통교육과정으로 구분

되며, 공통교육과정이란 일반교육에서 적용되고 있는 교육과정을 말한다.

- 교육과정은 자주적인 사람, 창의적인 사람, 교양 있는 사람, 더불어 사는 사람을 교육하고자 하며 교육과정을 통해 중점적으로 핵심 역량을 기르고자 한다.
- 초등학교 교육은 학생의 일상생활과 학습에 필요한 기본 습관과 기초 능력을 기르고 바른 인성을 함양하는 데에 중점을 둔다.

교육과정 수정과 보편적 학습설계

- 교육과정 수정은 주로 조정이나 적합화의 형식으로 이루어진다.
- 교육과정 조정은 교육과정의 내용이나 개념적 난이도를 의미 있게 변화시키지 않고 교수의 전달, 학생의 수행 방법, 사정 방법을 변화시키는 것이다.
- 교수적 적합화는 조정보다 더 의미 있을 정도로 교수를 수정한다는 것을 의미한다.
- 보편적 학습설계란 특수한 교육적 서비스가 요구되는 특수교육대상 아동이 일반교육 교육과정에 쉽게 접근할 수 있고, 나아가 학습 목표를 성공적으로 달성할 수 있도록 학습상의 장애물을 제거하거나 감소시키는 것을 의미한다.
- 근접발달영역이란 혼자서 문제를 해결하는 것으로 결정되는 실제적 발달 수준과 어른의 안내나 좀 더 능력 있는 또래들의 도움을 받아서 문제를 해결하는 것으로 결정되는 잠재적 발달 수준 사이의 영역을 의미한다.

Chapter 07 개별화교육

특수교육대상 아동 및 학생은 학습 요구가 독특하기 때문에 집단교육 중심의 교수-학습 방법으로는 이들의 요구를 충족시켜주는 데 한계가 있어 개별화가 이루어져야 한다. 학습자의 요구와 특성을 고려하여 그들에게 적합한 교수-학습적 접근을 개별화교육이라고 하며, 지도할 교수-학습 내용의 전반을 문서로 작성한 것이 개별화교육계획서이다. 개별화교육은 특수교육대상 학생의 생애주기에 따라 명칭과 내용의 주안점이 바뀌어 계획되고 프로그램화되는데 주로 조기교육기에는 개별화가족지원계획, 학령기에는 개별화교육계획, 중등학령기에는 개별화전환교육계획이 중심이 된다.

1 개별화교육

1) 개별화교육의 의미, 구성 요소 및 기능

개별화교육이란 다양한 개별 학습자의 요구와 특성을 충분히 고려하여 가장 적합한 교수-학습 서비스를 제공하기 위한 교수적 접근이라고 할 수 있다. 「특수교육법」(2007)은 개별화교육을 "**각급 학교의 장이 특수교육대상자 개인의 능력을 계발하기 위하여 장애 유형 및 장애 특성에 적합한 교육목표 · 교육방법 · 교육내용 · 특수교육 관련 서비스 등이 포함된 계획을 수립하여 실시하는 교육**"으로 규정하고 있다.

개별화교육계획individualized education plan 또는 개별화교육프로그램individualized education program은 동의어로 사용되기도 하는데, 개별화교육계획은 개별화교육을 위해 포함시켜야 할 중요한 조건을 갖춘 최소한의 문서라고 할 수 있고, 개별화교육프로그램은 이를 보다 상세화하여 교육내용을 담은 개인별 교육과정이라고 할 수 있다. 개별화교육계획 문서는 팀에 의해 개발되고, 적절한 내용을 포함하고 있으며, 필요에 따라 검토와 수정이 이루어져야 한다.

개별화교육계획에는 대상아동 및 학생의 인적 사항, 특별한 교육지원이 필요한 영역의 현재 학습 수행 수준, 교육목표, 교육내용, 교육방법, 평가계획 및 제공할 특수교육 관련 서비스의 내용과 방법 등이 포함되어야 한다(특수교육법, 2007). 개별화교육계획에 포함되어야 할 구성 요소별 세부 내용은 〈표 7-1〉과 같다.

개별화교육계획서를 작성할 때는 특수교육대상자나 보호자에게 의견 진술 기회를 주고, 작성된 계획을 열람하게 하여야 한다. 학교장은 학기별로 개별화교육계획서에 의한 학업성취도 평가를 실시하고, 그 결과를 특수교육대상자 또는 그의 보호자에게 통보하여야 한다.

〈표 7-1〉 개별화교육계획 구성 요소별 세부 내용

개별화교육 구성 요소	구성 요소에 대한 세부 내용
인적 사항	• 대상자의 개인정보, 개별화교육계획의 시작일과 종료일 • 진단평가 정보 • 대상자의 흥미 및 강점, 약점, 보호자 희망사항
현재 학습 수행 수준	• 학생의 현재 교육적 요구에 대한 명확한 수준
교육목표	• 연간 목표와 학기별 교육목표 제시 • 특수교육대상자에게 적용하고 있는 교육과정을 고려하여 목표 설정 • 교육 프로그램의 적절성을 평가할 수 있도록 진술
교육방법	• 영역별로 개별적 요구에 부응할 수 있는 교육방법 기술 • 보편적 학습설계 및 차별화교수의 개념에 입각한 교육방법을 우선적으로 고려 • 지나치게 개별화된 교육방법은 분리를 초래할 수 있음
평가계획	• 교육목표 달성 여부에 대한 평가계획을 포함 • 교육목표 달성 여부를 판단할 평가준거 포함 • 평가는 객관적이고 타당한 방법을 사용
특수교육 관련 서비스	• 특수교육 관련 서비스의 내용과 방법 • 서비스 내용(가족상담, 가족지원 프로그램 운영, 치료 지원, 보조인력, 학습보조기 지원, 통학 지원, 정보접근 지원, 보행훈련, 심리·행동 적응 훈련 등)
기타 정보	• 개별화교육지원팀이 공유해야 할 정보 • 특히, 특수학급 수업 시수, 통합학급 수업 시수, 종일반 참여, 방과후 학교 등

개별화교육계획의 기능은 행정적 및 교수적 측면과 교수 과정 측면으로 나누어 볼 수 있는데 그 기능(정대영, 2017)은 다음과 같다.

첫째, 개별화교육계획은 교수의 방향을 제시해 준다.

둘째, 개별화교육계획은 부모, 교사 및 행정가가 특정 아동에게 어떤 교육적 서비스와 관련 서비스가 시행되고 있는지를 파악할 수 있게 하는 '관리 도구'로서의 기능을 한다.

셋째, 개별화교육계획은 정부가 아동에 대한 적절한 교육이 조기교육기관에서 실제로 이루어지고 있는지를 점검하는 '점검도구'로서의 기능을 한다.

넷째, 개별화교육계획은 계획된 목표와 아동의 진보가 어느 정도 일치하고 있는가를 확인하기 위한 '평가도구'로서의 기능을 한다. 이때 연간 목표는 아동의 진보와 교사의 효과성 및 효율성을 판단하는 척도가 된다.

다섯째, 개별화교육지원팀은 부모와 조기교육기관의 교사들 간에 '의사소통의 수단'으로서의 기능을 하며, 의사결정을 할 때 이들에게 동등한 참여 기회를 부여한다.

개별화교육계획 양식은 법에 규정된 내용 외에도 추가의 정보를 포함시킬 수 있기 때문에 학교에 따라 다양할 수 있다. 전국적인 또는 시도별 표준양식이나 컴퓨터 지원 개별화교육계획 양식을 지나치게 추구하거나, 특정 양식에 의존하게 되면 개별화의 진정한 의미를 손상시킬 가능성이 크다.

2) 개별화교육계획의 수립 · 운영 절차

개별화교육계획의 수립과 운영 절차는 의뢰, 진단 및 평가, 선정, 배치, 개별화교육계획서 작성, 개별화교육계획의 실행 및 평가로 이루어지며, 단계별 내용은 다음과 같다(교육부, 2008; 국립특수교육원, 2009).

의뢰

장애를 가지고 있거나 장애를 가지고 있다고 의심이 되는 영유아 및 학생을 발견한 경우, 보호자 또는 각급 학교의 장이 교육장 또는 교육감에게 진단 · 평가 의뢰서를 작성하여 진단 · 평가를 의뢰하여야 한다. 아울러 각급 학교의 장이 진단 · 평가를 의뢰할 경우, 보호자의 사전 동의를 받아야 한다.

진단 · 평가

진단 · 평가를 의뢰받은 교육장 또는 교육감은 즉시 진단 · 평가 의뢰서를 특수교육지원센터에 회부하여야 한다. 특수교육지원센터는 30일 이내에 진단 · 평가를 실시하고, 그 결과(특수교육대상자로의 선정 여부 및 필요한 교육지원에 대한 최종 의견)를 교육장 또는 교육감에게 보고하여야 한다.

선정

교육장 또는 교육감은 특수교육지원센터로부터 최종 의견을 통지받은 때부터 2주일 이내에 특수교육대상자로서의 선정 여부 및 제공할 교육지원 내용(특수교육, 진로 및 직업교육, 특수교육 관련 서비스 등)을 결정하여 부모 등 보호자에게 서면으로 통지하여야 한다.

배치

교육장 또는 교육감은 특수교육대상자로 선정된 자를 해당 특수교육운영위원회의 심사를 거쳐 일반학교의 일반학급, 일반학교의 특수학급, 또는 특수학교에 배치하여야 한다. 아울러 특수교육대상자를 배치할 때는 특수교육대상자의 장애 정도 · 능력 · 보호자의 의견을 종합적으로 판단하여 거주지에서 가장 가까운 곳에 배치하여야 한다.

개별화교육계획서 작성

각급 학교의 장은 매 학년의 시작일로부터 2주일 이내에 각각의 특수교육대상자에 대한 개별화교육지원팀을 구성하여야 한다. 개별화교육지원팀은 매 학기마다 학기 시작일로부터 30일 이내에 특수교육대상자에 대한 개별화교육계획을 작성하여야 한다. 개별화교육계획에는 특수교육대상자의 인적 사항과 특별한 교육지원이 필요한 영역의 현재 학습 수행 수준, 교육목표, 교육내용, 교육방법, 평가계획 및 제공할 특수교육 관련 서비스의 내용과 방법을 포함시켜야 한다(부록 1. 개별화교육계획 양식 참조).

개별화교육계획의 수립 기본 취지와 목적은 특수교육대상자의 경우 학습 능력의 제한으로 인하여 일반교육에 참여할 수 있는 범위가 제한되므로 지도해야 할 많은 내용 중 우선순위를 결정하고, 서비스를 제공할 수 있는 범위 내에서 개별화를 하도록 하는 것이다. 즉 특수교육대상자의 능력과 요구를 고려하여 필요한 개별화교육 과목과 내용 중 우선순위를 정하여 개인에게 시급히 해결해야 할 영역과 내용을 중심으로 개별화교육계획을 수립하는 것이 타당하다(정대영, 2017).

개별화교육계획 실행

개별화교육지원팀이 작성한 개별화교육계획은 학교장의 결재를 받은 후, 개별화교육계획서에 기록된 교육지원 내용을 시작일부터 종료일까지 실행한다. 교사는 개별화교육계획서에 설정된 교육목표와 연계하여 교과를 지도하고, 실행과정에서 계획했던 교수전략과 교수자료 등에 대한 교수적 수정을 할 수 있다.

또한, 학업 외에도 가족 · 치료 · 보조인력 · 통학 · 학습자료 · 정보 접근 등의 관련 서비스에 대해 지원하도록 한다(정대영, 2017). 이처럼 개별화교육계획 수립 시, 작성한 교육목표에 도달할 수 있도록 다양한 교육방법을 사용하여 지도한다.

개별화교육계획 평가

각급 학교의 장은 학기마다 개별화교육프로그램에 따른 각각의 특수교육대상자의 학업성취도 평가를 실시하도록 한다. 평가방법은 특정 목표의 성취를 측정하기 위해 어떤 측정도구와 방법을 사용할 것인지를 명시한다. 규준참조 검사와 준거참조 검사, 교사제작 검사, 관찰, 과제물 등의 방법이 있다. 평가 기준은 수행 수준을 단기 목표에 제시하는 것이 바람직하다. 「특수교육법」에서는 공식적인 성취도 평가를 위해 수정할 필요가 있는지, 필요하다면 어떻게 수정해야 할지를 서술하도록 하고 있다. 평가의 결과는 특수교육대상자 또는 보호자에게 통보하여야 한다.

3) 개별화교육계획의 실행

1단계: 개별화교육계획을 위한 진단과 평가

교사는 가장 정확한 정보를 얻기 위해 아동의 발달에 맞는 다양한 평가도구를 사용해야 하며, 아동이 생활하는 가장 자연스럽고 다양한 환경에서 아동의 행동을 관찰하고, 부모나 기타 관계자와 상담 등을 통해 정보를 얻어야 한다.

아동을 평가할 때 가장 보편적으로 평가하는 영역들은 인지, 언어(의사소통), 대근육운동, 소근육운동, 사회·정서, 놀이, 자조 기술 등이며 기본적으로 청력과 시력, 감각에 대한 평가도 필요하다. 아동의 능력에 대한 평가 외에도 아동이 생활하는 환경, 예를 들어 가정, 어린이집, 지역사회, 기타 교육기관 등의 환경을 평가하여 아동이 그러한 환경 속에서 가장 필요로 하는 중요한 기술이 무엇인지를 결정할 수 있도록 해야 한다.

의사나 관련 전문가 등의 진단이나 소견이 있으면 참고로 하되 교사는 교육 현장에 적응하기 위해 필요한 기술이나 활동에 참여 정도를 관찰하고 평가하여 개별교육 목표로 설정한다. 기본적인 프로그램의 방향에 특정 교수목표를 융합해서 이를 실제로 의미 있는 교육이 되도록 하기 위해서는 유의미한 목표들이 일과 안에서 자연스럽게 반복 실시되도록 하는 것이 가장 중요하다.

2단계: 개별 아동에 대한 목표 정하기

목표를 기술할 때는 행동, 조건 및 기준의 세 가지 면을 포함하여 조작적인 정의를 내려 명확히 하고 학습의 성과를 평가할 기준으로 삼는다.

첫째, 행동은 움직임으로써 시작과 끝이 있고 반복할 수 있으며, 두 명 이상에 의해 신뢰롭게 측정될 수 있는 다양한 차원(정확성, 속도, 지속시간, 기간, 강도)을 고려하여 행동이 나타내는 기능을 파악한다.

둘째, 조건은 행동을 수행하는 데 필요한 자료, 과제 지시, 상황 등을 말한다.

셋째, 기준은 다음 기술로 넘어가는 데 필요한 최소 수준을 판별할 수 있는 지침이 된다(아동의 작업 결과물, 관찰, 검사 등을 이용한 객관적인 평가).

바람직한 목표를 선정하기 위해서는 발달 수준에 대한 현재의 수준 평가하기, 교육과정을 수정하여 적용하기 위한 평가하기 및 일과의 적용을 위한 평가 등의 방법을 이용한다.

3단계: 개별화교육계획의 적용

개별화교육계획을 효율적으로 적용하기 위해서는 통합교육 상황에서 개별화교육의 목표를 삽입하거나 가정과 연계하는 등의 다양한 방법이 이용되고 있다.

삽입학습의 기회 Embedding Learning Opportunity: ELO. 개별화교육 실행에 대한 주요 요소로 활동 목표 안에 아동의 개별화교육계획의 목표를 삽입하여 적용하는 것을 들 수 있다. 삽입시키기는 활동 안에서 아동의 목적이 확장되고, 수정되며, 의미 있는 방법으로 적용되도록 포함시키는 과정이다. 예를 들어, 요일 이름 배우기가 목표일 경우 집단으로 노래 부르는 시간을 이용하여 학습 목표를 연습할 기회를 갖는다. 교사는 진행 중인 활동에 아동의 개별 목표가 자주 포함되도록 계획하고, 다양한 기회를 제공하여 습득되고 일반화될 수 있도록 한다. 양육자 또한 단절된 하나의 경험보다 하나의 단편적인 경험에서 일반화로 이어질 수 있도록 반복하고 관련 경험을 다양하게 주어야 한다. 다음의 세 가지 활동의 경우 일상생활에서 구체적으로 개별 목표를 삽입할 수 있다.

- 반복되는 일상적 활동routine activities은 예상할 수 있거나 규칙적으로 일어날 수 있는 일들-식사, 옷 입고 벗기, 간식, 씻기, 정리, 도착과 출발 등은 새로운 기술 습득의 기회를 주거나 습득된 기술을 연습할 기회를 준다.

- 계획된 활동은 특별한 목표 기술을 연습하도록 독립적으로 고안된 활동이기보다 아동의 흥미를 유발할 수 있도록 계획된 활동을 말한다. 교사의 지시 없이도 참가할 수 있는 활동으로 계획한다.
- 아동 주도의 활동은 아동이 시작한 행동으로서 아동 스스로 요구를 달성할 수 있는 활동을 말한다.

통합교육 환경에서 개별화교육을 실현할 수 있는 방법. 주간 교육활동을 개인의 요구에 맞추어 수정 또는 조정함으로써 통합교육을 촉진시킬 수 있다. 적합화는 목표, 방법, 집단, 교재 등의 영역에서 아동의 요구와 능력에 맞게 적절히 수정하거나 조정한다.

활동 내에 목표 삽입하기. 일과 중 반복적으로 이루어지는 활동에 개별적인 목표를 삽입하는 것도 효과적인 개별화교육의 방법이 된다.

활동 도표를 통한 삽입학습 계획하기. 개별화교육 목표를 연습하기 위해서는 한눈에 점검해 볼 수 있고 누구든지 목표를 공유할 수 있는 형식이 효과적이며, 이를 위해 다양한 형태의 활동 도표를 작성할 수 있다.

가정과 연계를 통한 개별 목표의 접근. 설정된 개별적인 목표는 한정된 환경에서 특정인에 의해서만 지도되기보다 실제의 환경인 가정과 연계하여 지도될 때 목표 행동의 달성을 앞당길 수 있으며, 기술 습득의 유지와 일반화를 가능하게 한다.

4단계: 진전도 평가, 지원 조정 및 목표 수정 등의 재평가

개별화교육계획은 진단과 평가를 통해 프로그램을 계획하고 실행하며, 목표 습득의 정도를 점검 및 평가하여야 한다. 이를 통해서 프로그램이 수정되는 순환적 과정을 거쳐야 한다.

4) 개별화교육의 문제와 해결

개별화교육이 국내에 도입될 때 지나치게 이상적이고 원론적인 관점에서 소개되었으며, 점진적으로 토착화시키지 못함으로써 교사들은 문서와 전쟁을 하며 수업에서는 제대로 실천하지 못하는 이원적 접근을 하였다. 중요한 점은 문서에 명시한 내용과 실제 수업 간의 격차를 얼마나 줄이는가이다. 면밀히 검토해서 계획을 수립하고 그 계획대로 수업을 진행한다면 분명히 효과가 클 것이다. 특히, 특수교육대상 학생들이 학습 속도가 느린 특징을 고려하여 적절한 평가 방법을 개발・적용함으로써 학생들의 진전도를 정확히 파악할 수 있으며, 계획과 실제 간의 간극을 줄이는 데 도움이 될 것이다. 개별화교육지원팀에 부모와 학생이 참여할 수 있도록 규정되어 있으므로 이를 실천하여 교육 효과성을 높이도록 노력할 필요가 있다.

부모와 학생의 참여 정도, 목표의 적절성과 측정 가능성, 문서에 대한 지원팀의 만족도에 관계없이, 수준 높은 교수가 이루어지지 않으면 특수교육대상 학생은 학업 수행에 진전을 거의 보이지 못할 것이다. 따라서 학교교육은 전통적인 교육철학 이념에서 벗어나 새로운 시대적 변화의 물결이 요구하는 개개인의 특성에 적합한 교육과정을 통하여 미래지향적인 인간상을 추구해야 할 것이다.

2 개별화가족지원계획

1) 개별화가족지원계획의 의의와 목적

개별화가족지원계획은 발달지체를 지닌 영유아와 그 가족들에게 제공되는 부모와 함께하는 조기교육 서비스를 기록하기 위해 개발된 문서를 말한다. 개별화가족지원계획은 서비스 제공과 평가에 참여하는 가족들과 전문가들 간에 협력적인 상호교환을 통해 개발되어야 하며, 아동의 성장과 발달을 돕기 위해 가족의 관심과 우선순위와 자원을 포함해야 한다.

개별화가족지원계획은 개별화교육계획과 달리 아동과 가족의 성취하고자 기대하는 목표를 진술한다. 목표를 달성하기 위한 활동은 실질적이며 가족의 일상생활에 적합해야 한다. 팀 구성원은 가족의 관심, 우선순위, 자원을 발견하고 가족과 아동을 위해 가족과 함께 계획함으로써 가장 적절한 조기중재 프로그램을 개발할 수 있다.

2) 개별화가족지원계획의 원리

개별화가족지원계획은 가족이 아동의 가장 큰 자원이며, 아동의 요구는 그들 가족의 요구와 매우 밀접하게 관련되어 있다. 아동을 지원하고 그들의 요구를 충족시키는 최선의 방법은 가족이 필요한 지원과 자원을 발견할 수 있도록 개개인의 강점을 지원하고 강화하는 것이다. 개별화가족지원계획에 포함된 일반적인 원리는 다음과 같다.

첫째, 영아는 태어나면서부터 신체적 · 심리적 욕구를 만족시키기 위해 성인에게 의존한다. 이러한 욕구의 본질적인 서비스가 조기중재이며, 그 가족 환경 내에서 제공되어야 한다.

둘째, 가족의 다양성에 대한 이해는 개별화가족지원계획의 과정에서 발달지체를 지닌 영유아를 지원하는 데 중요하며, 이것은 모든 가족이 강점과 자원을 갖고 있음을 의미한다.

셋째, 가족의 독립성과 결정권이 존중되며 가족이 조기중재 서비스의 수준과 종류를 결정한다. 그러므로 가족은 자신의 가치, 신념, 자원, 강점, 요구 및 희망 등에 의한 조기중재 서비스의 영향을 알고 선택해야 한다.

넷째, 가족-전문가의 상호 협력과 동반자 관계는 가족 중심 중재 및 개별화가족지원계획의 시행 과정에 필수적인 요소이다. 가족은 자신의 아동과 관련된 모든 사항에 대한 최종 의사결정자이므로 개별화가족지원계획의 개발과 시행에서 서비스 결정에 대한 가족의 권리와 관심이 전문가의 전문적 지식과 함께 조화를 이룰 때 비로소 진정한 협력이 이루어질 수 있다.

다섯째, '가족의 역량 강화'라는 접근은 전문가들로 하여금 자신의 전통적 역할과 실제를 성찰하도록 하는 계기가 되고, 가족과의 상호 존중과 동반자적인 협력 관계를 촉진시켜 준다.

여섯째, 조기중재 서비스는 융통성이 있고, 접근 가능하며 가족의 요구에 반응해야 한다.

일곱째, 조기중재 서비스는 '정상화의 원리'에 따라 제공되어야 한다. 즉 개별화가족지원계획은 가능한 한 지역사회 내에 있는 아동과 가족의 통합을 촉진하는 정상적인 방법으로 제공되는 서비스이다.

가족 중심의 접근 방법은 가족 중심 모델의 다양한 특성과 가족지원의 원리를 하나의 일관성 있는 프로그램 모델로 통합하여 [그림 7-1]과 같이 제시되고 있다(Dunst & Trivette, 1994). 이 그림은 가족지원의 실천이 가족지원 원리 및 능력강화 철학과 일치하는 방법으로 시행되는 경우, 가족 요구에서부터 결과까지의 흐름을 나타내고 있다(국립특수교육원, 2000).

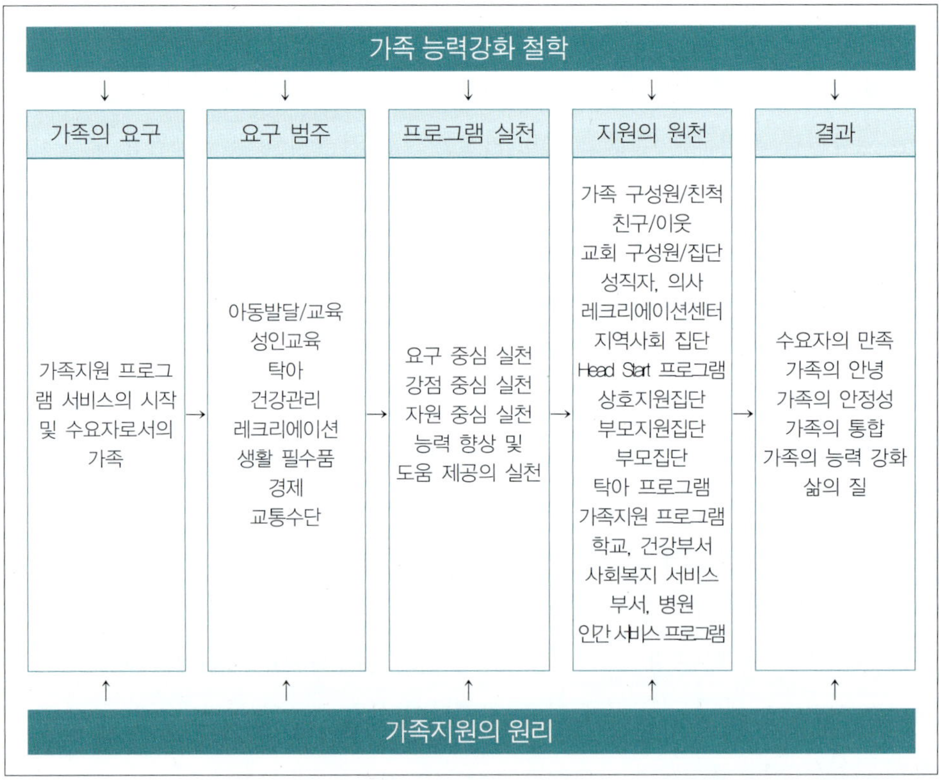

[그림 7-1] 가족 중심 가족지원 프로그램의 중요 요소를 기술하기 위한 모델

출처: Dunst, C.J., & Trivette, C.M.(1994). Aims and principles of family support programs. In C.J. Dunst, C.M. Trivette, & A.G. Deal(Eds.), Supporting and strengthening families(p.42). Cambridge, MA: Brookline Books.

3) 개별화가족지원계획의 과정

일반적으로 개별화가족지원계획은 첫 접촉 및 선별, 사정, 프로그램 계획, 시행 및 감독, 검토, 평가 및 전환계획의 단계로 이루어진다.

첫째, 첫 접촉과 적격성 여부를 위한 선별을 들 수 있다. 첫 접촉의 목적은 가족과 전문가가 긍정적 관계를 형성하고, 가족의 관심, 우선순위와 자원을 찾아내며, 결정사항에 가족을 참여시키고, 개별화가족지원계획 과정에 가족이 얼마나 관여하기를 원하는지 결정하게 된다. 이 단계에서는 가족의 참여 수준과 역할 및 서비스를 위한 아동과 가족의 적격성 판정 평가가 실시되는데 적격성 여부를 위한 기준은 아동의 발달 영역에 따르며, 사정 계획은 발달 영역(인지, 신체, 언어, 심리 · 사회 · 정서 및 적응행동)에 있어서 아동의 상태를 결정하기 위하여 전문가들과 가족이 함께 개발한다.

둘째, 가족의 관심, 우선순위와 자원 및 아동의 강점과 요구에 관한 사정 작업을 수행한다. 사정계획 과정은 미래의 가족-전문가 상호 협력 관계를 형성시키므로 이 단계에서는 가족의 능동적 역할이 매우 중요하며, 가족의 참여를 유도하도록 개발되어야 한다.

셋째, 개별화가족지원계획의 시행 및 감독이 이루어진다. 서비스 적격성 판정을 받은 아동과 가족은 개별화가족지원계획 모임 후 곧바로 서비스를 제공받는다.

넷째, 개별화가족지원계획의 검토, 평가 및 전환계획이 이루어진다. 개별화가족지원계획의 검토는 6개월마다 이루어져야 하며, 1년을 주기로 평가가 이루어진다. 전환계획 시기는 발달지체를 지닌 영유아 부모나 가족에게 부가적인 스트레스를 주는 시기이다. 취학 전 프로그램을 위한 전환계획은 배치와 또 다른 전환 문제와 관련하여 부모 훈련을 고려할 필요가 있고, 아동과 가족이 새로운 환경에 적응하기 위한 절차 등을 포함한다.

4) 개별화가족지원계획의 구성 요소

개별화가족지원계획의 구성 요소는 개별화교육계획과 유사하지만, 가족의 요구와 지원 내용을 구체적으로 제시하고 장애를 지닌 영유아의 전환계획을 포함시킨다는 점에서 차이가 있다. 장애를 지닌 아동과 그 가족의 욕구를 충족시킬 수 있는 교육조치를 진술한 사례는 〈표 7-2〉와 같다.

〈표 7-2〉 장애아동과 가족의 욕구 충족을 위한 교육조치 진술의 예

관련 서비스 요약			
서비스 종류	서비스 책임자	주소 / 전화번호	시작일시, 서비스 횟수, 서비스 형태
청각검사	박○○		3개월에 한 번씩, 3개월 전에 시작해서 전환시킬 때까지
의사소통	특수교사		일주일에 한 번 부모와 어린이 그룹
영양	보건소 박○○		한 달에 한 번씩 전환시킬 때까지
가족 중심 조기중재	1~3세까지 최○○, 이○○		가족 중심 서비스는 한 달에 2시간씩 전환이 이루어질 때까지

◎ 조기중재 시 선택사항

1. 한 단어의 사용을 증가시키고, 두 단어의 결합을 시도한다.
2. 영양을 개선해서 몸무게를 증가시킨다.
3. 전환교육과 유아특수교육에 관한 정보를 부모에게 제공한다.

출처: 정대영 외(2005). 장애영유아통합 보육지침서. 경남보육정보센터.

전환이란 아동에게 실시된 한 프로그램에서 다른 프로그램으로 옮겨가는 것을 의미한다. 보통 장애를 지닌 아동은 2세까지 가족 중심 조기중재 프로그램에 머물고, 3세부터는 유치원에 다니게 된다. 아동에 따라서 3세 이후에도 초등학교에 입학하기 전까지 가족 중심 조기중재 프로그램에 남아 있을 수 있다. 만약 아동의 전환이 필요할 경우 적어도 전환이 시작되기 3개월 전에 전환계획이 수립되어야 한다.

전환 시 사례 대표자는 부모에게 전환교육 프로그램이 어떻게 이루어지는지 다음과 같은 절차를 통해 설명한다.

- 아동을 다른 서비스 기관에 맡길 것인지를 결정한다.
- 여러 프로그램을 검토해 보고, 그중에서 아동에게 적합한 프로그램을 선택한다.
- 전환을 위해 아동을 준비시킬 최적의 방법을 찾는다.
- 특수교육에 있어서 부모의 권리를 상기시킨다.
- 가족에게 아동이 장차 배치될 곳에 대한 정보와 배치 의미에 대해서 알게 한다.
- 새로운 배치에 대비해서 아동을 준비시킴으로써 아동이 새로운 상황에 잘 적응하도록 한다.
- 부모의 동의하에 다른 교육기관에 아동에 대한 정보를 제공함으로써 아동에 대한 교육을 지속적으로 유지하게 한다.
- 새로운 프로그램에 들어가기 위해서 실시되는 아동의 평가 과정에 참여한다.

5) 개별화가족지원계획서의 양식

개별화가족지원계획서의 양식은 [부록 2]와 같다.

3 전환교육

1) 전환교육의 개념 및 의의

전환교육은 인생이 삶과 연결된 선택의 과정에서 보다 올바르게 삶을 영위해 나갈 수 있도록 도움을 주는 평생교육의 일부로 볼 수 있다. 즉 넓은 의미의 전환은 어린이집에서 초등학교로, 초등학교에서 중학교로, 중학교에서 고등학교로, 고등학교에서 지역사회로 점차 새로운 상황과 환경으로의 변화를 포함한다.

전환교육계획은 반드시 아동 개개인의 요구나 기호, 취미에 따라 수립되어야 하며, 협력 체제하에서 교육, 지역사회 경험, 고용개발 계획과 졸업 후 삶의 목표, 필요에 따른 일상생활 기능과 직업 기능 평가 등의 교육활동이 포함되어야 한다(국립특수교육원, 2005).

특수교육에서 전환교육이란 학교생활에서 사회생활로 이동해 가는 학생의 활동을 촉진시키기 위한 교육결과 중심 모형으로 협력 체제를 통해 고안된 장애인을 돕는 체계적인 교육활동이다. 즉 대학교육, 직업교육, 통합, 취업(지원고용 포함), 평생교육, 성인 서비스, 자립생활, 지역사회 활동에 참여하도록 도와주는 종합적인 교육활동이다. 전환교육이 성공적으로 이루어지기 위해서는 다음과 같은 원리가 반드시 지켜져야 한다.

첫째, 영유아기 조기특수교육에서부터 고등교육에 이르기까지 전환교육이 이루어져야 한다.

둘째, 전환교육 프로그램이 모든 고등교육의 기반이 되어야 하며, 부차적이거나 보충이 되어서는 안 된다.

셋째, 학생의 선호도, 요구, 능력, 취미를 기반으로 하여야 한다.

넷째, 모든 교육목표는 고등학교 졸업 후 사회로의 전환에 관련된 것이 되어야 한다.

다섯째, 반드시 학생 관련 전문가와 협의를 해야 한다.

2) 어린이집에서 초등학교로의 전환교육

전환교육의 필요성

일반적으로 장애를 지닌 유아교육에 있어서의 프로그램 간의 전환은 공식적인 조기교육이 시작되는 만 3세와 초등학교 입학 시기인 만 6세에 이루어진다. 그러나 이 시기 중 어느 때라도 프로그램 간이나 서비스 간의 전환은 발생할 수 있다. 이때 잘 계획된 성공적인 전환은 장애를 지닌 유아와 그 가족들에게 성장과 발달을 위한 새로운 기회를 제공하고 스스로의 능력에 대한 강화를 경험하는 기회가 되지만, 그렇지 않은 경우에는 유아와 가족들이 불확실한 미래에 대해서 불안해하고 상처받기 쉬운 상태가 될 수도 있다(이소현, 2006).

전환은 변화를 수반하는 과정으로 장애를 지닌 유아의 가족이 성장하고 발달할 새로운 기회를 제시한다. 그러나 전환과정에서 장애를 지닌 유아와 가족은 평상시보다 더 취약하며, 변화로 인해 발생되는 여러 가지 문제에 어려움을 가져 심한 스트레스를 받을 수 있다. 장애를 지닌 유아는 친숙하지 않은 활동, 장소, 사람 또는 일과를 가진 새로운 프로그램으로 전환할 때 이전에 학습한 것을 일반화시키는 데 상당한 어려움을 겪을 수 있으며, 이미 습득한 것을 전환과정에서 잊어버리기도 한다. 이러한 어려움을 겪는 장애를 지닌 유아는 새로운 학습 환경에서 보다 상위의 기술을 배우고, 새로운 교사나 또래와 긍정적인 관계를 형성하며, 활동에 유의미하게 참여하는 데 심각한 문제를 가질 수 있다.

어린 시기에 성공적인 전환을 경험하면 이후의 전환에 대해 확신과 신뢰를 갖고 성장한다. 가족 관련 프로그램 제공자들이 장애를 지닌 유아와 가족의 전환을 계획하고 이행하는 절차를 사전에 충실히 계획하여 따름으로써 참여하는 서비스의 연속성을 보장해 주고, 장애를 지닌 유아가 새로운 프로그램에 잘 적응하도록 준비시키며, 다른 프로그램으로 이동할 때 가족이 변화에 적응하는 과정에서 야기될 혼란을 최소화할 수 있다.

성공적인 전환교육 구성 요소

장애를 지닌 아동과 가족을 위한 성공적인 전환교육을 위한 지원 프로그램의 구성 요소 및 방법론에 대하여 이소현(2006)은 다음과 같이 제시하고 있다.

① 행정 관련 요소

- 행정가, 프로그램 제공자, 가족이 함께 문서화된 동의서를 작성한다.
- 서로 간의 지속적인 의사 교환을 위해서 공식적인 의사소통 수단을 마련한다.
- 프로그램 제공자, 행정가, 가족은 전환을 계획하고 준비할 적절한 시간을 설정한다.

② 프로그램 제공자 관련 요소

- 서비스 제공자는 동의된 전환 관련 절차들에 대해서 계획한 대로 모든 제공자의 임무, 역할, 책임, 임무수행을 위한 적절한 시간 등에 대해서 알아야 한다.
- 서비스 제공자는 지역사회 내의 서비스 종류와 자원들에 대해서 잘 알고, 이를 적절히 추천할 수 있어야 한다.
- 서비스 제공자는 전환을 계획할 때 다른 기관들을 방문하여 서로 정보를 나누어야 한다.
- 유아가 이동해 갈 기관의 서비스 제공자는 순조로운 전환을 위해서 교사나 다른 유아들을 준비시켜야 한다.

③ 가족 관련 요소

- 프로그램 관련자는 가능한 한 빨리 가족들에게 예상되는 전환에 대한 정보를 제공해야 한다.
- 필요하다고 생각되는 경우 가족이 직접 전환 과정을 시작할 수 있다.

전환교육에서의 교수전략

① 장애를 지닌 유아의 전환을 준비하는 교사활동

- 장애를 지닌 유아가 개인 사물이나 학급의 물건에 대해 책임감을 느끼도록 한다.
- 수업을 방해하지 않는 방법(손들기)으로 주의를 요청하도록 가르친다.
- 집단에 주어지는 지침 따르기를 학습하도록 돕는다.
- 독립적으로 활동하고 놀이하는 시간을 점차 증가시킨다.
- 활동의 길이를 다양하게 한다.
- 새로운 또래와 만나거나, 새로운 친구를 사귀는 역할놀이를 한다.

② 장애를 지닌 유아의 전환을 돕는 교수전략

- 새 프로그램이 어떻게 다르며, 두렵지만 재미있을 것이라는 등 새 프로그램에 대해 유아와 이야기를 나눈다.
- 자유 시간을 길게 주어, 또래 유아와 함께 스스로 놀이를 통해 친숙해질 수 있도록 한다.
- 활동 지속시간과 활동 유형을 다양하게 제공한다.
- 학급의 규칙과 일과를 매일 알려준다.

전환교육 준비과정

① 진학할 초등학교에 대해 결정하기(일반학교 대 특수학교): 배치 환경별 장단점 파악하기

- 분리교육인 특수학교에 다니는 경우 아동과 가족의 심리적인 안정감이 주요한 장점으로 제시되고 있다.
- 자연스러운 지역사회 환경에서 유의미한 직업을 가지고 독립적인 생활을 영위하는 것을 강조하는 최근의 장애인 재활의 궁극적인 기능성에 비추어 볼 때, 분리된 환경에서의 장시간 생활은 성인 생활의 정서 및 행동 면에서의 부적응 등과 같이 그 단점이 더 많은 것으로 평가되고 있다.

- 통합교육은 장애를 지닌 아동의 능력 및 적응행동의 향상이라는 장점과 심리적인 긴장과 불안정이라는 단점을 가진 것으로 평가된다.

② 진학할 초등학교를 선택할 때 고려할 사항

- 학교생활에서 요구되는 아동의 신변처리 능력
- 아동이 교사의 지시를 이해하고 따르는 능력
- 아동이 학교의 여러 장소(교실, 운동장)를 찾아다니는 능력
- 일반학교 교장 및 교감의 장애를 지닌 아동에 대한 태도
- 일반교사의 장애를 지닌 아동에 대한 지도 능력
- 장애를 지닌 아동을 위해 특별히 고안된 교육 프로그램
- 장애를 지닌 아동이 이용하는 학교의 특별한 시설
- 집에서 학교까지 소요되는 통학시간 및 교통수단의 편리성

전환교육은 장애를 지닌 아동을 위한 서비스 제공의 결실이라고 할 수 있다. 학령기 전 영유아기부터 장애를 지닌 아동을 대상으로 한 진단 및 평가는 아동의 재능과 발달 그리고 학습 가능성에 초점을 두며, 이에 따른 다양한 지도내용은 학령기 이후 청장년의 성인생활의 사회적응을 위한 준비과정에 해당된다(조윤경 외, 2009).

요약

개별화교육

- 「특수교육법」은 개별화교육을 "**각급 학교의 장이 특수교육대상자 개인의 능력을 계발하기 위하여 장애 유형 및 장애 특성에 적합한 교육목표 · 교육방법 · 교육내용 · 특수교육 관련 서비스 등이 포함된 계획을 수립하여 실시하는 교육**"으로 규정하고 있다.
- 개별화교육계획의 수립 · 운영 절차는 교육부의 지침에 따른다.

개별화가족지원계획

- 개별화가족지원계획은 발달지체를 지닌 영유아와 그 가족들에게 제공되는 부모와 함께하는 조기교육 서비스를 기록하기 위해 개발된 문서를 말한다.
- 개별화가족지원계획은 가족이 아동의 가장 큰 자원이며, 아동의 요구는 그들 가족의 요구와 매우 밀접하게 관련되어 있다. 아동을 지원하고 그들의 요구를 충족시키는 최선의 방법은 가족이 필요한 지원과 자원을 발견할 수 있도록 개개인의 강점을 지원하고 강화하는 것이다.
- 개별화가족지원계획은 첫 접촉 및 선별, 사정, 프로그램 계획, 시행 및 감독, 검토, 평가 및 전환계획의 단계로 이루어진다.

전환교육

- 전환교육은 인생이 삶과 연결된 선택의 과정에서 보다 올바르게 삶을 영위해 나갈 수 있도록 도움을 주는 평생교육의 일부로 볼 수 있다. 즉 넓은 의미의 전환은 어린이집에서 초등학교로, 초등학교에서 중학교로, 중학교에서 고등학교로, 고등학교에서 지역사회로 새로운 상황과 환경으로의 변화를 포함한다.
- 성공적인 전환교육 구성 요소로는 행정 관련 요소, 프로그램 제공자 관련 요소, 가족 관련 요소가 있다.

Chapter 08 지적장애 및 발달지체를 지닌 영유아

지적장애는 인지 발달에 지체를 보이거나 차이를 나타내는 모든 연령의 아동에게 적용될 수 있는 광범위한 용어로서 이 장애를 지닌 아동은 언어, 운동 및 사회적응 발달 영역에서 또래의 신경학적 발달 수준에 이르지 못한다. 지적장애를 지닌 많은 아동은 다른 아동처럼 동일한 순서로 인지적 기능을 습득하지만, 습득률이 느리다. 이 장은 발달지체(출생부터 9세 미만의 아동)와 지적장애를 함께 다루기로 한다.

1 지적장애 및 발달지체의 정의와 분류

1) 정의

지적장애란 일반적으로, 지적 기능과 사회 속에서 생활하기 위한 여러 가지 기술을 의미하는 적응행동 영역에서 유의한 제한을 지니는 장애이다. 특히, 이 장애는 발생하는 연령에 기준을 두는데, 18세 이전에 시작되어야만 지적장애로 정의할 수 있다. 「특수교육법」(2007)에서는 지적장애인을 "**지적 기능과 적응행동상의 어려움이 함께 존재하여 교육적 성취에 어려움이 있는 사람**"으로 정의하였고, 「장애인복지법」에서는 지능지수의 상한 절전섬을 IQ 70으로 규정하고 지능과 일상생활, 사회생활, 직업을 동시에 고려하여 지적장애를 정의하고 있다.

미국 지적장애 및 발달장애협회는 지금까지의 정의를 다소 수정하면서, 지적장애란 "지적 기능과 더불어 개념적, 사회적 및 실제적 적응 기술로 나타나는 적응행동 모두에 주목할 정도로 유의한 제한을 보이는 장애이다. 이 장애는 18세 이전에 시작된다."라고 규정하고 있다.

한편, 발달지체는 발달상의 지체로 인하여 특별한 관심과 조치가 필요한 위험군을 의미한다. 「특수교육법」(2007)에서는 발달지체를 "**신체, 인지, 의사소통, 사회·**

정서, 적응행동 중 하나 이상의 발달이 또래에 비하여 현저하게 지체되어 특별한 교육적 조치가 필요한 영아 및 9세 미만의 아동"으로 규정하고 있다.

2) 분류

지적장애의 분류는 장애의 심한 정도, 교육 가능성에 대한 기대, 지원 수준 등 다양한 근거와 기준에 따라 분류되고 있다(정대영, 2017).

장애의 심한 정도

개인의 지적 능력과 적응 기술의 정도는 정상과 어느 정도 다르냐에 따라 다음과 같이 경도, 중등도, 중도, 최중도 등으로 명칭을 붙이게 된다.

- 경도 지적장애: IQ 50~70
- 중등도 지적장애: IQ 35~50
- 중도 지적장애: IQ 20~35
- 최중도 지적장애: IQ 20 미만

이러한 점수는 표준 지능검사에 의한 평균 지능지수 100, 표준편차 15점을 기준으로 하였을 때 평균에서 -2 표준편차 이하를 지적장애의 지능지수 절선점으로 이용한 것이다. 그러나 미국 지적장애 및 발달장애협회에서 측정 오류를 감안하여 지적장애 지능지수의 상한 절선점 기준을 IQ 75로 정할 것을 권고했고, 우리나라 교육부 역시 이러한 맥락에서 지적장애의 IQ 절선점 기준을 75로 제시하고 있다(정대영, 2017).

교육가능성에 대한 기대

- 교육가능(IQ 55~70): 2~5학년 수준까지의 학업성취 가능
- 훈련가능(IQ 40~55): 주로 자조 기술 영역의 학습 가능, 일부 기능적 학업 분야 학습 가능

지원 수준에 기초한 분류

미국 지적장애 및 발달장애협회는 지적장애를 기능적으로 분류할 수 있는 개념적 및 절차적 권고안을 제시하였다. 이 접근은 지적장애의 분류를 개인의 추정된 지적 결함에 근거하던 방식에서 개인의 학교, 가정, 사회, 지역사회 및 작업환경에서 기능을 향상시키기 위해 필요한 지원 강도에 기초하는 방법으로 바꾸었으며, 다음과 같이 네 단계로 분류하였다.

- 간헐적 지원: 직업 찾기 등 일회성 또는 필요에 따라 주어지는 단기적 지원
- 제한적 지원: 고용훈련과 같이 상당히 오랜 기간 동안 지속적으로 제공되는 지원
- 집중적 지원: 가정생활 등 일부 환경 내에서 정기적 또는 규칙적으로 받는 지원
- 포괄적 지원: 모든 환경에서 지속적으로 받는 지원

2 지적장애 및 발달지체의 원인과 출현율

1) 원인

발생 시기별 원인

미국지적장애 및 발달장애협회(AAIDD)에서는 8차 정의까지 지적장애의 원인에 대한 범주를 생물학적 원인과 문화 가정적 원인 등의 이원론으로 구분하였다. 그러나 1992년 9차 정의부터 지적장애의 원인을 생물의학적 원인, 사회적 원인, 행동적 원인, 교육적 원인 등 네 가지 범주로 나누었다(표 8-1).

생물의학적 원인은 산모의 건강이나 대상아동의 질병 및 건강 상태, 부모와 관련된 유전적인 문제, 영아의 출생 시 손상 등 신체상에 문제가 생기는 경우를 뜻한다. 사회적 원인은 일차적인 사회라고 할 수 있는 가족 구성원 사이에서 일어날 수 있는 부정적인 영향, 즉 가정폭력, 가족끼리의 상호작용 부족, 빈곤, 가족의 만성적인 질환 등과 산모가 사회적인 상황이 여의치 못해 영양실조에 걸렸다거나, 출산하기 전

태아에 대한 관리를 소홀하게 하는 경우도 이에 속한다. 행동적 원인은 주로 부모의 영향을 의미하는데, 부모가 아동에 대해 어떤 행동의 형태를 취하는지, 음주나 흡연을 일삼지는 않았는지, 양육에 있어서 부모로서 취해야 할 행동을 모두 하였는지 등이 주요 관점이 된다. 교육적 원인은 부모가 교육적 지원을 받지 못한 경우, 아동에 대한 조기중재 서비스가 부족한 경우 등 교육과 관련된 지원이 부족한 경우가 해당된다.

〈표 8-1〉 지적장애의 다양한 원인

시기	생물의학적	사회적	행동적	교육적
출생 전	• 염색체 이상 • 단일 유전장애 • 대사장애 • 산모 질환 • 부모 연령	• 빈곤 • 산모의 영양실조 • 가정폭력 • 출생 전 관리부족	• 부모의 약물 사용 • 부모의 음주 • 부모의 흡연 • 부모의 미성숙	• 부모의 인지적 장애 • 부모가 될 준비의 부족
출생 중	• 조산 • 출생 시 뇌손상 • 신생아 질환	• 출산 관리의 부족	• 부모의 양육 거부 • 부모의 자식 포기	• 중재 서비스를 위한 의료적 의뢰의 부족
출생 후	• 외상성 뇌손상 • 영양실조 • 뇌막염 • 발작장애 • 퇴행성 질환	• 장애를 가진 보호자 • 적절한 자극의 결여 • 빈곤한 가정 • 가족의 만성적 질환 • 시설 수용	• 아동 학대 및 유기 • 가정폭력 • 부적절한 안전 조치 • 사회적 박탈 • 다루기 힘든 아동의 행동	• 지체된 진단 • 부적절한 조기중재 및 특수교육 서비스 • 부적절한 가족지원

출처: AAMR(1992), 정대영(2017). 특수교육학(서울: 창지사)에서 재인용.

지금까지 많은 학자가 지적장애의 원인을 밝히려고 연구를 했으나, 전체 지적장애의 약 50% 정도에 대해서만 정확히 그 원인을 말할 수 있을 정도이다.

유전적 원인에 의한 분류

한편, 유전적 원인으로 갈락토세미아, 페닐케톤뇨증, 손상된 엑스증후군, 레트증후군, 다운증후군, 윌리엄스증후군, 프래더윌리증후군 등이 있다(표 8-2).

〈표 8-2〉 대표적인 유전적 원인과 특성

유전적 원인	원인	특성
갈락토세미아	유전적으로 특정 물질을 분해하는 효소가 체내에서 생성되지 않아서 발생	먼저 체중이 감소하고 황달이 옴. 이 상태로 6~12개월이 지나도록 치료를 하지 못하면, 뇌손상이나 백내장, 내장 기관에 기능적인 이상이 발생
페닐케톤뇨증	아미노산 페닐알라닌을 티로신으로 분해하는 효소가 부족하여 발생	머리카락의 색깔이 담갈색이고 피부색이 다른 사람보다 하얗고, 치료가 늦어지면 중추신경계에 손상을 입게 됨
손상된 엑스증후군	성염색체 중 X 염색체의 끝부분의 손상으로 인해 발생	다운증후군처럼 얼굴 형태에서 공통점을 찾을 수 있는데, 긴 얼굴, 넓고 큰 귀, 큰 머리가 특징이며 지적장애를 보임
레트증후군	X 염색체의 변이로 인해 발생	생후 6개월에서 18개월까지는 정상 발달. 이 시기를 넘어서면서 퇴보하기 시작하여 말과 언어 및 운동 기능을 상실. 구어의 사용이 어려움. 운동 기능 상실로 심한 경우 걸을 수 없게 됨. 사회적인 상호작용의 감소로 사람들과의 소통이 줄어들며, 운동 기능상의 문제, 의미 없는 행동을 반복함
다운증후군	23쌍의 염색체 중 21번 염색체 수가 3개로 변형되어 발생	코가 낮고 눈과 눈 사이의 거리가 멀며, 혀가 두터워서 입을 벌리고 있는 경우가 많음. 손과 발도 작은 편이며 근육의 긴장도가 적고 관절 부위가 과하게 유연함. 일반적으로 사회성이 좋아 사람들과 대화하기를 좋아함
윌리엄스 증후군	7번 염색체의 돌연변이로 인해 발생	수학적 능력은 부족하나 상대적으로 언어 사용 능력은 우수한 편. 음악을 좋아하며, 시각적 기억이 뛰어나 사람의 얼굴을 잘 기억함. 사람들과 잘 어울리며, 지적인 기능이 경계선급이어서 IQ가 70이 넘는 경우에는 지적장애 판정을 받지 못하는 경우도 있음
프래더윌리 증후군	15번 염색체의 이상으로 발생	식욕을 조절하지 못해 비만이 되고 키가 잘 자라지 않음. 비만은 고혈압이나 당뇨, 뇌혈관 질환 등의 큰 질환을 가져오게 되고, 선천적으로 불임인 경우도 있음

2) 출현율

지적장애를 지닌 특수교육대상 아동의 출현율은 0.83%이고, 특수교육대상자 중 30.6%를 차지하고 있다(국립특수교육원, 2001).

그러나 출현율과 실제 특수교육을 받는 학생의 수는 다소 차이를 보이는데, 특수교육통계(교육부, 2019)에 의하면 지적장애를 지닌 특수교육대상 학생은 49,624명으로 특수교육 서비스를 받는 전체 학생의 53.4%에 이르고 있다.

3 지적장애 및 발달지체의 특성

지적장애를 지닌 영유아는 정확한 지능지수와 상관없이 주의집중, 기억, 일반화 측면에서 장애를 가지고 있으며, 반복되는 실패로 인해 학습동기와 자아존중감이 낮은 경우가 많다.

1) 주의집중 및 학습 영역

지적장애를 지닌 영유아는 여러 가지 자극 중에서 집중을 해야 할 대상에 주의를 기울이지 못하고 다른 것에 주의를 기울이는 경우가 많다. 이러한 성향 때문에 학업성취도가 낮을 수밖에 없으며, 주의집중의 어려움은 새로운 지식과 기술을 습득하고 기억하며 일반화하는 데 많은 어려움을 준다. 물론 지적장애를 지닌 모든 아동이 주의가 산만하거나 수업에 잘 참여하지 않는 모습을 보이는 것은 아니다. 어떤 아동은 수업시간에 선생님과 눈을 맞추며 칠판을 쳐다보고 무언가를 받아 적기도 한다. 또는, 옆 사람과 이야기한다거나 장난을 치지 않고 책을 보며 몸을 조용히 앉아 있는다. 이러한 성향의 지적장애를 지닌 아동은 온순하고 규칙을 잘 지키는 성향이 있는 것이지, 주의집중을 잘한다거나 그만큼 효과적으로 학습을 하고 있다고 보기는 어렵다.

이들은 정신 구조의 경직성으로 인하여 개념의 추상화나 일반화에 어려움을 보인다. 학습 능력 중 추상적인 사고를 하는 것은 매우 중요하다. 사람들이 지식을 주고받는 과정은 글이나 말로써 전달되는 것이고, 이러한 언어 자체가 추상적인 것이므로 추상화가 어렵다는 것은 그만큼 학습이 어렵다는 뜻이 된다.

2) 기억력

지적장애를 지닌 영유아는 일반적으로 기억력 전반이 낮게 평가된다. 장애의 정도가 심할수록 기억하는 데 더 많은 어려움을 겪으며, 지적장애가 심한 아동의 경우 집 주소와 전화번호를 외우고 쓰지 못하거나, 도보로 10분 정도 거리의 자기 집을 찾아가지 못할 수도 있다. 이들은 기억 중에서도 특히 단기기억이 약하다고 보고되고 있다. 단기기억이란 짧은 시간 동안 정보를 기억 저장 창고에 넣어 두는 형식인데, 이것은 스스로 기억하려고 의식하지 않으면 잠시 동안 머물다가 금방 잊어버리게 된다. 특히, 순서 없이 적어 놓은 숫자처럼 비연속적인 정보에 대해서는 기억에 더 어려움을 겪는다.

그러나 이들에게 단기기억 내용을 오랜 기간 동안 반복해서 제공한다면 장기기억으로 전환되어 일반 아동과 비슷하게 기억을 활용할 수 있게 되므로 장기기억에 있어서는 일반 아동과 다를 바가 없다는 주장도 있다.

3) 언어 발달

언어란 지적 기능과 매우 관련이 깊다. 지적 기능의 문제가 주요 특징인 지적장애를 지닌 아동은 언어 발달에서 많은 문제를 지닌다. 이들은 언어구사에 문제를 가지며, 잘못된 문장을 사용하는 경우가 많다.

정확한 발음을 하지 못하는 조음장애가 있는 경우도 많으며, 어휘력이 제한되어 표현력이 약하다. 언어의 발달 과정 자체는 비장애인과 같은 과정을 거치지만, 언어 발달이 지체되는 경향이 있다. 지적장애를 지닌 아동의 대표적인 언어 발달의 특징은 다음과 같다.

- 언어 기능 습득의 속도가 일반 아동보다 느리다.
- 정신연령이 동일한 일반 아동보다 사용하는 어휘력이 부족하다.
- 사춘기 이후에는 언어 성장이 이루어지지 않는다.
- 사춘기에 정신연령 4~5세가 되지 못하는 학생은 완전한 언어습득이 불가능하다.
- 경도 지적장애를 지닌 아동은 어른이 되면 정신연령이 보통 8~11세가 되기 때문에 적절한 언어구사 능력을 갖출 수 있다.
- 언어 기능을 습득하는 방법은 일반 아동과 같다.
- 언어성취도는 생활연령보다 정신연령에 따른다. 그러나 지적장애를 지닌 아동의 언어연령은 정신연령보다 약 1년 정도 더 낮게 나타난다.

4) 사회성 발달

지적장애를 지닌 영유아는 주위에 있는 성인에게 지나치게 의존하는 성향이 있다. 특히, 가족을 떠나 사회의 시설에 수용된 아동은 타인에게 의존하는 경향이 더 많이 나타난다. 이처럼 의존 성향을 나타내는 동시에 사람에 대해 지나치게 경계를 하거나 자기 고집을 버리지 않는 경우가 많아 이들에 대한 사회 기술 지도가 절실하다.

지적장애를 지닌 아동은 스스로를 제어하고 조절하는 능력이 부족하기 때문에 본인의 의지대로 무언가 되지 않는다거나 화가 나면 감정을 폭발시켜버릴 때가 종종 있다. 또한, 사회 속에서 자신이 어떤 모습으로 어떤 위지에 있는시, 어떤 역힐을 해야 하는지를 올바로 파악하기 어렵기 때문에 어린아이 같은 행동을 하기 쉽다.

5) 동기유발

지적장애를 지닌 영유아는 잦은 실패를 거듭하게 되면서 자아존중감이 낮아지고, 이로 인해 자신의 능력에 대해 낮은 기대 수준을 갖고 있다. 이들은 익숙하지 않은 과제를 시작할 때 목표를 낮게 설정한다. 이러한 행동은 자신이 이미 겪은 실패들로 인해 실패를 더 겪지 않으려는 자기 보호적 행위이다. 이들은 자신이 노력을 한다해도 실패를 하게 될 것이라고 믿고 있으며, 따라서 과제를 수행할 때 열심히 참여하지 않는 모습을 보인다. 지적장애를 지닌 영유아는 새로운 것을 꺼리는 경향이 있고, 조금이라도 더 어렵거나, 새로운 것을 습득해야 하거나 변화된 것에 적응하기 어려워한다. 또한, 자신이 어떠한 과제를 해결해 냈다고 하더라도 이에 대해 크게 긍정적인 영향을 받거나 새로운 자신감을 느끼게 되는 등의 변화를 보이기는 어렵다.

4 지적장애 및 발달지체의 진단평가와 사정

지적장애를 진단평가할 때는 지적 능력, 적응행동 및 요구되는 지원 수준에 관한 정보를 확보하는 데 중점을 두게 된다.

1) 지능 검사

지능지수는 100을 평균으로 표준화되어 있고, 1 표준편차는 15~16점으로 하여 정상분포곡선을 이루도록 집단의 점수를 조정한다. 지능지수가 평균으로부터 -2 표준편차 이하(68~70)로 떨어질 때 지적장애로 분류한다.

지능지수는 대개 시간이 경과해도 의미 있게 변하지 않지만 그렇다고 해서 고정되어 안정적이지도 않다. 경도 지적장애를 지닌 아동의 경우, 지능지수는 경험에 의해 영향을 받을 수 있다. 검사도구가 시대의 변화를 적절히 반영하지 못할 경우에도 왜곡된 점수를 나타낼 가능성이 있기 때문에 검사와 결과의 해석에 조심해야 한다. 특히, 영유아기에는 지적장애를 진단평가하기 위해 지능 검사를 실시할 때 전문가의 도움을 받아야 한다.

지적 능력을 평가할 수 있는 지능검사도구로는 웩슬러 유아용지능검사와 아동용지능검사[K-WISC-IV](곽금주 · 오상우 · 김청택, 2011), 한국판 K-ABC-II(문수백, 2014)가 있다. 특히, 지능검사 도구를 선택할 경우, 가급적 최근에 표준화된 검사도구를 사용해야 한다. 그렇지 않을 경우, 지능지수가 상승하는 플린효과(지능검사 도구를 표준화한 후 자주 개정하지 않은 경우 검사결과가 실제 지능보다 높게 나오는 경향성)로 인하여 지능검사 결과의 타당성에 심각한 문제가 발생된다.

2) 적응행동기술 검사

적응행동이란 인간이 다양한 환경을 관리하는 행위를 말하며, 개인적 욕구 처리하기, 또래들과 의사소통하기, 사회적 활동에 참여하기, 변화하는 조건에 적응하기 등이 해당된다(정대영, 2017). 미국지적장애 및 발달장애협회에서는 적응행동을 개념적, 사회적 및 실제적 적응행동으로 분류하고 있다(그림 8-1).

적응행동을 측정하는 검사도구들로는 국립특수교육원 적응행동검사[NISE-K · ABS] (류재연 · 이준석 · 장정애, 2018), 지역사회적응검사(김동일 · 박희찬 · 이달엽, 2004) 등이 있다.

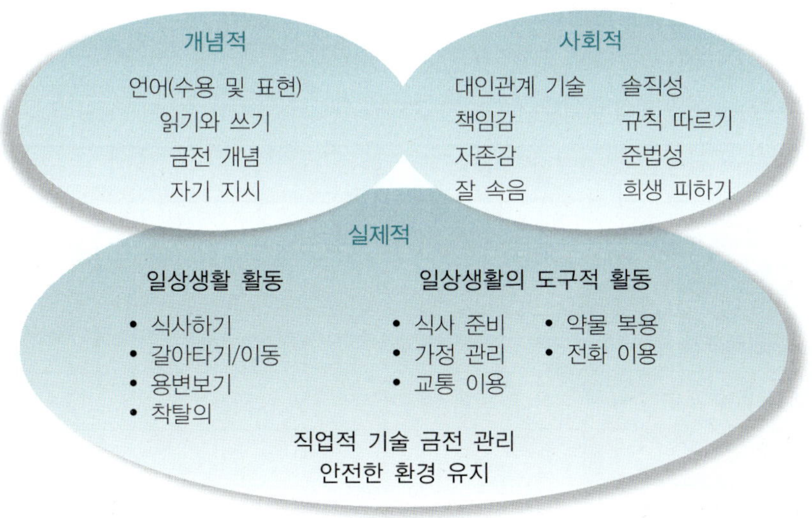

[그림 8-1] 개념적, 사회적 및 실제적 적응 기술

출처: Mental retardation: Definition, classification, and systems of support(10th ed.) by AAMR AD Hoc Committee on Terminology and classification, 2002, Washington, DC: American Association on Mental Retardation. 정대영(2017). 특수교육학(서울: 창지사)에서 재인용.

5 지적장애 및 발달지체를 지닌 영유아를 위한 교육적 지원과 중재

1) 교수전략

일반적으로 단순한 내용에서 복잡한 내용의 순서로 지도해야 하며, 가능한 한 구체적이고 특수해야 한다. 필요하면 정보를 단순화해야 하지만, 그 의미를 잃지 않아야 한다. 여기에서는 교수전략 중 과제분석, 후진연쇄, 모델링을 소개하기로 한다.

과제분석

과제분석은 옷 입기와 같이 아동이 자주해야 하는 과제로 시작해야 한다. 과제를 분석한 후에도 아동이 여전히 문제를 보인다면 분석한 내용 중에 놓친 것이 있는지, 빠진 단계가 있는지를 검토하여 수정한 다음 다시 시도한다. 〈표 8-3〉은 아동의 진전을 보여 주는 기입형 차트를 포함하여 단순한 과제분석의 사례를 제시하고 있다. 과제분석과 진전도의 추적은 주 단위로 실시된다.

〈표 8-3〉 과제분석과 진전도 실태

과제 단계	월	화	수	목	금	월	화	수
① 옷걸이에서 코트 벗기기	P	V	V	V	X	X	X	X
② 한 손으로 코트 들기	P	P	V	V	V	X	X	X
③ 한 팔을 끼우기	P	P	V	V	V	V	X	X
④ 나머지 팔을 끼우기	P	P	P	V	V	V	V	X
⑤ 지퍼 끼우기	P	P	P	P	P	V	V	X
⑥ 지퍼 올리기	P	P	P	P	P	P	P	P

P= 신체적 도움, V= 언어적 도움, X= 도움 없음

후진연쇄

일부 경우에는 후진연쇄 기법이 유용하다. 예를 들어, 과제가 코트 입기라고 한다면 분석된 과제에서 행동연쇄의 가장 마지막 단계부터 시작한다. 즉 먼저 6단계의 지퍼 올리기를 실시하고 아동이 이 단계를 완수하면 한 단계씩 역순으로 실시한다. 후진연쇄를 적용할 경우 아동이 성취감을 보다 쉽게 경험할 수 있다. 과제를 구성하는 요소들의 난이도 수준이 비슷할 경우 후진연쇄가 더 쉽다.

모델링

교사는 특정 행동을 설명할 때 시범을 보일 수 있다. 아동에게 연습할 기회를 제공하고, 아동이 과제를 수행하는 동안 그 과정을 설명한다. 과제를 수행하면 피드백과 강화를 제공한다.

지도지침

지적장애를 지닌 아동은 학습에 더 오랜 시간이 걸리므로 그들의 요구를 충족시켜주기 위해 교사의 지도 스타일을 바꾸는 것이 중요하다. 다음은 지적장애를 지닌 아동의 지도를 위한 지침이다.

- 과잉학습 촉진하기, 분산연습하기, 개념을 일반화하기, 여러 사례 이용하기
- 적절한 행동을 강화하기, 중요한 기술에 초점을 맞추기, 어휘 지도하기
- 보편적 학습설계 이용하기, 이용할 수 있는 모든 감각 이용하기
- 자신의 발달에 대비한 진전도를 평가하기
- 여러 가지 기술을 가르칠 수 있는 자료를 선택하기

2) 교육과정 적합화

일반적으로 교육과정 적합화는 일부 과제를 단순화하고, 중요한 과제에 초점을 맞추며 그렇지 않은 과제를 생략한다. 다른 아동이 우연학습을 통해 학습하는 기술, 즉 화장실 사용하기, 식사하기, 초기 언어 기술 등을 포함한다.

신체운동 · 건강

지적장애를 지닌 아동은 대근육운동 발달이 느리므로 다른 아동처럼 활동 측면에서 효율적이지 못하다. 교사는 아동의 발달 수준을 고려하여 활동을 계획하고, 다양한 활동을 숙달해 감에 따라 점차 어려운 활동으로 확대해 나아간다. 아동은 소근육 활동을 발달시키는 데 많은 시간을 투자해야 하며, 다양한 기회를 제공하여 호기심을 끌어내야 한다. 그들은 점점 더 복잡한 활동과 많은 연습을 해야 한다. 우선 프로그램에서 성공하기 위해 적은 조각으로 된 비교적 큰 물체로 시작한다. 가능한 한 여러 가지 적응 기술을 포함시키도록 한다.

건강과 안전. 아동이 평소에 좋은 건강 습관을 갖는 것은 매우 중요하다. 그들은 화장실 사용하기, 손 씻기, 코를 풀고 티슈로 닦기 등과 같이 단순해 보이는 것들 중 대부분을 학습하지 못했을 수 있다.

- 안전 기술을 지도한다. 교통, 전선, 콘센트 등 위험한 것들과 일어나기 쉬운 위험들에 대해 지도한다.
- 좋은 식습관을 형성할 수 있도록 한다. 주스, 탄산음료, 쿠키, 크래커와 같은 간식보다는 우유, 채소, 과일, 저지방 요구르트와 같은 건강식을 선택하도록 돕는다.
- 아동이 길을 잃었을 때 어떻게 해야 할지에 대해 역할놀이를 통해 지도한다. 부모가 허용한다면 아동의 주소, 전화번호, 이름 등이 포함된 명찰을 걸고 다니게 한다.
- 복잡한 과제를 아동이 할 수 있도록 단순한 과제로 분석한다. 다른 교육과정에서 필요한 기술을 지도한다. 화장실 이용훈련을 할 때는 옷 입고 벗기 능력을 포함시킨다.

대근육운동. 대근육운동 기능은 체력을 발달시키고, 신체 협응과 인식을 증가시킨다. 아동에게 이동하기(기기, 달리기), 조작하기(공을 던지기, 튀기기, 잡기), 안정을 유지하기(스트레칭하기, 구르기, 균형 잡기)를 요구하는 기술을 훈련시키고, 승패가 없는 협력적 게임에 참여시킨다.

- 가장 기본적인 기초운동 기능을 강조한다(앞으로 걷기, 뒤로 걷기, 옆으로 걷기, 빠르게 걷기, 느리게 걷기 등).
- 적절한 활동, 활동적 게임, 활동적 생활에 매일 참여하여 신체적 지구력을 갖도록 돕는다.
- 조작하기 쉬운 크고 가벼운 블록을 이용한다.

소근육운동. 소근육운동놀이를 계획할 때는 신체에 필요한 소근육을 발달시키고 다음 기술의 토대가 될 수 있도록 한다.

- 움켜잡기와 조작하기 활동으로 시작한다. 다양한 물체를 제공하여 아동이 여러 가지 방식으로 움켜잡기를 연습하게 한다. 아동이 엄지와 검지로 물체를 잡을 수 있도록 훈련시킨다.
- 소근육운동이 필요한 여러 가지 다른 활동을 이용한다. 비교적 큰 물체로 시작하여, 점차 여러 조각으로 된 작은 물체를 이용한다. 아울러 이러한 활동을 색깔과 수 기능을 함께 지도할 기회로 삼고, 아동에게 여러 가지 물체를 분류하고 집단화하도록 한다.
- 분류하고 대응시킬 과제의 난이도에 따라 번호를 붙인다(예: 1=쉬운 과제, 2=조금 어려운 과제 등). 같은 물체끼리 분류하기, 같은 색끼리 분류하기, 모양은 다르지만 같은 종류의 물체끼리 분류하기, 분류체계를 시범 보인 후 따라 하게 하기 등을 하고 그다음 아동이 직접 분류하게 하고 재분류하도록 촉진한다.
- 아동은 연필과 같은 작은 물체를 잡기 어렵기 때문에 처음에는 잡기 쉬운 큰 물체를 이용하고, 테이프 등을 이용하여 잡기 쉽도록 한다.

감각운동 통합. 아동이 감각을 통합할 수 있도록 여러 가지 운동 기술을 이용할 기회를 제공한다. 두 손을 사용해야 하는 활동이나 자료(예: 손뼉치기, 끈으로 묶기 등)와 난이도가 다른 퍼즐을 제공하거나, 두 손이 서로 다르게 움직이는 활동을 하게 한다.

의사소통

지적장애를 지닌 아동은 일반 아동에 비해 학습 속도가 느리기 때문에 어휘지도를 할 때 추가로 반복학습을 해야 하며, 단어를 여러 상황에서 일반화할 수 있도록 도와주어야 한다. 그들은 상징체계의 개념을 숙달하고 기능적 어휘를 발달하는 데 대부분의 시간을 보내며, 상징체계와 기능적 어휘를 단어와 연결 짓기에 앞서 소리를 반복하고 모방해야 한다.

말하기. 지적장애를 지닌 아동은 다른 아동처럼 자신의 요구를 충족시키기 위해 의사소통에 의존하게 된다.

- 어휘 활동을 한다. 처음에는 아동에게 초점을 맞추어 간단한 단어로 시작한다. 신체 부위를 지도하게 되면, 어휘뿐만 아니라 몸인식하기도 학습하게 된다. 그다음에는 건강, 가족, 옷, 학교 등에 초점을 맞추어 어휘를 지도해 간다.
- 다른 아동들과 의사소통을 하도록 격려한다. "너의 모자는 예쁘다."와 같이 명백한 참조 구조가 있는 것부터 시작한다. 예를 들어, 현장학습을 하는 동안 사진이나 캠코더로 촬영하여 다음 수업시간에 이 자료를 활용하여 현장학습 때 있었던 일들에 관하여 이야기할 수 있도록 한다. 아동은 사진을 보고 현장학습에 가서 경험했던 순서대로 배열한다.

말하기를 지도할 때, 손놀이를 이용하면 기본적인 개념을 지도하는 데 도움이 될 뿐만 아니라 소근육운동 협응도 함께 향상되며, 아동의 관심을 유지시키는 데에도 많은 도움이 된다. 그리고 촉각양식으로 학습을 할 때, 손놀이를 이용함으로써 반복학습의 단조로움을 피할 수 있다. 간단한 손놀이, 노래, 이야기를 반복할 별도의 시간을 마련하거나, 이런 활동을 이용하여 기본적인 개념(예: 수와 이야기 따라 하기)을 지도한다.

듣기. 듣기는 어려운 과제이므로 가능하다면 많은 단서를 이용한다. 단순하고 직접적인 말을 정상적인 속도로 명확하게 말한다. 반복적이고 리듬과 운율이 있는 이야기를 이용하고, 학교에서 읽은 책을 집으로 가져가서 가족들과 함께 다시 읽는 것도 좋다. 사진이 크고, 단어가 적으며, 운율이 있는 책이 좋으며, 아동에게 읽은 책과 관련된 내용을 간단히 적게 한다. 이야기를 읽기 전에 이야기에 나오는 단어의 의미에 대해서 먼저 토의하는 것이 도움이 된다.

- 이야기할 내용의 사진을 제시함으로써 아동이 정보를 보고 들을 수 있게 한다.
- 아동에게 1단계, 2단계의 지시 따르기 연습을 시킨다.
- 듣기란 말하기와 함께 상호작용을 하는 것이며, 단순히 수동적인 경험을 하는 것이 아니라는 것을 알게 한다.

읽기. 지적장애를 지닌 아동은 초기 문해 기술을 발달시키기 위해 많은 연습을 해야 한다. 기초 기능을 갖추는 것이 우선이고, 이러한 기술을 이용하여 보다 높은 차원의 기술을 통합하도록 지도한다.

- 아동에게 이야기를 읽어 준다. 교사나 부모가 손가락으로 단어를 짚어가면서 읽어 주어 아동이 단어와 읽기 사이의 관계를 이해하고 발달시키도록 한다. 재미있고 신나게 많은 책을 읽어 준다.
- 먼저 청각적 및 시각적 변별에 집중한다. 예를 들어, 먼저 아동에게 사물을 보여 주고, 그다음에 문자를 제시하고, 이어서 이름이나 소리로 사물의 명칭을 붙여 준다. 일단 변별 기술을 익히고 나면 시각기억과 청각기억을 활용한다.

쓰기. 쓰기를 하기 위해서는 종이에 긁적거리기로 시작하고, 끝으로 복잡한 상징체계를 이해해야 한다. 즉 처음에는 소근육운동 측면에서 시작하고 점차 상징체계로 나아간다.

- 아동이 종이에 긁적거리는 것을 즐기도록 도와준 후, 점점 의미 있는 표시를 할 수 있도록 유도한다. 아동에게 쓸 수 있는 다양한 도구를 제공하고, 쓰기 연습을 할 수 있는 다양한 크기의 종이, 연습장, 포스터 판 등을 제공한다.
- 커다란 나무 문자를 이용한다. 아동의 이름을 철자로 말하고, 아동에게 손가락으로 문자를 따라서 써보게 한다.
- 교사는 손으로 공중에 커다란 원을 그리는 모습을 보여 주고, 아동에게 모방하

도록 한다. 아동이 원을 그리게 되면, 교사는 손으로 문자를 쓰기 시작한다.

사회관계

아동은 익숙한 경험을 토대로 자신과 자신의 환경에 관하여 학습한다. 그들은 직접적인 환경인 가정과 학교에서 학습한 다음 지역사회로 확대시켜 나간다. 교사는 아동이 학급은 물론 아동의 건강 및 안전과 관련된 상황을 평가하도록 도와주어야 하며, 아동의 일상생활이 건강하고 안전하도록 한다.

자존감. 모든 아동은 자신에 관하여 학습할 필요가 있다. 직접교수, 질문 및 노래 등을 통하여 아동에게 자신의 신체 부위 이름을 지도할 수 있다. 교사는 모든 아동을 포함시켜 지도하고자 해야 한다. 지적장애를 지닌 아동이 뭔가 의미 있는 일을 했거나 특별히 그가 칭찬받을 일을 했을 때 뜻밖이라는 듯 놀라는 표정을 지어서는 안 된다.

- 교사는 다른 아동에게 하는 것처럼 지적장애를 지닌 아동이 할 수 있는 것, 하고 싶은 것, 얼마나 많이 학습했는지를 지적하며 긍정적인 자아개념을 발달시킨다.
- 아동의 강점에 초점을 맞추어 지원을 한다. 변화가 필요한 문제를 다룰 때 이와 같은 방식을 적용한다.
- 아동이 할 수 있는 수준으로 학습을 확대시킨다.

통합교육. 모든 아동은 사회의 일원이다. 아동을 집단에 참여하도록 도와줄 때 그들이 필요한 기술을 시범 보이고 지도한다. 지원을 점진적으로 줄여서 결국 아동이 교사의 중재에 의지하지 않고 스스로 할 수 있도록 한다.

- 아동에게 일상생활 예의를 가르친다. 아동에게 인사하는 법, "감사합니다.", "고맙습니다.", "미안합니다."라는 말을 대화에 끼어들거나 방해를 하지 않고 적절히 할 수 있도록 지도한다.
- 모든 아동은 학급 구성원으로서 기여할 수 있다. 아동이 할 수 있는 과제를 제

공한다.

- 연령에 적합한 선택을 하여 아동이 집단놀이에 쉽게 참여할 수 있게 한다.

사회학습. 지적장애를 지닌 아동도 다른 아동처럼 지역사회에 관하여 학습할 필요가 있다. 사회생활을 지도할 때는 아동이 알아두어야 할 필요가 있거나 쉽게 확인할 수 있는 역할에 중점을 둔다. 예를 들어, 경찰관, 소방관, 집배원 등의 역할에 대해 이야기한다. 현장학습을 가서 그들이 실제로 근무하는 모습을 관찰하고, 역할놀이를 통해 경험하도록 한다. 또한, 편지를 써서 우체통에 넣고 집으로 배달되는지를 확인하는 등 실제적인 학습이 되도록 한다. 주소를 틀리게 쓰면 어떻게 되는지에 대해서도 이야기 나누면 좋다.

- 다양한 직업에 대해 탐색한다. 어떤 직업은 특별한 기술을 지녀야 한다(예: 교사, 농부, 공장 근로자, 건축 노동자, 패스트푸드 체인점 근로자 등). 직업은 종류가 다양하고 각각 나름대로 가치가 있음을 인식하게 한다.
- 지역사회의 다양한 곳을 선택하여 현장학습을 간다. 지역사회에서 생활하는 데 필요한 기술을 지도한다. 부모가 자녀를 데리고 식당에 가거나, 대중교통을 이용하여 도서관에 가는 등 지역사회 생활의 경험을 넓히도록 권장한다.

예술경험

경쟁이 없고 같은 것을 하도록 요구하지 않는 한 지적장애를 지닌 아동은 이 분야에서 거의 조정할 필요가 없다. 그들은 여러 가지 예술 미디어를 조작함으로써 형태나 크기를 학습할 수 있고, 좋아하는 노래를 여러 차례 반복할 수 있다. 그러나 그들은 움직임에 대한 상상력을 많이 표현하지 못할 수 있다. 그러므로 우선 대근육운동으로 시작하고 음악에 맞추어 몸 전체를 움직이도록 한다. 점진적으로 소근육운동으로 나아가고 아울러 집단 활동을 할 수 있도록 하는 것이 중요하다.

미술. 지적장애를 지닌 아동의 예술은 다른 아동처럼 결과에 초점을 맞추기보다는 과정에 초점을 맞추어야 한다. 아동은 미술활동을 통해서 학습하므로, 교사는 이를 위해 신중히 안내를 해야 한다.

- 다양한 예술 미디어를 이용한다.
- 자르기 활동은 어렵기 때문에 스프링이 있는 가위나 손쉽게 잡을 수 있도록 조정한 가위를 이용한다.
- 아동이 매일 미술활동에 참여할 수 있게 한다.

음악. 음악은 다양한 방법으로 이용될 수 있다. 아동이 노래를 배울 때는 반복 연습이 효과적이며, 아동에게 가족과 관련된 노래를 지도하면 집에 가서 가족과 함께 부를 수 있다.

- 음악을 이용하여 수, 색, 신체 부위의 개념을 지도한다.
- 음악을 이용하여 어휘력과 청각기억력을 향상시킨다.
- 음악을 이용하여 아동이 리듬 형태를 습득하도록 한다.
- 아동의 이름을 부르는 노래를 통하여 자존감을 향상시키고 집단의 소속감을 가질 수 있도록 한다.

창작활동. 모든 아동은 활동을 해야 하며, 그러한 활동에는 판단해야 할 요소를 포함시켜 실시한다.

- 아동이 박자가 분명한 음악에 접근할 수 있도록 한다.
- 아동에게 특정 부위의 신체를 움직이도록 한다.
- 아동이 빨리 또는 느리게 움직이면서 속도를 인식하게 한다.

극놀이. 극놀이는 보다 친숙한 것을 다양한 방법으로 경험할 수 있고, 적절한 행동을 가르치기에 좋은 방법이다.

- 가게를 방문한 후 놀이가게를 구성해 본다.
- 놀이가게에서 다른 아동과 함께 놀며 역할놀이를 해 본다.
- 지적장애를 지닌 아동은 일반 아동에 비해 상상력이 떨어지므로, 놀이는 현실에 기초해야 하며 구체적이어야 한다.

자연탐구

문제해결이나 발견 과정을 언어화하여 활동을 도와주고, 주제에 대해 다양하게 경험할 수 있도록 반복할 시간을 준다. 지적장애를 지닌 아동은 지식을 일반화하는 데 도움을 필요로 하며, 일반 아동에 비해 일반화에 더 많은 시간을 필요로 할 것이다. 그리고 활동이 점점 더 어려워짐에 따라 다른 수준에서 할 수 있다는 확신을 갖게 한다. 또래가 보다 추상적인 개념을 다룰 수 있는 데 비해 지적장애를 지닌 아동은 보다 구체적인 경험을 요구한다. 또한, 실물을 이용하여 만지기와 조작하기 등의 활동을 한다. 지적장애를 지닌 아동이 컴퓨터를 하기 전에 일반 자판을 사용할 수 있도록 하기 위한 준비 과정으로 수정된 자판을 이용하도록 하거나 일반 자판을 이용하기 위한 선수 기능을 지도한다.

수학. 지적장애를 지닌 아동은 사회에서 생활하는 데 필요한 기초수학 기능을 익힐 필요가 있다.

- 수 개념을 지도한다. 학생, 의자, 책상, 테이블 등을 세어 본다.
- 다른 기능을 가르칠 수 있는 수학 경험을 선택한다. 나무못 말판은 수 세기와 일대일 대응시키기 등을 지도하는 동안 소근육운동을 촉진하기에 유용하다. 나무못 말판을 이용하여 순서의 형태와 관계를 지도하면 좋다. 교사나 부모는 어떤 모양을 만들어 놓고, 아동에게 그것을 모방하여 만들게 한다.
- 컵, 과일, 냅킨, 포크 등을 이용하여 일대일 대응을 지도한다. 간식 시간에 각 아동에게 과일을 제공하면서 수 개념을 지도하는 것은 좋은 활동의 예이다.

과학. 과학은 직접적인 지식에 초점을 맞추고 미래의 학습과 안녕에 관련된 정보를 제공한다.

- 자연과 환경을 다루는 현장학습을 이용하여 아동 주변 세계에 관해 지도한다.
- 자연에서 일어나는 예측 가능한 변화와 그 이유에 대해서 토의한다. 계절이 옷과 활동에 어떤 영향을 미치는지에 대해 토의한다.
- 아동에게 간단한 인과관계 추론하기 검사를 한다.

- 정원에 꽃을 심고 가꾸며 직접 경험을 통하여 식물이 성장한다는 것을 배우게 한다.
- 과학학습과 안전지식을 묶어서 지도한다. 과학수업 시간에는 아동이 일상생활에 필요로 하는 기술을 지도할 수 있다. 예를 들면, 햇볕과 화상에 대해 지도할 수 있다.

보조공학. 보조공학은 인과관계의 추론하기를 지도할 수 있는 여지가 많고 반복되는 학습에 대해 인내심을 가지고 견뎌야 할 상황이 너무나 다양하다.

- 다양한 자판 중에서 아동의 요구를 충족시킬 수 있는 것을 선택한다.
- 소프트웨어를 신중하게 선택한다. 소프트웨어는 아동에게 발달적으로 적합해야 하고 단순해서 작동하기 쉬워야 한다. 부모는 자녀가 컴퓨터를 켜고 작동하는 모습을 보고 아동에게 더욱 긍정적인 기대를 할 수 있게 될 것이다.
- 혼자서 컴퓨터를 사용할 수 있도록 격려한다. 이것은 다른 사람들에게도 매우 놀라운 인상적인 모습을 제공한다. 일부 기술은 쉽고 순서적이며, 일부 소프트웨어는 친사용자적이다.
- 친구와 함께 컴퓨터 하는 것을 격려한다.

요약

지적장애 및 발달지체의 정의와 분류

- 「특수교육법」에서는 지적장애인을 “지적 기능과 적응행동상의 어려움이 함께 존재하여 교육적 성취에 어려움이 있는 사람”으로 정의하고 있다.
- 「장애인복지법」에서는 지능지수의 상한 절선점을 IQ 70으로 규정하고 지능과 일상생활, 사회생활, 직업을 동시에 고려하여 지적장애를 정의하고 있다.
- 지적장애의 분류는 장애의 심한 정도, 교육 가능성에 대한 기대, 지원 수준 등 다양한 근거와 기준에 따라 이루어지고 있다.

지적장애 및 발달지체의 원인과 출현율

- 발생 시기별 원인은 출생 전, 출생 중, 출생 후의 생물의학적, 사회적, 행동적, 교육적 요인이 있다.
- 유전적 원인으로 갈락토세미아, 페닐케톤뇨증, 손상된 엑스증후군, 레트증후군, 다운증후군, 윌리엄스증후군, 프래더윌리증후군 등이 있다.
- 지적 장애를 지닌 특수교육대상자는 전체 특수교육대상자 중 53.4%를 차지하고 있다.

지적장애 및 발달지체의 특성

- 정확한 지능지수와 상관없이 주의집중, 기억, 일반화 측면에서 장애를 가지고 있으며, 반복되는 실패로 인해 학습동기와 자아존중감이 낮은 경우가 많다.
- 언어 발달에서 많은 문제를 지니고, 성인에게 지나치게 의존하는 성향이 있다.
- 지적장애를 지닌 영유아는 잦은 실패를 거듭하게 되면서 자아존중감이 낮아지고, 이로 인해 자신의 능력에 대해 낮은 기대 수준을 갖고 있다.

지적장애 및 발달지체의 진단평가와 사정

- 지적장애를 진단평가할 때는 지적 능력, 적응행동 및 요구되는 지원 수준에 관한 정보를 확보하는 데 중점을 두게 된다.

지적장애 및 발달지체를 지닌 영유아를 위한 교육적 지원과 중재

- 교수전략으로 과제분석, 전진연쇄, 후진연쇄, 모델링, 행동형성, 직접교수, 차별화 교수, 보편적 설계 등이 있다.
- 교육과정 적합화는 일부 과제를 단순화하고, 중요한 과제에 초점을 맞추며 그렇지 않은 과제를 생략한다. 다른 아동이 우연학습을 통해 학습하는 기술, 즉 화장실 사용하기, 식사하기, 초기 언어 기술 등을 포함한다.

Chapter 09 지체장애 및 건강장애를 지닌 영유아

일반적으로 발달하는 아동과 달리 지체장애 및 건강장애를 지닌 아동은 걷기, 기기, 달리기 및 구르기 등의 활동에 제한을 받으며, 또래와는 다른 경험을 하게 된다. 이 장애를 지닌 아동은 이처럼 제한된 경험으로 인하여 신체적, 감각적, 정신적 및 사회 정서적 발달이 고르지 못한 특성을 보인다.

1 지체장애 및 건강장애의 정의와 분류

1) 지체장애의 정의와 분류

정의

「특수교육법」(2007)에서는 지체장애를 지닌 특수교육대상자를 "**기능 · 형태상 장애를 가지고 있거나, 몸통을 지탱하거나 팔다리의 움직임 등에 어려움을 겪는 신체적 조건이나 상태로 인해 교육적 성취에 어려움이 있는 사람**"으로 규정하고 있다.

한편, 「장애인복지법」(2010)에서는 장애에 중점을 두고 그 장애가 일상생활과 사회생활에 제약을 받는 정도에 관심을 가지며, 지체장애를 다음과 같이 규정한다.

- 한 팔, 한 다리 또는 몸통의 기능에 영속적인 장애가 있는 사람
- 한 손의 엄지손가락을 지골(손가락 뼈) 관절 이상의 부위에서 잃은 사람 또는 한 손의 둘째손가락을 포함한 두 개 이상의 손가락을 모두 제1지골 관절 이상의 부위에서 잃은 사람
- 한 다리를 리스프랑(발등 뼈와 발목을 이어주는) 관절 이상의 부위에서 잃은 사람
- 한 손의 엄지손가락을 잃은 사람 또는 한 손의 둘째손가락을 포함한 한 손가락 두 개 이상의 기능을 잃은 사람
- 왜소증으로 키가 심하게 작거나 척추에 현저한 변형 또는 기형이 있는 사람

- 지체의 위 각 목의 어느 하나에 해당하는 장애 정도 이상의 장애가 있다고 인정되는 사람

「장애인복지법」(2010)은 뇌병변장애를 "**뇌성마비, 외상성 뇌손상, 뇌졸중 등의 뇌의 기질적 병변으로 인하여 발생한 신체적 장애로 보행이나 일상생활의 동작 등에 상당한 제약을 받는 사람**"으로 규정하고 있다.

분류

「특수교육법」(2007)에서는 지체장애를 개념적으로 규정하고 조작적 정의를 내리지 않음으로써 특수교육대상자 선정에 다소 어려움이 있어 개념을 보다 명확히 규정하고 선정 기준을 조작화할 필요가 있다. 특히, 지체장애는 질병과 장애의 구분이 불분명하고, 건강장애는 환자로서 특별한 교육적 지원이 필요한 경우에 한하여 특수교육대상자로 선정하도록 되어 있어 정의와 분류에서 혼란을 일으키고 있다. 정대영(2017)은 지체장애를 신경운동 손상형, 퇴행성 질환형, 정형외과적 및 근골격장애형으로 분류한다(표 9-1).

〈표 9-1〉 지체장애의 하위 범주와 범주별 장애 유형

하위 범주	포함 장애
신경운동 손상형	뇌성마비, 척수손상, 이분척추
퇴행성 질환형	진행성근이영양증(근위축증)
정형외과적 및 근골격장애형	청소년류머티즘, 사지결손

출처: 정대영(2017). 특수교육학(서울: 창지사).

2) 건강장애의 정의와 분류

정의

「특수교육법」이 제정되기 이전의 「특수교육진흥법」에서는 건강장애를 지닌 특수교육대상자의 선정 기준을 "**건강장애, 신장장애, 간장애 등 만성질환으로 인하여**

3개월 이상의 장기입원 또는 통원치료 등 계속적인 의료적 지원이 필요하여 학교생활, 학업수행 등에 있어서 교육적 지원을 지속적으로 받아야 하는 자"로 규정하고 있었으나, 2007년 「특수교육법」이 제정되면서 좀 더 포괄적으로 기술되었다. 즉 "**만성질환으로 인하여 3개월 이상의 장기입원 또는 통원치료 등 계속적인 의료적 지원이 필요하여 학교생활 및 학업수행에 어려움이 있는 사람**"으로 규정하고 있다.

「특수교육법」(2007)에 의하면, 건강장애는 '만성질환, 3개월 이상의 의료적 지원, 교육적 지원'의 세 가지 조건을 충족시켜야 한다. 이 법이 개정되면서 이전 법에 비해 건강장애의 진단 기준이 모호해진 반면, 개념적 범위가 더욱 넓어짐으로써 수요자 측면에서는 서비스를 받을 수 있는 범위가 더 확대될 수 있다. 하지만 이러한 측면 때문에 특수교육대상자 선정 시에 논쟁의 여지가 더 커질 가능성이 크다(정대영, 2017).

분류

「특수교육진흥법」에 의하면, 건강장애는 "심장장애, 심신장애, 간장애 등 …"으로 일부 장애를 명시하였으나, 개정된 「특수교육법」에서는 이러한 조건들이 제시되어 있지 않다. 「장애인복지법」에 규정된 장애 중 「특수교육법」의 건강장애와 관련이 있는 장애는 신경장애, 심장장애, 호흡기장애, 간장애, 안면장애, 장루 · 요루장애, 뇌전증장애가 있다. 교육부 특수교육통계(2019) 중 특수교육대상 학생의 장애인등록 현황을 보면 이들 모든 장애가 포함되어 있다. 「장애인복지법」이 규정한 장애에 포함되지 않는 질환이지만, 그로 인하여 학업생활에 어려움이 있어 특수교육대상자가 될 수 있는 경우로는 소아암, 재생불량성 빈혈, 요보호학생, 천식 등이 있다. 이처럼 장애나 질환을 지니고 있다고 모두 특수교육대상자가 되는 것은 아니며, 이들 장애 외에도 '만성질환', '3개월 이상의 의료적 지원 필요', '학교 및 학업 생활에 어려움이 있는 자'의 세 가지 조건을 충족시킬 경우 건강장애를 지닌 특수교육대상자로 선정되어 특수교육 서비스를 받을 수 있다(정대영, 2017).

2 지체장애 및 건강장애의 원인과 출현율

1) 원인

지체장애 및 건강장애의 원인은 염색체 및 유전적 결함, 기형발생 원인, 미숙 및 임신 합병증, 후천성 원인 등의 측면으로 나누어 볼 수 있다(정대영, 2017).

지체장애 및 건강장애의 가장 일반적인 원인은 부모의 염색체와 유전자의 결함으로 나타나는 유전적인 조건이다. 일부 유전적 요인은 근이영양증, 겸상적혈구성 빈혈, 혈우병 및 낭포성 섬유증 등과 같은 유전적 요인이 지체장애 및 건강장애의 발생에 영향을 미치는 것으로 여겨진다. 또한, 지체장애 및 건강장애는 태아기 동안 기형발생 물질에 의해 유발될 수 있다. 기형발생 물질로는 태아 이상을 유발시킬 수 있는 감염, 약물, 화학물질 및 환경적 조건과 같은 외부 요인을 들 수 있다.

일부 유전적 감염은 중증의 중복장애를 유발한다. 어머니가 감염되면 발육 중인 태아에게 전해진다. 일부 출생 전에 감염된 신생아는 중증의 선천성 결함을 갖고 태어나는데, 여기에 해당하는 질병으로는 매독, 주혈원충병, 홍역, 거대세포바이러스 및 포진(헤르페스) 등이다. 이러한 감염은 태아기에 아무런 영향을 미치지 않는 경우도 있지만, 심한 장애나 사망을 일으키기도 한다. 임신기간 중 이러한 감염성 질병에 걸리면 뇌성마비, 시각장애, 청각장애, 지적장애, 심장장애, 신장장애, 뇌 이상 등의 장애를 지니고 태어날 가능성이 크다.

태내의 발육 부진, 미숙아 혈액형의 부적응, 산모의 질병, X-ray 과다 촬영, 약물 중독 등은 뇌성마비를 유발시킬 위험이 크다. 그러므로 미숙아나 저체중아는 태어나면 즉시 의료적 처치를 받아야 한다. 미숙아는 온전하게 발달하지 않았기 때문에 수일 또는 수개월 동안 집중적인 보호를 받아야 한다. 가끔 이런 영아는 약물치료와 생명을 연장하기 위해 산소호흡기와 같은 생명지원 장비가 필요하기도 하다.

임신 30주 이전에 태어난 아동은 약 50%가 장기적인 이상을 갖게 되고 뇌성마비와 같은 발달장애가 될 가능성이 크다. 체중이 매우 낮은 영아의 5~15%는 운동결함을 지니고, 25~50%는 다소 심한 발달장애를 갖게 된다. 미숙아와 저체중아는 학령기 동안 여러 문제를 갖게 되는데 대체로 지능지수가 낮으며, 읽기이해와 수학성취가 낮고, 기억결함, 실행 기능(계획하기, 일정한 순서로 배열하기, 억제하기)의 문제 등을 갖는다. 기타 후천성 원인으로는 감염, 환경독소 및 질병 등이 있다. 뇌막염이나 뇌염과 같은 감염도 뇌성마비나 심한 건강장애를 일으키며, 드물기는 하지만 사망에 이르기까지 한다. 오염과 같은 환경독소는 천식을 일으키는 데 영향을 미친다.

2) 출현율

국립특수교육원(2001)의 출현율 조사에 의하면, 지체장애를 지닌 특수교육대상자 학생은 0.19%로 나타났다. 이 가운데 뇌성마비가 0.1%, 형태이상이 0.03%, 진행성근위축증이 0.02%였다.

특수교육통계(교육부, 2019)에 따르면, 지체장애를 지닌 특수교육대상 학생은 10,200명으로서 특수교육 서비스를 받고 있는 전체 학생의 11.0%를 차지하며, 건강장애를 지닌 특수교육대상 학생은 1,763명으로 1.9%를 차지한다.

3 지체장애 및 건강장애의 특성

1) 신경운동 손상형의 특성

뇌성마비란 뇌가 완전히 발달되기 전에 여러 가지 원인으로 손상을 입어 운동과 자세의 기능이 떨어지고 마비와 기타 여러 장애가 동반되는 것을 말한다. 뇌성마비의 주요 증상은 근육마비로 팔다리에 미치는 영향에 따라 상지마비, 하지마비, 편마비, 전신마비 등으로 분류되며, 개인에 따라 마비와 부위의 정도가 다르고 뇌전증장애, 시각장애, 언어장애, 청각장애, 이상행동 등 여러 장애를 동반하는 경우가 많다. 뇌성마비는 운동장애의 유형에 따라 다음과 같이 분류될 수 있다(Best, Heller, &

Bigge, 2005, 정대영, 2017에서 재인용).

- 근육경직형(경련형): 근육 긴장이 심하여 사지와 목이 뻣뻣한 것이 특징이며, 긴장하면 경련은 더욱 심해지고 반사적 행동이 강하게 나타난다.
- 무정위운동형: 팔, 다리, 머리 및 눈동자 등 신체 각 부분의 운동을 조절하기는 힘들지만 지능은 대부분 정상 범주에 속한다.
- 강직형: 팔, 다리를 움직이려면 파이프를 움직일 때처럼 계속적인 저항이 있다. 근육의 긴장도가 너무 높아서 움직일 수 없을 때가 있다.
- 운동실조형: 평형감각이 없어서 마치 술 취한 사람처럼 비틀거리나 잘 넘어진다.
- 진전형: 조절할 수 없는 떨림이 계속되어 근육의 운동이 통제되지 않는다.
- 혼합형: 위의 유형들이 2~3가지 혼합되어 나타나는 경우를 말한다.

뇌성마비를 지닌 아동이 모두 의사소통장애, 감각장애, 지적장애, 발달장애를 보이는 것은 아니지만 다수가 이러한 문제를 보인다. 뇌성마비를 지닌 아동의 대다수는 운동협응에 문제를 지니고 있고, 이로 인하여 쓰기, 책장 넘기기, 작은 물체 다루기, 알아들을 수 있는 명확한 말을 하기 등에 필요한 소근육운동에 어려움을 느낀다. 뇌손상으로 인한 언어이해와 언어표현의 곤란은 뇌성마비를 지닌 아동에게서 흔히 나타나는 문제이다. 뇌성마비를 지닌 아동은 일반적으로 청력과 시력에 문제를 나타낸다. 뇌성마비를 지닌 아동의 약 30%가 청력 손실을 보이며, 대략 50~60%가 인지적 결함을 나타내고, 약 25~50%는 발작을 보인다(Best et al., 2005; Brown, 1997).

척수손상이란 척추에 압력이 가해져 척수가 손상을 받으면, 이로 인해 운동지각장애가 일어나는 것을 말하며, 척수외상이라고도 한다. 척추가 부러지거나(골절), 탈구되거나(벗어남), 또는 탈구골절일 때 일어나는 경우가 많다. 척수성소아마비는 아동에게 감염률이 높아 5세 이하의 환자가 90% 이상을 차지하며, 7~8월 사이에 많이 발생한다. 잠복기는 7~14일이며, 전형적인 경과를 나타내는 마비형은 증상으로 열이 나타난다. 이분척추증이란 선천성 기형의 하나로서 등뼈(척추)가 완전히 만들어지지 못하고 갈라져서 생기는 것이다. 이분척추증에는 잠재성 이분척추증, 낭포성 이분척추증, 수막류, 척수수막류, 척수파열 등이 있다.

외상성 뇌손상은 외상으로 인해 뇌의 조직에 손상을 입은 것을 말한다. 뇌손상은 임상적으로 경도, 중등도, 중증 및 식물인간 상태의 네 가지 범주로 분류된다.

2) 퇴행성 질환형의 특성

근이영양증은 근육을 유지하는 단백질의 결핍에 의해 팔, 다리 등의 근육의 힘이 약해져서 결국 전혀 움직일 수 없게 되는 병이다(http://www.mdakorea.org, 2011). 유형에 따라 다소 차이가 있지만, 이르면 유아기 때부터 발병해 나이가 들면서 점점 근육의 힘이 약해지다가 폐렴 등 합병증까지 겹쳐 사망하게 되는 희귀성 난치병이다. 근이영양증을 지닌 아동은 쉽게 넘어지고, 넘어지면 다시 일어나는 데 힘이 든다. 이들은 10~14세에 이르면 걷기 능력을 잃게 되고, 손가락 같은 작은 근육이 마지막으로 영향을 받는다. 일부 의사와 물리치료사는 가급적 일찍부터 전동휠체어를 사용할 것을 권장하는 반면, 일부는 가급적 걷기를 연장할 수 있는 기구를 이용할 것을 권장한다(Heward, 2009).

3) 정형외과적 및 근골격장애형의 특성

류머티스성 관절염은 관절에 통증, 뻣뻣함(강직), 종창(곪아서 부어 오른 것)을 보이며, 관절 기능을 잃게 되는 만성 염증질환으로서 관절 외에 폐나 눈, 침샘, 신경 등에도 만성 염증에 의한 변화가 나타난다. 골형성부전증은 신체에 큰 충격이나 특별한 원인이 없이도 뼈가 쉽게 부러지는 유전질환이다.

4) 건강장애와 관련된 만성질환들

소아암, 즉 학령기 아동의 암에는 백혈병, 뇌종양, 악성림프종, 신경모세포종, 윌름종양, 연부조직종양, 골육종, 배세포종, 망막모세포종, 간모세포종 등이 있다. 소아암은 어른에 비해 치료가 잘 되는 편이며, 완치율이 60~70% 이상이어서 진단과 동시에 절망하거나 포기해서는 안 된다.

백혈병은 백혈구의 이상으로 생기는 백혈병 암세포가 혈액에 많이 증가한다고 하여 백혈병이라고 부른다. 백혈병 암세포가 혈액을 따라 전신에 퍼지므로 폐, 신장, 비장, 간 등으로 전이가 되어 장기에 손상을 준다. **뇌종양**은 아동기에 생길 수 있는 암 가운데 두 번째로 많으며, 남녀 비율은 3:2 정도이다. 두통을 호소하는 증상을 보이며, 아침에 일어날 때 더 심한 양상을 보이는 편이다. 구토를 할 수 있으며, 대개 잠을 자고 난 후 구역질과 관계없이 구토를 하게 된다. 또한, 쉽게 피로할 수 있으며, 수면시간이 길어지고 일상생활의 활동이 감소된다. **악성림프종**은 아동에게 세 번째로 많이 발생하는 암이다. 림프조직이 많은 신체 부위 어디에나 생길 수 있는 질환으로, 대개는 복부(배에서 덩어리가 만져지거나 장폐쇄 등으로 진단됨), 흉부(흉곽 내에서 생기는 것으로 기침이 오래 지속되거나 호흡 곤란 등으로 발견될 수 있으며 우연히 흉부X선 촬영 때 발견되기도 함), 또는 목이나 겨드랑이 등에서 림프절이 커지는 질환이다. 신경모세포종은 3세 이하의 아동에게 흔한 암 중의 하나이다. **신경모세포종** 환자의 75%를 5세 미만에서 볼 수 있고, 때로는 출생 시 발견되는 경우도 있다. 신경모세포종은 자율신경계의 하나인 교감신경에서 발생하는 악성 종양으로 남녀 비율이 1.2:1로 알려져 있다. **윌름종양**은 신장에 생기는 종양으로 약 80%가 5세 미만에게서 발생한다. 많이 생기는 연령층은 2~4세이다. 윌름종양은 신장 일부에서 생겨 대부분 정상 신장조직을 압박하는 형태로 커진다.

뇌전증장애(발작장애)는 뇌의 신경원 안에서 전기 에너지가 본인의 의지와는 관계없이 비정상적으로 과다하게 작용함으로써 일어나는 장애이다. 개개인이 경험하는 발작을 나타낼 때는 뇌전증장애라는 용어를 사용한다. 발작에는 전신발작과 부분발작이 있다. 전신발작은 양쪽 대뇌반구를 침범하며, 긴장성-간대성 발작, 무발작, 간대성 근경련, 무긴장성 발작 및 지속적인 뇌전증 발작 등 여러 유형이 있다. 부분발작은 국소적 발작이라 하고, 한쪽 대뇌반구에서 시작하며 복합 부분발작, 단순 부분발작, 비분류성 발작 등이 있다.

사람면역결핍바이러스HIV와 **후천성면역결핍증후군**AIDS은 서로 상관이 있다.

HIV는 점진적으로 감염되어 결국 질병으로부터 신체를 보호하는 건강한 면역체계를 파괴하게 된다. 아동의 경우, 인지 기능을 상실할 수 있으며, 심한 발작을 보이다가 사망에 이를 수도 있다.

천식은 기관지가 때때로 좁아지면서 숨이 차고 기침을 하며, 목에서 거친 숨소리(천명)의 증상이 반복적, 발작적으로 나타나는 질환이다.

4 지체장애 및 건강장애의 진단평가와 사정

일반적으로 지체장애는 손상의 정도, 유형 및 신체의 부위에 의해 분류되고 사정된다. 경도 장애를 지닌 아동은 걸을 수 있고, 자신의 팔다리를 사용할 수 있으며, 기타 보조기기를 이용하고 의사소통을 할 수 있다. 이러한 아동은 어떤 과제나 일을 수행할 때 더 많은 시간을 필요로 하지만, 수정이나 조정을 통해 대부분의 아동이 할 수 있는 일들을 할 수 있다. 중등도 장애를 지닌 아동은 이동하는 데 특별한 도움이 필요하고, 자조 기술이나 의사소통 기능에 있어서도 다른 또래보다 더 많은 도움을 필요로 한다. 중도의 장애를 지닌 아동은 휠체어나 기타 보조기기가 없으면 다른 장소로 이동하지 못하며, 자조 기술이나 의사소통 기능에도 문제를 가질 수 있다.

특수교육대상자를 선정할 때 지체장애 영역에서는 주로 일상생활 활동, 이동 능력, 신체 능력, 심리사회적 능력, 의사소통 능력, 학업 잠재력과 성취도, 환경 및 보조공학적 요구 등을 평가한다. **일상생활 활동** 분야의 사정은 학생이 독자적으로 과제를 수행할 수 있는 능력을 평가한다. 아동이 현재 또는 가까운 미래에 식사하기, 음료수 마시기, 옷 입고 벗기, 화장실 이용하기, 개인적 위생, 자조 기술 등과 같은 영역에서 독자적으로 기능을 발휘할 수 있는지를 결정하기 위해 각 기술을 분석한다. **이동 능력**은 현재의 이동 능력 수준, 그리고 적절한 교육과 치료를 통해 보다 쉽게 획득할 수 있는 영역에서 평가가 이루어진다. **신체 능력**은 현재 수행할 수 있는 신체적 활동이 무엇인지, 능력을 제약하는 조건들이 무엇인지 등을 평가하고 예측

한다. **의사소통 능력**의 평가는 아동의 언어와 말하기 기능, 잠재력을 평가할 수 있으며, 의사소통 기능의 학습계획을 세우는 데 도움이 되므로 중요하다. 의사소통 능력 평가는 의사소통장애 영역의 과정과 방법을 참고로 하면 도움이 될 것이다. 건강장애의 진단평가는 의료적 판단에 우선된다.

특히, 지체장애와 건강장애를 지닌 아동의 **환경**을 평가하는 것은 매우 중요하다. 이들이 출입할 수 있는 출입구의 너비, 조명, 욕실 접근성, 공기 정화, 장비를 이용할 수 있는 추가 공간, 휴식 공간을 마련하거나 다른 조정 등을 한다. 이 장애를 지닌 아동에게는 보조공학의 적용 가능성을 탐색하기 위한 평가가 중요하다. **보조공학**을 이용할 가치가 있는지, 다른 평가나 사정과 어떻게 결합시킬 것인지 등을 결정한다. 예를 들어, 조음기관을 효과적으로 움직일 수 있는 능력에 영향을 받는 뇌성마비 아동의 경우 보완대체의사소통 기기를 이용하면 자연언어(일상생활 속에서 자연스럽게 이용되는 언어)를 이용하는 데 중점을 둔 중재보다 더 효과적일 수 있다.

5 지체장애 및 건강장애를 지닌 영유아를 위한 교육적 지원과 중재

1) 이동 보조기기

진단에 상관없이 신경학적 또는 정형외과적 손상을 지닌 아동은 보장구를 사용하는 경우가 많다. 특히, 단순한 것에서부터 복잡한 것에 이르기까지 다양한 이동용 보조기기를 이용한다.

부목, 브레이스 및 포지셔닝

부목, 브레이스 및 포지셔닝은 이동의 기능을 향상시키기 위한 것이다. 부목과 브레이스를 모두 보조기기라고 한다. 이러한 보조기기의 목적은 움직임의 범위를 유지하고 관절의 구축(근육이나 힘줄이 수축되어 운동이 제한된 상태)을 예방하며, 안정성을 제공하고 비자발적인 움직임을 조절하는 것이다(Pellegrino, 2007). 부목에는 정적부목과 동적부목이 있다. 부목과 같은 보조기기는 모두 맞춤식으로 주문을 하여 사용한다. 보조기기는 플라스틱과 금속의 두 가지 유형이 있는데 플라스틱 보조기기는 가볍고 몸통, 다리, 팔에 사용하도록 제작할 수 있으며, 신체 부위들이 잘 어울려 성장할 수 있도록 자세를 잡고 기능을 할 수 있게 몸에 맞추어 본을 뜨며, 발목과 무릎에 경첩을 넣어 움직일 수 있게 한다.

단거리 이동 보조기기

워커, 스쿠터, 목발, 지팡이는 단거리 이동을 위한 가장 일반적인 보조기기이다. 이 보조기기들은 일반학급의 아동도 사용할 수 있으며, 용도가 조금씩 다르다. **워커**는 아동의 능력, 사이즈, 기능 수준에 따라 개별화된다. 어린 아동은 흔히 목발을 사용하기 전에 워커를 사용한다. 워커는 지지 바닥이 목발에 비해 더 넓기 때문에 아동이 스스로 목발을 사용하여 균형을 맞추고 일어나기 전 단계에 워커를 사용하여 이러한 기능을 향상시킬 수 있다. **목발**은 워커보다 균형감각을 훨씬 더 많이 필요로 하지만, 보다 정상화된 이동 수단에 가깝다. 목발을 이용하면 독립적으로 걷는 것과 유사한 걸음걸이가 된다. 아동은 목발을 자연스럽게 사용할 수 있을 때까지 장기간 오랫동안 중재에 사용할 수도 있다. **스쿠터**는 아동이 스스로 이동을 할 수 있도록 고안된 바퀴가 달린 이동수단의 일종이다. 앉을 수 있는 것도 있고 누울 수 있도록 설계된 것도 있다. 스쿠터는 다리 감각이 좋지 않을 때 아동에게 독립성과 운동을 동시에 제공할 수 있다.

장거리 이동 보조기구

스트롤러와 휠체어는 가장 일반적인 장거리 이동 보조기구이다. 아동이 매우 어릴 때는 안아서 옮겨 주는 것이 좋다. 그러나 아동이 나이가 들어감에 따라 단거리나 응급상황이 아니라면 이 방법은 발달적으로 부적합하다. 어린 아동이 사용할 수 있도록 특별히 설계된 스트롤러도 개발되어 있다. 이러한 스트롤러는 표준 스트롤러보다 아동에게 포지셔닝을 좀 더 제공한다. 아동은 나이가 더 들면 휠체어를 사용하게 된다. 어린 아동에게 휠체어는 특수화된 지원 기구로 생각할 수 있다. 휠체어는 소방 훈련을 하거나, 체력이 부족한 아동에게 장거리 산책을 시킬 때, 그리고 가끔 앉기 위해 필요하다.

2) 지체장애 및 건강장애를 지닌 영유아의 지도 지침

조기중재와 교육환경은 정형외과적 및 신경학적 손상을 지닌 아동에게 폭넓은 경험을 제공할 수 있다. 아동은 직접 경험을 하고 다양한 자료와 장비를 지원받아야 한다. 교사나 보호자는 다음과 같은 방법으로 아동의 독립성을 발달시킬 수 있다.

- 아동이 성취할 수 있는 과제를 부여한다.
- 일상적으로 보조공학을 사용한다.
- 아동이 물건을 눈으로 보는 것뿐만 아니라 직접 만질 수 있도록 한다.
- 물건이 어떻게 사용되는지 보여 준다.
- 이동 장치를 사용하여 개인의 그림을 벽에 붙인다.
- 언어 기술을 발달시키도록 한다.
- 아동이 성적 정체성을 확립하도록 돕는다.

정형외과적 및 신경학적 손상을 지닌 아동을 위해 다음과 같이 학급의 접근성을 평가하고 수정해야 한다.

- 휠체어를 타고 이동하면서 어떤 도움이 필요한지를 체험해 본다.
- 높이와 각도를 조절할 수 있는 탁자를 사용한다.
- 테이블을 벽에서 멀리 떼어놓고 사방에서 접근할 수 있도록 한다.
- 여러 형태의 의자를 제공한다. 아동에게 의자를 선택하여 앉도록 한다.
- 미끄럼 방지용 마루 깔개를 사용한다.
- 화장실 규모를 평가한다.
- 손잡이를 줄이거나 더 잡기 쉽도록 조정한다.
- 속이 깊은 그릇과 손잡이가 두 개인 머그잔을 사용한다.

- 아동이 물건을 옮길 수 있도록 지원한다. 워커에 바구니를 만들 수 있고, 목발을 사용하는 아동에게는 허리 부분에 캐리어를 달아줄 수도 있다.
- 쉽게 뒤집히는 장비는 사용하지 않는다.
- 쿠션이 있는 탁자 대용 판자를 무릎받침대로 사용한다.
- 페이지 홀더가 있는 책 스탠드를 사용한다.

3) 교육과정 적합화

교사는 아동이 변화하고 성장한다는 것을 잊어서는 안 된다. 연초에 필요했던 수정과 조정이 학기 중이나 학기 말에 가면 더 이상 적절하지 않을 수 있다. 교사는 장비나 프로그램을 적용할 때 발달적 및 사회적 요구를 고려하여 수정과 조정을 해야 한다.

신체운동 · 건강

아동은 건강한 자아개념을 형성하기 위하여 신체를 지각해야 하며, 개인의 건강과 안전을 유지할 수 있어야 한다. 몸의 일부에 감각이 없는 아동은 자신이 느낄 수 없는 상태를 시각적으로 인식할 수 있는 방법을 배워야 한다.

건강과 안전. 건강과 안전은 지체장애 및 건강장애를 지닌 아동에게 특히 중요하며, 이러한 아동뿐만 아니라 다른 아동에게도 영향을 줄 수 있다.

- 아동이 쉽게 접근할 수 있는 곳에 목발이나 다른 보조기구를 두도록 지도한다.
- 아동이 타박상과 찰과상, 욕창 등을 확인하여 성인에게 보여 줄 수 있도록 돕는다.
- 안전훈련을 하는 동안 아동이 겪는 절차와 경로에 친근해지도록 한다.
- 아동 주변에 사용할 수 있는 여분의 휴지와 쓰레기통을 둔다.
- 아동은 엉덩이를 의자 뒤쪽에 붙이고 앉아야 한다. 이때, 필요하다면 안전벨트를 착용한다. 안전벨트는 대개 허리가 아닌 엉덩이에 두른다. 무릎이 90도로 되어있는지, 발이 바닥과 90도를 이루고 있는지 점검한다. 팔꿈치는 탁자에 부

드럽게 두어야 한다.

대근육운동. 아동은 강도와 지구력을 위해 자신의 대근육을 사용하고 발달시켜야 한다.

- 근육 조절력이 열등한 아동은 추락할 위험이 있으므로 세밀하게 관찰하도록 한다. 누군가가 손으로 잡아 주어야 할 수 있으며, 아동은 안전하게 넘어지는 법을 배울 필요가 있다.
- 던지는 게임을 할 때 그 사물을 아동의 의자에 줄로 고정하여 아동이 다시 받을 수 있게 한다.
- 균형감각과 운동협응력이 열등한 아동이 이동할 때, 무게가 있는 유모차와 같은 물체를 밀 수 있다면 이동성을 향상시킬 수 있다.
- 아동의 키 높이의 벽에 인형을 고정시켜 손 협응, 균형감각, 움켜쥐기 능력을 촉진시킨다.

소근육운동. 아동은 소근육운동과 대근육운동의 균형을 갖추어야 한다. 물건을 쥐고 다루는 능력은 학급에서 자료의 사용, 생활의 독립성을 위해 기본이 되는 기능이다. 대부분의 적응 기술뿐만 아니라 문해 이전 기술은 소근육협응을 필요로 한다.

- 자석 인형을 활용한 활동은 소근육운동 능력을 향상시키기에 적합하다.
- 벨크로 피즐을 이용하여 모양 맞추기를 한다.
- 구슬놀이는 눈-손 협응 능력과 힘을 기르는 데 도움이 된다.
- 빨래집게를 이용하여 인형 옷을 줄에 너는 활동을 통해 손가락 힘을 발달시킨다.
- 조각을 끼우거나 빼기가 더 쉬운 손잡이가 달린 퍼즐을 이용하도록 한다. 쉽게 들어가는 조각부터 시작하는 것이 좋다.
- 쉽게 잡을 수 있도록 수정된 특수 가위나 2인용 가위 등을 이용한다.
- 찰흙이나 반죽에 막대를 끼웠다가 빼는 놀이를 한다.
- 폐의 기능을 향상시킬 수 있는 비눗방울놀이를 한다. 비눗방울 액체는 아동이

실수로 마시더라도 꼭 안전한 것이어야 한다.

감각운동 통합. 감각에서 오는 정보 통합은 중요하다. 감각에 주목하도록 아동에게 색다른 자극을 준다.

- 다른 구성 물질, 질감, 냄새를 가진 점토를 여러 가지 방법으로 활용한다. 점토를 찌르고, 뜯고, 붙이는 등 여러 가지 활동을 하고 나아가 밀방망이나 다른 도구를 사용하여 반죽을 다양한 방식으로 가지고 놀게 한다.
- 양손이 각각 다른 동작을 하는 활동은 어렵기 때문에, 처음에는 두 손이 함께 하는 활동을 한다.
- 테더볼(기둥에 매단 공을 라켓으로 주고받는 게임)을 구입하거나 만들어서 이용한다.
- 앉는 것이 힘든 아동의 경우 아동을 둘러싸는 큰 벌레처럼 생긴 모래주머니(문자 C처럼)는 다소의 지지와 안정성을 제공한다.

의사소통

아동은 환경과 적극적으로 상호작용하면서 언어를 발달시킨다. 직접 경험이 제한된 아동은 여러 가지 다른 경험을 갖도록 하여 언어 발달을 자극할 필요가 있다. 현장학습을 한 후 경험한 이야기를 쓰게 하고 다른 사람들이 쓴 이야기를 통해 간접 경험의 기회를 갖도록 한다.

말하기. 아동이 신체적 제약을 지니고 있기 때문에 자신이 필요한 것을 얻고 다른 사람에게 정보를 전달하기 위해 말하기가 더욱 필요하다. 자신을 표현하여 운동 기능의 결함을 보완하도록 한다.

- 인형을 이용하여 표현언어를 발달시킨다.
- 간단한 이야기를 통하여 아동의 발성을 촉진시킨다.
- 만약 아동이 말을 할 수 없다면 의사소통 판을 이용하여 도울 수 있다. 모든 아동이 각자 자신의 능력에 맞는 방식으로 의사소통을 배우도록 돕는다.

듣기. 책에 쉽게 접근할 수 있도록 하고, 다양한 인물이 등장하는 이야기를 선택한다. 그중 일부는 장애를 가진 등장인물도 포함될 수 있다.

- 만약 아동이 바닥에 앉거나 의자에 앉아야 한다면 다른 아동도 사용할 수 있는 몇몇 의자를 만든다.
- 정형외과적 손상을 지닌 아동의 그림을 보여 준다. 아동이 사용할 수 있는 감각을 강조하는 이야기를 선택한다. 연령에 적합한 책이나 사용하기에 쉬운 다양한 책을 이용한다.
- 주의집중에 중점을 두고 참여를 증가시킬 수 있는 천으로 된 이야기책을 사용한다.
- 배경 음악을 사용하여 분위기를 좋게 한다.
- 이야기를 읽으면서 아동에게 어려운 단어가 없는지 확인한다. 가급적 구체적인 예를 들어서 이야기를 이해하도록 도와준다. 예를 들면, 조개와 관련된 이야기를 읽을 때는 이야기에 등장하는 조개껍데기를 가져와 보여 주도록 한다.

읽기. 듣기와 시각적 활동을 포함하는 읽기기술은 정형외과적 손상을 지닌 아동에게 쉽게 적용될 수 있다.

- 현장에 관련된 언어경험을 한 후 현장학습을 하면 초기 읽기 경험에 도움이 된다.
- 변별이나 다른 높은 단계의 기능이 포함된 활동을 하기 전에 아동이 시각적으로나 구두로 사물을 확인할 수 있게 한다.
- 읽기 프로그램의 일부로 듣기 방송과 녹음된 책을 소개한다.
- 읽기 상호작용을 한다.

쓰기. 쓰기는 협응 문제를 가진 아동에게 어려운 도전이 될 수 있다. 모든 아동은 쓰기에 필요한 손가락 및 손의 소근육을 협응시킬 수 있기 전에 몸의 통제력을 발달시켜야 한다.

- 아동은 도구 없이 활동을 시작해야 할 수도 있다. 예를 들어, 아동에게 도구를 주기 전에 모래에 손가락으로 그림을 그리게 한다. 마커를 쓰기 전에 손가락으로 글자를 쓰도록 할 수도 있다.
- 그래픽 자료와 도구가 더 다양해질수록 아동은 도구를 활용하여 자신이 하고 싶은 것을 할 수 있는 방법을 더 잘 찾게 된다.
- 소근육운동을 가르칠 때 찰흙에 그림을 그는 것과 같이 저항이 있는 재료를 사용하여 저항감을 느끼도록 한다.
- 찰흙이나 반죽을 만지면서 근육을 풀어야 한다. 쓰기 기구를 사용하기 전에 이러한 활동을 통하여 근육을 긴장시키고 이완시키는 연습을 할 필요가 있다.
- 쓰기와 관련된 쓰기 선수 기능을 가르치기 위해 손가락과 손목 돌리기를 한다.
- 컴퓨터를 사용하여 쓰도록 격려한다. 자판을 조정하고 아동이 그것을 사용할 수 있게 한다. 근육의 힘이 부족하다면 작은 사이즈의 키보드가 유용할 수 있으며, 아동에 따라서는 문자, 숫자와 방향만 있는 큰 자판이 더 적합할 수 있다.

사회관계

아동은 더 넓은 세상과 그 세상의 일부에 관하여 배울 필요가 있고, 또한 정보와 기술이 모두 필요하다. 정형외과적 손상을 지닌 아동은 다른 사람만큼 빨리 혹은 동일한 수준으로 이동하지 못할 수 있고 속도, 거리, 자신의 안전을 위한 협응과 관련된 기능을 개선할 필요가 있다.

자존감. 아동은 현재 자신의 모습에 대하여 받아들여야 한다. 그들은 다른 사람과의 차이점뿐만 아니라 유사점도 받아들여야 하고, 긍정적인 자존감도 형성해야 한다. 아동이 긍정적인 방향에서 자신의 능력과 장애를 자존감으로 통합시킬 수 있도록 하는 것이 중요하다.

- 장애를 지닌 것에 대한 감정을 이야기하도록 아동을 격려한다. 교사나 보호자는 좋은 청취자가 되어주어야 한다.

- 아동은 거부하는 것과 차별하는 것을 학습할 필요가 있다. 아동이 무시하거나 별일 아닌 것처럼 반응할 수 있도록 한다. 예를 들어, "무슨 일 있어?"와 같은 말에 "아무 일도 아니야, 내 다리가 내 몸을 지탱할 만큼 튼튼하지가 않아. 그래서 나는 이런 보조기를 착용해야 해. 너는 어때?"와 같이 태연하게 반응하도록 지도한다.
- 전신거울을 이용하여 신체지각과 자아개념을 발달시킨다. 신체 부위를 이용하여 노래와 율동을 하고 손가락 놀이를 한다.
- 버튼과 리처, 보조기를 이용하여 자조 기술을 연습할 수 있게 한다.

통합교육. 모든 아동은 자신이 집단의 일부라고 생각할 필요가 있다. 아동이 장비를 착용함으로써 다른 아동과 물리적 거리가 생겼을 때 특히 중요하다. 아동이 독자적으로 할 수 없는 활동이라도 배제시키지 말고 보조원을 배치하여 지원함으로써 아동이 활동에 참여하고 소속감을 느끼게 한다. 만약 이것이 가능하지 않을 경우 움직임을 조정하도록 한다.

- 아동이 자신이 한계를 분명히 인정하도록 도와주고, 다른 분야를 도전하게 한다.
- 아동은 자신의 장애에 관하여 느낌을 이야기할 필요가 있다.
- 집단의 일부로서 자신의 역할과 다른 사람들을 돕기 위해 무엇을 할 수 있는지, 다른 사람들은 그들을 돕기 위해 무엇을 하는지 등에 대해 이야기한다.

사회학습. 정형외과적 및 신경학적 손상을 가진 아동에게 지역사회에 대한 인식은 중요하다. 아동이 현재의 환경에 익숙해지도록 하는 것부터 시작하도록 한다.

- 아동이 지역사회에 나가서 직접 경험하도록 한다.
- 대중교통에 관한 단원을 지도할 경우 휠체어를 이동수단에 포함시키고, 아동이 자신의 휠체어를 장식하도록 도와준다. 휠체어에 명찰, 경적과 장식 리본 등을 장식하도록 한다. 워커는 색칠을 하거나 리본으로 감쌀 수도 있다.

예술경험

창의적인 예술은 세계와 다른 매체에 관하여 배우게 해 준다. 창의적인 예술을 할 때에는 결과보다는 과정과 창의성에 중점을 둔다. 최종 완성품과 그것을 어떻게 사용할지를 생각하는 것, 특별한 결과를 성취하는 방법, 그리고 그것이 전해 주는 메시지는 중요하다. 아동은 예술을 통해 감정을 표현하고, 신체지각을 향상시키며, 기본적인 운동 기술을 훈련할 수 있다. 음악을 듣고 율동을 할 때는 모든 아동이 포함되어야 한다.

미술. 일부 아동에게 미술활동은 어려울 수 있고, 그들을 낙담하게 만들 수도 있다. 다른 아동은 미술활동을 통해 휴식을 가진다. 지체장애 및 건강장애를 지닌 아동의 경우 반죽놀이, 손가락 그림과 같이 두 손의 사용을 요구하는 활동을 선택한다. 아동이 힘을 기를 수 있는 방법으로 두 손을 사용하도록 권장한다.

- 도화지를 탁자에 붙여서 아동이 종이에 시선을 집중할 수 있도록 한다.
- 그리기 자료를 조정 또는 수정한다. 더 쉽게 손으로 쥘 수 있고 사용이 간편한 마커를 사용한다.
- 물감통을 다루기 쉽게 만든다.
- 크고 무겁고 높이를 조절할 수 있는 이젤을 사용한다.
- 밖에서 물 양동이와 빗자루(아동이 휠체어를 탄다면)나 큰 붓을 이용하여 인도를 색칠하게 한다.
- 바닥에 종이를 두어 맨발로 물감을 발라 걷거나 그리게 한다.

음악. 몸 인식 능력을 향상시키고 움직임을 촉진시키기 위하여 음악을 이용할 수 있다. 또한, 음악은 개념을 가르치기 위하여 이용할 수도 있다.

- 「머리 어깨 무릎 발」 노래를 부른다.
- 분위기를 조성하기 위하여 아동이 리듬 악기를 연주하게 한다. 이러한 활동을 통해 집단의 일원이 될 수 있다.
- 손뼉치기와 같이 두 손의 협응을 요구하는 활동은 좋은 연습이 될 수 있다.

창작활동. 창작활동은 말 그대로 창의적인 것이다. 교사는 아동이 창의적인 활동을 해 볼 수 있도록 돕는다. 이는 활동의 질을 판단하는 것이 아니라 창의적으로 해석하는 개인의 권리를 받아들이는 것이다.

- 개인의 차이와 창의성을 인정한다.
- 아동이 창의적으로 움직일 수 있는 활동을 계획한다. 아동이 바닥에 앉아있을 동안 할 수 있는 움직임을 선택한다.
- 아동이 자신의 움직임을 탐구해 볼 수 있는 시간을 준다. 느리게 움직일 수 있는 시간을 주고 아동이 더 적게 움직이도록 유도한다(다섯 번 발 구르기 대신 한 번 발 구르기).
- 아동의 능력에 맞게 움직임을 나누어 한다.

극놀이. 아동은 다른 역할을 해 볼 뿐만 아니라 두려움이나 걱정을 표현하면서 이 유형의 활동을 할 수 있다. 자신의 감정을 시연하고, 감정에 대해 이해할 수 있도록 극놀이를 한다.

- 극놀이를 해 봄으로써 휠체어나 목발을 사용하는 사람의 어려움을 인식하도록 도와준다.
- 병원놀이를 해 본다.
- 전신거울을 사용하여 자신의 모습을 탐구할 수 있도록 아동을 격려한다.
- 아동은 연기를 해 본 적이 없을 수 있으며, 어떻게 해야 하는지 모를 수 있기 때문에 처음에는 시범을 보여 준다. 교사의 역할은 코치를 하는 것이다.

자연탐구

지체장애 및 건강장애를 지닌 아동에게 다양한 접근법을 통하여 문제해결 기능의 발달을 지원하고 촉진하여 탐구 능력을 발달시킬 수 있다. 특히, 크기, 거리, 속도와 관련된 개념들은 지체장애를 지닌 아동에게 중요하다. 이러한 아동은 다른 아동에 비해 이동 능력이 떨어지므로 과제를 수행하는 데 더 많은 에너지를 소모할 수 있다.

따라서 과제를 시도하기 전에 과제에 관하여 여러 가지로 생각해 보도록 지도하는 것이 중요하다. 다른 사람이 자전거로 접근해 올 때 아동은 길을 건너는 시간이 얼마나 걸릴지를 예측하는 것을 배울 수 있다. 크기의 개념은 이동 장치를 이용하여 어디에 쉽게 들어가고 회전할 수 있는지를 이해하는 데 도움이 된다.

수학. 지체장애 및 건강장애를 지닌 아동은 수학의 여러 가지 분류 개념을 경험하게 된다. 아동은 시간 개념에 대해 어느 정도 알아야 하는데, 이는 근긴장과 근위축이 다르기 때문에 과제를 수행하는 데 다른 아동에 비해 더 오래 걸릴 수 있기 때문이다. 그들은 거리에 관한 중요성을 알 수 있고, 얼마나 멀리 가면 피곤해지는지를 알아야 한다. 수학은 이러한 경험들을 수량화하도록 도와줄 수 있다.

- 아동은 속도와 거리의 관계에 관하여 배울 필요가 있다.
- 무게 측정하기는 아동이 왜 보조기가 더 이상 맞지 않고 교체해야 하는지에 대해 이해할 수 있도록 도와준다. 아동의 손목, 발목, 혹은 허리 주변에 달 수 있는 추를 가져와서 하루 동안에 사용하고 무게가 다를 때 아동이 어떻게 느끼는지, 힘이 얼마나 드는지에 대해 이야기한다.
- 굴러가는 모양과 그렇지 않은 모양에 대해 이야기한다. 이를 브레이크와 움직임 개념에 관련시킨다.

과학. 과학은 안전에 필요한 인과관계의 추론을 지도하고 아동이 자신의 요구를 충족시키기 위해 조정을 고안하도록 격려한다.

- 자석은 재미있고 유용하게 이용할 수 있다. 예를 들어, 막대에 줄을 묶고, 줄의 끝에 자석을 묶어서 낚싯대를 만든 다음 클립을 끼운 종이 물고기를 잡을 수도 있다.
- 단순한 인과관계에 대해 활동해 본다. 휠체어 바퀴에 손을 빨리 움직일수록 휠체어는 더 빨라진다는 것이나, 오른쪽 바퀴만 돌리면 왼쪽으로 회전한다는 등의 인과관계와 관련지어 활동을 이해하게 한다.
- 바퀴나 도르래와 같은 단순한 기계를 사용하여 사물을 옮기는 방법을 지도한다.

- 모양, 크기, 질감이 다양한 사물을 사용한다. 아동이 사용하기에 가장 쉬운 것과 가장 어려운 것을 알려 주고 선택하도록 돕는다.
- 아동은 물리학의 기본 원칙을 탐구할 필요가 있다. 저울을 사용하고 어느 범위까지 균형이 흐트러지지 않고 몸을 숙일 수 있는지를 자신의 몸과 관련시켜 본다.
- 아동 자신과 자연계에 관한 학습의 일부로서 에너지의 개념을 공부한다. 지체장애를 지닌 아동은 몸을 움직이는 데 더 많은 에너지를 써야 하기 때문에 더 빨리 피곤해지고 몸의 일부를 움직이는 데 더 많은 집중이 필요할 수 있다.

보조공학. 아동은 일찍 보조공학을 경험하여 자신의 삶의 일부로 생각할 필요가 있다. 아동이 손, 엄지발가락, 혀 등 신체의 어느 부위라도 사용할 수 있는 운동 능력이 있다면 컴퓨터를 사용할 수 있다. 컴퓨터는 근육, 운동, 움직임에 장애를 가진 아동을 포함하여 모든 아동이 사용할 수 있어야 한다. 조정을 통해 모든 아동이 컴퓨터에 접근할 수 있도록 한다. 컴퓨터에는 발 스위치와 머리 스위치를 장치할 수 있다. 혀나 머리의 움직임으로 조작할 수 있는 조이스틱이 있다.

요약

지체장애 및 건강장애의 정의와 분류

- 「특수교육법」은 지체장애를 지닌 특수교육대상자를 "**기능 · 형태상 장애를 가지고 있거나, 몸통을 지탱하거나 팔다리의 움직임 등에 어려움을 겪는 신체적 조건이나 상태로 인해 교육적 성취에 어려움이 있는 사람**"으로 규정하고 있다.
- 지체장애는 신경운동 손상형, 퇴행성 질환형, 정형외과적 및 근골격장애형으로 분류될 수 있다.
- 「특수교육법」은 건강장애를 "**만성질환으로 인하여 3개월 이상의 장기입원 또는 통원치료 등 계속적인 의료적 지원이 필요하여 학교생활 및 학업수행에 어려움이 있는 사람**"으로 규정하고 있다.

지체장애 및 건강장애의 원인과 출현율

- 지체장애 및 건강장애의 원인은 염색체 및 유전적 결함, 기형발생 원인, 미숙 및 임신 합병증, 후천성 원인 등의 측면으로 나누어 볼 수 있다.
- 국립특수교육원(2001)의 출현율 조사에 의하면, 지체장애를 지닌 특수교육대상자 학생은 0.19%로 나타났다. 이 가운데 뇌성마비가 0.1%, 형태이상이 0.03%, 진행성근위축증이 0.02%였다.
- 교육부의 특수교육통계(2019)에 따르면, 지체장애를 지닌 특수교육대상 학생은 10,200명으로서 특수교육 서비스를 받고 있는 전체 학생의 11.0%를 차지하며, 건강장애를 지닌 특수교육대상 학생은 1,763명으로 1.9%를 차지한다.

지체장애 및 건강장애의 특성

- 뇌성마비의 주요 증상은 근육마비로 팔다리에 미치는 영향에 따라 상지마비, 하지마비, 편마비, 전신마비 등으로 분류된다.
- 개인에 따라 마비와 부위의 정도가 다르고 뇌전증장애, 시각장애, 언어장애, 청각장애, 이상행동 등 여러 장애를 동반하는 경우가 많다.

- 근이영양증은 근육을 유지하는 단백질의 결핍에 의해 팔, 다리 등의 근육의 힘이 없어 결국 전혀 움직일 수 없게 되는 병이다.
- 류머티스성 관절염은 관절에 통증, 뻣뻣함(강직), 종창(곪아서 부어 오른 것)을 보이며, 관절 기능을 잃게 되는 만성 염증질환이다.
- 건강장애와 관련된 만성질환들로 소아암, 즉 학령기 아동의 암에는 백혈병, 뇌종양, 악성림프종, 신경모세포종, 윌름종양, 연부조직종양, 골육종, 배세포종, 망막모세포종, 간모세포종 등이 있다.

지체장애 및 건강장애의 진단평가와 사정

- 일반적으로 지체장애는 손상의 정도, 유형 및 신체의 부위에 의해 분류되고 사정된다.

지체장애 및 건강장애를 지닌 영유아를 위한 교육적 지원과 중재

- 이동 보조기구는 부목, 브레이스 및 포지셔닝, 단거리 이동 보조기기, 장거리 이동 보조기구가 있다.
- 정형외과적 및 신경학적 손상을 지닌 아동을 위해 학급의 접근성을 평가하고 수정해야 한다.
- 교육과정 적합화는 신체운동 · 건강, 의사소통, 사회관계, 예술경험, 자연탐구 등의 영역에서 이루어진다.

Chapter 10

자폐스펙트럼장애를 지닌 영유아

자폐스펙트럼장애는 유사한 하위장애들을 포함하고 있고 사회적 상호작용, 의사소통 및 행동의 문제를 주로 보이는 신경발달적 장애군이다.

1 자폐스펙트럼장애의 정의와 분류

1) 정의

자폐스펙트럼장애는 「특수교육법」(2007)의 개정과 더불어 정서행동장애 영역에서 독립된 장애영역으로 분리되었으며, 자폐스펙트럼장애를 지닌 특수교육대상자의 선정 기준은 "**사회적 상호작용과 의사소통에 결함이 있고, 제한적이고 반복적인 관심과 활동을 보임으로써 교육적 성취 및 일상생활 적응에 도움이 필요한 사람**"으로 정의하고 있다.

DSM-5에서는 자폐스팩트럼장애를 "3세 이전에 ① 사회적 상호작용의 질적 손상(예: 사회 및 정서적 호혜성 부족) ② 의사소통의 질적 손상(예: 구어의 지체나 부재), ③ 행동, 관심, 활동의 제한적, 반복적, 상동적인 패턴(예: 대상의 부분에 지속적으로 몰두함)의 특성을 현저하게 나타내는 장애"로 규정하고 있다.

2) 분류

자폐스펙트럼장애는 유사한 하위 유형의 장애들을 포함하는 장애군으로서 자폐스펙트럼장애, 아동기 붕괴성장애, 아스퍼거장애, 달리 분류되지 않는 전반적 발달장애를 포함하며, 구체적으로 하위 장애를 분류하지는 않는다(정대영, 2017).

2 자폐스펙트럼장애의 원인과 출현율

1) 원인

연구 초기에는 자폐스펙트럼장애의 원인을 부모의 탓으로 돌렸다. 즉 부모의 무관심이나 냉담한 태도로 인하여 자녀와 정서적 유대관계를 맺지 못하게 된다고 본 것이다. 그래서 자폐스펙트럼장애 자녀를 둔 어머니를 냉장고형 어머니라고 불렀으며, 그러한 어머니의 양육 태도가 장애의 원인이라고 믿었다. 그러나 부모의 성격과 자폐스펙트럼장애의 인과적 관계는 밝혀진 것이 없으며, 미국 자폐학회는 1977년 아동의 심리적 환경에서 이 장애를 일으키는 원인이 확인된 바 없다고 밝혔다(Heward, 2009). 그럼에도 불구하고 많은 부모는 자녀의 장애에 대해 죄의식을 느끼기도 하고, 이를 극복하는 데 어려움을 겪기도 한다.

최근 연구에 따르면, 발달 이상, 뇌구조 이상, 뇌신경화학 이상 등 생물학적 원인이 밝혀지고 있다(Hyman & Towbin, 2007). 신경학적 유전과 자폐스펙트럼장애와의 관련성이 밝혀지기도 했으나, 아직까지 인과관계를 완전히 이해하지는 못하고 있다.

자폐스펙트럼장애는 유전적인 요소를 분명히 보이고 있다. 한 자녀가 자폐스펙트럼장애일 경우 다른 자녀도 이 장애를 가질 확률은 높다. 그러나 유전적 요인은 단일 원인이 아니라 복합적이므로 단순히 설명하기 어렵다. 즉 다양한 유전 요인이 자폐스펙트럼장애와 관련될 수 있고, 여러 요인이 결합되어 이 장애를 일으킬 성향을 가질 수 있다.

2) 출현율

특수교육통계(교육부, 2019)에 의하면 자폐스펙트럼장애를 지닌 특수교육대상 학생은 13,105명으로서 전체 특수교육대상 학생의 14.1%를 차지하고 있으며, 최근 증가하는 추세이다. 미국 자폐학회에 의하면 자폐증후와 관련된 행동을 보이는 아동은 약 10,000명당 15명이 출현한다.

3 자폐스펙트럼장애의 특성

1) 의사소통과 언어결함

자폐스펙트럼장애를 지닌 아동의 약 50%는 말을 하지 않는다. 하지만 허밍을 하거나 가끔 단순한 소리를 낸다. 자폐스펙트럼장애를 지닌 아동 중 말을 하지 않는 경우, 즉 함묵증을 지닌 아동은 전혀 소리를 내지 않거나, 약간의 소리를 내거나 반향어를 나타낸다. 반향어란 상대방에게 방금 들었던 말이나 문장 또는 과거에 들었던 낱말이나 문장을 특별한 의도나 의미 없이 반복하는 것을 말하는 것으로서, 즉각적 반향어와 지연적 반향어의 형태로 나타난다.

자폐스펙트럼장애를 지닌 일부 아동은 어휘를 습득하였음에도 불구하고, 그 어휘를 적절하고 유용하게 사용하지 못한다. 이 장애를 지닌 아동은 일반적으로 구어적 정보를 구체적 또는 문자적으로 처리하는 특성을 보이고 언어의 여러 가지 기능 중 사회적 기능과 가장 관련이 있는 화용론적 측면에서의 결함을 주로 나타낸다. 자폐스펙트럼장애를 지닌 아동의 음성은 대체로 음도가 높고, 음도의 범위가 좁아서 단조롭게 들리며, 소프라노 톤으로 말을 하여 특이하게 들린다. 또한, 억양, 장단(특히, 모음의 길이 조절), 강세를 단조롭게 표현하여 기계적으로 딱딱하게 표현하는 운율적 특징을 보인다.

언어 발달의 구문론 및 형태론적 특성은 의미론이나 화용론적 결함에 비하여 특이한 결함을 나타내지는 않는다. 이들이 말을 할 때 가장 흔하게 어려움을 보이는 영역은 의미론적 측면이다. 그중 범주적인 어휘와 관계어의 습득에서 더 많은 결함을 나타낸다. 또한, 일반화 과정으로 넘어가지 못하고 특정 사물을 특정 낱말로만 명명하는 특정화 단계에 머무르는 경우가 많다. 관계어의 습득에서도 심한 결함을 나타낸다. 따라서 자폐스펙트럼장애를 지닌 아동은 언어와 관련하여 다음과 같은 특성을 보인다.

- 발달 초기의 언어 발달 지연, 언어 퇴행
- 같은 단어, 같은 문장, 같은 질문 반복하기
- 상대방이 했던 말을 앵무새처럼 따라 하기(반향어), 자발적 언어 사용의 부족
- 상황에 맞지 않는 엉뚱하고 이상한 낱말을 사용하기, 이상한 말을 만들어 사용하기
- 추상적 용어나 비유어의 사용 및 이해 부족
- 말하지 않고 사물을 손가락으로 가리키기
- 꼭 필요한 경우에만 말하기(예: 배고플 때만 "밥 줘!")
- 말할 때 상대방에게 집중하지 않거나 관심 갖지 않기
- 특정한 단어를 들으면 싫어하면서 못하게 가로막기
- 말로 지시할 때 알아듣는 것 같은데 따르지 않기
- 자기 이름을 알아듣지만 남들이 이름을 부를 때 반응하지 않기
- 상대방의 관심을 끌기 위한 언어 사용 없음

2) 사회적 관계 문제

자폐스펙트럼장애를 지닌 대부분의 아동은 다른 사람의 정서적 상태 지각, 자신의 정서 표현, 애착 및 관계형성에 어려움을 겪는다. 자폐스펙트럼장애를 지닌 아동은 물건을 다른 사람에게 보여 주기, 가리키기, 고개를 흔들거나 끄덕이기 등 사회적 제스처를 하지 못한다. 일부 아동은 당기기, 밀기, 원하는 물건 쪽으로 다른 사람을 이끌기와 같은 기본적인 제스처를 보이지만, 이러한 제스처를 이용할 때 사회적 요소가 많이 부족하다. 즉 아동은 목적을 달성하기 위한 수단으로 어른을 이용하는 것 같다.

자폐스펙트럼장애를 지닌 아동은 흔히 공동의 관심, 즉 두 사람이 사물이나 사건에 함께 관심을 보이며 제스처를 사용하고 바라보는 등의 초기 사회적 의사소통 기술에 결함을 보인다.

3) 지적 기능

자폐스펙트럼장애를 지닌 아동은 심한 지적장애나 영재로 진단될 수 있을 정도로 지적 능력 범위가 매우 넓지만 40~80%가 지적장애의 수준에 머무른다. 일부 전문가는 지적장애의 유무에 따라 저기능 자폐스펙트럼장애와 고기능 자폐스펙트럼장애로 구분한다. 자폐스펙트럼장애를 지닌 아동의 공통적인 특징은 발달이 고르지 못하다는 점과 10~15%는 단편적 기술(특정 영역에서 예상치 못한 비교적 우수한 수행성을 보임)을 지닌다는 것이다. 예를 들어, 말을 잘 못하고 다른 사람과 눈 맞춤을 잘하지 못하나, 특정 내용은 잘 기억한다. 극소수는 학자형 자폐스펙트럼장애로서 대부분의 영역이 지적장애 수준이나 기억, 수학계산, 음악 능력은 특출하다.

4) 감각자극에 대한 이상 반응

자폐스펙트럼장애를 지닌 다수의 아동은 감각자극에 이상한 방식으로 반응한다. 이러한 특징은 감각자극에 대한 과잉반응 또는 과소반응 형태로 나타난다. 과잉반응적 아동은 어떤 소리에 견디지 못하거나, 접촉을 싫어하며, 어떤 천의 촉감을 싫어하고, 어떤 냄새나 맛의 음식을 거부한다. 과소반응적 아동은 대부분의 사람이 반응하는 감각자극을 감지하지 못한다. 자폐스펙트럼장애를 지닌 일부 아동은 정상적인 수준의 고통을 느끼지 못하는 것 같다. 일부 과소반응적 아동은 주변을 맴돌기, 머리를 앞뒤로 흔들기, 손이나 물건으로 얼굴을 심하게 비비기 등의 행동으로 추가의 자극이나 강도 높은 자극을 추구한다.

5) 동일성 고집

자폐스펙트럼장애를 지닌 아동은 흔히 일상적이거나 반복적인 행동을 한다. 일부 아동은 동일함에 대한 강박적 욕구를 보이고 가정이나 학교에서 일상적인 것이 크게 바뀌게 되면 심한 감정장애를 나타낸다. 그들은 모든 것을 항상 동일한 위치에 두기를 고집하며, 다른 곳으로 옮기면 심하게 화를 낸다. 자폐스펙트럼장애를 지닌 아동 중 언어 능력을 지닌 경우는 다른 것에는 전혀 관심을 보이지 않고 특정 대상이나 관심 영역에 열중하여 동일한 것을 강하게 요구한다. 이런 아동은 듣는 사람이 지겨워해도 상관하지 않고 한 가지 주제에 관하여 끊임없이 말하며, 다른 것에는 전혀 관심을 보이지 않는다.

6) 의식적 및 이상행동 패턴

자폐스펙트럼장애를 지닌 일부 아동은 의식적인 일상과 반복적인 행동에 열중한다. 그들은 같은 행동을 계속해서 반복하는 상동행동을 한다. 즉 앉아 있을 때 윗몸을 끊임없이 흔들기, 몸을 비꼬기, 손으로 손목을 때리기 등의 행동을 한다.

4 자폐스펙트럼장애의 진단평가와 사정

자폐스펙트럼장애에 대한 특정 신경학적 원인이 밝혀진 것이 없기 때문에 이용할 수 있는 의료적 검사는 없는 실정이다. 따라서 진단은 주로 DSM-5의 자폐스펙트럼장애 진단준거에 의존하고 있다. 자폐스펙트럼장애는 생후 18개월이면 대부분 진단될 수 있고, 연구자들은 14개월 영아를 대상으로 자폐성의 경고 증후를 발견할 수 있는 방법을 적극적으로 찾고 있다. 조기판별이 그 무엇보다 중요하기 때문이다. 조기진단은 조기중재로 이어지고, 조기중재는 아동의 생애에서 보다 극적인 효과를 가져올 수 있기 때문에 강조되고 있다.

자폐스펙트럼장애를 진단평가하고 사정할 수 있는 검사로는 진단 및 판별검사, 발달검사 및 병리검사 등이 있다(정대영, 2017). KISE 자폐아동 교육진단검사(정대영 · 박희찬, 1996)는 유치원부터 고등학교 학생을 대상으로 실시할 수 있으며, 자폐행동체크리스트, 음성행위표집, 상호작용 사정, 교육적 사정 및 학습률 예후 등 5개 영역에 걸쳐 종합적으로 진단평가할 수 있다. 아동기 자폐증평정척도(김태련 ·

박랑규, 1996)는 만 2세 이상의 아동을 대상으로 자폐스펙트럼장애나 기타 발달장애를 구별하고 자폐스펙트럼장애의 정도를 판별한다. 이화-자폐아동 행동발달 평가도구(김태련 · 박랑규, 1992)는 만 1세부터 만 6세까지의 아동을 대상으로 행동발달 및 병리 수준을 평가한다. 검사 대상은 자폐스펙트럼장애를 지닌 아동이 중심이 되지만, 자폐스펙트럼장애로 의심되는 아동도 대상이 될 수 있으며, 지적장애 또는 기타 장애를 가진 아동의 발달 과정을 파악하는 데 활용될 수 있다. 한국 자폐증 진단검사(강위영 · 윤치연, 2004)는 자폐증으로 의심되는 만 3세부터 만 21세까지의 아동 및 청소년을 대상으로 자폐증을 진단할 수 있는 검사이다. 자폐스펙트럼장애의 교육과 처치에 중점을 두고 실시할 수 있는 검사로는 심리교육 프로파일(김태련 · 박랑규, 2005)이 있다.

5 자폐스펙트럼장애를 지닌 영유아를 위한 교육적 지원과 중재

1) 교수적 모델

자폐스펙트럼장애를 지닌 아동에 대한 중재와 지도는 집중적이고 지속적이며 다학문적으로 접근해야 한다. 자폐스펙트럼장애를 지닌 아동의 조기중재는 매우 구조화되어야 하며, 자료는 계획적이고 예측 가능한 태도로, 환경적 자극을 고려하여 제시하여야 한다(Gammeltoft & Nordenhof, 2007). 그러나 전문가에 따라서 이러한 접근을 어떠한 방법으로 실시해야 하는지에 대해서는 의견이 다양하다. 교육적 접근은 다양하고 정보를 한 가지 방법으로 강요해서는 안 된다. 그러나 어떤 접근을 하든지 중재는 개별화되어야 한다는 점에는 동의한다.

일부 전문가는 자폐스펙트럼장애를 지닌 아동은 일반학급에 통합되어 교육을 받아야 한다고 믿는다. 일부 교육자는 조기중재를 개별화하여 분리된 상황에서 제공해야 한다고 생각하고, 다른 한편에서는 그들이 나이가 들어가면서 나이가 더 많은 아동과 하루의 일부라도 통합되어야 한다고 생각한다. 다음에 제시하는 프로그램과 방법은 주로 분리된 프로그램을 위해 설계된 것이며, 개별화계획에 초점을 맞추고 있다.

응용행동분석: 로바스 방법

로바스(Lovaas, 1987)는 집중적이고 종합적인 일대일 프로그램을 개발하였다. 이 프로그램은 여러 가지 구체적인 단원들로 구성되어 있으며, 아동은 2세부터 주당 40시간의 프로그램으로 시작한다. 이 접근법은 행동수정의 원리에 기초하여 행동의 도입, 촉진, 강화의 모델을 이용한다. 교육과정은 언어, 학업 기술, 사회적 행동에 초점을 맞추고, 다음과 같은 단계들을 포함하고 있다.

- 변화시키고 싶은 행동, 대체하고 싶은 행동, 또는 시작하기를 바라는 행동을 결정하고, 기초선을 측정한다.
- 변화 및 대체하고 싶은 행동의 목적에 관하여 가설을 설정하고, 긍정적 측면에서 목표를 기술한다.
- 행동을 시작하고, 목표를 하위 구성 요소로 상세화하며, 훈련을 설계한다.
- 각 중재 후에 정적강화를 이용한다. 훈련은 자주 그리고 짧게 하고, 보상은 작게 신속히 제공해야 한다. 일부 프로그램은 바람직하지 못한 행동에 대해서 부적강화를 이용한다.
- 중재의 효과를 사정하고 필요하다면 중재를 수정한다.

발달적 개인차 관계 중심 접근법

발달적 개인차 관계 중심의 접근은 그린스팬과 위더(Greenspan & Wieder, 2006)에 의해 개발되었다. 그들은 모든 중재의 기초가 되어야 한다고 여기는 여섯 가지의 기본적인 발달 기술을 발견하였다.

- 주변 세계의 장면, 소리, 지각에 관심을 갖는 것과 자신을 진정시키는 두 가지 능력

- 다른 사람과의 관계에 참여하는 능력
- 양방향 의사소통에 참여하는 능력
- 복잡한 제스처를 만들어 내는 능력과 일련의 행동들을 정교한 문제해결 순서로 배열하는 능력
- 아이디어를 낼 수 있는 능력
- 아이디어를 현실에 맞도록 논리화하고 아이디어와 현실을 연결할 수 있는 능력

그린스팬과 위더(Greenspan & Wieder, 2006)는 자폐스펙트럼장애를 신경발달적 장애라는 보다 폭넓은 맥락에서 접근하고자 한다. 그들은 진단과 처치에 시사점을 주는 하위유형을 네 가지로 묶고 있다.

- 감각조절: 들어오는 감각을 조절하는 능력
- 운동계획 및 순서화: 아이디어에 대해 행동하는 방법이나 듣고 보는 것
- 청각처리과정과 언어: 정보를 받아들이고 이해하며 표현하는 방법
- 시공간적 처리과정: 보고 있는 것을 이해시키고 이해하는 능력

그들의 접근은 행동주의적 접근법과는 매우 다르지만 아주 집중적이다. 아동은 부모와 정서적 상호작용을 함에도 불구하고, 의사소통 능력과 의사소통에 관련된 능력을 충분히 발달시키지 못한다. 중재를 시작할 때 주의를 집중시키고 라포를 형성하여 참여시킨 다음, 양방향 의사소통, 감정, 아이디어, 논리적 사고의 순서로 진행해 간다. 중재시간은 한 회기를 20분 내지 30분 정도로 하고, 반구조화된 문제해결, 공간, 운동 및 감각활동에 관한 내용으로 하루에 8~10회기 정도로 실시한다. 그 접근법은 상당히 효과적이었지만, 아동의 자발성을 충분히 이끌어내지 못하는 한계를 지니고 있다.

자폐성관련 의사소통장애를 지닌 아동을 위한 처치와 교육

자폐성관련 의사소통장애를 지닌 아동을 위한 처치와 교육[TEACCH]은 1970년대에

에릭 쇼플러(Eric Schopler)에 의해 개발되었다. 이 접근에서 부모는 협력치료사로 참여하며, 의사소통과 사회적 상호작용을 향상시키기 위해 행동주의 전략을 이용하고, 주로 시각적 구조도와 단서의 이용을 지원한다.

2) 보조공학

자폐스펙트럼장애를 지닌 아동을 위한 보조공학은 보완대체의사소통에 상당히 초점이 맞추어져 있다. 부모와 아동이 제작한 일부 보조공학 장치는 그림을 이용하여 자신이 원하고 필요한 것을 알려줄 수 있다. 현재의 일부 의사소통 도구는 실제로 말을 하고, 일부 보조공학은 음성을 이용한다.

그림교환의사소통체계[Picture Exchange Communication System: PECS]가 자폐스펙트럼장애 아동의 의사소통 지도를 위해 많이 이용되고 있으며, 상업적으로 제작되어 나오는 것도 있다. 그림교환의사소통체계는 1985년 아동과 성인에게 의사소통을 지도하기 위한 목적으로 개발되었으며, 특히 단어와 개념을 나타내도록 설계되었다. 이 체계는 행동분석을 이용하며, 〈표 10-1〉과 같이 7단계의 접근을 한다.

〈표 10-1〉 그림교환의사소통체계의 단계별 내용

단계	내용
단계 1	아동이 가장 원하는 물건과 그 물건의 그림을 교환하여 의사소통을 시도할 수 있도록 지도한다.
단계 2	아동이 그림을 능동적으로 찾을 수 있고, 누군가에게 요구를 하기 위한 의사소통을 할 수 있도록 지도한다.
단계 3	아동이 원하는 항목을 나타내는 그림을 구별하고 선택할 수 있도록 지도한다.
단계 4	아동이 요구를 할 때, 문장 구조를 이용하도록 지도한다.
단계 5	아동이 "무엇을 줄까요?"라는 질문에 반응하도록 지도한다.
단계 6	아동이 자발적으로 또는 질문에 대한 반응으로 환경 내에 있는 것에 관하여 언급할 수 있게 지도한다.
단계 7	어휘 확대의 단계로 아동이 요구할 때 색, 모양, 크기와 같은 속성을 이용할 수 있도록 지도한다.

3) 재활과 중재

자폐스펙트럼장애를 지닌 아동에게 적용되는 재활과 중재 방법에는 여러 가지가 있지만, 그중에서도 언어재활은 이들을 위해 특히 중요하다. 대부분의 자폐스펙트럼장애를 지닌 아동은 말과 기능적 의사소통 기술의 부족으로 인하여 많은 어려움을 겪고 있기 때문이다.

토탈커뮤니케이션을 지지하는 사람들은 말과 수어를 함께 사용하는데, 그들은 자폐스펙트럼장애를 지닌 아동이 보이는 시각적 기능의 이점을 이용하여 말과 수어를 함께 사용하는 것이 유리하다고 생각한다.

감각통합은 개인이 자신의 감각으로부터 정보를 받아들이고 처리하며, 그에 따라 행동하는 과정이다. 자폐스펙트럼장애를 지닌 아동의 일부는 자신을 둘러싸고 있는 세계를 해석하는 데 문제를 지니고 있다. 이러한 감각통합의 문제는 기본적인 기능을 방해하기 때문에 중요하다. 아동은 자신의 세계에 대해 다양한 반응을 보이는데, 그 이유는 각 개인이 외부 세계를 다른 방식으로 해석하기 때문이다. 감각등록은 우리가 아는 것, 접촉하는 것, 냄새 맡은 것을 지각하고 그 의미를 인식하는 것을 말한다. 사람들은 각각 다른 인식의 역치를 지니고 있다. 일부 사람은 낮은 역치를 지니고 있고, 다른 사람은 높은 역치를 지니고 있다. 예를 들어, 사람이 독서에 매우 집중하면 누군가 접근해 오는 발소리를 듣지 못하지만, 누군가 다가오는 것을 먼저 인식하게 되면 아주 작은 소리를 내어도 인식할 수 있다.

일부 아동은 비효과적인 감각처리과정을 가지고 있다. 그들은 자전거 타기를 학습하는 데 어려움을 겪는다. 일부 아동은 옷을 입을 때 감각 입력에 대한 이상 반응, 즉 불편함 때문에 옷 입기를 거부한다. 그들은 다른 사람이 느끼지 않는 불쾌한 감각을 경험할 수 있다. 자폐스펙트럼장애를 지닌 아동은 흔히 이상 감각반응을 가지고 있으며, 이러한 반응은 감각의 입력에 따라 매우 다양하게 나타날 수 있다.

자폐스펙트럼장애를 지닌 아동은 상황으로부터 기대할 수 있는 것보다 더 크거나 작은 반응을 보이는 경향이 있다. 이러한 현상은 아동의 중추신경계의 과정과 관련이 있는 것으로 보인다. 아동의 과민성 뇌는 감각을 너무 강하게 등록하고 정보를 잘못 해석하는 원인이 된다.

4) 약물치료

약물치료는 특정 표적 행동이나 공존 조건을 처치하기 위한 프로그램의 일부로 고려될 수 있으며, 자극성 약물치료는 아동이 과잉행동이나 부주의 행동을 보일 때 이용될 수 있다. 반복적인 행동을 하는 경우에는 세로토닌억제제를 사용할 수 있다. 다른 약물치료가 연구되고 있지만, 약물치료는 자폐스펙트럼장애를 치료할 수 있는 것으로 보지 않는다(Hyman & Tobin, 2007). 식이요법(밀과 우유의 단백질을 제거)이 시도되고 있고, 비타민을 대량으로 사용하는 방법이 있기는 하지만 이러한 요법을 지지하는 연구는 거의 없는 가운데 흔히 이용되고 있다(Hyman & Tobin, 2007).

5) 통합교육 상황

사람들은 자폐스펙트럼장애를 지닌 아동을 일반교육 환경에 통합시키는 문제에 대해 다양한 생각을 하고 있다. 대부분 자폐스펙트럼장애를 지닌 아동이 일반학급에서 일정 시간 보내야 한다고 생각하지만 많은 사람은 경도의 손상을 지닌 아동만 일반학급에서 의미 있게 통합되어야 한다고 생각한다. 그들은 통합학급이 자폐스펙트럼장애를 지닌 대부분의 아동이 필요로 하는 구조와 조직을 제공할 수 없다고 보며, 다른 사람들은 이러한 견해에 동의하지 않는다. 자폐스펙트럼장애를 지닌 아동의 배치 장소에 관계없이 이들은 일반 아동에 비해 보다 구조화되고 조직화된 환경과 교육적 서비스를 필요로 한다.

지원인사

자폐스펙트럼장애를 지닌 아동이 일반학급에 배치되면 일반적으로 특수교육 실무원 또는 보조원과 같은 지원인사도 함께 배치되어야 한다. 교사 혼자서는 아동이 필요로 하는 추가의 지원을 하기 어렵기 때문이다. 일반적으로 지원인사는 다음 세 가지 지원 중의 한 가지를 할 수 있다. 즉 특정 아동을 일대일로 지원하기, 특별한 요구를 지닌 아동을 직접 지원하거나 특별한 교육과정의 자료를 제작하고 교육과정을 수정하기, 교육과정 운영을 지원하기 등이다.

지원인사는 학급 관리를 지원하여 통합학급의 교육활동을 의미 있게 할 수도 있고, 아동에 대해 낙인을 찍게 할 수 있는 가능성도 있다. 현재 학교에서는 특수교육 보조원을 채용하여 활용하고 있으며, 이들은 특수교사의 지시를 받아 특수교육대상 아동을 지도하고 지원하고 있다. 이 역할을 원활히 하기 위해서는 지원인사의 역할과 책무를 명확히 하고 교사, 부모, 보조원이 협의를 통하여 서로의 역할과 책임을 다해야 한다.

다른 경우에는 팀티칭 또는 협력교수를 통해서 특수교육대상 아동의 교육권과 학습권을 보다 충실히 보장해 줄 수 있다. 때로는 자폐스펙트럼장애를 지닌 아동을 포함시키기 위해 수업을 수정할 수 있다. 팀티칭을 할 때에는 추가 지원의 목표가 무엇인지, 아동이 무엇을 필요로 하는지를 파악하는 것이 중요하다. 팀티칭이나 협력교수의 경우 지원인사는 특수교사가 될 수도 있고, 일반교사가 될 수도 있다. 지원인사는 상담자, 관찰자, 문제해결사, 아동의 옆에 나란히 앉아서 개별적 도움을 주는 사람 등의 역할을 할 수 있다.

지도지침

자폐스펙트럼장애를 지닌 아동을 다양한 수준으로 지도할 수 있지만, 다음의 지침을 이용하는 것이 유용하다.

- 시각과 청각의 조화를 분명히 한다.
- 과제와 청각 메시지를 연결 짓는다.
- 어떤 과제든 그 의미를 명확히 한다.
- 아동의 역할을 분명히 한다.
- 아동에게 사전 경고를 한다.
- 지시를 분명히 한다.
- 과제의 시작점과 끝점을 확인해 준다.
- 시각적 단서를 이용한다.
- 지식을 일반화하도록 한다.

- 이미 학습한 사전지식을 활성화시킨다.
- 교수를 개별화한다.
- 과제를 시각적으로 제시한다.
- 인내심을 가진다.
- 행동의 한계와 경계를 정하여 준다.
- 긴장을 풀 수 있는 장난감이나 소품을 제공한다.
- 시각적 산만함을 제거해 준다.
- 청각적 산만성을 줄여 준다.

6) 교육과정 적합화

자폐스펙트럼장애를 지닌 아동이 학급에 포함된다면 아동을 지도하는 방법과 자료에 변화를 주어야 할 것이다. 자폐스펙트럼장애를 지닌 아동의 지도와 관련하여 제안을 받을 수 있지만, 아동의 특성이 매우 다양하므로 적용하기가 쉽지 않다. 이들이 교실이나 수업 장면에서 어떤 모습을 보일지 예측하기 어렵다. 따라서 이들을 대할 때 침착하고, 긍정적이며, 일관성을 가지고 유머감각을 유지할 필요가 있다.

신체운동 · 건강

아동이 체육활동에 참여하기 위해서는 지원이 필요하다. 그들은 접촉이나 불쾌한 감각을 회피한다. 환경은 활력이 넘치는 운동을 하고, 마음을 가라앉힐 수 있는 기회와 장소를 제공한다.

건강과 안전. 이 분야는 자폐스펙트럼장애를 지닌 아동에게 중요한 영역이다. 아동은 환경보다 자신에게 관심을 더 갖게 되어 쉽게 위험한 상황에 처하게 된다. 또한, 음식의 질감에 관심을 갖고, 좋아하거나 좋아하지 않는 것이 분명해서 편식을 하는 경향이 높다. 건강과 안전 분야에서도 다른 아동이라면 스스로 관찰을 통해 학습하는 것을 자폐스펙트럼장애를 지닌 아동에게는 의도적으로 지도할 필요가 있다.

- 아동은 몸단장하기와 기타 적응행동 관련 기법을 학습할 필요가 있다. 그들이

모든 과정과 단계를 완수할 수 있도록 체크리스트나 시각적 과정으로 나타내어 준다.

- 아동은 코트의 단추를 채우거나 열지 못하면 옷을 입고 벗을 수 없다. 이러한 경우 벨크로(찍찍이)를 이용하도록 한다.
- 아동이 편식을 할 경우 좋아하는 음식을 찾아서 다른 여러 가지 형태로 제시하고, 싫어하는 음식도 여러 형태로 요리를 바꾸어서 제공한다.
- 거품 불기, 빨대로 빨기, 탁구공 불기 등을 통해 식사와 관련된 소근육운동 능력을 발달시킨다.
- 안전을 위한 환경을 평가한다.

대근육운동. 대근육운동 영역은 구조화해야 한다. 특히, 비구조화된 접근 장소나 야외활동의 경우에는 더욱 그렇다. 아동은 지원을 받지 않으면 고립되거나 우두커니 서 있거나 놀이에서 제외될 수 있다.

- 협력적 게임을 구성하고 승자와 패자가 없는 게임을 한다.
- 장애물 코스를 만들어서 장애물을 어떻게 피해서 이동하는지에 대한 훈련을 한다.
- 대근육 활동을 조장할 수 있는 운동을 모든 아동에게 시킨다.
- 신체건강과 관련된 활동에 참여할 기회를 제공한다.

소근육운동. 근육 긴장도가 낮은 아동은 소근육을 강화시킬 필요가 있다. 이를 위해 소근육을 많이 사용하도록 하고, 보물찾기 등 재미있는 활동을 통해 훈련하도록 한다.

- 아동은 손의 힘이 부족할 수 있다. 모래나 진흙 속에 장난감이나 물건을 숨겨두고 찾기놀이를 한다.
- 모래, 콩, 고무공이나 플라스틱 공 등 다양한 재질을 만지고 접촉하도록 한다.
- 손으로 물건을 만지면서 조사하고 관찰할 수 있도록 한다.

감각운동 통합. 모든 아동은 당면하는 과제를 수행하고 처리하기 위해 감각 정보를 조직해야 한다. 일부 아동은 감각 입력을 처리하고, 아울러 환경을 탐색하고 환경과 상호작용하는 데 필요한 자기조절력을 향상시키기 위해 많은 지원이 필요하다. 아동은 독특한 방식으로 자신의 환경에 반응한다. 감각통합을 위해 환경을 수정하여 동기를 유발시키고 감각운동이 많이 포함된 환경을 제공한다(Williamson & Anzalone, 2001).

- 일부 아동은 어떤 냄새에 지나치게 민감할 수 있다. 이러한 경우 가능하면 냄새가 나지 않는 환경을 만들어 주어야 한다. 향기가 없는 비누나 샴푸를 사용하고, 향수를 사용하지 않는다.
- 가능하면 아동에게 흔들의자를 제공한다.
- 다양한 운동 활동을 제공한다. 매트에서 구르기, 기기, 점프하기 등을 하도록 한다.
- 자폐스펙트럼장애를 지닌 아동은 다른 아동에 비해 운동 활동을 학습하는 데 시간이 더 오래 걸린다. 그들에게 반복하고 연습할 시간과 기회를 준다.

의사소통

사회적 상호작용의 기초가 되는 의사소통은 자폐스펙트럼장애를 지닌 아동에게는 도전 과제가 되고 있다. 이들 중 다수는 말을 하지 못하고, 의사소통을 위해 말을 이용하지 못한다. 이들은 말하기 기술을 습득함과 더불어 의사소통을 위해 다른 사람과 의도적으로 말을 할 수 있도록 지도해야 한다.

말하기. 단어를 선택하는 데 주의해야 하며, 극단적인 말은 사용하지 않는 것이 바람직하다. 아동이 어휘에 문제를 보이면 수용될 수 있는 어휘 능력을 길러야 한다. 자폐스펙트럼장애를 지닌 아동은 대화를 주도하고 유지하기, 대화의 의미를 이해하기 위한 테크닉의 발달을 지원할 필요가 있다. 그들의 말하기 능력보다 대화 능력을 고려할 필요가 있다.

- 말을 사회적으로 사용하도록 지도한다.
- 말할 수 있는 능력과 의사소통 능력 간의 차이를 인식한다.
- 언어를 단순화한다.
- 한 번에 한 가지씩 지도한다.
- 은유법에 대해 지도하고 말을 하는 가운데 그러한 상황이나 사례를 만들어 인식하게 한다.
- 말의 높이와 양을 상황에 맞게 조절하도록 지도한다.
- 그림교환의사소통체계를 이용하고 있다면 또래들에게 함께 이용하도록 조장한다.

듣기. 자폐스펙트럼장애를 지닌 아동은 듣기에 어려움을 겪으므로 표정과 제스처의 사용을 통해 말의 내용을 지원한다. 아동이 비구어적 단서와 보디랭귀지를 찾아보도록 촉진한다.

- 다른 사람의 말을 방해하지 않도록 지도한다.
- 반응할 시간을 준다.
- 이해하지 못할 경우 신호보내기 방법을 지도하여 수업을 방해하지 않고 교사에게 말할 수 있도록 지도한다.
- 빙고, 소리 비교하기, 소리내기, 소리 찾기 등의 게임을 통해 아동의 청각적 변별력을 훈련시킨다.

읽기. 읽기는 개인 활동과 집단 활동으로 할 수 있다. 아동에게 책을 복습하게 하고, 책의 내용과 실제 세계를 관련짓도록 돕는다.

- 내용이 다른 책을 읽게 한다.
- 자폐스펙트럼장애에 관한 책을 읽게 한다.
- 그림순서를 이용한 이야기들을 읽게 한다.
- 상황이야기를 이용하여 필요한 사회 기술을 지도한다.
- 재미있는 책을 읽고 유머감각을 향상시킨다.

쓰기. 아동에게 쓰기를 조장하고 격려한다. 창의적으로 생각할 수 없으면 글쓰기의 진전이 없다. 철자를 베껴 쓰고 낱말 대신에 작은 그림을 이용하는 등의 활동을 통하여 쓰기의 선수 기능을 훈련한다.

- 실제로 경험한 것에 대해 쓰도록 한다.
- 아동의 관심 분야에서 시작한다.
- 기록할 내용과 관련된 시각적 단서를 제공한다.
- 연필을 잡고 사용하는 훈련을 한다.

사회관계

학습에 의한 것이 아니라 자연스럽게 습득되는 사회적 행동을 어느 수준으로 지도해야 하는가를 결정하는 것은 어려운 일이다. 사회적 행동은 현재 우리의 일부가 되어 있다. 이와 같이 우리가 자연스럽게 습득한 사회적 행동을 자폐스펙트럼장애를 지닌 아동은 학습을 해야 한다.

자존감. 모든 아동은 자기지식을 발달시킬 필요가 있다. 그들은 자신을 남에게 이해시키기 전에 자신에 대해 이해해야 한다. 아동이 좋아하는 것과 싫어하는 것, 잘하는 것 등에 대한 피드백을 제공하여 스스로 이러한 지식을 얻도록 도와준다.

- 특정 전략을 이용하여 아동의 자아개념을 발달시킨다.
- 아동이 자신과 타인의 감정과 신념을 의식하도록 도와준다.
- 아동이 스스로 문제해결자로 생각하도록 도와준다.
- 아동에게 선택하는 법을 가르친다.
- 다른 아동에게 비판을 받을 때 어떻게 반응할지를 지도한다.

통합교육. 자폐스펙트럼장애를 지닌 아동은 일반학급에 포함시키는 것 자체가 도전이 된다. 교사는 이들이 다른 아동과 함께 어울려 놀고 상호작용을 할 수 있도록 의도적으로 안내하고 지도해야 한다. 또한, 교사는 일반 아동의 눈에 비친 이상행동에 대해 설명해 주어야 한다. 아동에게는 간단히 설명해야 하고, 성인이 시범을 보여 주어야 한다.

- 정서를 신체적, 청각적, 시각적으로 표현할 수 있게 지도한다. 다른 사람의 정서에 관심을 갖도록 한다.
- 일반 아동에게 자폐스펙트럼장애를 지닌 아동에게 접근하여 상호작용하는 방법을 지도한다.
- 자폐스펙트럼장애를 지닌 아동이 사회적으로 좋아하는 것과 싫어하는 것을 확인하고, 그를 포함시킬 때 이러한 정보를 활용한다. 일반 아동에게 자폐스펙트럼장애를 지닌 아동을 수용하고 받아들여 함께 생활하는 방법을 지도한다.
- 개별적으로 유사한 점과 다른 점, 자폐스펙트럼장애를 지닌 아동이 좋아하는 것과 싫어하는 것에 초점을 맞춘다. 이러한 정보를 근거로 각 아동에게 맞는 규칙을 설정하고, 적합한 방법으로 지도한다.
- 자폐스펙트럼장애를 지닌 아동을 문제해결 과정에 참여시키며, 이들에게 받고 싶은 강화를 말하거나 선택하게 한다.

사회학습. 사회학습은 자폐스펙트럼장애를 지닌 아동에게는 도전적인 영역이다. 자폐스펙트럼장애를 지닌 아동은 장애의 특성으로 인하여 이 영역에서 많은 어려움을 보이므로 교사는 이들의 요구에 맞는 지원을 제공하여야 한다.

- 아동의 사회 발달적 수준을 고려하여 지도한다.
- 언어 이외에 의미를 전달할 수 있는 제스처, 표정과 같은 사회적 단서를 이용하여 아동의 주의를 집중시킨다.
- 소집단 활동을 통하여 차례 지키기, 공유하기 등과 같은 기초 사회 기술들을 지도한다.
- 다른 아동들이 귀찮게 하면 어떻게 대처해야 하는지에 대해 지도한다.

예술경험

자폐스펙트럼장애를 지닌 아동은 놀이를 할 때 성인의 지원을 필요로 한다. 그들은 일반 아동에 비해 보다 구조화되어야 하고 격려와 칭찬을 받아야 한다. 만약 극놀이를 하게 되면 아동이 대사를 쓰기보다는 성인이 대사를 써 주어야 하며, 그것으로 극놀이를 할 수 있게 도와주어야 한다.

미술. 다양한 매체의 탐색을 격려한다. 아동이 새롭고 색다른 자료에 접근하여 탐색할 수 있도록 허용한다. 그들이 좋아하는 것, 그들에게 친숙한 것으로 시작하여 다양함을 추가한다.

- 아동이 핑거페인트로 참여할 수 있는 활동을 도입한다. 아동이 다양한 재질에 익숙해지면 한 손 전체로, 또는 양손으로 활동할 수 있도록 한다.
- 아동이 진흙을 사용하여 활동하도록 한다.

음악. 음악은 유쾌함을 이끌어내고 주의집중을 하도록 도와주며, 다양한 청각세계를 체험하게 한다. 아동의 이름으로 노래를 불러서 아동이 반응을 보이면 강화를 하고, 율동과 함께 노래를 부른다.

- 과제를 시작하고 마칠 때 음악을 추가한다.
- 아동의 이름으로 노래를 부르고 그 반응에 강화를 한다.
- 교실에서 배경 음악을 실험적으로 적용해 본다.
- 율동과 함께 노래를 부른다.
- 어떤 대상에 대해 노래를 부르고 그것을 그려 본다.

창작활동. 자폐스펙트럼장애를 지닌 아동의 경우 그들의 활동을 지나치게 창의성에 근거하여 판단하지 말아야 하며, 활동 자체를 판단하지 말아야 한다. 그들의 활동이 반복적이고 자기 자극적이라 하더라도 수용해야 한다. 교사가 창의적 활동을 할 때, 아동을 참여시켜 교사와 같은 행동을 하게 하고, 그다음 그 활동에 다양한 변화를 주도록 한다. 리듬, 운동 범위, 속도 등을 바꾸어가면서 활동한다.

- 아동이 음악에 가까워지게 한다. 먼저 음악에 대해 이야기하고 난 뒤, 그 음악을 어떤 유형의 운동으로 표현할 것인지에 대해 이야기한다.

- 아동이 특정 방법으로 표현하고자 하면 그림을 제공하고 이야기해 본다.

극놀이. 자폐스펙트럼장애를 지닌 아동은 흉내내기 놀이를 잘 못하기 때문에 체계적으로 지도해야 한다.

- 흉내내기 놀이를 가르치고, 실제와 꾸민 것을 구분하도록 돕는다.
- 뭔가 새롭고 다른 것을 하고 싶다면 그것에 대해 역할놀이를 한다. 그 과정에서 중요한 특징을 강조한다.
- 대본을 쓰고 그것을 아동과 함께 공연한다. 어떻게 공연해야 할지에 대해 방향을 제시한다.

자연탐구

수학과 과학은 구체화하여 지도한다. 실제 사례를 이용하고, 문제해결의 과정을 강조한다. 보조공학의 이점을 이용하여 아동의 학습을 지원할 수 있는데, 예를 들면 디지털 카메라로 사진을 찍고 아동으로 하여금 환경을 구조화할 수 있도록 한다. 테크놀로지는 조직 분야에 도움을 줄 수 있으며, 컴퓨터를 이용하면 시각적 지원을 해주기 때문에 쓰기에서 오는 지루함을 피할 수 있다.

수학. 수학은 아동과 관련지어서 지도할 수 있다. 아동이 흥미와 관심을 가지는 대상과 사물을 이용하여 수학을 가르친다. 아동이 트럭에 관심이 있으면 그것을 색깔, 크기, 모양, 기능, 디자인 등에 따라 짝을 짓고 분류하게 한다. 사람을 포함시켜 트럭과 사람을 일대일 대응시킬 수도 있다. 자폐스펙트럼장애를 지닌 아동은 수학을 응용할 필요가 있으므로, 수학을 실제 생활과 관련지어 문제해결의 한 부분으로 지도하면 더욱 유용할 것이다.

- 아동이 동일한 질문을 반복해서 물으면 질문 장소나 횟수를 제한한다.
- 아동에게 수학 언어를 지도한다. 낱말 카드를 만들게 하고, 카드를 분류하게 하며, 같은 의미를 지닌 다른 낱말을 찾게 한다.
- 수학 개념을 시각적으로, 또는 구체물로 지도한다.

- 문장제 문제를 이용한다.

과학. 과학은 개별적인 사실을 기억하는 분야가 아니라 관찰하고 질문하면서 자료를 수집하여 조직하고 분석하는 분야이다.

- 과학은 기초 기술로 관찰을 이용한다.
- 아동에게 중심 말과 그 말을 지원해 주는 사항을 찾도록 하여 관찰 능력을 발달시킨다.
- 정보를 조직하는 방법으로 차트를 그리고 목록을 작성하도록 한다.

보조공학. 보조공학은 자폐스펙트럼장애를 지닌 아동이 학습이나 활동을 하는 데 중요한 자산이 된다. 교사는 보조공학을 어떻게 창의적으로 이용하여 이들의 학습을 지원할지에 대해 항상 고민해야 한다. 보조공학은 특정 아동의 요구를 위해 수정할 수 있고, 그들의 학습을 지원할 수 있으며, 아동이 함께 활동할 수 있는 기회를 제공한다. 과제를 잘 선정하면 아동이 사회적 상호작용을 많이 하지 않고서도 함께 활동할 수 있다.

- 다양한 보조공학을 이용하여 쓰기, 철자 및 기타 학습 활동에 도움을 주도록 한다.
- 디지털카메라를 이용하여 그날의 활동과 사건을 순서대로 정리하도록 한다.
- 킵퓨디나 피워포인트를 이용하여 수업 자료를 제시한다. 이 방법은 시각적 지원을 하고, 아동이 필요한 정보가 있을 경우 스스로 점검할 수 있다.

요약

자폐스펙트럼장애의 정의와 분류

- 「특수교육법」에서는 자폐스펙트럼장애를 지닌 특수교육대상자의 선정 기준을 "**사회적 상호작용과 의사소통에 결함이 있고, 제한적이고 반복적인 관심과 활동을 보임으로써 교육적 성취 및 일상생활 적응에 도움이 필요한 사람**"으로 정의하고 있다.

자폐스펙트럼장애의 원인과 출현율

- 원인은 발달 이상, 뇌구조 이상, 뇌신경화학 이상 등 생물학적 원인으로 밝혀지고 있다.
- 교육부 특수교육통계(2019)에 의하면 자폐스펙트럼장애를 지닌 특수교육대상 학생은 13,105명으로서 전체 특수교육대상 학생의 14.1%를 차지하고 있다.

자폐스펙트럼장애의 특성

- 자폐스펙트럼장애 아동의 약 50%는 말을 하지 않는다.
- 음성은 대체로 음도가 높고, 음도의 범위가 좁아서 단조롭게 들리며, 소프라노 톤으로 말을 하여 특이하게 들린다. 또한, 억양, 장단, 강세를 단조롭게 표현하여 기계적으로 딱딱하게 표현하는 운율적 특징을 보인다. 언어 발달에서 의미론적 결함을 보인다.
- 다른 사람의 정서적 상태 지각, 자신의 정서 표현, 애착 및 관계형성에 어려움을 겪는다.
- 지적 능력 범위가 매우 넓지만 40~80%가 지적장애의 수준에 머무른다.
- 다수의 아동은 감각자극에 이상한 방식으로 반응하고, 흔히 일상적이거나 반복적인 행동을 한다.

자폐스펙트럼장애의 진단평가와 사정

- 의료적 진단평가는 주로 DSM-5의 자폐스펙트럼장애 진단준거에 의존한다.
- 검사로는 진단 및 판별검사, 발달검사 및 병리검사 등이 있다.

자폐스펙트럼장애를 지닌 영유아를 위한 교육적 지원과 중재

- 교수적 모델로 응용행동분석(로바스 방법), 발달적 개인차 관계 중심 접근법, TEACCH 등이 있다.
- 보조공학은 보완대체의사소통에 상당히 초점이 맞추어져 있다.
- 약물치료는 특정 표적 행동이나 공존 조건을 처치하기 위한 프로그램의 일부로 고려될 수 있으며, 자극성 약물치료는 아동이 과잉행동이나 부주의 행동을 보일 때 이용될 수 있다.
- 자폐스펙트럼장애를 지닌 아동의 배치 장소에 관계없이 이들은 일반 아동에 비해 보다 구조화되고 조직화된 환경과 교육적 서비스를 필요로 한다.

Chapter 11 청각장애를 지닌 영유아

청각은 의사소통 기능 발달에 중요하다. 아동은 듣기를 통해, 다른 사람의 말을 모방하고 자신의 말을 들으면서 말하기를 학습한다. 청각장애로 인하여 언어 능력에 제한을 갖게 되면 학습 장면에서 지시를 따르거나 토의하는 데 어려움을 겪는다. 청각장애로 판별되기 전에는 흔히 백일몽을 보이거나 남의 말을 듣지 않으려고 하는 아동으로 잘못 인식될 수 있고 때로는 고집이 세고, 말을 잘 듣지 않으며 게으른 아동으로 취급당할 수 있다.

1 청각장애의 정의와 분류

1) 정의

청각장애라고 하면 우리는 '듣지 못하는 사람'으로 간단히 단정 지어 생각하기 쉽지만, 실제로 청각장애의 범위는 매우 넓다. 전혀 듣지 못하는 사람을 '농'이라고 한다. 가벼운 청각장애에는 보청기를 이용하여 비장애인과 거의 같은 수준의 청력을 유지할 수 있는 경우도 포함된다.

청각장애란 경도에서 최중도에 이르는 청력 손실의 전 범위를 포괄하는 용어로, 청각 기능이 정상적으로 작동하지 못함으로써 대부분의 정보를 청각기관을 통해 인지할 수 없는 상태를 의미한다. 청각장애를 지칭하는 용어로 '난청'과 '농'이 있다. 농이란 청력 손실이 90dB(데시벨) 이상으로, 청력에 의존한 정보전달이 거의 불가능하여 시각을 일차적인 의사소통의 수단으로 이용해야 하는 상태를 의미한다. 난청은 청력 손실이 심각하여 의미 있는 음의 전달에 한계가 있으나, 보청기를 착용하든 하지 않든 의사소통 수단으로 잔존하는 청력을 사용할 수 있는 상태를 의미한다.

「특수교육법」(2007)에서는 청각장애를 지닌 특수교육대상자를 "**청력 손실이 심하여 보청기를 착용해도 청각을 통한 의사소통이 불가능 또는 곤란한 상태이거나,**

청력이 남아 있어도 보청기를 착용해야 청각을 통한 의사소통이 가능하여 청각에 의한 교육적 성취가 어려운 사람"이라고 정의한다.

농과 난청을 구분할 때 농은 극단적으로 청력을 상실한 상태, 즉 90dB 이상의 손실 정도를 보이는 경우를 말하고, 난청은 청력의 결함을 지니고 있지만 기능적인 면은 다소 남아 있어 보청기를 이용하면 사람의 말을 청각적으로 처리할 수 있는 상태를 말한다.

한편, 「장애인복지법」에서는 다음과 같이 청각장애를 규정하고 있어 진단평가에 다소 명료성을 더해 주고 있다.

- 두 귀의 청력 손실이 각각 60dB 이상인 사람
- 한 귀의 청력 손실이 80dB 이상, 다른 귀의 청력 손실이 40dB 이상인 사람
- 두 귀에 들리는 보통 말소리의 명료도가 50% 이하인 사람
- 평형 기능에 상당한 장애가 있는 사람

2) 분류

청각장애를 분류하는 기준으로 가장 많이 적용되는 것은 청력 손실 시기에 따른 분류, 청각기관 손상 부위에 따른 분류, 청력 손실 정도에 따른 분류 등으로 구분된다(정대영, 2017).

청력 손실 시기에 따른 분류

청력 손실이 발생한 시기에 따른 분류를 보면, 아동이 언어를 접하고 어느 정도 언어습득이 일어난 후에 청각장애가 발생하는 **언어 후 농**과 언어를 전혀 접하지 못한 상태에서 청각장애가 발생한 **언어 전 농**으로 분류될 수 있다. 언어 전 농은 주로 선천적으로 청각장애를 가진 경우로, 이들은 말과 언어 발달에 가장 중요한 듣기 기능에 손상을 입어 언어를 접할 기회를 가지지 못했으므로, 의사소통 발달이 원활하게 이루어질 수 없다. 이와 반대로 언어 후 농은 말과 언어를 획득한 후에 장애가 발

생하였으므로 이미 획득한 언어를 활용할 수 있다는 이점이 있다. 언어 후 농 중에서도 청각장애의 발생 시기가 늦을수록 언어 발달 및 의사소통의 발달 수준이 높다. 언어 전 농과 언어 후 농의 분류를 어느 시기로 잡느냐에 대한 논의는 매우 다양하게 이루어지고 있는데, 만 2세를 기준으로 보는 경우와 18개월, 또는 12개월이나 6개월을 기준으로 해야 한다는 의견들도 있다.

청각기관 손상 부위에 따른 분류

해부학적 위치 측면에서 청력 손실은 말초적인 문제와 중추청력의 문제로 구분되며, 말초적 청력 문제는 전음성 난청, 감각신경성 난청, 복합성 난청 등 세 가지로 분류된다. 전음성 난청은 감각기관으로 이어지는 통로를 따라 소리가 전달되지 않기 때문에 일어난 청력 손실을 말하고, 감각신경성 난청은 감각기관 내의 이상이나 청신경의 손상으로 인하여 일어난 청력 손실로 감음성 난청이라고도 한다. 복합성 난청은 전음성 난청과 감각신경성 난청이 결합되어 일어난 청력 손실을 말한다(그림 11-1, 11-2).

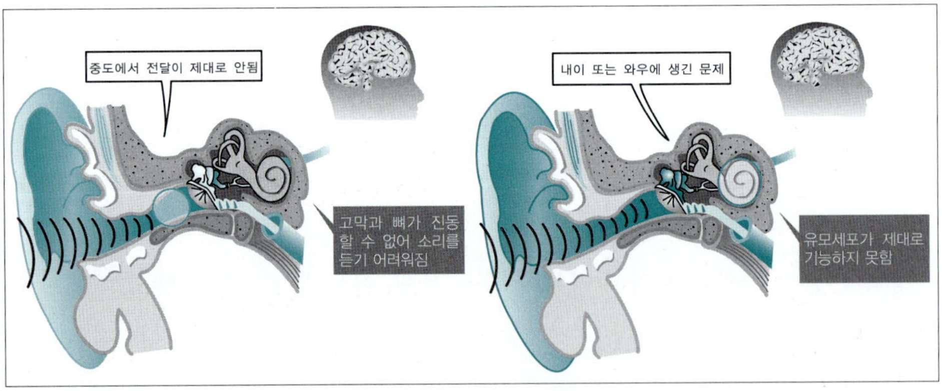

[그림 11-1] 전음성 난청 [그림 11-2] 감각신경성 난청

출처: http://www.seoulnong.sc.kr/spboard_pro/board 정대영(2017). 특수교육학(서울: 창지사)에서 재인용.

청력 손실 정도에 따른 분류

청력 손실 정도에 따라 농과 난청으로 분류하기도 하고, 상세 분류로 청력 역치에 따라 경도(26~40dB), 중등도(41~55dB), 중도(56~70dB), 최중도(71~90dB)로 분류하기도 한다.

2 청각장애의 원인과 출현율

1) 원인

청력 손실은 몇 가지 원인으로 인해 발생하며, 명확히 원인을 규명할 수 없는 경우가 약 50%를 차지한다. 감음신경성 청력 손실은 주로 바이러스에 의해 일어나는데, 풍진과 뇌막염이 이에 속한다. 유전적인 원인, 아동기 질병, 임신과 출산 중의 합병증 등도 청력 손실의 원인으로 작용한다.

생물학적, 신경학적 원인 외에 후천적으로 발생하는 경우가 많은데, 우리나라의 장애 발생 원인을 조사한 바에 의하면(보건복지부 · 한국보건사회연구원, 2008), 사고로 인한 청각장애 발생 비율이 13.4%에 이른다.

풍진

임신 초기에 산모가 풍진에 걸리면 태아에게 여러 가지 악영향을 끼칠 수 있다. 산모는 기형아나 저체중아 혹은 지능이 낮은 아기를 낳을 가능성이 있고, 태아에게 녹내장이나 백내장 등 시각장애를 유발할 수도 있으며, 청각장애를 발생시킬 수도 있다. 심한 경우에는 태아가 자궁 내에서 사망하는 경우도 있으므로 산모는 풍진 예방주사를 맞거나 혈액검사를 통해 면역 여부를 확인해야 한다.

유전

청각장애를 유발하는 유전적 원인에는 상염색체의 열성 유전과 우성 유전이 있다. 유전적 원인으로 청각장애를 갖게 되는 경우를 정확히 조사하기는 쉽지 않은데, 학자마다 그 수치가 다르며 11~13% 정도로 추정하고 있다.

아동기 질병

아동기에 앓을 수 있는 몇 가지 질병이 청각장애를 유발하기도 한다. 가장 대표적인 질병이 중이염으로서 아동기에 중이염은 흔하게 걸릴 수 있으며, 치료를 적절히 해 주지 않았을 때 청력 손실을 경험할 확률이 높아진다. 일부 아동의 경우 중이염은 자각 증상이 없으나, 대부분의 경우에는 감염 초기에 열이나 과민성을 나타낸다. 아동이 자기의 귀를 잡아당기는 행동을 보이거나, 귀에서 액체가 흘러나오는 경우를 볼 수 있다. 뇌막염은 뇌를 둘러싸고 있는 막에 염증이 생기는 질환이다. 중추신경계에 영향을 미치는 질병으로, 청신경에 문제를 일으켜 청각장애를 발생시킨다. 뇌막염 증상은 며칠 만에 갑자기 급성으로 발생하기도 하고 몇 주에 걸쳐 서서히 나타나기도 한다. 일반적인 증세로는 두통이 발생하기 시작하여 시간이 지남에 따라 점점 더 심해지며 구토 증상이 있거나 열이 나기 시작한다.

출산 중 원인

출산 중에 산소 결핍을 겪게 되거나 출산 예정일보다 일찍 태어나고, 체중이 적은 미숙아의 경우 청력 손실을 갖게 될 확률이 높다. 또한, 출산 후에 바이러스나 박테리아, 약물 등에 노출이 되었을 경우에도 청력 손실을 가져올 수 있다.

2) 출현율

청각장애를 지닌 학령기 아동의 출현율은 0.06%이며, 이는 전체 특수교육대상자의 2.21%에 해당한다(국립특수교육원, 2001). 특수교육통계에 따르면 청각장애로 판별되어 특수교육 서비스를 받는 학생은 3,225명으로 전체 특수교육대상 학생의 3.5%에 이른다(교육부, 2019).

3 청각장애의 특성

1) 인지적 및 학습특성

청각장애를 지닌 영유아의 개념 형성과 추상적 사고 기능을 비교한 연구 결과는 연구자에 따라 다소 다르기는 하지만, 청각장애를 지닌 유아가 언어체계를 획득하지 못하더라도 논리적인 사고가 가능하다고 생각한다. 따라서 건청 영유아와 같은 수준의 지적 능력과 인지 발달 단계를 거치는데, 단지 청각적인 원인으로 인해 그 속도가 조금 느릴 뿐이라는 것이다. 과거에 청각장애를 지닌 아동의 지능이 일반 아동보다 낮은 것으로 나온 결과는 지능 검사의 적용 방법이 적절하지 못해 나타난 현상으로 보인다. 청각장애를 지닌 유아의 학업성취와 인지, 언어 발달과 관련된 특성을 정리해 보면 〈표 11-1〉과 같다.

〈표 11-1〉 청각장애를 지닌 유아의 인지 및 학습 특성

영역	특성	
지능과 인지	• 건청 유아의 지능과 차이가 없음	• 건청 유아의 인지 발달과 유사함
언어 발달	• 어음 변별력과 어음 명료도 낮음 • 작문능력의 저조 • 문장이해력과 독해력 저조	• 어휘력이 제한됨 • 추상명사의 이해 부족
학업성취	• 건청 유아에 비해 낮은 학업성취	• 읽기, 쓰기, 작문능력 저조

2) 언어적 특성

청각장애를 지닌 아동은 남아 있는 청력, 즉 잔청의 정도에 따라 수어체계와 구화체계를 사용하는 방법을 배울 수 있다. 청각장애를 지닌 아동은 인지력은 있으나, 사회에서 사용하는 언어를 들을 수 없기 때문에 읽기, 쓰기, 문해 기술의 습득에서 기대하는 것만큼 잘하지 못한다.

청각장애를 지닌 아동은 청각적 문제로 인하여 말과 언어의 발달에서 심각한 어려움을 겪으며, 이것은 곧 또래나 가족들과의 의사소통을 어렵게 하여 정서적인 고립감을 느끼기도 한다. 청력 손실이 말과 언어에 미치는 영향은 청력 손실의 정도, 청력 손실을 입은 시기, 청력 손실을 발견한 시기, 중재를 시작한 시기 등 여러 변수에 따라 달라질 수 있다.

건청 아동이 특별한 주의집중 없이 자연스러운 생활 속에서 많은 어휘를 습득하는 데 반해, 청각장애를 지닌 아동은 부단한 노력과 학습 없이는 새로운 어휘가 발달되지 않는다. 대개 청각장애를 지닌 아동은 6세까지 10~50개 정도의 명료한 어휘밖에 습득하지 못하는 것으로 추정된다. 특히, 청력 손실이 조기에 발생하면 할수록 언어적 결함은 커지는데 이에 대한 주된 원인을 정리하면 다음과 같다(김병하 외, 2007).

- 청각장애를 지닌 아동은 그들이 음을 발성할 때 자기 청취가 부족하다.
- 성인으로부터 구어적 강화(보상)를 받지 못한다.
- 성인의 언어 모델을 적합하게 들을 수 없다.

아주 어린 영유아 시기의 옹알이는 청각장애의 유무와 관계없이 시작된다. 그러나 청각장애를 지닌 영유아는 자신의 소리는 물론, 성인이 자신의 옹알이에 답해 주는 것을 들을 수 없기 때문에 옹알이를 계속하고자 하는 의지가 사라져버린다. 영유아 시기의 옹알이는 일종의 대화를 시작하는 것이고, 성인의 대답 및 반응은 영유아에게 강화재로 작용하여 계속 발화를 하도록 하는 촉진 역할을 한다. 이러한 성인의 반응을 들을 수 없는 청각장애를 지닌 영유아는 자연히 소리내기를 멈추게 되고, 그 상태로 굳어져서 소리 내는 법 자체를 습득하지 못한 채 성장하게 되는 것이다.

3) 행동 및 정서적 특성

청각장애를 지닌 아동은 구어를 사용한 언어 발달이 느리거나 발달 정도가 저조하여 의사소통이 원활하지 못하다. 따라서 사회적 상호작용에 어려움을 느끼게 되며, 이러한 사회적인 관계의 문제는 정서불안이나 신경증, 부적응행동을 일으키기도 한다.

사회적 부적응의 형태와 정도는 청력 손실의 정도와 장애 유형에 따라 달라질 수 있다. 농 유아의 정서에 관한 자료를 보면, 농 유아는 건청 유아에 비해 안정감이 없고 소유욕이 강하며 의존적이고, 복종심이 적으며 소란한 편이고 우울한 성향을 갖는 것으로 나타났다. 청각장애를 지닌 아동은 의타심이 강하고 이러한 특성과 반대되게 느껴질 수 있지만, 고집이 세다고 느껴진다. 이러한 원인은 부모의 양육 태도에 문제가 있는 경우가 많다. 출생 후 6개월까지 대부분의 건청 부모는 자녀가 청각장애임을 모르고 지낸다. 따라서 건청 유아의 부모와 같은 육아법으로 청각장애를 지닌 유아를 대하다가 자녀가 소리를 인지할 수 없음을 알고는 소리 자극도 주지 않고 자녀를 동정하다 보니 육아법에 문제가 생기고 유아의 의타심을 줄이려는 시도나 기회를 잃게 되는 것이다.

청각장애를 지닌 아동의 90%는 건청 부모의 자녀인데, 건청 부모는 청각장애를 지닌 부모보다 자녀의 장애를 더 심각하고 부정적인 상황으로 받아들인다. 부모의 이러한 정서적인 반응은 자녀에게 그대로 전달되며, 청각장애를 지닌 아동은 그 속에서 무능감, 낮은 자아존중감을 갖게 되어 다른 영역의 발달에도 부정적인 영향을 미치게 된다.

부모가 청각장애를 가지고 있는 경우, 부모가 수어에 능통하기 때문에 언어의 획득과 가족 간의 상호작용을 일찍 경험하게 됨으로써 청각장애를 지닌 아동의 학업 성취가 더 높아질 수 있다. 또한, 청각장애 부모는 자녀의 상태를 잘 이해하기 때문에 가족 간에 공감대를 형성시켜 서로의 좌절을 예방하는 기능을 하여 정서적 발달을 돕기 때문에 건청 부모의 경우보다 유리하다.

4 청각장애의 진단평가와 사정

1) 조기 발견

청력 손실을 일찍 발견할수록 언어와 의사소통기술을 발달시킬 기회가 늘어나고 효과성도 더 높다. 그러나 부모는 자녀가 말과 언어 영역의 정상발달 기준표에 비추어 크게 뒤떨어지거나 차이가 크게 날 때 비로소 문제의 심각성을 인식하게 된다. 다른 장애가 없고 청력 손실만을 지닌 경우, 걷기나 주변의 환경을 탐색하는 등의 정상적인 신체적 발달과의 차이를 발견할 수 없다.

영유아의 청력 손실이 의심되는 징후는 〈표 11-2〉와 같다(Hallahan, Kauffman, & Pullen, 2012). 이러한 반응을 보이는 영유아는 청력 손실을 지닐 수 있기 때문에 청력검사를 받아 볼 필요가 있다.

〈표 11-2〉 영유아동의 청력 상실 징후

영역	징후
말하기	• 다른 가족들이 말을 이해하기 어려움 • 말과 문법상의 지체나 미숙 • 상황에 비해 말소리가 너무 크거나 작음
언어	• 지시를 잘못 이해하거나 질문에 부적절한 대답을 함 • 질문을 반복해서 하거나 질문에 대답을 머뭇거림 • 듣기에 곤란을 보임
주의집중	• 말하는 사람의 얼굴에 특별히 주의를 기울임 • 주의집중 시간이 짧고 산만함 • 듣기를 필요로 하는 활동에 무관심함
건강	• 감기, 호흡기 감염, 중이염 등을 자주 앓음 • 숨을 입으로 쉼 • 균형감각이 떨어지고 행동이 서툴러 보임 • 알레르기를 보임

2) 순음청력검사와 어음청력검사

순음청력검사는 상급반 아동과 성인을 대상으로 청력을 측정하는 절차로서 상승법과 하강법이 있다. 상승법은 100Hz에서 시작하여 고주파수로 가서 검사를 하고 다시 100Hz를 검사하고, 낮은 주파수로 내려가는 방법이며, 하강법은 그 반대의 절차를 거친다. 대부분의 순음청력검사는 0에서 120dB까지 5dB 단위로 증가시켜가며 각 데시벨[1)]을 다양한 주파수로 제시한다(정대영, 2017). 아동은 청력도상의 청력 수준으로 기록되기 위해서는 검사를 받는 동안 적어도 제시된 소리의 50%를 찾을 수 있어야 한다.

어음청력검사는 사람 탐지 및 말의 이해를 검사하며, 한두 음절 단어의 목록을 각각 다른 데시벨로 제시한다. 개인이 단어의 반을 이해할 수 있는 수준을 말 이해 역치라고 하는데 두 귀의 말 이해 역치를 측정한다.

3) 대안적 청력 측정법

아동의 청력을 측정하는 대안적 방법에는 놀이 청력측정법, 조작적 조건화 청력측정법, 행동관찰 청력측정법이 있다(정대영, 2017). 놀이 청력측정법은 신호음,

1) 데시벨은 기준치의 10의 1/10제곱 배, 즉 약 1.26 배의 값을 나타낸다. 데시벨이 10 올라갈 때마다 10배씩 증가하는 셈이다. 이렇게 다소 복잡하게 된 것은 데시벨이기 때문이다. 벨은 "특정 값이 기준치보다 10배 크면 1벨, 100배 크면 2벨, 1,000배 크면 3벨..."로 간단하게 정의되는데, 이 벨[1]이 너무 큰 값이라 소수로 나타내야 하는 경우가 많다 보니 1/10인 데시벨을 쓰게 되었고, 따라서 배수 관계가 조금 복잡해졌다. 데시벨 수준별 소음의 크기는 다음 표와 같다(https://namu.wiki/w/).

데시벨(dB)	소음 사례	데시벨(dB)	소음 사례
10	가녀린 속삭임	70	전화 벨소리
20	조용한 대화	80	지하철 차내 소음
30	평상시 대화	90	소음이 심한 공장 안
40	한적한 차도	100	열차 통과 시 철도변 소음
50	큰 소리 대화	120	전투기 이착륙
60	소란스러운 사무실	140	신체적 고통이 느껴짐

순음, 말을 들을 수 있는 아동에게 장난감 집어 들기, 공을 컵에 넣기 등 단순하지만 분명한 활동을 수행시켜 청력을 측정한다. 조작적 조건화 청력측정법이란, 처음에는 빛과 소리를 동시에 제시하고 그것에 반응하여 레버를 밀게 되면 토큰이나 사탕을 받게 되는데, 그다음에 소리만 제시했을 때 그 소리에 반응하면 들을 수 있다고 판단하는 것이다. 행동관찰 청력측정법은 아동이 소리에 반응하는 것을 관찰하는 수동적 절차이다.

5 청각장애를 지닌 영유아를 위한 교육적 지원과 중재

1) 의사소통 접근법

청각장애를 지닌 유아를 둔 부모는 자녀의 의사소통 교육과 관련하여 구화법에서부터 이중 언어-이중 문화 접근법에 이르기까지 다양한 방법을 접하게 된다. 청각장애 분야에서 유아의 의사소통과 언어접근에 관한 논쟁이 가장 뜨겁게 이루어지고 있다. 대다수의 전문가는 수어와 시각적 기반의 의사소통 형태가 언어 발달에 부정적인 영향을 주지 않고, 오히려 언어 발달을 증대시킨다고 본다. 청각장애를 지닌 사람 다수가 수어를 사용하지만, 말이나 입술 읽기, 보청기를 보조적으로 사용한다.

다양한 의사소통 수단은 청각장애를 지닌 영유아의 의사소통능력에 큰 영향을 미친다. 또한, 청력 손실이 시작된 나이, 손실의 정도, 중추신경계, 받은 교육의 질, 가족지원의 정도는 아동의 의사소통능력 향상에 많은 영향을 미친다. 부모와 전문가들은 아동의 능력과 가족의 선호를 고려하여 아동의 구어 발달과 청각 기능을 발달시키는 데 어느 입장을 강조할지를 결정해야 할 것이다.

청각장애를 지닌 영유아를 둔 부모는 자녀의 의사소통 수단으로 수어를 가장 많이 선택하지만, 많은 사람은 구어와 수어를 함께 사용하고 극소수만이 구화를 선택한다. 일반적으로 아동이 가진 잔존청력이 적을수록 시각적 의사소통 수단에 더욱 의존하게 된다. 농 또는 난청을 가진 아동의 의사소통은 단일어, 언어혼합, 큐드스피치 및 이중 언어 접근법이 있다.

단일어 접근법. 구화법은 말과 청각 통로를 강조한다. 따라서 모든 상호작용과 교수는 구어만을 통해서 이루어진다. 구화법은 주로 입술 읽기를 통해서 의사소통을 할 수 있도록 하는 데 중점을 두며, 잔존청력을 최대한 활용하기 위해 보청기와 인공와우 이식에 관심을 많이 갖는다.

언어혼합 접근법. 언어혼합 접근법은 국어를 숙달시키고 구어를 지원하고자 한다. 이러한 접근에서 말은 시각적 지원을 제공하는 수어를 가장 우선적인 의사소통 방법으로 고려한다. 언어혼합 접근법은 수어로 된 국어를 사용하도록 하는데, 수어를 사용한다고 하여 말을 부정하는 것은 아니며, 대부분 청각장애 프로그램은 구어와 수어를 모두 사용하는 토탈커뮤니케이션을 접근 철학으로 삼고 있다.

큐드스피치 접근법. 큐드스피치는 영어의 45개 음소를 수신호 형태, 즉 시각적으로 구어를 제시하여 구어적 의사소통을 보충하며, 말 읽기로 구분하기 어려운 말의 음절 및 음소 특징을 식별할 수 있도록 도와준다(정대영, 2017). 이 접근은 여덟 가지 손 모양으로 자음을 나타내고 턱 주변의 네 가지 위치로 모음을 구별한다.

이중 언어 접근법. 이중 언어-이중 문화 프로그램은 수어를 농문화의 언어로써 사용하며, 읽기와 쓰기를 통해서 국어를 가르친다. 이중 언어-이중 문화 접근법으로 교육을 받은 청각장애인은 수어와 국어를 모두 구사하고, 농문화와 건청문화에서 생활한 수 있는 능력을 갖게 된다.

2) 보조공학

최근 보조공학은 청각장애를 지닌 영유아에게 다양한 방법으로 적용되고 있다. 따라서 전문가들은 부모가 자신의 자녀에게 가장 적합한 보조공학을 선택할 수 있도록 안내하고 지원할 필요가 있다. 최근 보청기, 인공와우, 캡션 TV, 인터넷, 컴퓨터 및 기타 장거리 의사소통 기기의 개발로 청각장애를 지닌 아동의 교육 및 여가 기회가 급속하게 확대되고 있다(Hallahan, Kauffman, & Pullen, 2012).

보청기와 집단 FM 시스템

보청기는 소리를 지원하기 위해 사용되는 가장 일반적인 보조공학이다. 보청기는 소리를 더 크게 만들어 주는 증폭 장치로서 특정 주파수를 구별해서 증폭하고 청각장애를 지닌 각 아동의 요구에 맞추게 된다. 집단 FM 보청기는 교실에서의 거리, 소음 및 잡음 등으로 일어나는 문제를 해결할 수 있다. 교사는 작은 마이크를 착용하고 아동은 각각 리시버를 착용한다.

많은 요인은 아동의 청력 상태를 포함해서 잔존청력을 성공적으로 향상시키는 데 영향을 미친다. 일반적으로 청력 손실의 정도가 심할수록 증폭기를 사용하는 이점이 거의 없어지게 된다. 경도 청력 손실 또는 한 쪽 청력을 손실한 아동은 면밀히 검사를 받을 필요가 있고, 이들은 건청 아동과 유사한 정도의 말과 청각 기능을 발달시킬 수 있다. 그러나 이러한 아동은 언어의 미묘함을 놓칠 수 있고, 교사는 아동이 소리 나는 쪽으로 향하지 않을 때 "주의를 집중하지 않는다."라고 꾸중을 할 수도 있다. 비록, 청력 손실의 정도가 심한 아동이라 하더라도 다수는 증폭기로부터 도움을 받을 수 있으며, 재활을 통해 말을 발달시킬 수 있을 것으로 예상된다.

인공와우 이식

청력 손실 정도가 심한 아동에게 가장 관심을 받는 보조공학 기기는 인공와우의 이식일 것이다. 인공와우 이식은 소리를 귀에 전달하는 보청기와 달리 손상된 체모세포를 우회하여 청신경을 직접적으로 자극한다(정대영, 2017). 인공와우는 환경으로부터 소리를 모으는 외부 마이크, 송신기, 스피치 프로세서로부터 신호를 받아서 전기 자극으로 전환시키는 리시버 등 네 부분으로 구성되어 있다(그림 11-3).

최근 인공와우 이식에 관한 관심과 희망자가 급속히 늘고 이식을 받는 아동의 수가 늘어나고 있으나, 청각장애를 지닌 모든 아동이 인공와우 이식에 적합한 것은 아니다. 인공와우 이식에 적합한 조건으로는 ① 심한 감각신경성 청력 손실, ② 보청기로부터 도움을 받지 못하는 경우, ③ 온전한 청신경을 가진 경우, ④ 의학적으로 수술이 금지되지 않은 경우, ⑤ 인공와우 이식을 지원하는 가족과 교육적 환경 등을 고려해야 한다.

보청기보다 인공와우를 이식했을 경우, 아동이 말을 듣고 하는 능력이 더 우수하고 인공와우를 이식한 영유아가 어린이집이나 유치원에 통합되어 교육을 받는 수가 늘어나고 있다(Geer, 2006).

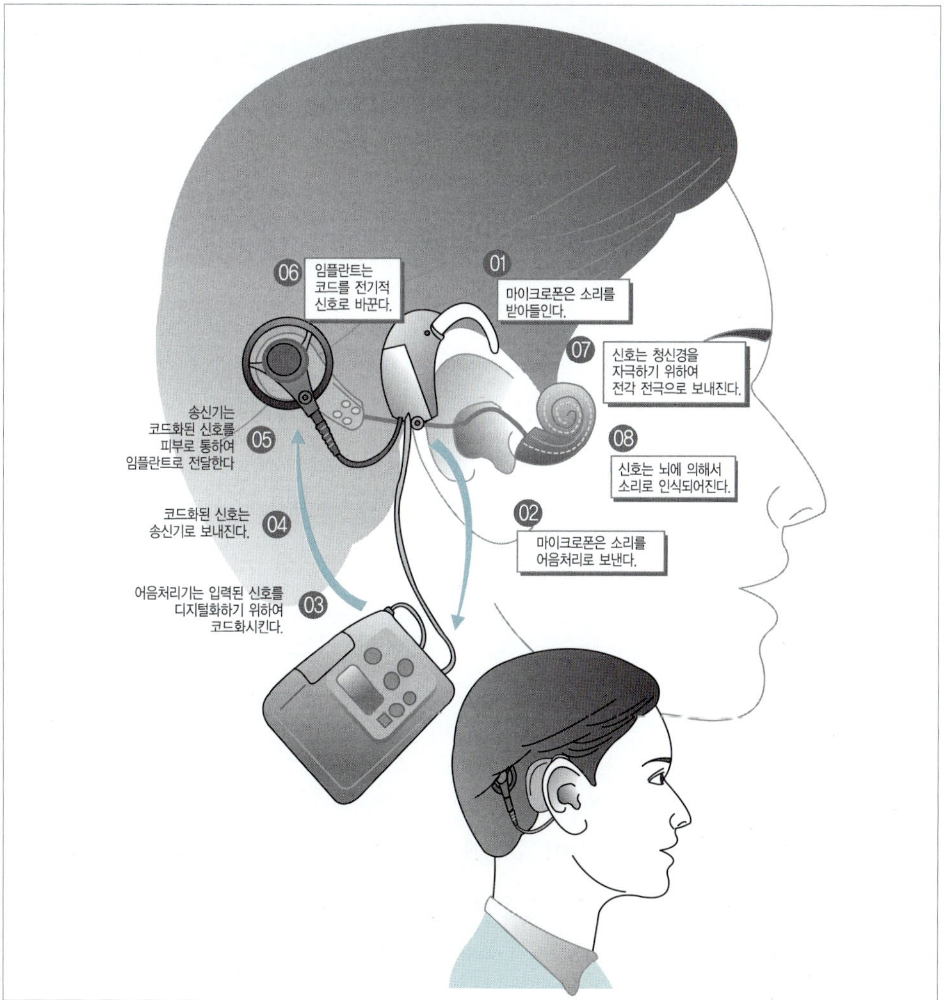

[그림 11-3] 인공와우

출처: http://dongsanear.co.kr/sub05.php 정대영(2017). 특수교육학(서울: 창지사)에서 재인용.

3) 가족 참여하기

농 또는 난청 아동의 가족은 다양한 어려움에 직면하게 된다. 청각장애를 지닌 영유아의 부모는 장애의 발견과 더불어 깊은 슬픔과 충격으로부터 의연한 태도에 이르기까지 매우 다양한 반응을 보인다. 어떤 가족은 현실에 빠르게 적응하는 반면, 어떤 가족은 적응에 오랜 기간이 걸리기도 한다. 가족이 직면하는 어려움에 관계없이, 조기중재와 가족 참여는 청각장애를 지닌 아동의 발달에 긍정적인 영향을 미친다. 예를 들어, 몰러(Moeller, 2000)는 청각장애를 지닌 아동이 조기중재 서비스에 등록한 나이는 그들이 5살이 되었을 때 보이는 언어 능력에 큰 영향을 미치는 요인 중의 하나라는 점을 발견했다. 이 연구는 청력 손실의 정도에 관계없이 조기에(예: 11개월) 등록한 아동은 그렇지 않은 아동에 비해 5살 이상 차이가 나는 정도의 훨씬 나은 어휘와 구어 추론 기술들을 보여 주었다. 특히, 이 연구에서 가장 성공적인 아동은 가족 참여의 수준이 높았다. 조기중재를 받은 가족들은 스트레스를 덜 받고, 자녀의 요구에 따라 언어와 의사소통 방식에 보다 잘 적응할 수가 있다는 것을 보여 주고 있다(Sebald & Luckner, 2007).

전문가들이 가족과 협력하는 것은 매우 중요하며, 가족과 동반자적 관계를 형성하기 위해 다음과 같은 활동들을 제안할 필요가 있다(Sebald & Luckner, 2007).

- 청각장애를 가진 아동의 다른 부모들과 만날 수 있는 기회를 제공한다.
- 건청 부모에게 난청 성인과 농 성인을 만날 수 있는 기회를 제공한다. 건청 부모가 성인 역할 모델을 직접 경험하고 자녀의 가능성에 대해 긍정적인 기대를 하도록 돕는다.
- 가족에게 특별히 설계된 수어 수업을 제공하여 모든 가족 구성원이 청각장애를 지닌 아동과 의사소통이 가능하도록 한다.
- 부모와 가족에게 스포츠 이벤트, 예배, 농인 클럽, 학교 이벤트와 같은 농사회의 활동에 참여하도록 기회를 제공한다.
- 아동의 의사소통 행동을 녹화하고, 부모가 자녀와 반응적 의사소통 행동을 발달시키도록 돕는 데 이용한다.

- 부모에게 아동의 보청기의 관리와 유지, 지속적 사용의 중요성에 관한 교육을 한다.
- 부모가 단순히 반응적이기보다는 적극적이 되도록 가족의 요구에 기초하여 가족과 의견을 자주 나눈다.

4) 청각발달을 촉진시키기 위한 전략

아동이 듣기 위해서는 소리를 듣고 이해할 수 있는 청각의 발달이 필요하다. 청각장애를 지닌 아동 대부분은 보조공학과 청각훈련을 받아 향상시킬 잔존청력을 어느 정도 지니고 있다. 그러나 훈련을 받는다고 해서 모두가 청각 기능을 발휘할 수 있는 것이 아니며, 그렇지 못한 경우도 있다. 의사소통 접근에 관계없이 청각장애를 지닌 아동은 말과 환경적 소리들을 구별하는 능력을 증가시켜야 한다. 청각장애를 지닌 많은 아동은 자신이 들은 내용을 이해하기 위해 시각을 이용한다. 청력과 구어 기술을 향상시킨다고 해서 수어의 사용을 배제하지 않으며, 오히려 수어를 사용함으로써 구어 기능을 향상시킬 수 있다(Clerc Center, 2007).

아동은 상대방이 하는 말 듣기, 소리와 단어 모방하기, 지시사항 따라 하기, 요구에 반응하기 등을 학습할 필요가 있다. 또한, 아동이 수어 또는 구화를 통해 의사소통을 할 수 있다는 긍정적인 기대를 하는 것이 좋다. 교사와 부모가 일상생활에서 아동의 듣기 능력을 향상시키기 위해 적용할 수 있는 전략은 다음과 같다(Sharon, 2009).

- 아동이 주변의 소음으로부터 말을 구별할 수 있도록 하며, 일반적이고 명확한 어조로 이야기한다.
- 소리에 주의를 기울이도록 지원할 필요가 있다. 성인은 "들어 봐, 전화벨 소리를 듣고 있어."라고 말하며, 전화기를 가리킨다.
- 말을 하기 전에 아동의 주의를 끈다. 성인은 말하기 전에 아동의 어깨를 두드리거나, 아동의 시선 높이에서부터 성인의 얼굴까지 장난감을 움직여 얼굴을 마주하고 눈을 맞추는 등 시각적 주의를 유도한다.

- 말소리의 크기를 일반적인 수준으로 이야기한다. 말소리의 크기를 일반적으로 하면 청각적 신호의 왜곡 현상을 최소화하게 된다. 간단한 문장을 사용하고 일반적인 속도로 말한다.
- 아동이 듣기에 가장 쉬운 크기로 말한다. 어떤 아동은 특정 음높이의 말을 더 잘 듣는다. 유아는 일반적으로 더 높은 소리에 귀를 기울이게 된다.
- 음향을 강조하는 테크놀로지를 사용한다. 억양, 멜로디 그리고 표현이 풍부한 문장들을 사용한다.
- 의미를 가진 소리-사물 짝짓기pair sounds를 이용한다. 아동은 그들이 듣고 있는 것이 어떤 소리인지 알기를 좋아한다. 교사는 시범을 보여 주거나(예: 동물 소리), 환경음을 가리키기(예: 변기 물 내리는 소리), 그리고 아동이 소리를 내도록 하기(예: 건조기에 있는 '시작' 버튼 누르게 하기) 등을 통해서 이해하도록 도와준다.
- 듣기놀이를 한다. 아동이 소리와 관련된 게임을 함으로써 소리를 듣고 구별하는 법을 학습하도록 도와준다. 아동에게 여러 차례 물체와 소리를 짝지어 제시한 후 시각적인 자료를 보여 주지 않고 소리를 확인하도록 한다. 예를 들어, 아동의 눈을 가리고 돌아서 있게 한 다음 악기나 녹음자료로 북, 피리 또는 기타의 소리를 들려주고 들은 것과 관련된 그림을 제스처나 수어로 말하게 한다.

청각적 의사소통과 학습을 향상시키기 위한 환경적 수정

환경의 설계는 아동의 청각 기능을 향상시키는 데 중요한 역할을 할 수 있다. 다음의 환경적 적합화와 수정은 농 또는 난청을 지닌 영유아 및 초등학교 저학년 아동에게 사용될 수 있다(Hallahan, Kauffmanm, & Pullen, 2012; Williams & Finnegan, 2003).

- 교사는 아동의 청력이 더 나은 귀 쪽에 앉는다.
- 소리 나는 곳을 보도록 한다. 아동은 화자의 표정이나 입술 움직임을 볼 수 있다면 듣고 있는 내용을 더 잘 이해할 수 있을 것이다. 교실에서는 자리를 반원

형으로 배치한다.

- 배경 소음을 줄인다. 텔레비전, 라디오, 각종 오디오, 선풍기나 에어컨과 같은 주변의 기기로부터 나는 배경 소리를 줄여 아동이 말소리에 초점을 맞춘다.
- 일상생활 속에서 듣기 게임을 한다.
- 보청기 검사를 자주 실시한다.
- 건청 아동은 필요한 경우 청각장애를 지닌 아동의 어깨를 두드려서 학급 친구들에게 주의를 기울이게 한다.

소리 위치 찾기 기능

주변에서 나는 소리의 위치를 찾아낼 수 있는 것은 아동의 청각 기능 발달의 중요한 부분이다. 소리 위치 찾기란 소리의 근원 또는 출처를 판별할 수 있는 능력을 의미한다. 소리의 위치를 알아내는 능력은 한쪽 또는 양쪽 귀의 청력 손실이나 소리를 여과하는 아동의 능력에 영향을 미치는 신체적 이상으로 부정적인 영향을 받을 수도 있다. 영유아가 소리 나는 곳을 알아내도록 돕기 위해 부모와 전문가는 소리 찾기 게임이나 소리의 단서를 제공하여 영유아가 소리 나는 곳을 알아내도록 훈련시킨다.

소리에 반응하기

아동은 소리를 들을 수 있어야 하고 또 그 소리에 의미를 부여하고 적절히 반응할 수 있어야 한다. 난청, 청각 처리 문제 또는 주의력 문제를 가진 아동은 자신이 들은 소리와 의미를 연관시키는 것이 어렵다. 소리에 적절히 반응하면 정확히 이해할 수 있는 것으로 볼 수 있다. 아동이 소리에 적절히 반응하는 능력을 향상시키기 위해서는 아동이 이해하기 쉬운 말로 바꾸기, 기다리는 시간 제공하기, 탐구와 실험을 격려하기, 소리에 적절하게 반응하도록 돕는 환경적 수정하기 등이 있다.

소리 모방하기

아동이 소리의 위치를 알아내어 적절하게 반응할 수 있으면, 그 소리를 모방하는 것을 학습할 필요가 있다. 교사와 부모는 아동에게 소리 모방하기를 가르치기 위해 다음과 같은 활동을 할 수 있다.

- 아동을 기다린다. 교사는 아동이 자신을 쳐다볼 때까지 기다려야 한다. 만약 아동이 쳐다보지 않는다면 교사는 아동의 주의를 끌기 위해 팔이나 다리를 가볍게 접촉해서 신호를 보낸다.
- 내용을 반복할 기회를 많이 제공한다. 건청 아동은 어떤 단어를 학습하기 위해 200번 이상 반복 사용해야 하고, 청력을 손실한 아동은 추가의 연습이 필요하다.
- 아동의 일상, 좋아하는 물체 및 활동에 사용할 중심 단어들의 우선순위를 정한다. 아동이 모방 활동을 할 때, 발달적으로 준비된 단어를 선택함으로써 동기를 부여하는 것이 중요하다.

가정의 일상생활 속에서 구어 촉진하기

가정생활은 언어를 촉진하고 강화하기에 가장 좋은 환경이다. 간식 시간이나 식사 시간에 모두 둘러앉아 마주 보는 가운데 부모가 음식을 건네주는 것은 자연스러운 일이다. 이러한 상황은 아동의 주의를 대화로 이끌 수 있는 좋은 단서가 된다.

기저귀 갈기 또는 변기 이용하기는 신체 부위, 위치(예: 위, 아래, 안), 행동과 관련된 단어들을 소개하기에 좋다. 아동의 기저귀를 갈기 위해 누워 있는 상황은 부모에게 사로잡힌 청중이 되므로 부모의 행동이나 말에 주의를 기울이게 된다. 예를 들어, 기저귀를 바꾸는 동안 엄마는 철수의 다리를 올리고 노래를 부른다. 철수는 엄마가 노래를 부르는 동안 웃으며 발을 앞뒤로 흔든다. 엄마는 노래를 부르며 철수의 두 손을 잡고 노래에 맞추어 손뼉을 친다. 그리고 각 행동에 맞는 말을 한다. "다리 올리세요", "기저귀 차세요", "바지 입으세요", "모두 끝!" 엄마는 이 과정을 모두 끝내고 철수를 안아 올린다.

아동이 좀 더 독립적이 되면, 변기 훈련을 시작할 때 변기의 물 내리기, 변기의 뚜껑 닫기 등 화장실에서 나는 소리들을 아동이 들을 수 있도록 한다. 이러한 소리에 주의를 기울이는 것은 중요하다. 이러한 생활 속에서 '밀다', '열다', '닫다', '돌리다'와 같은 행동 관련 어휘를 확장해 가기 때문이다.

지역사회로 나가면 배경 소음을 많이 접하게 된다. 다양한 소음을 구별하기 위한 학습은 청력을 손실한 아동에게 중요하다. 특히, 배경 소음이 무엇인지 주의를 기울여야 한다. 지역사회에서 활동하게 되면 주변의 다양한 소리를 이해하고 구별하기 좋은 상황이 된다. 예를 들어, 엄마는 자녀와 손을 잡고 길을 걷다가 멈추어 선다. "철수야 들어 봐."라고 말하고 귀를 가리킨다. 그리고 하늘을 보고 비행기가 지나가는 하얀 꼬리를 가리키며 "비행기."라고 말한다. 기차나 지하철이 지나가는 소리, 버스나 트럭이 지나가는 소리 등을 이와 같은 방법으로 안내하고 학습시킨다.

시각적 의사소통을 촉진시키기 위한 전략

아동이 매우 어린 나이에 수어에 노출되면 노력하지 않아도 자연스럽게 수어를 통해서 언어를 발달시킨다. 아동은 충분히 발달된 상태에서 명확히 언어를 제시하고, 그것을 이용하여 다른 사람과 상호작용하는 기회를 집중적으로 갖게 되면 그 언어를 배우게 된다. 건청 아동이 언어와 말을 발달시키기 위해 자신의 청력을 사용하는 것을 가치 있게 여기고 학습하는 것과 같이 농 또는 난청을 지닌 아동은 자신의 환경을 점검하고 의사소통할 때 시각적 기능을 이용한다.

건청 유아는 자신의 목소리로 옹알이를 하지만, 농 유아는 목소리로 하는 옹알이와 함께 손으로도 옹알이를 한다. 손 모양은 공간에서 움직임과 위치와 조합되고, 움직임과 표정 및 언어 형태의 다른 수어들과 조합하여 제대로 된 수어를 습득하게 된다. 아동이 정확히 모방하여 완전한 언어를 발달시키기 위해서는 수어를 분명히 표현해 주어야 한다. 농 성인이나 수어가 능숙한 사람은 수어를 할 때 아동의 눈높이에 맞추어 하기, 아동과 가까운 거리에서 수어하기, '표현'에 도움이 되는 수어를 아동이 흉내 낼 수 있는 기회를 제공하는 등의 시각적 의사소통기술들을 사용한다 (Hallahan, Kauffmanm, & Pullen, 2012).

청각장애를 지닌 아동 역시 건청 아동처럼 그들의 시각적 언어를 학습하는 데 지속적으로 몰입할 필요가 있다. 교사는 아동의 시각적 주의를 유지하기 위해 아동 주도의 수어를 사용해야 한다. 표정과 수어 크기의 과장, 수어 공간의 확장, 율동적인 움직임 및 아동의 주의를 끌고 이해력을 촉진시키기 위해 반복한다(Bailes, 2001). 교사는 아동이 수어를 배울 때 손의 위치나 모양을 정확히 틀을 잡아 줄 필요가 있다. 교사가 표적 단어를 수어로 천천히 하여 손 모양, 움직임, 위치가 명확할 때 아동은 수어를 쉽게 학습할 수 있다. 영유아의 시각적 의사소통을 지도하기 위한 전략으로는 다음과 같은 것들이 있다(McLaughlin, Small, Spink-Mitchell, & Cripps, 2004).

- 웃으며 물체의 이름을 노래로 부르면서 아이를 잡고 방 주위를 돈다.
- 두 개 또는 세 개의 수어 단어를 반복하여 간단한 수어 이야기들을 공유한다.
- 시각적 모방 게임을 하며 논다.
- 전등 켜기/끄기 게임을 하면서 수어를 한다.
- 교사나 부모가 어디로 가고 있는지, 언제 방을 떠나는지 항상 아동에게 말한다.
- 교사나 부모는 아동이 밖을 보도록 무릎 위에 앉히고 수어도 하고 사물을 가리키기도 한다.
- 부모가 들어오고 나가는 모습을 볼 수 있도록 아동의 침대나 주변에 거울을 놓아둔다.
- 아동의 시각적 범위에서 일어나는 일을 아동에게 분명히 알려 준다. 예를 들어, 부모는 밖으로 나갈 때 어디로 가는지, 왜 가는지 등을 말해 준다.

초기 문해 발달을 촉진하기

청각장애를 지닌 영유아가 특수학급에 있든지, 아니면 통합학급에 있든지 그들의 시각적 학습을 지원하는 환경을 조성하는 것이 중요하다. 학급이 시각적 학습자의 요구에 맞게 조직되면 모든 아동에게 도움이 된다. 다음은 청각장애를 지닌 영유아의 초기 문해 기술을 지원하기 위해 교사가 사용하는 일반적인 학급 조정활동의 사례이다. 이러한 조정은 청각장애를 지닌 아동뿐만 아니라 자폐스팩트럼장애로 인하여 의사소통에 어려움을 겪는 아동에게도 유익하다.

- 교사는 청각장애를 지닌 아동의 시선의 정면에 있어야 한다.
- 집단토의와 교수를 할 때는 아동들을 원형 또는 반원형으로 배치한다.
- 시선을 가로막을 수 있는 천장에 달려 있는 물체나, 의사소통을 할 때 시선을 방해할 수 있는 교실의 시각적 방해물을 제거한다.
- 교실에서 시각적 화재 경보, 시각적 출입구 경보, 시각적 벽보 등의 시각적 경보 체계를 마련하고 이를 모든 수업에서 가르친다.
- 시각적 학습을 향상시키기 위해 보조공학을 이용한다.
- 극놀이를 이용하여 이야기의 이해력을 증가시킨다.
- 수어 이야기 동영상을 보여 준다.
- 등장인물과 그들의 행동을 설명하는 이야기를 할 때 인형과 소품들을 이용하여 이해력과 어휘 발달을 향상시킨다.

청각장애를 지닌 아동에게 책을 읽어줄 때는 반드시 상호작용 과정이 필요하다. 그 과정을 통해 교사나 부모는 아동이 무엇을 보고 듣는지 점검할 수 있고, 차례를 지켜 말하도록 가르칠 수도 있다. 교사나 부모가 책을 읽기만 한다면 아동은 자신이 무엇을 이해하고 있는지를 알 수가 없다. 교사나 부모는 아동의 이해력을 증가시키기 위해서 청력이 더 좋은 귀에 가까이 있거나 무릎에 아동을 앉혀서 천천히 이야기를 해야 한다. 교사는 사진과 표지를 가리키기 전에 잠시 휴지기를 갖고 아동이 어떤 방법으로 모방하거나 반응을 하는지 기다린다(Hafer, Rooke & Charlifue-Smith, 2008b).

단어를 시각적으로 지원하는 방법에는 여러 가지가 있다. 전문가들은 **샌드위치식 훈련**을 통하여 새로운 단어와 가장 많이 사용되는 어휘를 지도할 수 있다. 즉 ① 교사는 단어를 수어로 한다. ② 교사는 단어를 지문자로 나타낸다. ③ 교사는 가능할 때 물체 또는 그 물체의 사진을 가리킨다. ④ 교사는 인쇄된 단어를 가리킨다. 이런 기술들은 영유아의 학업 선수 기능을 갖추어 취학하는 데 도움이 된다.

교육과정 적합화와 교수적 조정

청각장애를 지닌 아동이 일반학급에 통합되었을 때, 교사는 시각적 의사소통의 측면들을 강조하는 교수적 조정을 해야 한다. 교수적 조정은 청각장애를 지닌 아동은 물론 모든 아동에게 도움이 된다. 아동의 청력에 관계없이 가장 일반적인 교육과정 적합화와 교수적 조정은 다음과 같다(Williams & Finnegan, 2003).

- 교사는 교수 활동을 할 때 아동을 정면으로 바라본다.
- 교사는 말하는 동안 입을 아동에게 완전하게 보여 주어야 한다.
- 개별적 지원을 할 때 청각장애를 지닌 아동의 옆에 앉거나 무릎 꿇어앉는 것보다 앞에 위치하여 아동이 교사를 잘 볼 수 있도록 한다.
- 이름을 불러 아동을 확인한다.
- 칠판에 새로운 어휘, 교수법, 그리고 숙제와 같은 핵심 정보를 적어 준다.
- 정보를 제시할 때 시각적 및 촉각적 접근법을 극대화한다.
- 단원 학습을 소개하기 위해 핵심 정보의 개요 등 선행 구조도를 이용한다.
- 영화, 비디오, TV 프로그램의 자막을 이용한다.
- 학급에서 자주 사용되는 어휘에 대한 수어를 학습한다.
- 학급 내 건청 아동에게 몇 가지 기본 수어를 지도한다.
- 건청 아동에게 청각장애를 지닌 아동과 상호작용할 수 있는 방법을 지도한다.
- 학급에서 청각장애를 지닌 아동에게도 또래들과 같은 기대를 한다.

요약

청각장애의 정의와 분류

- 「특수교육법」은 청각장애를 지닌 특수교육대상자를 "**청력 손실이 심하여 보청기를 착용해도 청각을 통한 의사소통이 불가능 또는 곤란한 상태이거나, 청력이 남아 있어도 보청기를 착용해야 청각을 통한 의사소통이 가능하여 청각에 의한 교육적 성취가 어려운 사람**"이라고 정의한다.
- 농과 난청을 구분할 때 농은 극단적으로 청력을 상실한 상태, 즉 90dB 이상의 손실 정도를 보이는 경우를 말하고, 난청은 청력의 결함을 지니고 있지만 기능적인 면은 다소 남아 있어 보청기를 이용하면 사람의 말을 청각적으로 처리할 수 있는 상태를 말한다.
- 청력 손실 시기에 따라 언어 전 농과 언어 후 농으로 분류되고, 청각기관 손상 부위에 따라 전음성 난청, 감각신경성 난청, 복합성 난청으로 분류된다.
- 청력 손실 정도에 따라 농과 난청으로 분류하기도 하고, 상세 분류로 청력 역치에 따라 경도, 중등도, 중도, 최중도로 분류하기도 한다.

청각장애의 원인과 출현율

- 청력 손실은 바이러스나, 유전적, 생물학적, 신경학적 원인에 의해 발생하며, 약 50%는 원인이 규명되지 않는다.
- 청각장애를 지닌 특수교육대상 학생은 3,225명으로, 이는 전체 특수교육대상자의 3.5%에 해당한다.

청각장애의 특성

- 건청 영유아와 같은 수준의 지적 능력과 인지 발달 단계를 거치는데, 단지 청각적인 원인으로 인해 그 속도가 조금 느릴 뿐이라는 것이다.
- 청각장애를 지닌 아동은 인지력은 있으나, 사회에서 사용하는 언어를 들을 수 없기 때문에 읽기, 쓰기, 문해 기술의 습득에서 기대하는 것만큼 잘하지 못한다.

- 청각장애를 지닌 아동은 청각적 문제로 인하여 말과 언어의 발달에서 심각한 어려움을 겪으며, 이것은 곧 또래나 가족들과의 의사소통을 어렵게 하여 정서적인 고립감을 느끼기도 한다.
- 청각장애를 지닌 아동은 구어를 사용한 언어 발달이 느리거나 발달 정도가 저조하여 의사소통이 원활하지 못하다.

청각장애의 진단평가와 사정

- 청각장애의 진단평가를 위해 순음청력검사, 어음청력검사, 대안적 청력 측정법을 이용한다.

청각장애를 지닌 영유아를 위한 교육적 지원과 중재

- 의사소통 접근법으로 단일어 접근법, 언어혼합 접근법, 큐드스피치 접근법, 이중 언어 접근법 등이 있다.
- 청각장애를 위한 보조공학으로는 보청기와 집단 FM 시스템, 인공와우 이식이 있다.
- 조기중재와 가족 참여는 청각장애를 지닌 아동의 발달에 긍정적인 영향을 미친다.
- 청각발달을 촉진시키기 위한 전략으로는 청각적 의사소통과 학습을 향상시키기 위한 환경적 수정, 소리 위치 찾기 기능, 소리에 반응하기, 소리 모방하기, 가정의 일상생활 속에서 구어 촉진하기 등이 있다.
- 초기 문해 발달을 촉진하기 위하여 시각적 학습을 지원하는 환경을 조성하는 것이 중요하다.
- 청각장애를 지닌 아동이 일반학급에 통합되었을 때, 교사는 시각적 의사소통의 측면들을 강조하는 교수적 조정을 해야 한다.

Chapter 12 학습장애를 지닌 영유아

학습장애를 지닌 아동은 학급 내의 다른 아동처럼 잘 생활하지만, 정보처리과정상의 한두 영역에서 학업적 과제를 효율적으로 처리하지 못한다. 일부에서는 취학하기 전에는 특별한 어려움이 없이 잘 지냈으나 학교에 들어가서 문제를 가진 것으로 보기 때문에 '학교장애'라는 용어를 사용하기도 하지만 일생동안 지속되는 장애이다.

1 학습장애의 정의와 분류

1) 정의

학습장애의 특성과 개념에 대해서는 논쟁이 많이 이루어지고 있으며, 이러한 배경으로 인하여 정의 역시 교육, 법, 심리학, 의학 등의 분야에서 서로 다르게 규정되고 있다. 학습장애는 다른 장애와 공존하기 때문에 개념 규정이 애매하고, 학습장애가 무엇인지보다 학습장애가 아닌 것을 결정하는 것이 더 쉬울 수 있다. 학습장애는 주의력결핍과잉행동장애, 품행장애, 적대적반항장애, 우울장애 등과 공존하는 경향이 높다.

지금까지 학습장애와 관련하여 의견이 가장 일치하는 부분은 이 장애가 신경학적인 문제로 정보의 처리, 저장 및 인출을 방해하는 특징을 보인다는 점이다. 「특수교육법」(2007)에서는 학습장애를 지닌 특수교육대상자의 기준을 "**개인의 내적 요인으로 인하여 듣기, 말하기, 주의집중, 지각, 기억, 문제해결 등의 학습 기능이나 읽기, 쓰기, 수학 등 학업성취 영역에서 현저하게 어려움이 있는 사람**"이라고 규정하고 있다. 이 기준에서는 개념이나 주요 하위 영역 등을 정확히 명시하지 않고 있다.

미국 「장애아동교육법」(IDEA, 2004)에서는 학습장애의 조건을 다음과 같이 재규정하였다.

- **일반 규정**: 특정 학습장애는 언어, 즉 구어와 문어의 이해와 사용에 포함된 기본적인 심리과정 중 한 가지 또는 그 이상의 장애를 의미하며, 듣기, 사고, 읽기, 쓰기, 철자법 혹은 수학계산에서 불완전한 능력으로 나타날 수 있다.
- **학습장애에 포함되는 장애**: 특정 학습장애는 지각장애, 뇌손상, 미소뇌기능장애, 난독증, 발달적 실어증 등의 조건을 포함한다.
- **학습장애에 포함되지 않는 장애**: 특정 학습장애는 주로 시각장애, 청각장애, 운동장애, 지적장애, 정서장애, 또는 환경적, 문화적 및 경제적 실조에 의한 학습문제는 포함시키지 않는다.

2) 분류

학습장애는 크게 발달적 학습장애와 학업적 학습장애 두 가지로 구분될 수 있다(강위영 · 정대영, 2001). 발달적 학습장애란, 주로 발달기 동안에 일어나는 것으로서 주의집중장애, 기억장애, 지각장애, 사고장애, 구어장애, 협응장애, 사회기술장애 등을 말한다. 학업적 학습장애는 주로 취학 아동이 겪는 문제로서 읽기장애, 쓰기장애 및 수학장애 등으로 구분된다.

특히, 학업적 학습장애는 학습 잠재력을 가지고 학교에서 정상적인 학습을 한 후에도 읽기, 쓰기, 수학 등의 영역에서 또래의 평균 학년 수준에 비해 성취 수준이 크게 떨어지는 경우를 말한다.

발달적 학습장애

주의집중장애. 주의집중은 학습을 위해 필수적인 선행조건으로, 학습 시에 일어나는 다양한 자극 중 필요한 자극을 선별해내는 능력을 말한다.

기억장애. 기억장애는 단기기억, 장기기억 등의 능력 결함으로 인하여 보고 듣고 경험한 것을 기억하지 못하는 경우를 말한다.

지각장애. 시각변별장애, 청각변별장애 등이 이에 속하는데, 시각변별장애란 방향표시나 도로의 표지, 상징적으로 그린 그림 등을 이해하지 못하는 경우이다. 시력에는 문제가 없음에도 불구하고 그림 등의 의미를 이해하지 못하고, 심할 경우에는 사람의 얼굴을 잘 식별하지 못하는 경우도 있다.

사고장애. 사고에는 판단, 비교, 계산, 추리, 평가, 비판적 사고, 문제해결 및 의사결정 등의 활동이 포함되어 있으며, 사고과정은 개념과 단편적인 지식을 조직하여 목표를 달성하거나 새로운 이해 수준에 도달하기 위하여 이와 같은 요소들을 각기 관련시킬 수 있는 능력을 필요로 한다.

구어장애. 인간은 언어적이거나 비언어적인 방법을 통하여 대상, 사건, 관계, 사고 등을 서로 표현하는데, 구어를 도구로 하여 다른 사람의 의사를 수용하거나 통합하지 못하며 자신을 표현할 수 없을 때 구어장애라고 한다.

학업적 학습장애

학업적 학습장애는 주로 취학 아동이 겪는 문제이다. 학업적 학습장애에는 읽기, 쓰기 및 수학학습장애로 구분된다. 아동이 학습 잠재력을 가지고 학교에서 정상적인 학습경험을 하고서도 읽기, 쓰기, 수학 등의 영역에서 학년 수준에 비해 성취 수준이 크게 떨어지는 경우를 말한다. 발달적 학습장애와 학업적 학습장애는 상관이 높으며, 조기에 보이는 발달적 학습장애에 대해서 중재가 충분히 이루어지지 못하면 학업적 학습장애로 이어진다.

읽기학습장애는 학습장애 영역 중 가장 많은 비율을 차지하고 있는 하위장애로서, 학습장애의 60~70%를 차지한다. 읽기학습장애란 이와 같은 기능을 제대로 발휘하지 못하여 음운인식, 유창성, 독해 등의 문제로 문자 매체를 읽고 의미를 파악하는데 곤란을 겪는 것을 말하며, 대표적인 읽기학습장애로는 난독증을 들 수 있다.

쓰기학습장애는 내적 요인이나 운동 기능 통제, 지각, 시기억 및 기능의 우세성을 고려하지 않은 손의 선택(오른손잡이, 왼손잡이) 등으로 인하여 쓰기가 곤란하거나, 다른 사람이 읽을 수 없을 정도의 난필을 쓰는 경우를 말한다.

수학학습장애는 기본적인 계산 기능인 덧셈, 뺄셈, 곱셈, 나눗셈 등의 학습과 추론능력, 언어 능력을 필요로 하는 수학교과 영역의 학습에 장애를 가지며, 언어 문제, 주의집중 문제, 시 · 공간변별, 감각통합 문제 등에 의해 일어난다.

2 학습장애의 원인과 출현율

1) 원인

학습장애는 원인에 대한 일부 단서를 가지고 있기는 하지만, 그 원인이 명확히 밝혀지지 않아서 그와 관련된 과학적 연구가 꾸준히 이루어지고 있다. 학습장애의 원인을 밝히기 위한 두 가지 기본적인 접근은 의료적 모델과 교육적 모델이다. 의료적 모델은 학습장애의 생물학적 측면과 중추신경계에서 원인을 찾고자 한다. 반면, 교육적 모델은 학습자와 환경 간의 상호작용, 학습 환경의 변화 및 행동을 형성시키기 위한 행동적 강화이용하기의 상호작용에서 원인을 찾을 수 있다.

과학자들은 통찰력을 갖고 생물학적 원인이 어떻게 학습장애를 일으키는지 찾고자 한다. 일부 연구에서는 유전적 원인이 일정 역할을 하고 있다는 증거들이 드러나기 시작했다. 인간의 유전자지도를 그리게 됨으로써 학습장애의 유전적 원인에 관한 연구가 증가하고 있다. 염색체의 위치 1, 2, 3, 6, 13, 14, 15, 18은 학습장애 및 난독증과 관련이 있다(Demonet, Taylor, & Chaix, 2004). 난독증은 염색체 6번에 유전자배열이 잘못되어 나타난다(Heward, 2009). 이러한 요인은 유전되며, 가족의 유전성과 관련이 있고, 가족 중 읽기장애가 있으면 재발률이 35~45%에 이른다(Shapiro, Church, & Lewis, 2002).

다른 가정은 학습장애가 뇌의 기능과 구조상의 미세한 이상에 의해 발생된다고 본다. 뇌의 발달은 복잡하여 세포의 형성과 위치, 연결에 문제가 있거나 분열이 있을 수 있다. 이것은 뇌의 세포망에 잘못된 부분이 있음을 의미하고, 문제가 있는 뇌의 세포망 영역에서 정보처리를 해야 할 경우 문제가 분명하게 드러난다(Silver, 2002).

단기기억과 장기기억 영역에 관련된 연구들이 많이 있다. 이 연구들은 읽기학습에 어려움을 겪는 아동의 경우 단기기억의 결함은 보이지만, 장기기억에는 이상이 없다는 것을 발견하였다. 학습장애의 원인을 명확히 밝히기 위하여 노력하는 동안 조기교육 시기부터 이 장애를 지닌 영유아를 이해하고 격려할 필요가 있다.

2) 출현율

학습장애를 지닌 특수교육대상 학생의 출현율은 특수교육대상자 범주 중에서 가장 많은 비중을 차지한다. 국립특수교육원(2001)의 연구에 의하면, 이들의 출현율은 1.17%로, 전체 특수교육대상자의 43.17%에 해당된다. 그러나 출현율 연구 사례를 보면 다양하게 보고되고 있다. 미국의 경우, 출현율 추정치는 1~30%에 이르기까지 매우 다양하며, 전체 특수교육대상 학생 중 가장 많은 비율을 차지한다.

이처럼 다양한 출현율이 제안되고 있는 이유는 학습장애의 정의가 통일되어 있지 않고, 개념적 모델이 다르며, 진단평가 접근 방식에 차이가 있고, 사정에 적용된 검사도구가 다르기 때문이다(정대영, 2017). 특수교육통계(교육부, 2019)에 따르면 학습장애로 특수교육을 받는 학생은 1,409명으로 전체 특수교육대상 학생의 1.5%에 불과하다. 이러한 현상은 진단평가, 선정 절차 및 방법이 학생의 학습기회 보장에 얼마나 큰 영향을 주는지를 여실히 보여 주는 좋은 사례이다.

3 학습장애의 특성

1) 입력 문제

정보는 감각을 통해 대뇌로 들어간다. 여기서는 교육적인 목적을 위해 감각 문제, 주로 시각, 청각 및 촉각 분야에 관심을 가지고 기술하기로 한다.

시지각 문제

이 영역에 문제를 지닌 아동은 시각적 입력을 혼동하게 된다. 문자를 구분하는 데 어려움을 겪는데, 예를 들면 'ㄷ', 'ㅂ', 'ㅁ', 'ㅍ' 등을 혼동할 수 있다. 그들은 그림을 보고 베끼며 선을 그리는 등의 과제에 어려움을 겪는다.

다른 유형의 시지각 문제는 공간에서 위치를 조직하는 것과 연관이 있다. 아동은 좌우를 혼동할 수 있고, 거리를 잘못 판단할 수도 있다.

일부 아동은 전경-배경의 문제를 가지고 전체 페이지에서 특정 그림이나 특정 부분에 초점을 맞추기 어렵다. 이러한 아동은 읽기를 할 때 줄을 건너뛰거나 단어를 빠트릴 수 있으며, 그림에서 특정 대상을 찾는 게임을 할 때 찾지 못하는 경우가 많다.

청지각 문제

일부 아동은 소리의 미묘한 차이를 구분하지 못하고, 발음이 유사한 단어를 혼동한다. 또한, 다른 아동이 말을 하는 배경소음이 일어날 때 교사의 목소리에 초점을 맞추지 못한다. 흔히 잘 듣지 못하고 들은 것을 잘 수행하지 못한다.

촉지각 문제

촉각체계는 가장 큰 감각기관이며, 신체를 모두 에워싸고 있다. 유아는 접촉에 과민반응을 하거나 과소반응을 할 수 있다. 과소반응을 하는 아동은 상처를 입어도 고통을 느끼지 못할 수 있고, 물체를 잘 다루지 못할 수 있다. 과민반응을 하는 아동은 촉각 입력을 회피할 수 있고 붙잡히거나 껴안기기를 싫어할 수 있으며, 모래나 물과 같은 촉각놀이에 참여하기를 꺼릴 수 있다.

2) 통합적 문제

실행 기능 손상

아동이 실행 기능에 손상을 입으면 차례를 기다리는 능력이 떨어지고, 자신을 통제하는 반응을 억제하는 데 문제가 생긴다. 순서를 계획하는 데 어려움을 겪고, 표정보다는 신발의 색깔에 초점을 맞추는 등 현재와 미래의 문제해결과 관련된 정보의 부호화에 문제를 갖는다. 실행 기능은 과제를 효과적이고 효율적으로 수행할 수 있는 기술, 전략과 자료를 인식하고 과제를 완수하기 위해 자신을 조절하는 기능 등을 지니고 있다. 실행 기능에 문제를 가지면 과제를 수행할 때 신중히 생각하지 않고 생각나는 대로 수행하며, 정확히 수행하기보다 단지 끝내는 데 더 관심을 둔다.

추상적 문제

영유아는 발달적으로 볼 때 추상적인 내용의 이해에 어려움을 갖는 것이 당연하다. 추상적인 내용의 이해에 문제를 갖는 아동은 농담이나 말장난을 잘못 이해할 수 있으며, 초등학교에 입학하게 되면 더욱 문제가 될 수 있다. 또한, 보지 않고서도 어떻게 행동하는지를 안다는 의미로 "나는 머리 뒤통수에도 눈이 있다."라는 말을 하면 문자 그대로 받아들이고, 문자 그대로 반응하므로 또래들로부터 놀림감이 되는 경향이 있다.

조직 문제

일부 아동은 정보처리는 할 수 있으나, 그 정보를 전체로 통합하는 데 어려움을 보인다. 그들은 엄마의 이름과 같은 특정 정보를 물으면 대답할 수 있지만, 무엇에 관한 이야기인지를 물으면 대답을 하지 못한다. 아울러 책상이 지저분하고, 어떠한 물건을 집에 가져갔다가 가져오는 것을 잊어버리고, 과제를 제출하는 것을 자주 잊는다.

순서화 문제

순서화 및 계열화 문제를 지닌 아동은 이야기를 듣고 이해할 수 있지만, 사건의 순서를 혼동한다. 예를 들면, 닿소리와 홀소리의 순서, 요일의 순서, 열두 달의 순서, 처음과 끝을 알지 못한다. 35와 53을 혼동하는 등 숫자의 순서를 바꾸어 지각하기도 한다.

3) 기억 문제

일단 정보가 대뇌로 들어가면 저장이 된다. 학습에서 가장 중요한 기억은 장기기억과 단기기억이다. 단기기억은 수 초에서 수 시간 동안 일시적으로 저장되는 것을 말한다. 주의가 산만하면 단기기억이 어려워진다. 장기기억은 보다 영구적이고 무제한적이다. 장기기억으로부터 정보를 인출하기 위해서는 그것이 저장된 장소를 기억해야 한다. 학습장애를 지닌 아동은 정보를 무계획적으로 표찰하여 저장한다. 그들은 수렴적 인출(질문에 대답하기)보다는 확산적 인출(그들이 만든 주제에 대해 말하기)을 더 잘한다.

일반적으로 정보를 이동시키는 능력은 좋으므로, 상황 중심의 학습이 중요하다. 상황 중심의 학습은 그들에게 학습뿐만 아니라 정보저장 체계를 제공해 준다. 기계적 기억과 고립된 사실이 무작위로 저장되는 경향이 있기 때문에 기억 과제에 대한 반응이 고르지 못하다. 정보를 기억하지 못하거나 효과적으로 인출하지 못하면 순서가 있는 문제를 해결하는 데 어려움을 겪는다(Shapiro et al., 2007).

4) 산출 문제

언어 문제

언어는 기억과 관련이 있다. 언어가 자발적일 때 단어가 유창하게 이어진다. 반면에 특정 주제에 대해 말하거나 특수한 질문에 대답을 요구하면 말이 끊어지게 된다. 또한, 질문을 반복하기도 하고, 질문에 대답하기 전에 정보를 찾는 데 시간이 더 걸린다.

운동 문제

일부 아동은 대근육운동과 소근육운동 문제를 가진다. 대근육운동 문제를 가진 아동은 움직임이 서툴고 협응력이 열등하다. 소근육운동 문제를 가진 아동은 끈을 묶거나 지퍼를 이용하거나 단추를 채우고 풀기에 어려움을 겪는다. 글자 쓰기가 늦고 글자를 쓸 때 누르는 힘을 고르게 주지 못한다.

4 학습장애의 진단평가와 사정

잠재적 학습문제의 징후는 취학 전 단계에서부터 나타나기 시작한다. 이러한 조짐을 보이는 아동은 발음이 불완전하거나, 어휘 발달이 늦거나, 이야기 듣기 및 말하기에 관심을 적게 보인다. 일상생활에서 기억력이 열등하고 숫자, 철자 및 요일의 학습에 어려움도 겪는다. 조용히 앉아 있지 못하거나, 안절부절못하며, 과제에 집중하는 능력이 열등하고 과제를 즐기지 않는다. 또한, 옷 입고 벗기, 단추 채우고 풀기, 지퍼 올리고 내리기 등에 어려움을 겪기도 한다. 그들은 또래들과 어울리는 데 어려움을 보이고, 기타 사회 기술에 약점을 보인다. 뿐만 아니라 방향성(왼쪽에서 오른쪽으로) 학습에 문제를 보이기도 한다.

학습장애를 지닌 영유아를 판별하는 것은 어렵지만, 나중에 학업 영역에 위험성을 나타내는 조짐은 다음과 같다.

- 주산기 조건: 낮은 아프가점수(신생아 건강평가 점수: 심박 수, 호흡, 근육 긴장 상태, 반사 감응성, 피부 색깔의 다섯 영역을 평가함), 저체중, 빨기와 삼키기 곤란
- 유전적 및 환경적 조건: 학습장애 및 언어 문제가 있는 가족사, 환경적 독성에 노출, 입양, 가난
- 인지 기능 지연: 수단-목적의 관계를 이해 못함, 대상의 영속성, 상징놀이 부족
- 구어 이해와 표현의 지연: 제한된 수용 및 표현언어, 어휘, 미숙한 구문, 자발적인 의사소통이 없음, 지시 따르기가 곤란함
- 초기 문해 기술 지연: 사물이나 색깔의 이름을 거의 말하지 못함, 제한된 문자의식과 문자에 대한 관심이 제한됨, 음운인식이 거의 없음
- 대근육운동과 소근육운동의 지각운동 기능 지연: 깡충깡충 뛰기, 달리기, 점프하기, 색칠하기, 자르기, 구슬꿰기 기능의 발달 지연
- 주의집중과 행동: 주의산만, 충동성, 과잉행동, 고집 등을 보임

정신과 의사들이 참고하는 학습장애 진단기준은 미국정신과 진단을 위한 통계편람(DSM-5)이다. 이 기준에 의하면, 성취도와 IQ 간에 2 표준편차 이상의 차이가 날 때 학습장애로 본다.

IDEA 2004에서는 학습장애를 진단평가하는 과정에서 지적 능력과 학업성취 간의 불일치를 이용하도록 요구하지 말아야 하고, 과학적 연구기반에 대한 아동의 반응에 기초한 과정을 이용해야 하며, 대안적 연구기반 절차를 이용할 수 있도록 허용해야 한다고 규정하고 있다(34 CFR 300.8(c)(10)(U.S. Department of Education, Office of Special Education Programs, 2006).

학습장애를 진단평가하기 위한 추가 준거로 문제의 학습 영역을 제시하고 있는데, 학습장애를 지닌 아동의 경우 자신의 연령 수준이나 국가가 제시한 기준에 맞게 교수-학습 활동을 제공하였음에도 불구하고 '**구어, 듣기 이해, 쓰기 표현, 기초 읽기 기능, 읽기 유창성 기능, 읽기이해, 수학 계산, 수학 문제해결**'과 같은 영역을 연령 기준과 국가 기준에 적합하게 성취하지 못한다.

아울러 학습장애는 시각장애, 청각장애, 지체장애, 지적장애, 정서행동장애, 문화적 요인, 환경적 및 경제적 실조, 모국어 유창성 제한 등에 의한 것이 아니라는 것을 밝혀야 한다.

영유아기에 학습장애를 판별한다는 것은 어려운 일이며, 조기에 장애 명칭을 붙이는 것은 바람직하지 않기 때문에 가급적 피하는 것이 바람직하다. 그러나 다음과 같은 영역에서 진전을 보이지 않을 경우 학습장애를 지니고 있을 가능성이 크다.

- 말과 언어 발달의 지연
- 운동협응 부족
- 지각적 추론 문제
- 미숙한 사회적 상호작용과 성취
- 수학 및 문해 영역의 선수 기능

불일치 준거에 의한 학습장애 판별의 한계를 극복하기 위하여 중재반응법이 제안되었다. 중재반응법은 일부 학생이나 모든 학생을 위한 프로그램에서 중요한 변화가 있을 때 일어나는 반응을 말한다(정대영, 2019). 중재반응법은 학령기 아동이 학습에 실패하기 전에 조기에 개입하여 지도하는 모델로, 중재모델의 기본 가정은 조기중재를 하게 되면 학습 곤란으로 인한 잠재적 학습장애를 예방할 수 있다고 본다.

중재반응법은 학습장애 위험군 아동을 판별하는 데 효과적이지만, 3~4세 유아에게 효과적인 중재전략과 중재반응법의 실시 방법에 대한 합의가 이루어지지 않았다. 중재반응법은 학령기 학습장애 위험군 아동을 먼저 지도하고 그 과정에서 판별하는 교수적 접근법이다.

아동이 「특수교육법」에 규정된 학습장애의 선정 기준을 충족시키기 전까지는 아동에게 장애 명칭을 붙이지 않고 중재를 제공하는 것이 바람직하다.

5 학습장애를 지닌 영유아를 위한 교육적 지원과 중재

1) 교육과정 적합화

학습장애를 지닌 아동은 교육과정의 수정이나 조정이 필요하며, 아동의 개별적 요구에 따라 제공해야 할 유형이 결정된다.

통합교육 과정에서 학습장애를 지닌 아동을 포함시키고 이들의 요구를 충족시켜 주기 위해 프로그램을 조정하면, 적대적 반항장애와 같은 이차적 장애를 예방하고 학습 실패를 줄일 수 있다.

신체운동 · 건강

모든 아동은 그들의 세상에서 안전하고 건강하게 지내는 방법을 찾을 필요가 있다. 학습장애를 가진 아동은 충동적 행동, 계획하기 능력의 부족, 환경에 대한 정보처리의 문제로 인하여 생활 속에서 많은 위험에 노출되어 있다. 또한, 응급상황에서 지시사항을 이해하거나 적절한 행동을 취해야 하는 복잡한 상황을 경험할 수 있다.

그들은 움직임과 관련하여 공간과 거리에 관한 정보를 통합하는 능력에 결함을 보일 수도 있다.

건강과 안전. 학습장애를 지닌 아동은 중이염을 앓기도 하고, 가벼운 외상으로 인해서 보건위생 전문가들과 자주 접한 경험이 있을 수도 있다. 또한, 안전지시를 따르는 데 어려움을 겪거나 감각운동의 통합 능력이 열등하여 위험한 상황에 자주 처하게 된다.

- 일반 아동에 비해 길을 잘 잃어버리기 때문에 자신의 이름과 전화번호 등을 말할 수 있도록 지도한다.
- 사고방지에 대해 이야기한다. 아동에게 행동의 결과가 어떠한지를 이해할 수 있도록 도와준다(예: 계단을 뛰어 내려가면 어떤 일이 일어날까?).
- 아동에게 일반적인 건강 문제에 대해 이야기하고(감기, 귀 염증, 위통, 두통), 각 증상을 구분하도록 지도한다. 질병을 예방할 수 있는 방법과 어떻게 치료하는지에 대해 이야기한다.

대근육운동. 학습장애를 지닌 아동은 앉기, 기기, 걷기와 같은 발달 이정표를 적절히 따라가지 못할 수 있다. 어떤 아동은 신체조절과 율동 능력이 부족하다. 이러한 아동은 걷거나 뛰기를 하는 동안 관절이 탈구되기도 하고, 가고 싶은 곳으로 이동하지만, 비효율적이며 유연하게 움직이지 못한다. 어떤 아동은 깡충 뛰기, 뛰어오르기, 그리고 줄넘기와 같은 중요한 기본 운동 기술이 부족하다. 아동이 소근육운동을 할 수 있기 전에 자신의 몸통과 어깨에 있는 대근육운동을 안정시킬 수 있어야 한다. 아동을 지도하기 위해 선택한 활동은 발달 단계에 적합해야 한다.

어떤 아동은 물건을 들어 올리기나 던지기와 같은 양측성 운동(동시에 두 손과 두 팔을 같이 사용하기)과제에 어려움을 나타낸다. 기기와 같은 대칭적 대각선 운동 cross-lateral movement(반대편 팔과 다리를 동시에 사용하기)이 어려울 수도 있다. 또한, 움직이는 동안에 균형을 조절하기 어려울 수도 있으며, 빈번하게 걸려 넘어지고, 물건에 부딪히고, 물건을 떨어뜨릴 수도 있다. 그들은 공간방향정위 능력이 열등하고 물체 간의 관련성을 이해하기 어려워 어떤 물체를 넘어가기 위해서 발을 얼마나 높이 올려야 하는지 또는 줄 아래로 지나가기 위해 몸을 얼마나 낮추어야 하는지를 알지 못할 수도 있다. 이러한 아동은 공 잡기에 어려움이 있으며, 공이 튀어 오르면 더욱 어려워하는데, 이것은 자신에게 공이 도달할 때 그리고 공이 도달했을 때 그 공의 높이가 어느 정도 되는지를 파악하기 어렵기 때문이다. 따라서 이와 같은 이유로 공을 거의 잡지 못한다.

일부 아동은 대근육운동 활동에 참여하도록 교사의 격려가 필요하다. 특히, 협응력이 부족하여 다른 아동들로부터 놀림을 받은 적이 있다면 더욱 그렇다.

- 아동이 게걸음으로 물체에 다가가서 그것을 배 위에 올려놓고 운반하게 한다. 아동의 발달 단계에 기초하여 걸음걸이를 다양하게 한다.
- 게걸음 동작으로 축구를 하게 한다.
- 무릎을 굽히고 윗몸 일으키기를 한다.
- 두 개의 고정된 물체에 줄을 묶고 스쿠터에 누워서 줄 밑으로 지나가게 한다.
- 누운 채 콩주머니를 표적에 던지게 한다.
- 어깨 높이에 있는 칠판에 그림을 그리도록 한다.
- 몸통의 측면 근육을 발달시키는 활동을 시킨다(기기, 기어오르기, 구르기).

소근육운동. 모든 아동은 소근육운동 기능을 연습할 필요가 있다. 학습장애를 가진 아동은 이러한 분야에서 추가로 동기를 부여해야 한다. 아동은 소근육운동과 관련된 활동을 회피할 수도 있으므로 교사는 아동에게 연습이 필요하다는 것을 알게 하고 흥미를 느끼도록 해야 한다. 소근육운동 기능이 열등한 아동은 손가락과 손목을 움직여 작은 물체를 다루는 것이 서툴다. 그들은 단추 잠그기, 똑딱이 단추 채우기, 묶기를 하지 못할 수 있다. 손끝으로 잡는 능력이 덜 발달된 경우 작은 물건을 집는 것에 어려움을 겪는다.

- 집게손가락, 엄지, 그다음 다른 손가락을 사용해서 한쪽에 놓여 있는 상자 속으로 탁구공을 튕겨 넣는다.
- 공작용 점토로 통나무 모양을 만든다. 손가락으로 점토를 펴고, 엄지와 검지로

점토를 굴려 작은 공을 만든다.

학습장애를 지닌 아동은 선 안쪽 색칠하기, 지정된 영역에 풀칠하기, 가위로 종이 자르기 등도 어려울 수 있다. 큰 크레파스, 큰 분필, 단순한 디자인은 아동의 소근육 운동 능력을 발달시키는 데 도움이 된다.

감각운동 통합. 아동은 접촉, 시야, 소리 등 자신의 감각을 이용하여 몸을 인식하고, 움직임을 통한 중력의 당기는 힘에 관한 정보를 얻는다. 뇌가 이러한 정보를 조직하고 해석하는 과정을 감각통합이라고 한다. 이러한 정보와 운동 활동을 통합시키는 것을 운동 계획하기(motor planning)라고 한다. 어떤 아동에게는 운동 계획하기가 쉽고 자연스럽지만, 학습장애를 가진 아동에게는 어려운 과제일 수 있다. 아동이 이러한 문제를 가지면 새로운 기능을 학습할 때, 발달 과정, 행동에 문제가 나타날 수 있다. 아동은 접촉하고, 움직이고, 보고, 소리를 듣는 것에 소극적이거나 과도하게 반응할 수도 있으며, 서투를 수 있고 부주의하게 보이거나 활동 수준이 부적절할 수도 있다. 이러한 문제들을 동시에 갖게 되면 자존감이 더 낮아질 수 있다. 연속적인 움직임을 요구하는 손가락놀이나 노래 부르기와 같은 것을 할 때 운동 계획하기 기능의 요구가 증가하며, 구르기, 걷기, 깡충깡충 뛰기와 같은 익숙한 활동들을 변형할 때 또는 특정한 유형이 요구될 때(두 발짝 앞으로, 한 발짝 옆으로) 운동 계획하기를 적용하게 된다. 눈을 감고 원 안에서 행진을 하도록 하거나 미로를 통해 길을 찾도록 해 본다. 동기부여는 감각통합에서 중요한 역할을 한다. 아동은 감각 정보를 효과적으로 조직하기 위해 능동적으로 참여하고 탐구해야 한다.

- 점토를 굴려 막대 모양이나 글자를 만들고, 자신의 이름을 말하도록 한다.
- 뜨거운 것과 차가운 것을 구분하는 놀이를 하게 한다.
- 앉아서 따라 하기 놀이를 한다.
- 두 손으로 공을 던지거나 구르기 또는 잡기, 두 다리를 함께 모아 깡충 뛰기, 높이뛰기, 손뼉치기, 팔 벌려 높이뛰기 등 동시에 자신의 신체 양쪽을 사용하는 활동을 한다.
- 발걸음마다 발을 번갈아 가면서 계단 올라가기, 사다리 올라가기, 세발자전거

타기, 줄 맞추어 걷기 또는 평균대 걷기, 달리기, 걷기, 줄넘기와 같은 신체의 양쪽을 번갈아서 사용하는 활동을 하게 한다.

- 몸의 중앙선(오른쪽과 왼쪽을 나누는 신체의 중앙을 통하는 가상의 선)을 교차하는 활동을 한다.
- 종이 위에 무늬나 도형을 그린 다음 블록이나 작은 구체물로 그림과 같은 모양을 만들어 본다.
- 요가 동작을 소개한다.

의사소통

난독증으로 판별된 아동의 경우 모두가 정말 난독증인지, 아니면 제대로 배우지 못하여 갖게 된 학습문제인지를 신중하게 검토해야 한다. 훌륭한 보육프로그램은 교수의 강도와 수준을 다양하게 하여 읽기의 기초를 마련하도록 한다. 이것은 교사가 모든 아동을 위해 가족과 보호자를 지원하며, 자녀와 상호작용을 증가시키도록 지원한다는 의미이다. 인지와 언어 발달을 자극하기 위해서 상호작용식 책 읽기, 대화, 가게, 도서관, 그리고 놀이터 다녀오기 등을 한다.

난독증을 지닌 아동은 특정한 어려움을 겪게 된다. 그러나 이러한 어려움과 도전적 문제가 긍정적인 경험이 되도록 도와주어야 한다. 학습장애를 지닌 대부분의 아동은 언어적 어려움을 지니고 있다. 연속적인 활동과 기억하기 게임은 일부 아동에게 어려울 수 있으며, 어떤 아동은 청각변별 과제를 어려워할 수 있다. 난독증을 지닌 아동은 문해 기술을 학습하기 위해 다른 아동에 비해 더 많은 연습을 해야 할 것이다. 아동은 이러한 기술을 어렵게 생각하여 회피할 수도 있다. 그러므로 필요한 기술을 지도하면서 동시에 아동이 재미있게 활동할 수 있도록 한다. 교사의 중요한 역할은 아동이 학습하도록 자극을 주고 동기를 부여하는 것이다.

말하기. 아동이 자신의 생각을 전달하고 느낌을 말로 표현하도록 격려한다. 아동이 말하기를 어려워할 때 다음과 같이 지원한다.

- 사진 단서로 아동의 언어화를 지원한다.

- 아동에게 잠자리 준비하기와 같은 일련의 연속된 활동사진을 보여 주고 어떤 일이 일어나고 있는지에 대해 이야기하도록 한다.
- 아동에게 교사의 하루 생활에 대한 일련의 사진을 주고, 순서를 맞추어 설명하게 한다.
- "나는 ______을 한다."와 같은 문장 완성하기 게임을 한다. 점차 문장의 조건을 추가하여 완성하도록 한다.

듣기. 듣기는 여러 가지 청각적 기술로 이루어져 있다. 청각변별은 소리의 차이점을 말하는 능력이다. 학습장애를 지닌 일부 아동은 소리나 단어의 차이를 인식하는 데 문제가 있어서 종종 의미를 잘못 이해하고, 단어의 운율 요소를 구별하는 데 어려움을 보인다.

청각기억은 들은 내용을 인식하고 기억체계에 저장하는 과정이다. 가끔 아동은 교사가 말을 끝마칠 때쯤이면 처음에 했던 말의 내용을 잊어버린다. 두 단계의 지시를 받으면 둘째 사항을 기억하지 못할 수도 있다. 어떤 아동은 공간 인식과 장소 및 위치를 나타내는 조사와 관련된 말에 문제를 나타낸다. 아동에게는 자신의 몸, 블록 또는 인형으로 반응하도록 지시를 한다. 아동의 청각적 기술을 발달시키기 위해서는 의사소통 시도를 강화시켜줄 수 있는 재미있는 주제를 선택한다. 주의집중 시간을 늘리고 집중력을 증가시키는 활동도 도움이 된다. 문장은 가능하면 짧게 하고, 한 번에 한 단계씩 지시한다.

- '______ 찾기'와 같은 놀이를 한다.
- '탁자 아래에 블록 놓기', '공자 가라사대', 그리고 '엄마 내가 해도 돼요?'와 같은 지시 따르기 놀이를 한다. 놀이에서 실수를 많이 한다고 해서 그 아동을 제외시키지 않도록 한다. 그런 아동은 오히려 연습을 많이 해야 한다.
- 소리를 들려주고, 그 소리를 구별하게 한다.
- 눈을 가리거나, 고개를 돌려 말한 사람이 누구인지 추측하게 하거나 찾게 한다.

읽기. 대부분의 학습장애를 지닌 아동은 읽기학습에 문제를 지니고 있기 때문에 국어와 문해활동을 즐겁게 할 수 있도록 도와주어야 한다. 그들에게 읽기가 재미있다는 것을 알게 하고, 체험할 수 있도록 동기를 유발시켜주어야 한다.

- 이야기를 읽기 전에 책을 살펴보는 시간을 갖는다.
- 때로는 아동의 읽기 수준이 아니라 흥미 수준에 맞는 읽기를 한다.
- 개인의 단어장에 자신이 읽을 수 있는 단어를 기록한다.
- 카드 숫자를 늘려 가는 등 집중력을 높일 수 있는 기억 게임을 한다.
- 그림카드 배열하기를 한다.
- 아동에게 다양한 읽기 수준과 주제의 책을 선택하여 읽도록 격려한다.

쓰기. 쓰기에는 가독성(다른 사람이 읽을 수 있게 글쓰기), 유창성(단어를 자연스럽게 이어서 쓰기) 및 속도가 포함된다. 지구력이 부족하거나 소근육운동 협응 능력이 부족하면 쓰기에 문제를 갖게 된다. 왼손잡이 아동은 또 다른 문제를 가질 수 있다.

- 글쓰기 공간을 마련하여 다양한 쓰기 도구와 글을 쓸 수 있는 여러 유형의 종이를 갖추어 두고, 다양한 글쓰기 활동을 한다.
- 책을 읽을 때 그 책을 쓴 작가와 그림을 그린 삽화가에 대해 이야기를 한다.
- 아동에게 다른 아동이 쓴 글을 보여 준다.
- 아동이 이야기를 쓰고 싶어 하면, 그 내용을 말하게 하고 교사가 그것을 받아 적는다.
- 아동이 쓴 글을 다른 사람들에게 읽도록 한다.
- 아동이 컴퓨터로 글을 쓰게 하고, 철자법 검사를 하여 수정한 후 인쇄를 하도록 한다.

사회관계

모든 아동은 다른 아동 및 성인과 관계성을 형성해야 한다. 그들은 자신이 다른 사람과 무엇이 다르고 어떤 것이 유사한지 인식할 필요가 있다. 다양한 방법을 이용하여 문제를 해결하도록 아동을 격려한다. 그들은 상황을 파악하여 대처하는 데 어려움이 있으므로 이에 대한 지도와 연습이 필요하다.

자존감. 조기에 학습 요구를 판별하게 되면 교사와 아동 모두에게 이익이 된다. 아동이 이미 실패를 경험했다면 학습장애 문제와 더불어 자존감 열등 문제도 다루어야 한다. 또한, 아동이 어려움을 겪는 영역에서 활동을 할 때 자신의 강점을 인식하도록 지도한다.

통합교육. 아동이 집단의 한 부분임을 스스로 느끼도록 도와준다. 인간으로서 독특함을 지니고 있으며 집단에 기여할 수 있음을 이해하게 한다.

사회학습. 사회학습을 통해 다른 사람들과 그들이 하는 역할을 인식하도록 지도한다. 아동의 강점과 요구에 기반을 두고 사회수업을 한다. 예를 들어, 달리기를 잘하는 아동, 노래를 잘 부르는 아동, 그림을 잘 그리는 아동, 리더십이 있는 아동 등 각 아동의 강점을 수업에 활용할 수 있도록 한다.

예술경험

창작 예술은 다른 곳에서 그 기능을 사용하기 전에 안전한 장소에서 연습할 기회와 주변 세계에 대해 좀 더 많은 것을 학습할 기회를 제공한다. 학습장애를 지닌 아동은 시각적 미술을 통해 정서적 해방, 시각적 및 촉감을 통합할 수 있는 기회, 다른 사람에 의해 옳고 그름이 판단되지 않는 창작을 할 수 있는 기회를 얻게 된다.

음악은 감각운동의 통합 능력을 향상시키는 데 도움이 된다. 창의적 움직임을 추가하여 아동이 정서를 표현하도록 하고 신체지각 능력을 향상시킨다. 극놀이를 통해 아동의 역할과 감정을 인식하도록 도와준다.

아동이 슬픔, 화, 불행한 감정, 행복한 감정 등을 표현할 수 있도록 지도한다. 아동에게 여행이나 특별한 이벤트가 주는 느낌을 극놀이로 표현하게 하는 것 등이 도움이 된다.

미술. 학습장애를 지닌 아동의 경우, 미술은 결과보다 과정에 초점을 맞추어야 하며, 아동이 자유스럽고, 자발적이며 창조적일 수 있도록 지도한다. 아동이 자신의 작품이 무엇인가 중요하고 특별한 것이 되어야 한다고 부담을 느끼면 실패할 가능성이 커진다.

- 큰 그림 붓을 사용하게 한다. 큰 그림 붓은 작은 붓보다 눈-손 협응력을 덜 요구한다. 아동이 큰 붓에 익숙해진 후 작은 붓으로 연습하게 한다.
- 색깔이 있는 마킹 펜은 크레파스보다 더 쉽게 사용할 수 있다. 왜냐하면, 힘을 주지 않아도 쉽게 표시가 되기 때문이다. 아동이 능숙해지면 크레파스, 분필, 색연필 등 다양한 종류를 이용하여 연습한다.
- 미술 재료가 다양하다는 것을 탐구할 수 있도록 한다. 색깔, 모양 및 감촉 등 미술 학습에서 사용되는 어휘들을 이해하고 늘려가도록 지도한다.
- 미술을 통해 아동의 관찰력을 발달시키도록 한다. 미술에 관하여 생각하도록 도와주고 그것을 어떻게 창작했는지를 물어본다.
- 책 속의 삽화에 대해 설명하고 생각해 보도록 격려한다.

음악. 음악은 아동의 신체적, 심미적, 인지적 발달에 기여한다. 이것은 즐거움과 창조적 경험을 제공하고, 청각적 기술을 발달시킨다. 뿐만 아니라 신체적 발달을 촉진하고 목소리의 범위와 유연성을 증가시킨다. 감상, 노래 부르기, 음악에 따라 율동 하기, 악기 연주하기 등 아동의 음악적 경험을 다양하고 폭넓게 시킨다.

- 가능한 한 다양한 악기를 이용한다. 악기를 제시하고 여러 방법으로 연주할 때 나는 악기의 소리를 탐색하고 평가하도록 지도한다.
- 음악과 언어 경험들을 혼합시킨다. 아동이 노래에 새로운 가사를 붙여 보게 한다.
- 이야기의 배경으로 음악을 이용한다. 이야기에 알맞은 배경 음악을 선택하도록 한다. 음악의 분위기가 자신의 이야기와 어떻게 연관되며, 어떤 분위기를 느낄 수 있게 하는지를 생각해 보게 한다.
- 아동에게 악기를 만들어 보게 한다. 물의 양을 각각 다르게 넣은 컵 등을 이용하여 아동에게 악기를 만들어 보는 과정에 참여하여 소리가 어떻게 만들어지는지, 소리가 어디에서 나오는지, 그리고 어떻게 소리를 바꾸는지에 대해 이해

하도록 한다. 또한, 자신의 각 신체 부위를 이용하여 어떤 소리를 낼 수 있는지 알아본다.

- 아동에게 고음, 큰 소리, 박자, 시간 등 음악의 어휘와 개념을 소개한다.

창작활동. 학습장애를 지닌 아동에게는 창작활동에 있어서 활동의 질을 중요시할 것이 아니라 창조성에 대한 부분을 강조해야 한다. 아동의 활동을 평가하는 것보다 아동이 표현하고 해석할 수 있는 기회를 제공하는 것에 더 중점을 두어야 한다. 또한, 이러한 창작활동은 감각통합 능력을 발달시킬 수 있는 기회를 제공한다.

- 젤라틴, 깊은 모래밭, 파리잡이 끈끈이, 벌집 또는 빨려드는 모래 구덩이와 같은 가상적 물질 위를 걷도록 상상하게 하고 어떤 반응이 있을지 추측해 보게 한다.
- 청각적 자극(CD에서 나오는 음악)을 움직임으로 표현할 수 있는 기회를 제공하고 음악과 동작을 조합해 본다.

극놀이. 극놀이는 아동에게 여러 가지 역할을 할 수 있는 기회를 제공하고, 새로운 세계를 경험할 수 있도록 하며, 새로운 역할을 시연하고 통제를 받을 기회를 경험하게 한다. 그러나 특별하고 익숙하지 않은 이벤트는 스트레스가 될 수 있다. 학습장애를 지닌 아동은 고통만큼이나 즐거움을 표현하는 데도 문제가 있으므로 행복하고 슬픈 것을 표현하는 연습을 해야 한다.

자연탐구

학습장애를 가진 아동은 다른 아동만큼 일반적인 지식을 가지고 있지 못할 수도 있다. 특히, 이러한 현상은 인과관계를 다루는 분야에서 나타난다. 그들은 그늘보다 태양 아래가 더 뜨겁고, 물을 주지 않으면 식물이 죽는다는 점을 이해하지 못할 수도 있다.

이러한 아동은 논리적 추론에 대한 연습을 해야 한다. 다음에 무슨 일이 일어날 것인지에 대해 예측할 수 있다는 것을 먼저 사물을 이용하여 연습시키고, 그다음에는 행동으로 시범을 보여 준다. 이러한 방법을 통하여 아동의 인과관계 추론 기능을 점차 개선시킬 수 있다.

수학. 수학 분야의 감각운동을 경험적으로 인식하도록 한다. 단지 수학에 대해 보거나 듣기만 하지 말고 실제로 수학 학습을 하는 것이 중요하다.

- 구체물을 이용하여 다양한 방법으로 수 개념과 계산 기술을 지도한다. 예를 들어, 간식 시간에 음식을 이용하여 수 개념을 지도한다. 같음/다름, 숫자, 묶음, 동등, 일대일 대응, 그리고 좀 더/덜(적은)/같음 등의 개념을 지도한다.
- 숫자를 제시할 때 물체의 집단과 숫자 일치시키기와 구분하기, 숫자, 색깔, 또는 그림을 선택하는 게임하기, 물체 세기, 숫자 이름 말하기 등의 수 개념과 관련된 게임을 한다.
- 도표, 목록, 그래프를 사용하여 정보를 분류하고 조직하는 연습을 한다.
- 아동이 문제를 풀기 위해 수학적 추론을 해야 하는 상황을 만든다.
- 아동과 함께 크기 비교 게임을 한다(예: "큰 공을 주세요." 또는 "가장 큰 공을 주세요.").
- 아동이 색깔이나 물체(예: 신발-신발-양말-신발-신발-양말)의 수 패턴이나 관계를 확인하고 구성하며 예상할 수 있도록 도와준다.
- 아동에게 수학적 개념에 관한 대화를 하는 데 필요한 어휘를 지도한다(2차원 및 3차원 기하도형, 상대적 크기, 숫자, 공간관계, 측정).
- 아동이 수학 문제와 해결에 대한 수학 일지를 쓰게 한다.
- 대형 모눈종이를 주어 수학계산을 하는 데 도움을 준다.
- 문장제 문제에 대해 아동과 함께 생각해 보고, 아동에게 이야기를 하게 하여 문장제 문제를 좀 더 구체화하도록 한다.

과학. 기초적인 탐구방법을 적용하면 학습장애를 지닌 아동이 과학에 더욱 열심히 참여할 것이다. 아동은 자연세계를 이해하고 조직하기 위해 과학의 기본 개념들을 이용할 수 있어야 한다.

- 과학을 이용하여 일반적인 정보를 지도한다.
- 물체(오렌지, 컵, 거울)를 관찰하게 하고, 할 수 있는 만큼 세부 사항들을 설명하게 한다(색깔, 모양, 크기, 감촉, 기능, 부분).
- 영유아에게 과학적 처리과정의 기능과 과학적 방법의 기초를 지도한다.

보조공학. 컴퓨터는 무한한 참을성을 가지고 있으며 에너지는 끝이 없고, 그러면서 잊어버리는 아동에게 화도 내지 않는다. 일부 프로그램은 시작 지점에 관계없이 아동이 정답에 더욱 접근할 수 있도록 설계되어 있다.

아동은 3세가 되면 컴퓨터를 시작할 수 있고, 성인의 도움을 받아 탐구 기반의 소프트웨어를 사용할 수 있다. 그러나 화면 보는 시간을 제한하여야 한다(TV, 컴퓨터, DVD 또는 비디오). 아동은 번쩍이는 이미지 또는 움직이는 그림에 주의를 집중시키지만, 아동의 주의집중 시간은 짧고 자연스럽게 한 곳에서 다른 곳으로 건너뛰게 된다. 하지만 일부 형태의 전자 매체는 이러한 미성숙한 발달 수준의 아동을 지원하고 집중 시간을 연장할 수 있다. 보조공학을 발달 수준에 맞게 적절하고 효과적으로 이용하기 위해서는 교육과정에 반드시 포함시켜야 한다. 컴퓨터로 작업할 때는 모든 감각을 이용하도록 계획하고, 소프트웨어와 보조공학을 이용하여 교육목표를 지원하도록 한다.

요약

학습장애의 정의와 분류

- 「특수교육법」에서는 학습장애를 지닌 특수교육대상자의 기준을 "**개인의 내적 요인으로 인하여 듣기, 말하기, 주의집중, 지각, 기억, 문제해결 등의 학습 기능이나 읽기, 쓰기, 수학 등 학업성취 영역에서 현저하게 어려움이 있는 사람**"이라고 규정하고 있다.
- 학습장애는 크게 발달적 학습장애와 학업적 학습장애로 구분될 수 있다.
- 발달적 학습장애란, 주로 발달기 동안에 일어나는 것으로서 주의집중장애, 기억장애, 지각장애, 사고장애, 구어장애, 협응장애, 사회기술장애 등을 말한다.
- 학업적 학습장애는 주로 취학 아동이 겪는 문제로서 읽기장애, 쓰기장애 및 수학장애 등으로 구분된다.

학습장애의 원인과 출현율

- 의료적 모델은 학습장애의 생물학적 측면과 중추신경계에서 원인을 찾고자 한다.
- 교육적 모델은 학습자와 환경 간의 상호작용, 학습 환경의 변화 및 행동을 형성시키기 위한 행동적 강화이용하기의 상호작용에서 찾고 있다.
- 국립특수교육원의 연구(2001)에 의하면, 이들의 출현율은 1.17%로, 전체 특수교육대상자의 43.17%에 해당한다.
- 특수교육통계(2019)에 의하면 학습장애로 특수교육을 받는 학생은 1,409명으로 전체 특수교육대상자의 1.5%에 해당된다.

학습장애의 특성

- 입력 문제로 시지각, 청지각, 촉지각에 어려움을 보인다.
- 통합적 문제로 실행 기능 손상, 추상적 문제, 조직 문제, 순서화 문제 등을 보인다.

- 기억 문제로 인하여 정보를 기억하지 못하거나 효과적으로 인출하지 못하면 순서가 있는 문제를 해결하는 데 어려움을 겪는다.
- 산출 문제로 언어와 운동에 어려움을 겪는다.

학습장애의 진단평가와 사정

- 정신과 의사들이 참고하는 학습장애 진단기준은 미국정신과 진단을 위한 통계편람(DSM-5)에 의하면, 성취도와 IQ 간에 2 표준편차 이상의 차이가 날 때 학습장애로 본다.
- 학습장애의 진단평가는 지적 능력과 학업성취 간의 불일치를 이용하는 방법이 전통적으로 적용되어 왔으나 대안으로 중재반응법이 적용되고 있다.
- 중재반응법은 학령기 아동이 학습에 실패하기 전에 조기에 개입하여 지도하는 모델로, 중재모델의 기본 가정은 조기중재를 하게 되면 학습 곤란으로 인한 잠재적 학습장애를 예방할 수 있다고 본다.

학습장애를 지닌 영유아를 위한 교육적 지원과 중재

- 학습장애를 지닌 아동은 교육과정의 수정이나 조정이 필요하며, 아동의 개별적 요구에 따라 제공해야 할 유형이 결정된다.
- 통합교육과정에서 학습장애를 지닌 아동을 포함시키고 이들의 요구를 충족시켜주기 위해 프로그램을 조정하면, 적대적 반항장애와 같은 이차적 장애를 예방하고 학습 실패를 줄일 수 있다.

Chapter 13 정서행동장애를 지닌 영유아

아동은 불안한 가족생활로 인한 스트레스를 안고 교육의 장으로 온다. 일부 아동은 가난한 삶을 살아야 하고, 어떤 아동은 가족의 해체로 한 부모 가정 밑에서 양육되며, 또 다른 아동은 가정폭력 때문에 불안한 삶을 살아가는 등 지나친 스트레스로 인하여 일상생활에 적절히 대처하지 못하고 있다. 교육자들은 아동이 이처럼 다양한 환경에 대처할 수 있는 기술을 발달시키도록 도와주고 아동의 요구를 충족시킬 수 있도록 학습 환경을 수정하는 등의 방법으로 도와주어야 한다.

1 정서행동장애의 정의와 분류

1) 정의

정서행동문제는 민감하고 분열적이며, 도전적인 행동 등과 같은 문제에서부터 장기적이고 심각한 정신건강 문제에 이르기까지 연속선을 나타낸다. 이러한 현상은 한 가지 문제일 수도 있지만, 다른 문제들과 관련이 될 수도 있다. 이 장애는 사회장애, 정서장애 및 행동장애 등으로 분류될 수 있다. 사회장애나 불안장애는 애착, 분리 및 사회적 상황과 관련된 문제에 초점을 맞춘다. 정서장애는 기분장애에 초점을 맞추고, 행동장애는 분열적 행동에 초점을 맞춘다(Robb & Reber, 2007).

사회정서행동의 발달은 정확하고 긍정적인 자아개념의 형성, 아동 및 성인과 의미 있는 관계를 발달시키고 유지하는 능력의 발현을 강조한다. 정서행동문제를 지닌 아동은 이러한 과정의 영역 발달 간에 균형이 깨지거나 발달 속도가 떨어지고 또는 발달이 지체되기도 한다. 사회정서행동 문제와 장애를 구분하는 기준은 분열적 행동의 수준과 기간이다.

「특수교육법」(2007)에서는 정서행동장애를 지닌 특수교육대상자의 선정 기준을 다음과 같이 규정하고 있다.

- 장기간에 걸쳐 다음 각 목의 어느 하나에 해당하여, 특별한 교육적 조치가 필요한 사람
  가. 지적 · 감각적 · 건강상의 이유로 설명할 수 없는 학습상의 어려움을 지닌 사람
  나. 또래나 교사와의 대인관계에 어려움이 있어 학습에 어려움을 겪는 사람
  다. 일반적인 상황에서 부적절한 행동이나 감정을 나타내어 학습에 어려움이 있는 사람
  라. 전반적인 불행감이나 우울증을 나타내어 학습에 어려움이 있는 사람
  마. 학교나 개인 문제에 관련된 신체적인 통증이나 공포를 나타내어 학습에 어려움이 있는 사람

2) 분류

분류 방식은 「특수교육법」(2007)의 각 목에 해당되는 장애를 명시함으로써 진단평가의 지침으로 제시하는 방안이 교육적 및 진단학습 평가 차원에서 효율성과 효과성을 제고할 수 있을 것으로 본다(정대영, 2017). 〈표 13-1〉은 「특수교육법」의 특수교육대상자 선정 기준에 근거한 정서행동장애 유형을 재범주화한 것이다.

〈표 13-1〉 「특수교육법」의 특수교육대상자 선정 기준에 근거한 정서행동장애의 분류

유형	하위 장애
심한 학습 곤란	• 「특수교육법」에 제시된 다른 장애 범주에 의하지 않은 심한 학습 곤란
대인관계 문제	• 사회적 위축 • 타인으로부터 지속적인 관심 요구 • 타인에 대한 왜곡된 정서 반응
부적절한 행동 및 감정	• 품행장애(공격행동/반사회적 행동) • 갱 활동 • 청소년 범법/탈법/비행(규칙위반) • 대항성 반항장애 • 자기통제력 부족 또는 과다 • 낮은 자존감, 왜곡된 자아개념 • 낮은 좌절 인내심, 정서적 과잉반응, 충동성

유형	하위 장애
전반적 우울 및 불행감(불안)	• 우울 • 양극성장애 • 자살 • 조현병 • 불필요한 죄의식 • 사고/집중력 열등 • 불안 관련 장애(사회적 및 특정 공포, 패닉장애, 광장공포, 일반화된 불안/분리불안장애, 외상후 스트레스장애, 강박충동장애) • 체중과 식욕의 유의한 감소 및 예상치 못한 감소(만성피로, 일상생활에 에너지 감소)
신체적 증후 및 두려움	• 등교거부(불안감으로 무력감에 빠짐) • 신체적 증후(두통, 위장장애나 문제, 심폐증후) • 자기파괴

2 정서행동장애의 원인과 출현율

1) 원인

정서행동장애를 가진 아동의 중재를 위한 방식은 장애의 원인을 결정하기 위해 채택한 이론적 모델과 가족의 결정에 영향을 받는다. 정서행동장애는 유전을 포함한 생물학적 요인과 환경 및 심리사회적 요인들 간의 복잡한 상호작용에 의하여 발생한다. 일반적으로 단일 위험요인에 의한 정서행동장애의 발생은 10%도 되지 않는다. 정서행동장애를 유발시키는 전반적인 위험요인으로는 아동과 아동이 생활하는 가족, 학교 및 사회 요인을 들 수 있다. 인간 행동의 복잡성, 잠재적 영향력의 범위, 정서행동장애 행동의 다양성은 단순한 해답을 찾기 어렵게 한다.

아동 요인

아동의 기질은 환경과 관련되는 방식에 영향을 미친다. 다루기 힘든 기질을 지닌 아동은 행동문제를 더 많이 나타내고 공격행동과 감정장애로 인해 의뢰되는 경향이 더 높다. 공격적인 아동이 모두 아동기 동안에 행동장애를 보이는 것은 아니지만,

초기 아동기의 행동은 분열적 행동장애의 예언 변수가 되며, 아동기 초기의 신경학적 결함과 곤란은 품행장애와 비행으로 이어질 가능성이 크다. 신경학적 기능장애는 아동의 행동에 영향을 미친다.

아동기 행동장애는 비교적 장기간 안정적으로 나타난다. 아동이 일관되게 다른 사람에게 반사회적이거나 공격적인 행동을 한다면 그러한 문제를 벗어나기 어렵다. 이러한 아동은 반사회적 청소년과 성인이 될 가능성이 크다. 아동기 초기에 나타내는 반사회적 행동 패턴은 청소년비행과 성인 범죄행위를 예언하는 가장 좋은 단일 변수가 된다(Walker, Ramsey, & Gresham, 2004).

학업적 결손과 평균 이하의 지능도 분열적 행동장애와 관련이 있다. 이러한 관련성은 학업적 기능장애가 반드시 위험요인을 나타내는 것은 아니지만, 이러한 문제로 무단결석을 하거나 학교에 출석하는 시간이 줄어들고 교사의 관심을 적게 받으며, 결국 학업 수행이 열등해지게 된다.

가족 요인

유전적 요인이 분열적 행동장애를 발생시킬 위험성이 크다는 증거가 있다. 쌍둥이 연구에서는 비행, 범죄 및 품행장애의 위험성은 이란성 쌍둥이보다 일란성 쌍둥이에게서 의미 있게 더 강한 것으로 나타나고 있다. 부모가 분열적 장애나 관련 장애를 지니고 있을 경우 자녀가 이 장애를 가질 위험성이 높다. 유전적 요인과 환경적 요인을 함께 지니고 있을 경우에는 이러한 위험성이 훨씬 더 높아진다. 가족관계에서 일탈된 모자 관계, 일탈된 부자 관계, 아버지가 없는 가정, 부모가 정신건강 문제를 지닌 경우 아동이 위험군에 놓일 가능성이 크다(Aronen & Arajarvi, 2004).

부모의 가정생활 지도와 태도 역시 아동의 행동에 영향을 미친다. 분열적 행동장애를 지닌 아동의 가정을 보면 양육 과정에서 자녀에게 극단적인 벌을 주는 경우가 많다. 이런 아동은 아동학대의 희생이 되기 쉽다. 강도 높은 벌을 일관되게 제공하게 되면 공격행동에 기여하지만, 부모가 주는 벌이 아동의 공격행동 후에 주어지는 것이 아니라 자녀의 공격행동에 대한 반응이라는 증거가 있다.

학교 요인

일부 학교의 특성은 아동을 분열적 행동장애의 위험에 빠트린다. 생활지도를 거칠게 하고 학생의 감독을 소홀히 하는 학교는 아동을 위험한 상태로 몰아간다. 많은 아동에게 학교란 더 이상 안전한 곳이 되지 못한다.

낮은 지능이나 학업적 실패는 흔히 학생의 문제를 예언해 준다. 지능과 성취도가 낮은 아동은 성장하여 적응 문제를 더 많이 경험하게 된다. 뿐만 아니라 지능이 낮은 아동은 성인이 되어 범죄에 연루되는 경향이 높다. 반사회적 행동이나 조현병을 보이는 성인들 역시 아동기에 성취도가 낮았던 것으로 나타났다. 학교가 아동의 행동과 학업실패에 미치는 영향은 다음과 같다.

- 학생의 개인차에 대한 무관심
- 학생에 대한 부적절한 기대
- 일관성 없는 행동관리
- 중요한 기능을 비효과적으로 교수
- 후속강화를 적절히 제공하지 않음
- 바람직하지 못한 행동 모델

사회적 요인

사회 경제적 문제는 학교교육의 과정에 영향을 미치고, 영유아교육을 어렵게 한다. 특히, 최근에 급속히 늘어나는 아동 폭력 문제는 심각성을 더해가고 있다. 분열적 행동장애로 인해 지불해야 하는 비용이 많이 들고, 아동 개인적으로 감수해야 하는 측면이 있다.

이러한 아동은 흔히 학대를 받거나 무관심 속에서 생활하고 부실한 양육을 받게 된다. 아동기의 기능장애 문제는 중재를 적절히 받지 못한 채 성인기까지 지속될 가능성이 있다.

사회적 문제는 분열적 행동장애를 지닌 아동을 진단평가하는 과정에 편견과 차별로 이어질 수 있다. 인종적 차별이나 사회 경제적 실조, 적절한 보호자의 지원을 받지 못하거나 문화적으로 지체된 경우에 부당하게 특수교육대상자가 될 수 있다.

2) 출현율

국립특수교육원(2001)은 정서행동장애를 지닌 특수교육대상 학생의 출현율을 6세부터 11세까지 학령기 아동 중 0.15%로 밝히고 있으며, 전체 특수교육대상 학생들의 5.5%에 이르는 것으로 보고하였다. 특수교육통계(교육부, 2019)에 의하면 실제 정서행동장애를 지닌 특수교육대상 학생은 2,182명으로서 전체 특수교육대상 학생의 2.3%를 차지하고 있다.

3 정서행동장애의 특성

1) 지적 및 학업적 특성

정서행동장애를 지닌 아동의 경우 교육 현장에서 학업적으로 실패하는 모습을 자주 볼 수 있는데, 이는 그들이 지닌 정서행동장애의 특성과 낮은 지능으로 설명할 수 있다. 많은 연구에 의하면 정서행동장애를 지닌 아동의 지능은 평균에 조금 못 미치는 것으로 보고되고 있다(Kauffman, 2005, 정대영, 2017에서 재인용). 그러나 전통적인 입장에서는 정서행동장애를 지닌 아동의 지능이 평균에 못 미치는 것으로 보고되는 이유에 대해서, 검사를 받을 때 아동이 검사에 집중하지 못하고 검사자의 지시에 주의를 기울이지 못하는 등의 특성으로 인하여 그 아동이 지니고 있는 잠재 능력을 충분히 발휘하지 못하기 때문으로 본다.

정서행동장애를 지닌 아동은 또래에 비하여 학력이 2~3년 이상 뒤처지며, 결석률이 높고, 중도 탈락률이 높으며, 다른 장애 영역의 학생보다 학교생활에서의 문제를 더 많이 나타낸다. 이러한 문제는 정서행동장애의 정도가 심할수록 더욱 뚜렷하게 나타난다.

2) 언어적 특성

정서행동장애를 지닌 아동이 경험하는 사회적 곤란에 관한 연구들 중 3/4 정도가 임상적으로 유의한 언어적 결함을 지니고 있음을 밝히고 있다. 이들은 언어를 사용하거나 구어적 의사소통의 이해 및 처리과정과 관련된 문제를 경험한다. 언어 문제를 지닌 아동의 1/2은 정서적 결함을 지니고 있는 것으로 밝혀지고 있다. 이러한 언어 문제는 정서행동장애를 지닌 아동의 사회적 문제에 영향을 미치고, 보호자들과의 관계도 어렵게 한다(정대영, 2017). 정서행동장애를 지닌 아동은 이질적인 특성을 나타내는 경우가 많아 언어를 사용하는 의사소통 상황에서 또래 아동과 눈 맞추기, 표정, 몸짓 등의 비언어적 의사소통에 문제를 나타내기도 한다.

정서행동장애를 지닌 아동은 정서적 긴장감과 불안으로 인해 말더듬 증상을 보이기도 하며, 불만감이나 심리적인 불편감으로 인한 선택적 함묵증을 보이기도 한다. 불안 위축행동이 심하여 사회성이 결여되는 경우에는 자발적으로 표현할 수 있는 언어 능력의 발달이 지연되어 언어발달지체와 조음장애를 나타내기도 한다.

3) 행동적 특성

내면화 행동

내면화 행동을 나타내는 아동은 항상 우울해 하고, 걱정이 많으며, 무기력하고 위축된 모습을 보인다. 또는 극도로 수줍어하거나, 불안해하며, 죄의식을 갖는 경우가 많고, 사회적 상호작용에도 적극적인 모습을 보이지 않는다. 내면화 행동을 나타내는 많은 아동이 불안해하며 우울해 하는 경향이 있다(Kirk, Gallagher, Anstasiow, & Colman, 2006). 이들의 불안은 감정장애, 울기, 굳은 표정, 기타 신체적 불평(두통, 질병 등)으로 나타나기도 한다. 또한, 정서행동장애를 지닌 아동 및 청소년은 사회 기술과 대인관계 기술의 부족으로 인하여 학령기 동안 희생양이 되기 쉽다(정대영, 2017). 정서행동장애를 지닌 아동 중 내면화 행동을 보이는 아동은 이러한 행동적 특성으로 인해서 집단 내에서 따돌림을 당하는 경우가 많다. 내면화 행동으로 보이는 문제들이 사회적으로 큰 영향력을 미치지 않고 눈에 띄지 않는다고 해서 방치하면 학교에서의 부적응, 학업성취의 실패, 가족 또는 또래와의 관계에서 문제가 발생할 수 있으며, 나아가 심각한 우울증, 자살로 이어질 수 있으므로 유의해야 한다.

외현화 행동

정서행동장애를 지닌 아동이 보이는 가장 일반적인 행동의 문제는 외현화 행동과 관계된다. 정서행동장애를 지닌 아동은 이러한 행동적 특성 때문에 대인관계에 어려움을 겪거나 사회적으로 소외될 수 있다. 그들은 반사회적 활동을 하며, 사회적 활동을 적절히 하지 못한다. 정서행동장애를 지닌 아동은 자리 이탈, 싸우기, 도벽, 불경스러운 행동, 다른 학생의 학습이나 수업 방해, 물건 파괴하기, 폭력적인 언어, 지나친 주장, 거짓말하기, 감정장애, 공격행동, 학급 분위기 저해, 다른 학생들의 학습 방해 등과 같은 외현화 행동을 나타낸다. 일부 정서행동장애를 지닌 아동은 과잉행동이나 충동적 행동을 한다(정대영, 2017).

취학 전 또는 학령 전기에 외현화된 행동문제를 보이는 아동은 성장하면서 문제행동이 감소되거나 증가될 수 있다. 언어 능력의 감소나 충동행동, 부모들의 강압적 훈육 등은 외현화 행동을 더욱 증가시킬 수 있는 위험요인이다. 또한, 아동기 초기에 나타나는 반사회적 행동은 쉽게 개선되지 않으며, 오히려 학교에 진학하면서 악화될 가능성이 크기 때문에 청소년기의 비행을 예언하는 지표가 될 수 있다(정대영, 2017). 정서행동장애를 지닌 아동은 공존장애로서 주의력결핍과잉행동장애를 함께 보이는 경우가 많다.

사회적 특성

정서행동장애를 지닌 아동의 경우, 그들이 보이는 여러 행동 특성과 사회 기술의 미흡함 등으로 인하여 높은 사회적 능력을 보이기 어렵다. 사회적 능력이라는 것은 어떤 하나의 영역으로 평가할 수 있는 것이 아니며, 여러 능력이 결합된 하나의 복합적인 개념이라고 할 수 있다.

이러한 정서행동장애를 지닌 아동은 또래 아동이나 교사들과의 대인관계에서 부정적인 문제를 가지고 있으며, 정상적인 환경에서 부적절한 행동이나 감정을 나타낸다. 또한, 늘 불안해하고 우울한 기분으로 생활을 하는 경우가 대부분이며 학교나 개인 문제에 연관된 정서적인 장애 때문에 신체적인 통증이나 공포를 느끼는 경우도 있다. 정서행동장애를 지닌 아동은 공격적인 행동이 또래보다 많은데 이는 학습에 의한 것이다. 회피행동과 위축행동, 열등감, 과잉반응 경향으로 사회적 능력의 결함을 가진다(Heward, 2013). 이렇게 사회적 능력에 문제를 보이는 아동은 아동기를 지나 성인이 된 후에 친구가 거의 없고, 고립감을 느끼며, 환상이나 백일몽에 빠지기도 하며, 신체적 고통을 호소하는 등 정신 건강상 좋지 않은 예후를 보이곤 한다(유수옥, 2010).

4 정서행동장애의 진단평가와 사정

정서행동의 기능 발달은 여러 가지 요인에 의해 영향을 받는다. 사정은 정서행동의 기능이 본인과 타인에게 해를 끼치거나 부적절한 상황에서 나타나는지를 결정한다. 문제행동을 사정하는 방법에는 여러 가지가 있는데, 자연 상황에서 아동의 행동을 체계적으로 관찰하는 것이 가장 좋은 방법이다. 문제행동을 수량화할 필요가 있을 경우에는 체크리스트나 평정척도를 이용한다. 이러한 검사방법은 진단평가를 좀 더 구조적으로 접근할 수 있고 문제행동의 초점을 파악할 수 있도록 해 준다.

정서행동장애를 지닌 아동의 진단평가 도구와 관련된 조사에 따르면, 가장 자주 사용되는 도구는 지능 검사, 학생 행동의 직접 관찰, 행동체크리스트 또는 평정척도, 부모 면접, 표준화성취도검사, 학생 면접이며, 일화보고서, 징계 기록, 투사검사는 가끔 사용된다(Grosenick, George, George, & Lewis, 1991).

정서행동장애를 사정할 때 체계적이고 종합적이며, 다학문적으로 접근하는 것이 가장 효과적이다. 아동을 평가할 때는 특수교사, 일반교사뿐만 아니라 아동과 관련된 인사들이 참여하여 인지, 정서, 사회, 학업, 의료, 기능 영역을 평가해야 한다. 평가대상에 따라 적응행동, 운동 기능, 신경학적 기능, 지각 능력 등을 추가로 평가해볼 필요도 있다(정대영, 2017).

1) 선별 및 의뢰 전 중재

선별은 정서행동장애를 지닌 학생의 처치와 서비스를 위해 요구를 판별하는 과정의 첫 단계이다. 선별은 조기판별과 조기중재로 이어질 수 있고, 이로써 정서행동장애가 개인과 가정에 미치는 영향을 최소화할 수 있다. 선별과정을 통해 확인된 아동은 특수교육에 대한 적격성과 특별한 교육적 요구를 결정하기 위해 구체적인 사정을 해야 한다.

의뢰 전 중재는 이미 드러난 학생의 행동과 학업 문제를 본격적으로 검토하여 앞으로 문제가 더 진행될 가능성을 줄이고, 문제를 해결함으로써 보다 제한적인 환경으로 배치되는 것을 최소화하기 위해 이루어지는 조치이다. 이는 특수교육대상자로 판별되어 서비스를 받게 되는 과정에서 보다 신중히 사정함으로써 초기 단계에 문제를 해결하고, 불필요한 명칭을 붙여서 낙인 영향의 희생이 되는 것을 예방하며, 과잉판별을 막는 데 의의가 있다(Heward, 2013). 의뢰 전 단계에서 문제를 해결하지 못하면 진단평가팀에 공식적으로 사정을 의뢰하게 된다. 사정팀은 학생의 지적, 학업적, 사회적, 신체적 및 정서적인 측면에 대한 현재 수준을 관찰하고 사정하게 된다.

2) 진단평가

진단에 이용되는 성취 및 적성평가는 타당성과 신뢰성이 확보된 지능 검사와 성취도 검사도구를 이용해야 한다. 성취도 검사는 학생이 새로운 기능을 어느 정도 성취했는지를 측정한다. 교육과정중심 성취도 검사는 학급에서 이루어지고 있는 수업의 진전도를 확인하기 위해서 교육과정중심의 내용을 평가 문항으로 이용한다. 표준화 검사는 학생을 동일 연령 집단의 다른 학생들과 비교하고, 다른 검사에 참조가 될 표준점수를 제공해 준다. 교사가 제작한 성취도 검사나 수행 검사는 학생이 일정 기간 동안 무엇을 학습했는지를 평가한다. 행동에 대한 평가를 직접 관찰 및 측정을 통해 사정할 때, 일반적인 자연스러운 상황에서 아동의 행동을 명료하게 규정하고 관찰하여야 한다. 행동은 비율, 빈도, 지속시간, 지연시간, 형태, 강도 등과 같은 몇 가지 차원에 따라 객관적으로 측정할 수 있다. 면담은 가장 쉬운 방법으로 교사, 부모 및 아동을 잘 아는 사람들에게 질문을 하는 방법이다(Heward, 2013).

정서행동장애를 지닌 학생을 진단하기 위해 투사검사를 이용할 수 있다. 이런 검사들은 잉크점, 만화 같은 캐릭터, 단어나 문장 완성 검사를 제시한다. 검사 문항은 정오답을 요구하는 것이 아니라, "어떤 생각이 드는가?" 등과 같이 개방적인 답을 요구한다. 투사검사는 개인의 내적 소망, 갈등, 감정, 상상 등을 드러내도록 개발되어 이용되고 있다.

5 정서행동장애를 지닌 영유아를 위한 교육적 지원과 중재

1) 행동관리

정서행동장애를 지닌 아동은 일시적이든 장기적이든 온화하고 안락하며 안전한 환경을 요구한다. 그들은 교사로부터 행동지원을 받으며, 주변 사람들로부터 인정받을 필요가 있다. 아동은 자신의 속도에 맞게 활동할 수 있도록 해야 한다. 이들은 검사결과 학습 능력을 지닌 것으로 나타나더라도 행동문제를 해결하고, 상황에 잘 대처할 수 있을 때까지 학습을 제대로 할 수 없다.

아동이 정서행동문제 또는 장애를 가지고 있을 때 교사는 학급관리 기술을 적절히 조절할 필요가 있다. 교사는 일관성 있게 한계를 분명히 하고 가능한 한 간결하고 직접적으로 말해야 하며, 규칙을 강화할 사전 준비를 해야 한다. 또한, 아동이 정적강화와 부적강화를 모두 인식하도록 해야 한다. 교사가 규칙을 강요할 수 없다면 그러한 규칙을 만들지 않는 것이 좋다.

강화를 사용할 때 특정 아동이 무엇에 강화되는지를 찾아내는 것이 중요하다. 아동이 선호하는 강화재 또는 강화인을 발견하는 방법으로는 아동을 관찰하기, 아동에게 직접 물어보기, 프리맥의 원리를 적용해 보기, 비슷한 또래의 아동을 관찰하기 등이 있다. 격려하기, 관심 가져주기, 가볍게 껴안아주기, 또는 읽기 코너에 가서 만화책이나 동화책을 읽도록 허용하기 등은 좋은 강화재가 될 수 있다.

정서행동문제를 가진 아동을 대할 때 감정을 노골적으로 나타내는 것은 조심해야 한다. 어떤 아동은 놀라게 되고, 어떤 아동은 칭찬으로 다루기 어렵다. 어떤 아동은 껴안기 또는 칭찬을 전혀 보상으로 생각하지 않을 수도 있다. 가장 확실한 방법은 아동이 좋아하는 것이 무엇인지를 물어보고 그가 좋아하는 것을 해 주는 것이다. 어떤 아동은 교사가 좋아하지 않는 것을 더 선호할 수 있다. 교사와 아동이 모두 동의하는 보상으로 시작하는 것도 하나의 방법이다. 그다음에 서서히 보상 체계를 어떻게 변경시킬 것인지 결정한다(Knoff, 2012).

행동이 정착될 때까지 매번 아동의 행동에 보상을 주고 그다음 간헐적으로 보상하여 바람직한 행동을 지속시킨다. 교사가 보상을 항상 제공하던 과정에서 그것을 몇 번 잊어버리고 중단하면, 아동은 교사가 그 행동을 계속하지 않기를 원한다고 생각하게 되고, 그 행동을 중단하게 된다. 교사는 아동이 다시 그 행동을 하기 바란다면 이전의 보상체계를 다시 사용해야 한다. 생활연령이나 정신연령이 낮은 아동은 그 의미를 모를 수도 있으므로 유연성을 가지고 준비할 필요가 있다. 간헐적 강화는 새로운 행동을 확립시키는 데 효과적인 것으로 입증된 방법이다.

통합 환경에서는 강화를 받는 특수교육대상 아동을 지켜보는 일반 아동을 어떻게 다루는지가 중요하다. 정서행동장애를 지닌 아동이 그림을 잘 그릴 때 교사가 가서 가볍게 안아주고 격려하는 모습을 보고 다른 아동이 불평을 할 수 있다. 이 경우, 교사는 장애를 지닌 아동의 특성에 대해 설명할 필요가 있다. 어떤 아동은 쉽게 할 수 있는 일을 힘들고 어렵게 하는 아동이 있다는 것을 알려준다. 그런 후 모든 아동에게 강화를 제공할 수 있는 보상을 찾도록 한다.

바람직한 행동을 해당 상황에서 시범을 보이는 모델링 또한 효과적인 방법이지만, 유의할 필요가 있다. 아동은 의미 있는 사람을 모델로 삼는 경향이 있다. 교실에서는 학급 친구나 자원봉사자보다는 교사를 모델로 삼고, 교사보다는 부모를 모델로 삼을 수도 있다. 교사는 항상 진열대에 있는 것과 같다. 교사가 아동의 공격행동에 공격적인 반응을 보인다면 교사의 의도와는 상관없이 아동에게 공격적인 모델의 역할을 하게 된다. 교사는 아동이 모방하기를 원하는 행동을 특정한 방법으로 하여 좋은 모델이 될 필요가 있다. 만약 아동이 서로에게 소리 지르는 것을 원하지 않는다면, 교사는 화가 났을 때 소리를 지르기보다 평소의 목소리로 이야기해야 한다(Knoff, 2012).

이러한 방법으로 문제행동을 해결하지 못할 경우, 좀 더 체계적인 방법을 적용해야 한다. 교사는 비형식적 관찰을 통해 아동의 정보를 기록해 둔다. 그다음 그런 행동이 가정에서도 발생하는지를 부모에게 확인한다. 자연스러운 상황에서 아동의 행동을 파악하는 방법으로는 관찰을 통한 기초선 자료를 확보한 후, 아동의 문제행동, 즉 표적 행동이 발생할 때마다 기록하여 빈도를 확인한다. 교사는 이러한 과정을 통해 아동에게 좀 더 관심을 기울이게 되고 행동의 발생 장소, 시간, 행동의 영향이나 다른 아동의 반응 등을 기록한다. 행동을 측정하게 되면 표적 행동이 언제, 어디서, 어떤 양식으로 얼마나 자주 일어나는지를 알 수 있을 것이다. 그리고 지도 결과, 행동이 어떻게 변화하는지를 파악할 수 있고, 지도성과를 부모에게 알려줄 수도 있다.

2) 행동관리 지침

교사가 정서행동문제를 가진 아동을 지도할 때 명심할 것은 그들 스스로 변화시켜야 할 행동을 가진 착한 아동으로 받아들이도록 도와주어야 한다는 점이다. 문제행동을 지닌 아동을 지도할 때 다른 아동들에게 그를 회피하도록 하고, 문제행동을 지닌 아동에게 자신을 성공적으로 통제한 경험을 많이 갖도록 하는 것이 좋다. 아울러 환경을 잘 구조화하여 행동문제의 발생 가능성을 줄여야 한다(Algozzime, Danmic, & Smith, 2010; Storey Post, 2017).

- 환경을 구조화하여 행동을 성공적으로 변화시킨다.

- 강한 동기를 부여할 수 있는 활동을 계획한다.
- 일관성 있는 지도를 지속적으로 한다.
- 학년 초에 규칙과 생활태도를 확립한다.
- 아동이 이해할 수 있는 말로 분명하게 말하고, 교사가 기대하는 바를 명확하게 전달한다.
- 감정과 행동을 구별하도록 지도한다.
- 선택의 기회를 준다.
- 시선 맞추기, 가까이 서 있기 또는 아동을 부드럽게 접촉하기를 통해 아동의 행동을 통제한다.
- 활동 사이에 휴식 시간을 갖도록 한다.
- 기다리는 시간을 짧게 한다.
- 학급의 하루 일과의 구조와 순서를 평가한다.
- 교사 자신과 아동을 객관적으로 평가한다.

3) 교육과정 적합화

신체운동 · 건강

아동은 편안하고 안전한 환경에서 영양적 요구를 충족시키며, 보살피는 교사 및 또래들과의 관계를 발달시켜야 한다. 근육운동 활동을 통해 대근육운동과 소근육운동 기술을 발달시킬 수 있고, 또래와 상호작용할 수 있는 기회와 공간적 및 시간적 개념을 학습할 수 있다. 대근육 활동을 이용하여 정서행동장애를 지닌 아동의 에너지를 발산하게 하고 집단 활동에 참여하도록 한다. 아동은 자신의 신체, 감정 및 행동 간의 관계를 인식할 필요가 있다(Allen & Cowdery, 2015).

건강과 안전. 학급이 안전한 장소라는 것을 아동이 학습하도록 한다. 예측할 수 있게 하고 지속적으로 지도하여야 아동이 무엇이 발생할 것인가에 대해 예상할 수 있다.

- 적응 기술(자립)을 지도하여 독립성과 자존감을 발달시키도록 한다. 학교 또는 밖에서 집으로 오고 가는 등의 자연스러운 기회를 이용하고, 큰 인형을 가지고 놀 때 옷 입고 벗기나 단추 잠그기와 지퍼 올리기를 지도한다. 아동에게 위생적인 변기 사용법을 지도한다. 아동이 변기를 사용한 후 자기 스스로 닦을 수 있고, 물을 내리며 손을 씻고 말리기를 학습한다.
- 간식 또는 점심시간에 식기 사용법을 지도한다.
- 정리정돈을 하도록 하여 아동이 집단에 기여하고 있다는 느낌이 들도록 한다.
- 영양과 음식에 관하여 지도하고 건강한 간식을 먹이도록 한다.
- 불, 전기, 난로 등에 대한 안전지도를 한다.

대근육운동. 대근육운동 활동이 통제 불능과 동일시되어서는 안 된다. 대근육운동을 통해 넘치는 에너지와 절망감을 분출하게 한다. 아동이 뛰고, 기어오르고, 또는 세발자전거를 타도록 격려하여 에너지를 발산하고 잘못된 행동으로 꾸중이나 훈계를 듣지 않도록 한다.

- 수업의 일부로 운동을 한다.
- 아동이 참여할 수 있는 다양한 외부 활동 계획을 구성한다.
- 대근육운동 놀이는 공격적인 아동을 집단의 한 구성원으로 인정받을 수 있도록 한다.
- 샌드백 또는 바람 빠진 보보인형을 교실에 비치해 둔다. 아동이 무엇인가를 치고 싶을 때 샌드백을 힘차게 치도록 하고, 이러한 행동에 대해 긍정적으로 말해 준다.

소근육운동. 정서행동문제를 가진 아동에게 소근육운동 활동을 시킬 적절한 시기를 고려해야 한다. 아동이 이미 좌절감을 느끼고 있다면 소근육운동 발달과 연관된 문제들이 좌절감을 증가시킬 수도 있다(Huffman & Fortenberry, 2011). 하지만 아동은 좌절을 회피하지 않고 오히려 동기를 부여하고, 격려하며 지원할 필요가 있다.

- 아동이 활동에 가장 쉽게 집중할 수 있을 때, 소근육운동 과제를 스스로 할 수 있도록 격려한다.
- 영유아를 위해 큰 장난감을 포함하여 다양한 자료를 사용한다.
- 아동이 특정 자료나 활동으로 인하여 좌절감을 나타내면 하고 있던 과제를 중단하도록 한다.
- 아동에게 동기를 유발시킬 수 있는 자료를 소근육운동 영역에 포함시킨다.

감각운동 통합. 아동은 감각 정보를 통합하는 연습이 필요하다. 어떤 아동은 접촉, 소리 또는 다른 감각 입력에 있어서 지나치게 민감하거나 너무 둔감하기까지 하다.

- 아동이 접촉에 과민하다면 직접적인 접촉 부위를 최대한 줄일 수 있도록 스웨터나 재킷을 입게 한다. 개인적 공간을 분명히 하고 게임을 시작하기 전에 모든 아동이 게임의 규칙을 알도록 한다.
- 경쟁적인 게임을 피하고 협력적이거나 최소한 비경쟁적인 게임 요소들을 추가한다.
- 따뜻한 물은 진정시키는 효과가 있으며, 지나치게 과민한 아동에게 유용하다. 민감성이 낮은 아동의 경우 냉수나 얼음조각을 사용한다.
- 아동이 몸을 인식하게 하고 그들의 신체가 때에 따라 다양한 부위에서 어떻게 느끼는지를 깨닫게 한다.

의사소통

아동이 어렵게 생각하는 상황 및 그런 상황을 불러오게 하는 생각에 대해 이야기하는 기술을 발달시킬 수 있도록 도와주어야 한다. 아동은 문학을 통해서 다른 아동들이 어떻게 유사한 감정과 상황들을 다루는지 학습한다.

말하기. 정서행동장애를 지닌 아동은 사회적 상호작용에 대한 언어를 사용할 수 있도록 학습할 필요가 있다. 아동이 이해하는 단어들을 사용하고, 감정을 표현하는 어휘(미치다, 슬프다, 행복하다, 기분 나쁘다, 긴장하다, 화가 난다 등)를 지도한다.

- 말로 문제를 해결하도록 격려한다(예: "병원놀이 같이 할래? 나는 간호사가 될게.").
- 감정과 연관된 단어들을 사용하는 시범을 보인다.

듣기. 아동에게 듣기를 이용하여 자신의 행동을 인식하도록 한다. 아동이 지시사항을 따를 수 있도록 짧고 명료하게 지시를 하고, 교사는 아동에게 말을 하게 하여 그 내용을 재확인시킨다. 그리고 무엇을 해야 할지 또는 하지 말아야 할지에 대해 말해 준다.

읽기. 읽기 준비 기술을 습득하기 위해서는 청각과 시각적 구분을 할 수 있어야 한다.

- 얼굴 특징을 구별하고 이름을 붙인다. 그림을 보고 같은 얼굴끼리 선 긋기 놀이를 한다. 그림과 같이 표정 짓기를 해 본다.
- 적절한 문제 상황이 포함된 이야기를 큰 소리로 읽는다. 문제를 확인한 다음 등장인물이 문제를 풀기 위해 무엇을 시도할지를 예상해 보도록 질문한다. 그리고 아동이 문제를 풀기 위해 무엇을 할지 물어본다. 등장인물과 아동이 문제를 풀기 위해 각각 무엇을 했는지를 비교해 보고 삽화를 그리거나 글로써 이야기하게 한다.

쓰기. 쓰기는 다른 소근육운동 활동과 같이 어떤 아동에게는 어려운 문제이다. 결과보다 과정에 초점을 맞춘다. 쓰기를 어려워하는 아동에게는 연필 대신 워드프로세서를 사용하거나 아이디어를 구어보다 그래픽으로 전달하는 것이 더 쉽다는 것을 지도한다.

- 큰 마커나 크레파스와 같이 다양한 자료를 이용한다.
- 소근육운동 능력이나 기술보다는 의사소통적인 글쓰기의 측면에 초점을 맞추도록 한다.
- 아동의 노력을 칭찬하고, 아동에게 작가나 삽화가라는 역할을 주고 의사소통을 위한 어떠한 시도든 격려를 한다.

- 아동의 이야기를 받아 적고 편집하고 삽화로 그린다.
- 아동이 좀 더 능숙해지면 의사소통 일지를 쓰도록 한다. 이러한 활동은 아동의 감정을 공유하도록 하고 개인적 분출구를 제공한다. 일지를 사용하여 편지쓰기, 시 등과 같은 특정 쓰기 형식을 연습한다.
- 글쓰기 작품에 대한 주제에 초점을 맞추도록 아동을 도와준다.

사회관계

이 영역은 정서행동장애를 지닌 아동에게 가장 중요하다. 어떤 아동은 자신의 주변 환경에 적응하지 못한다. 그들은 흔히 사회 기술이 부족하고 심지어 다른 아동에게 접근하지 않으려고 한다. 그리고 그들이 현실을 잘 대처하지 못하기 때문에 위험할 수도 있다. 학급과 지역사회는 그들에게 익숙하고 안전한 장소가 되어야 한다. 현장학습과 추수지도 역시 많이 준비해야 한다. 현장학습을 할 때는 모든 아동을 안전하게 감독할 수 있도록 인적 자원을 충분히 확보해야 한다. 일과는 모든 아동에게 프로그램의 일부로 일관성을 유지하도록 한다(Cook, Klein, & Chen, 2020).

자존감. 아동은 자신에 대해 좋은 감정을 가질 필요가 있다. 아동이 자신의 감정을 통제하는 것을 학습하기에 앞서 자신의 정서를 인식하고, 그러한 정서에 어떻게 반응하는지를 인식해야 한다. 아동이 어떤 생각을 하는지를 물어보는 것은 중요하다. 아동이 어떻게 느끼고, 무슨 생각을 하고 있는지를 아는 사람은 오직 자신이라는 것을 학습하도록 도와준다.

- 아동에게 다른 아동과 어떠한 유사점과 차이점이 있는지에 대해 이야기한다.
- 칠판에 아동의 이름을 적고, 아동의 별명과 자신의 가족에 대해 이야기한다.
- 노래와 이야기를 할 때 아동의 이름을 넣어서 한다.
- 자신이 경험한 즐거웠던 일을 다른 아동과 함께 공유하도록 한다.
- 아동이 잘하는 특정 기술을 거론하여 자존감을 높여 준다.

통합교육. 정서행동장애를 지닌 일부 아동을 통합시키는 일은 교사에게 하나의 도전거리가 될 수 있다. 교사는 아동이 집단의 일부라고 느끼도록 도와주어야 한다.

그들은 개인차를 인식해야 하고, 다른 아동을 이해해야 하며, 고립되거나 일반 아동과 갈등을 겪더라도 소속감을 가지고 함께 어울릴 수 있도록 해야 한다.

- 전체 학급의 아동들과 함께 적절한 행동에 대해 이야기한다. 아동이 적절한 행동으로 참여하고 있을 때 이를 지적해 준다.
- 공격적인 행동을 했을 때 자신의 행동에 대해 스스로 생각해 보게 한다.
- 공격적인 행동에 대한 극놀이를 하고, 그 행동에 대해 어떻게 느꼈는지를 물어본다. 그들은 보통 "외롭다", "화난다", "미친다" 등으로 표현할 수 있을 것이다.
- 아동에게 무엇을 원해서 공격적인 행동을 했는지 물어보고, 친구끼리 어떻게 하면 서로를 도울 수 있을지에 대해 이야기한다.
- 아동이 용납할 수 없는 행동을 할 경우, '진정하기 코너' 또는 '생각하는 의자'로 보내고 마음이 가라앉으면 제자리로 돌아오게 한다.

사회학습. 아동이 어린이집이나 초등학교에 들어갈 때 또래 및 지역사회와의 상호작용이 더욱 중요해진다. 어떤 적응문제는 가족에게 원인이 있다. 다양한 가족의 유형(한 자녀 가족, 다자녀 가족, 친척과 함께 살고 있는 가족, 한 부모 가족, 다문화 가족 등)에 대해서 이야기하고, 가족들의 기능적 요소를 강조한다.

- 가족 구성원들이 가지고 있는 역할에 대해 이야기함으로써 가족에 대한 개념을 확장한다. 어머니, 친구, 딸, 교사, 누나(언니) 등 가족들의 다양한 역할을 이해할 수 있도록 도와준다.
- 우리를 도와주는 직업군(예: 경찰, 소방관, 119구조대)에 종사하는 사람들을 이해하고 그들의 역할에 대해 이야기한다.
- 과제물을 완성하고 가족들의 서명을 받아오게 한다.

예술경험

정서행동장애를 지닌 아동이 예술을 통해 감정을 표현하도록 조장한다. 강한 감정은 강렬한 색깔, 점토 두드리기, 그리고 종이 찢기로 표출할 수 있다. 이러한 방법에서 화난 감정을 쏟아 내도록 하고 아동이 스스로 통제력을 유지하도록 한다. 음악을 이용하여 아동의 마음을 편하게 하고 감정을 표현하도록 한다. 극놀이를 통해 걱정과 두려움을 해소할 수 있고, 그러한 상황에 대처하는 연습을 할 수 있다.

미술. 미술을 통해 아동의 신체와 자신의 감정을 어떻게 표현하는지를 지도할 수 있다.

- 큰 종이에 자신을 그려 본다. 색깔을 칠하고 오려서 인형을 만들어 본다. 운동장에서 자신의 그림자에 물을 부어 자신을 그려 본다.
- 느끼는 대로 점토를 치고 굴리고 찢기를 해 본다.
- 자신의 감정을 그림으로 그려 본다.

음악. 음악을 이용하여 감정과 소리의 관계를 지도할 수 있다. 음악은 움직임과 함께 에너지를 발산하기에 좋은 활동이다.

- 아동이 상처를 받아서 진정시켜야 할 필요가 있다면, 열정적인 선율로 시작하여 느린 선율의 음악으로 끝낸다. 매우 시끄럽고 활동적인 음악에서부터 조용하고 편안한 음악에 이르기까지 CD나 테이프를 준비하여 상황에 맞게 들려준다.
- 아동이 노래를 학습하면 변화하는 세상에서 예측 감각을 촉진시킬 수 있도록 노래를 자주 이용한다. 먼저 아동이 좋아하는 곡을 부른 다음 새로운 노래를 지도한다.
- 정서행동장애를 지닌 아동은 특정 리듬에 즐거워한다. 아동이 특정 노래를 요구하도록 격려한다.
- 음악은 아동의 기분을 고조시킬 수 있다. 아동이 조용한 활동에 참여하기를 바란다면 마지막에 조용한 음악을 이용한다.
- 조용한 활동을 하는 동안 조용한 음악이나 클래식 음악을 들려준다. 이러한 음악은 아동이 과제에 몰입할 수 있게 해 주고 평온한 분위기를 촉진하도록 돕는다.

창작활동. 아동은 자신의 신체를 통제할 수 있게 학습할 필요가 있다. 자신의 내면적 감정을 인식하도록 하고, 이러한 감정을 사회적으로 인정할 수 있는 행동으로 반응할 수 있도록 한다.

- 아동이 나무 병정같이 자신의 신체를 긴장시키고, 또는 천으로 된 인형처럼 편안해지는 것을 학습하도록 안내한다.
- 춤으로 정서나 에너지를 발산할 수 있도록 지도한다. 다양한 춤곡을 들려주고 춤을 춰 보게 한다.

극놀이. 극놀이는 좋은 또래 관계를 형성하도록 하고, 특정 문제에 대한 두려움을 해소시키는 데 도움이 된다.

- 아동이 다른 아동과 놀기를 원하지만 어울리는 방법을 모를 경우, 교사가 그 아동과 함께 집단에 어울려 놀며 어울리는 방법을 지도한다. 아동의 참여 정도가 커질수록 교사는 서서히 물러난다.
- 집, 학교, 상점, 병원 또는 소방서 등의 상황을 만들어 다양한 역할을 해 보게 한다.
- 지원적 분위기에서 아동이 두려웠던 경험을 재현하도록 도와주고, 그런 분위기에서 통제력을 발휘할 수 있게 한다.
- 아동이 두려워하는 상황에서 무엇을, 어떻게 할지에 대해 이야기한다.
- 인형을 이용하여 경험을 간접적으로 이야기한다.
- 장난감 전화놀이를 한다.
- 극놀이를 관람하며 상황에 맞게 적절히 행동할 수 있게 지도한다.

자연탐구

아동은 긍정적이고 성공적인 학습경험을 할 필요가 있다. 결과에 관련 없이 참여와 과정을 격려한다.

짧은 시간 안에 완성할 수 있도록 과제를 작은 단계로 나눈다. 정서행동장애를 지닌 아동은 소집단에 참여하기가 더 쉬울 수 있다. 탐구 영역에서의 강조점은 덜 위협적이고 덜 힘든 분야가 되도록 해야 한다. 아동이 스스로 조절할 수 있는 컴퓨터 소프트웨어를 선택한다.

수학. 수학 기능 자체를 학습할 수 있지만, 다른 활동을 통해서도 지도할 수 있고, 그러한 활동을 통해 아동의 일반적인 인식을 향상시킬 수 있다.

- 수학을 이용하여 유사성과 차이점을 지적하고 소속감을 느끼게 한다.
- 차례 지키기와 공유하기로 수학 기능을 통합한다.
- 단어카드 게임과 같은 단순한 게임을 이용하여 또래와의 상호작용을 격려한다.
- 경쟁적인 수학 학습게임을 너무 자주 하지 않도록 한다.
- 조작활동을 통해 수학을 지원한다.
- 아동이 소집단 활동을 하면서 풀 수 있는 수학문제를 제작한다.

과학. 탐구적 접근은 정서행동문제를 가진 아동에게 과학을 가르칠 수 있는 좋은 방법이다. 아동이 선호하는 활동을 할 수 있지만, 다음과 같은 활동들도 포함할 수 있다.

- 물질의 물리적 특징들을 학습할 때 인과관계를 이해하도록 지도한다.
- 아동이 실험을 하기 전에 실험에 대해 예상하도록 격려한다.
- 집단 활동을 할 때 실험 방법을 지도하면서 협동심과 또래의 상호작용을 촉진시킬 수 있다. 각 아동에게 활동을 분배하여 모두 참여하게 한다.

보조공학. 컴퓨터와 상호작용을 하면 사람들과 의사소통을 하면서 극복해야 할 일들을 할 필요가 없다. 어떤 아동에게 컴퓨터는 훨씬 덜 위협적인 존재이다.

- 키보드로 할 수 있는 단순한 프로그램으로 시작한다.
- 아동은 개별적 상호작용이 거의 이루어지지 않는 소프트웨어로 작업할 수 있다.
- 컴퓨터 수가 제한되어 있다면 각 아동이 컴퓨터에서 작업할 수 있는 기회를 동일하게 가질 수 있게 명단을 만들어 활용한다. 아동이 함께 작업할 수 있도록 하나의 컴퓨터에 두세 개의 의자를 놓아둔다.

요약

정서행동장애의 정의와 분류

- 정서행동문제는 민감하고 분열적이며, 도전적인 행동 등과 같은 문제에서부터 장기적이고 심각한 정신건강문제에 이르기까지 연속선을 나타낸다.
- 교육적 분류에 의하면 심한 학습 곤란, 대인관계 문제, 부적절한 행동 및 감정, 전반적 우울 및 불행감, 신체적 증후 및 두려움의 5개 영역으로 구분된다.

정서행동장애의 원인과 출현율

- 정서행동장애는 유전을 포함한 생물학적 요인과 환경 및 심리사회적 요인들 간의 복잡한 상호작용에 의하여 발생한다.
- 특수교육통계에 의하면 정서행동장애를 지닌 특수교육대상 학생은 2,182명으로서, 전체 특수교육대상 학생들의 2.3%에 이르는 것으로 보고하였다.

정서행동장애의 특성

- 정서행동장애 아동은 학업적으로 실패하는 모습을 자주 볼 수 있는데, 이는 그들이 지닌 정서행동장애의 특성과 낮은 지능으로 설명할 수 있다.
- 정서행동장애를 지닌 아동은 또래에 비하여 학력이 2~3년 이상 뒤처지며, 결석률이 높고, 중도 탈락률이 높으며, 다른 장애 영역의 학생보다 학교생활에서의 문제를 더 많이 나타낸다.
- 정서행동장애 아동은 언어를 사용하거나 구어적 의사소통의 이해 및 처리과정과 관련된 문제를 경험한다.
- 내면화 행동을 나타내는 아동은 항상 우울해 하고, 걱정이 많으며, 무기력하고 위축된 모습을 보인다.
- 정서행동장애를 지닌 아동이 보이는 가장 일반적인 행동의 문제는 외현화 행동과 관계된다.
- 정서행동장애를 지닌 아동은 여러 행동 특성과 사회 기술의 미흡함 등으로 인하여 높은 사회적 능력을 보이기 어렵다.

정서행동장애의 진단평가와 사정

- 정서행동장애를 지닌 아동의 진단평가에는 지능 검사, 학생 행동의 직접 관찰, 행동체크리스트 또는 평정척도, 부모 면접, 표준화성취도검사, 학생 면접과 일화보고서, 징계 기록, 투사검사 등이 이용된다.
- 선별은 정서행동장애를 지닌 학생의 처치와 서비스에 대한 요구를 판별하는 첫 단계이며, 문제가 발견되면 해결하고 의뢰 전 중재 사례를 줄이고자 한다.
- 진단평가에 이용되는 성취 및 적성평가는 타당성과 신뢰성이 확보된 지능 검사와 성취도 검사도구를 이용해야 한다.
- 정서행동장애를 지닌 학생을 진단하기 위해 투사검사를 이용할 수 있다.

정서행동장애를 지닌 영유아를 위한 교육적 지원과 중재

- 정서행동장애 영유아 행동관리에 정적강화, 부적강화, 강화스케줄 등 행동주의 접근이 효과적이다.
- 행동기능평가와 긍정적 행동지원이 정서행동문제 아동 지도에 많이 이용된다.

Chapter 14 의사소통장애를 지닌 영유아

의사소통은 복잡한 과정으로서 의사소통 메시지를 조절, 통합 및 형성하는 뇌의 여러 부위가 관련된다. 의사소통은 폐, 성대, 코, 입, 혀 및 기타 신체 부위에 의존한다. 전두엽에 위치한 브로카 영역은 말을 표현하고, 측두엽에 있는 베르니케 영역은 말의 이해를 담당한다.

1 의사소통장애의 정의와 분류

1) 정의

의사소통장애는 말장애와 언어장애로 나뉘고, 이는 다시 각각 기능장애 유형에 따라 범주가 분리된다(정대영, 2017). 말과 언어는 공존체계이고, 한 체계의 문제가 다른 체계에 영향을 미치므로 많은 아동이 말장애와 언어장애를 중복으로 가질 가능성이 크다. 「특수교육법」(2007)에서는 의사소통장애를 지닌 특수교육대상자의 선정 기준을 다음과 같이 규정하고 있다.

- 다음 각 목의 어느 하나에 해당하여 특별한 교육적 조치가 필요한 사람
  가. 언어의 수용 및 표현 능력이 인지 능력에 비하여 현저하게 부족한 사람
  나. 조음 능력이 현저히 부족하여 의사소통이 어려운 사람
  다. 말 유창성이 현저히 부족하여 의사소통이 어려운 사람
  라. 기능적 음성장애가 있어 의사소통이 어려운 사람

말장애

말장애는 매우 다양하다. 즉 말장애의 유형과 정도는 다양하고 이들이 서로 조합되어 있다. 말장애는 구어를 말하고 이용하는 데 손상을 지닌 것을 의미하고, 목소리 내기(음성 산출), 말소리 내기(조음) 및 유창성(말더듬 및 관련 장애) 손상 또는

이들 손상을 중복으로 갖는다. 말장애에는 음운장애, 조음장애, 유창성장애(말더듬, 말지체), 음성장애가 있고, 원인과 처치에 관한 이론적 관점 역시 매우 다양하다.

음운장애는 9세 이하의 아동에게서 발생하며, 정상적으로 발달하면서 단어를 정확히 말하지 못하는 경우는 장애로 포함하지 않는다. 장애의 원인은 밝혀지지 않았지만, 일부는 아동이 언어의 소리를 내는 규칙을 이해하지 못하기 때문인 것으로 알려져 있다(Cook, Klein, & Chen, 2020).

아동의 말소리 내기는 문화적 기대와 아동의 연령에 따라 다르다. 음운장애아동은 의미 있는 단어를 구성하기 위해 언어의 음소나 소리를 구분하고 소리 내는 방법을 이해하지 못하는 것 같다. 아동이 어떤 소리를 낼 수 있는 능력이 있고 그 소리를 정확히 낼 수 있지만, 상황에 따라서 그 소리를 정확히 내지 못할 경우 음운장애를 지니고 있다고 할 수 있다. 표현적 음운장애를 지닌 아동은 학업 분야에서 문제를 갖기 쉽고, 특히 읽기에 어려움을 겪을 수 있다(Dockrell, Lindsay, Connelly, & Macki, 2007). 말소리의 오류가 주로 조음장애 때문인지 아니면 음운장애 때문인지를 결정하는 것은 중요하다. 조음장애와 음운장애를 구별하는 지표는 〈표 14-1〉과 같다.

〈표 14-1〉 조음장애와 음운장애의 구분

조음장애	음운장애
• 일부 소리내기 곤란으로 명료도에 제한적 영향을 미침 • 특정 소리를 지속적으로 오조음하기 • 의사소통장애를 함께 지닐 수 있으나 음운장애가 없을 가능성이 큼	• 여러 소리의 오류로 인하여 명료도의 손상이 분명히 드러남 • 항상 오조음 현상을 보이지는 않음 • 운동적으로 소리를 낼 수 있으나 적절한 위치에서 내지 못함 • 음운적 과정의 일관된 오류(예: 최종 자음 빠트리기, 한 위치에서 오류를 범하나 다른 위치에서는 정확히 소리를 냄) • (음운론이 언어의 구성 요소이므로) 다른 언어가 지체되기 쉬움

조음장애는 아동이 신체적으로 주어진 소리를 내지 못함을 의미한다. 심한 조음장애를 지닌 아동은 여러 소리를 내지 못하며, 대부분 명료도가 떨어지고 부모, 교사 및 친구들까지도 쉽게 이해할 수 없다.

유창성장애는 말을 하다가 실수를 하거나 내용을 첨삭하거나, 내용을 생각하기 위해 자주 말을 중단하고 흐름이 방해받을 때 말더듬이나 말지체가 된다(정대영, 2017). 말더듬은 자음이나 모음을 속사포식으로 반복한다. 특히, 시작 부분에서 머뭇거리거나 지연되고, 말을 불쑥 끼워 넣는 등의 언어 형태를 보인다. 말지체는 의사소통 능력의 결함으로 인하여 자신의 나이보다 훨씬 어린 수준의 말을 하는 말하기 유창성 결함을 말한다(Cook, Klein, & Chen, 2020).

음성장애란 개인의 성과 연령 수준에 적합하지 못한 음성자질, 음의 크기, 공명, 음의 길이가 이상하거나 없는 특징을 보인다. 음성장애는 다양한 원인에 의해서 일어나고 기능장애, 기관장애, 신경학적 장애 등 세 가지 집단으로 구분된다.

언어장애

언어장애는 언어의 다섯 가지 요소, 즉 음운론, 구문론, 통사론, 의미론, 화용론 중에 한 가지 이상의 문제를 나타낼 수 있다. 언어장애는 흔히 수용언어장애와 표현언어장애로 구분된다.

아동이 언어지체를 지니고 있다고 해서 반드시 언어장애를 지니고 있다는 것을 의미하지는 않는다. 언어지체는 언어 기술의 발달이 늦지만, 정상적으로 발달하는 아동과 동일한 순서로 언어를 습득하는 것을 의미한다. 그러나 언어장애는 특정 언어 기술의 발현과 순서가 무너진다. 구어 문제를 지닌 아동은 읽기장애와 쓰기장애를 갖기 쉽다. 연구에 따르면 말-언어지체를 지닌 아동의 83%가 결국 치료적 읽기 서비스를 받았다(Heward, 2009).

2) 분류

「특수교육법」(2007)에 따르면 의사소통장애는 음성장애, 조음장애, 말 유창성장애, 언어수용장애와 언어표현장애로 구분된다. 학문적으로 연구된 자료에 근거하면 〈표 14-2〉와 같이 의사소통장애는 말장애와 언어장애로 구분되며, 말장애는 음성장애, 조음장애, 유창성장애로 세분되고, 언어장애는 수용언어장애, 표현언어장애, 실어증 등으로 분류될 수 있다(정대영, 2017).

〈표 14-2〉 의사소통장애의 분류와 하위장애의 개념

구분	하위장애	개념
말장애	음성장애	말을 할 때 말소리의 자질이 이상하거나 특이한 경우
	조음장애	말소리를 내지 못하고, 기능적 조음장애와 구조적 조음장애가 있음
	유창성장애	말의 흐름을 심각하게 방해할 정도로 자주 중단하고 머뭇거리며 반복함. 말더듬과 말지체가 있음
언어장애	수용언어장애	다른 사람이 하는 말을 이해하는 데 어려움을 겪음
	표현언어장애	언어의 생성, 구어나 문어의 명확한 표현이나 이용에 어려움을 겪음
	실어증	말을 하거나 이해하는 능력을 상실한 경우

2 의사소통장애의 원인과 출현율

1) 원인

의사소통장애의 원인에는 여러 가지가 있는데, 말과 언어장애는 기질적인 문제 때문에 일어날 수 있다. 즉 신체의 특정 기관이나 부분의 손상, 기능장애, 기형으로 인하여 말장애와 언어장애가 일어날 수 있다. 기능적 의사소통장애는 특정 신체적 조건으로 설명되지 않으며, 그 원인이 명확히 밝혀지지 않고 있다. 아동의 환경은 적절한 의사소통 기술을 학습할 기회를 제공하기도 하지만, 부적절한 의사소통 기술을 학습하게 하기도 한다. 일부 전문가는 기능적 의사소통장애는 주로 환경적 영향에 의한 것이라고 믿고 있다(Cook, Klein, & Chen, 2020).

음성장애

음성장애에는 음도장애, 강도장애 및 음질장애가 있다. 음도장애는 여러 가지가 있는데, 목소리가 지나치게 높거나 낮을 수 있고, 갈라질 수 있으며, 높이의 범위가 지나치게 제한적일 수 있고 단조로울 수 있다(정대영, 2017).

모방을 통해 학습하거나 환경적 특성, 연령 또는 기질적 원인으로 인하여 음성이 지나치게 크거나 부드러울 수 있다. 예를 들어, 성대의 마비, 후두의 외상(후두암 수술 등), 천식과 폐기종 등의 폐질환으로 인하여 저음성이 될 수 있으며, 청력이 손상되었거나 뇌손상으로 인해 음성이 지나치게 높아질 수 있다.

이상비음성은 음질의 문제를 일으킨다. 과비음성은 연구개가 위와 뒤로 이동하지 못하여 코를 통과하는 기류를 적절히 차단하지 못해 나타나는 현상이다. 지나친 과비음성은 컨트리음악이나 특정 지역의 방언에 의해 학습될 수 있다.

조음장애

조음장애는 입, 턱, 치아 구조의 이상과 같은 신체적 기형에 의해 일어나거나 신경손상이나 뇌손상의 결과로 나타나기도 한다. 기능적 조음장애는 흔히 말하기를 잘못 학습하여 나타나는 것으로 보인다. 그러나 실제적으로 기능적 조음장애와 구조적 조음장애의 원인이 명확히 구분되는 것은 아니며 중복되기도 한다. 더욱이 기능과 구조가 상호 관련되어 있지만 완전한 상관을 갖는 것도 아니다. 신체적 기형을 지닌 사람이라면 조음문제를 나타내야 하지만 그렇지 않은 경우도 있고, 신체적 기형이 없음에도 불구하고 조음문제를 나타내는 경우도 있다(Cook, Klein, & Chen, 2020).

조음장애는 일반적으로 신체적 기형에 의한 조음장애와 신체적 기형이 없음에도 문제를 보이는 순수한 기능적 조음장애로 나눌 수 있다. 구강의 이상이나 후두의 이상 또는 부재와 같은 신체적 결함 또는 기형은 조음에 영향을 미친다. 여러 가지 신체적 구조가 말 형성에 영향을 미치며, 근육과 조직의 학습된 운동, 청각적 피드백, 기타 여러 요인이 조화를 이루어야 한다. 구개파열은 구개(입천장)가 갈라져 있는 기형을 말한다. 입천장은 정확한 소리를 내는 데 매우 중요한 작용을 한다. 구개파열은 비강과 구강 사이의 경계선을 줄이고, 조음활동에 중요한 공기의 흐름에 영향을 주므로 구개파열 아동은 흔히 조음에 근본적인 문제를 겪게 된다. 치아 이상 역시 심각한 조음장애를 일으킬 수 있다. 일부 치아 이상은 구개파열의 부작용으로 나타나며, 구개파열과 무관한 치아 이상, 윗니와 아랫니 구조가 자연스럽게 맞물리지 않는 부정교합과 같은 문제도 조음곤란을 일으킬 수 있다.

유창성장애

원인에 관한 이론들은 말더듬을 정서장애의 증후, 생물학적 또는 신경학적 문제, 학습된 행동의 세 가지 관점으로 본다. 일부 연구는 부모와 자녀 간의 상호작용으로 인하여 나타나는 심리사회적 요인을 탐색했다. 정서적 요인으로는 개인의 능력을 벗어나는 요구를 할 때 말을 더듬게 된다. 일부 연구자는 여러 영역에서 생물학적 요인을 탐색했다. 유창성장애를 지닌 사람과 장애가 없는 사람은 뇌와 신경학적 구조의 조직과 기능면에서 서로 다른 것으로 보고된다(Heward, 2013).

말지체는 환경실조에 의해 일어날 수 있다. 예를 들어, 난청이나 농은 개인의 감각적 경험을 심각하게 제약할 수 있고, 심각한 언어발달지체를 일으킬 수 있다. 또한, 거절증이 말지체의 원인이 될 수 있다. 아동이 말하기 기능이 발달하는 시기에 잠자리에 들고 일어나기, 대소변 가리기, 식사하기 등 생활 기술을 훈련할 때 상당한 압력을 받게 되고, 부모의 기대와 아동의 수행 능력 사이의 간극과 갈등으로 인하여 거절증이 나타난다.

언어장애

여러 가지 생리학적 문제가 언어 곤란을 일으키고, 언어 발달에 영향을 줄 수 있다. 신경학적 손상은 출생 전, 출생 중, 출생 후 등 일련의 과정을 통해서 일어난다. 예를 들어, 언어 문제는 출생 전이나 출생 중 산소 결핍에 의해서 일어날 수 있다.

언어장애는 심각한 학습 결손으로 인해 발생할 수도 있다. 가정에서 언어를 학습하는 데 필요한 적절한 모델이 없을 경우 아동은 정상적인 언어를 학습하지 못한다. 예를 들어, 청각장애 부모 밑에서 자라는 건청 아동은 정상적인 언어를 학습하지 못할 수 있다.

2) 출현율

국립특수교육원(2001)에 의하면, 언어장애를 지닌 특수교육대상 학생의 출현율은 0.05%이며, 전체 특수교육대상 학생 중 1.84%에 해당한다. 특수교육통계(교육부, 2019)에 의하면, 실제 특수교육을 받고 있는 의사소통장애를 지닌 특수교육대상 학생은 2,204명으로서 전체 특수교육대상 학생의 2.4%를 차지한다.

3 의사소통장애의 특성

보통 영아가 의사소통에 문제를 보일 것이라는 예측은 몇 가지 징후를 통해 알 수 있다. 예를 들어, 영아가 소리를 내거나 우는 횟수가 너무 적고, 지나치게 조용하다면 언어발달지체를 의심해 볼 수 있다. 대체로 생후 1년이 지나면 한두 단어를 말하기 시작하는데 18개월이 지났는데도 전혀 단어를 말하지 못하거나 30개월 후에도 두 단어를 사용한 말을 하지 않는다면 언어발달지체를 생각해 볼 수 있다(Cook, Klein, & Chen, 2020).

의사소통 능력은 단어 인지력, 독해력, 연산 능력 등 거의 모든 교과목의 학습에 필요한 기능이므로 의사소통장애를 지닌 아동은 학업성취에 어려움을 겪는다. 언어 수용과 해석의 문제는 듣기 활동의 이해, 구어 지시, 대화, 문장 읽기 문제의 원인이 되고, 특히 단어와 생각을 조작하는 능력이 없을 경우 여러 가지 언어적인 상호작용에서 우연학습을 방해하게 되어 개념 습득과 활용에 문제를 가져온다. 의사소통장애를 보이는 아동은 상대방으로부터 거절당하거나 따돌림을 당하여 열등감을 경험하는데 이러한 부정적인 경험은 낮은 자아존중감으로 이어져 정서행동문제를 일으킬 수도 있다(Allen & Cowdery, 2015).

1) 영유아의 의사소통

아동의 말이 늦는 것은 특정 언어손상의 한 유형이다. 의사소통문제를 지닌 영유아는 일반적으로 지능이 정상 범주에 속하고, 정상적인 청력을 지니고 있고, 정서행동장애가 없으며, 신경학적 결함도 없다. 의사소통문제를 지닌 아동의 언어 발달 특성은 다음과 같다(Cook, Klein, & Chen, 2020).

언어 내용과 의미의 제한

특정 언어손상은 어휘습득 속도가 늦고 어휘가 다양하지 못하며 제한적이다. 특정 언어손상을 지닌 취학 전 아동은 다음과 같은 특징을 보인다.

- 의미의 오류를 범하는 말을 한다.
- 어휘이해 검사와 명사 위계의 다중 수준 과제에 어려움을 보인다.
- 주어진 상황에 적합한 특정 단어를 찾는 데 어려움을 겪는다. 대화적 담화와 일어문 명명하기 과제에 어려움을 겪으며, 단어 발견에 어려움을 겪는 아동은 반복, 대치, 다시 말하기, 말 중단 등의 문제를 보인다.

취학 전 아동의 의미상 곤란은 개념과 명사에 국한된 것이 아니고 동사를 학습하는 데에도 어려움을 겪는다. 이러한 모습은 아동이 동사를 신체적으로 수행해야 하는 상황에서 볼 수 있다.

언어 형태의 제한: 음운, 형태, 통사적 문제

특정 언어손상 아동은 음운론적 습득 경로가 일반 또래와 동일하지만 발달하는 데 시간이 더 많이 걸린다. 음운론적 결함을 보이는 취학 전 아동의 특징은 문법적 형태소의 사용이 제한되고, 흔히 형태소를 빠트리며, 문법적 오류를 범한다. 그들은 이야기 중에 "나에게 공 갖고 놀자."와 같은 문장을 사용하는 등 대명사를 잘못 사용하기도 한다. 특정 언어손상을 지닌 아동은 사용하는 구문의 길이와 복잡성이 제한되는 등 구문 구조상의 제약을 받는다. 즉 그들은 사용하는 문장이 짧고 문장 내에서 동사와 명사를 사용할 때 그 정확성이 떨어진다.

언어 사용: 화용론적 제한

취학 전 기간 동안 아동은 여러 가지 대화 기술을 습득한다. 그들은 대화 상대에게 반응하는 능력을 점진적으로 향상시키며, 주어진 주제와 관련하여 몇 차례 대화를 주고받을 수 있게 된다. 또한, 청자의 언어 스타일에 적응하고, 대화 중 발생한 오류를 스스로 점검하고 교정하며, 대화의 주제를 새로 제시하거나 변경할 수 있게 된다. 특정 언어손상 아동은 다음과 같은 문제를 겪는다(정대영, 2017).

- 대화에 참여하는 능력의 문제: 대화를 주도하고 지속시키는 데 어려움을 겪는다.
- 또래와 상호작용하는 데 어려움을 겪는다.
- 청자의 연령, 사회적 지위, 언어 능력에 맞는 말과 언어 사용에 어려움을 겪는다.
- 지시를 듣고 따르기에 어려움을 겪는다. 순서대로 조직하기, 시간적 관계와 인과관계 이해하기, 이야기 주제에 집중하여 말하기 등에 어려움을 겪는다.

2) 초등학교 저학년 아동의 언어 특성

일부에서는 인지적 결함, 감각손상, 사회적 결함, 총체적 신경학적 결함과는 관련이 없으면서도 특정 언어손상 또는 의사소통장애를 지닌 아동을 언어학습장애라고 한다. 의사소통장애를 지닌 초등학교 저학년 아동의 언어 발달 특성은 다음과 같다(Cook, Klein, & Chen, 2020).

- 말하기: 이야기 다시 하기, 설명하기, 단어 선택하고 인출하기, 학급토의에 참여하기, 대화에 참여하기, 대화 주제에 관한 충분한 배경정보 제공하기, 대화 주제와 관련된 아이디어 내기, 과거에 일어난 사건에 관하여 이야기하기 등에 어려움을 겪는다.
- 쓰기: 문법적으로 정확한 문장 쓰기, 철자법 등에 어려움을 겪는다.

- 듣기: 읽기이해, 이야기 중 가장 중요한 정보와 관계없는 정보를 구분하기, 시각적 및 내용 맥락(상황) 단서를 이용하여 이야기 줄거리를 이해하기 등에 어려움을 겪는다.

음운론적 특성

취학 전 음운론적 문제는 대부분 초등학교 저학년까지 지속된다. 의사소통장애를 지닌 아동은 음운인식을 습득하는 데 어려움을 겪는다. 음운인식은 문해 학습의 성취에 중요하고 읽기 능력을 예측할 수 있는 가장 좋은 예견지표가 된다.

통사론적 특성

의사소통장애를 지닌 아동은 언어표현이 단순하고 미숙할 수 있으며, 단순한 문장 구조 이용하기, 명사와 동사 사용의 정교성 문제, 수동적 문장의 이해 곤란, 일반적으로 발달 후반기에 습득되는 문법적 형태소 사용 곤란과 같은 통사적 특성을 나타낸다.

의미론적 특성

의사소통장애를 지닌 아동은 어휘 수준과 문장 수준에 어려움을 나타내며, 이들의 의미론적 특성은 다음과 같다.

- 어휘량이 적고 사용하는 어휘는 음운론적 복잡성이 적으며, 짧은 단어를 사용하는 빈도가 높다.
- 단어의 의미 표상이 빈약하고 정교하지 못하다.
- 추상적인 단어의 의미를 이해하는 데 어려움을 겪는다.
- 단어 인출과 단어 찾기에 어려움을 겪는다.
- 복잡한 구어적 지시와 설명을 이해하는 데 어려움을 겪는다.
- 은유적 언어의 이해와 사용이 곤란하다.

화용론적 특성

의사소통장애를 지닌 아동은 의사소통을 위한 언어의 사용, 사회성 발달, 또래관계, 학급의 학습 활동에 제한을 보인다. 의사소통장애를 지닌 아동은 학급 대화에서 말수가 적고 잘못된 의사소통을 한다. 또한, 그들은 대화 주제 지속시키기, 대화 주제를 따라가며 조정하기, 대화에 관련된 정보 제시하기 등에 어려움을 겪으며, 다음과 같은 특징을 보인다(정대영, 2017).

- 대명사나 연결어(예: '후에', '때문에')를 부정확하게 사용한다.
- 대화를 할 때 어휘가 다양하지 못하다.
- 대화를 할 때 정보가 적고, 세부 내용이 빈약하며, 대화가 전반적으로 짧다.
- 시간적 관계 및 인과관계의 이해 능력이 떨어진다.
- 복잡한 문자의 이해와 구와 절이 복잡하게 구성된 문장의 이해가 어렵다.
- 대화 중 오류가 있고 무관한 정보를 제공하며, 사소한 내용에 초점을 맞추고 요점을 놓친다.

4 의사소통장애의 진단평가와 사정

1) 영아의 언어 사정

언어지체를 일찍 발견하여 조기에 중재를 투입하면 할수록, 그 효과를 극대화시킬 수 있다는 측면에서 언어지체의 조기 사정 판별은 중요하다. 언어를 사정하기 위해서는 다학문적 팀 접근이 바람직하다(Cook, Klein, & Chen, 2020).

영유아 언어 사정에는 놀이중심 사정, 의사소통중심 사정, 부모 질문, 언어이해 사정, 언어표집 등이 있다.

놀이중심 사정

놀이중심 사정은 형식적인 검사 정보가 주는 고립된 기능을 표집하는 것보다 놀이 활동 중 아동이 보이는 기능에 관한 정보를 제공한다. 아동의 놀이를 관찰하여 환경에 관한 지식과 관점, 언어적 지식, 말하기, 언어와 관련성이 높은 도구 사용과 상징놀이에 관한 인지 능력, 사회적 역할과 사건 구조에 대한 지식 등의 영역에 관한 정보를 파악할 수 있다.

의사소통중심 사정

의사소통중심 사정은 다음과 같은 능력을 검사한다.

- 의도를 표현하기 위해 제스처와 음성적 수단을 사용하는 능력
- 물건이나 행동을 요구하기, 저항하기, 대답하기 등 의사소통적 기술 능력
- 의사소통 시도를 주도하거나 반응하기 위한 호혜적 전략의 이용 능력
- 의사를 소통하기 위해 표정 및 눈 맞추기와 같은 사회 정서적 신호의 사용 능력
- 상징놀이, 구어적 표현, 언어이해 등의 능력

부모용 질문지

의사소통장애를 지닌 3세 미만의 아동을 직접 검사하기에는 비용과 시간이 많이 소요되며, 아동이 검사자에 협력할 수 있는 능력과 자발성이 부족하기 때문에 아동의 대표적 언어 능력을 표집할 수 없다. 결국, 직접 아동을 검사하지 않고 부모용 질문지를 이용하여 아동의 언어 능력에 관한 정보를 수집하게 된다. 부모는 장기간 동안 여러 상황에서 자녀와 함께 한 경험이 있기 때문에 부모용 질문지는 피로, 낯선 환경과 검사자 등의 요인으로부터 받은 영향을 줄이고 신뢰할 수 있는 정보를 수집하기 좋다.

언어이해 사정

언어이해 또는 수용언어 사정은 후일 언어 발달의 지표가 되며, 늦되는 아동과 발

달지체 아동을 구분할 수 있는 사정 중 한 가지이다. 언어이해는 표준화 검사나 비형식적 절차를 이용하여 사정될 수 있다.

3세 미만의 수용언어를 사정할 수 있는 규준참조형 검사가 거의 없기 때문에 대부분 비형식적 측정을 한다. 비형식적 언어이해 검사를 할 때 다음과 같은 몇 가지 질문을 한다.

- 아동이 비언어적 단서(예: 물건 가리키기, 바라보기)의 지원 없이 한 단어 문장을 이해하는가?

  [사례 1] 검사자는 아동 앞에 물건을 놓아두고 아동에게 단문을 말한다.

  "_____ 줘.", "어디? _____"

  [사례 2] 동사의 이해를 검사하기 위해서는 아동에게 물건을 주고 "던져.", "굴려." 등을 지시한다.
- 문장을 행동으로 나타내거나 문장에 해당하는 그림을 찾는 등 간단한 문장을 아동이 이해할 수 있는가?

언어표집

영유아의 언어 능력을 사정할 수 있는 또 다른 방법으로는 언어표집을 수집하는 것이다. 자발적 언어표집은 일반적으로 아동의 모든 언어 능력 분야, 즉 형태구문론(예: 발화의 길이, 문법적 형태소의 이용)에서 음운론(예: 자음과 모음인벤토리, 음절 구조의 복잡성, 음운적 처리과정), 의미론(예: 어휘), 화용론(예: 의사소통 의도)에 이르기까지 아동의 강점과 약점을 사정할 수 있는 도구이다. 일반적으로 아동이 다른 사람과 자유롭게 놀이를 할 때 언어표집을 수집한다. 이 자료를 이용하여 언어형태를 분석한다. 언어발현 단계에 있는 언어 발달이 늦은 아동은 일반 또래에 비해 말수가 더 적기 때문에 대표적인 언어표집을 수집하기가 어렵다. 이러한 문제를 극복할 수 있는 두 가지 방법은 다음과 같다(Cook, Klein, & Chen, 2020).

- 부모의 일기: 전문가는 부모에게 매일 활동을 하는 동안 자녀의 자발적 음성화를 기록하게 한다. 부모는 음성화가 자발적인지, 어른의 말을 모방하거나 되풀

이하는지, 음성화가 특정인을 향한 것인지, 특정 상황과 관련된 것인지를 기록한다.

- 녹음: 부모와 교사는 아동이 또래나 형제들과 자유놀이 시간에, 아동이 말을 가장 많이 할 때 녹음을 한다. 녹음자료를 이용하여 소리내기(자음과 모음), 어휘(동사, 명사, 형용사), 문법적 형태소 말하기 등을 분석한다.

2) 유아의 언어 사정

유아의 언어 사정 목적은 언어장애가 일차적 문제인지, 다른 장애나 결함에 의해 나타난 이차적 문제인지 결정하는 데 있다. 유아의 의사소통 기술을 사정할 수 있는 방법으로는 표준화된 규준참조형 검사, 준거참조형 검사 및 수행중심 사정이 있다.

3) 초등학교 저학년 아동의 의사소통 사정

교사와 부모는 의사소통장애가 의심스러운 아동의 진단평가를 의뢰하게 된다. 교사는 아동이 다양한 과제를 수행하는 모습, 개별 및 집단 활동 모습, 수업 중 또래들과 사회적 상호작용이나 의사소통하는 것을 볼 수 있다. 체크리스트를 이용하면 아동이 겪는 문제를 판별하는 데 도움이 된다.

학령기 아동의 의사소통장애 여부를 판단할 수 있는 규준참조형 검사도구가 있다. 표준화 검사 점수는 연령이 같은 또래 아동의 평균점수로부터 1~2 표준편차 이하로 떨어지는 경우를 적격자로 판정한다. 검사를 통해 확보한 정보를 이용하여 치료목적, 치료지원, 학급지원 중재를 개발한다. 초등학교 저학년 아동의 경우, 교육과정중심 언어 사정이나 체계적 관찰을 통해 학습자료를 이해하고 학습하는 데 요구되는 언어 능력, 학급토의와 수업에 참여할 수 있는 화용론적 능력을 측정할 수 있다.

5 의사소통장애를 지닌 영유아를 위한 교육적 지원과 중재

1) 영유아 의사소통의 일반적 중재 원리

의사소통지체나 의사소통장애를 지닌 영유아 프로그램에 참여하는 전문가들을 위한 안내 지침은 다음과 같다(정대영, 2017).

- 중재는 조기에 시작할수록 오랫동안 지속되며 효과도 더 크다.
- 프로그램의 강도 문제: 전문가, 아동 및 가족 간의 접촉의 양과 정도는 프로그램의 성공에 영향을 미친다.
- 부모 훈련만 시키는 프로그램은 아동과 부모를 동시에 훈련시키는 프로그램만큼 효과적이지 않다.
- 아동과 가족의 요구를 다양한 방식으로 강조하는 프로그램이 제한된 관점에 근거하여 개발된 프로그램보다 효과적이다.
- 모든 아동이 서비스로부터 동일한 효과를 보는 것이 아니다.

2) 의사소통 중재를 위한 일반적 접근

언어치료사는 아동과 가족에게 직접 또는 간접서비스를 제공한다. 직접서비스란 언어치료사가 아동을 직접 중재하는 것을 말하며, 간접서비스란 아동에게 서비스를 제공하는 다른 인물이나 가족을 훈련시키는 것을 의미한다. 일반적으로 의사소통 중재는 직접서비스와 간접서비스를 조합하여 제공한다. 개별화가족지원계획과 개별화교육계획을 실시할 경우 가장 기본적으로 적용하는 방법은 자연적 접근법과 직접 접근법이다(Cook, Klein, & Chen, 2020).

의사소통 중재를 위한 자연적 접근법

언어 및 의사소통 중재를 위한 자연적 접근법은 다음과 같은 가정에 기초한다.

첫째, 어린 아동은 환경 내의 보호자와 다른 사람들과 상호작용하는 다양한 일상생활과 활동 가운데 말과 언어를 이용하며 의사소통 능력을 발달시킨다. 둘째, 중재는 익숙한 상황에서 이루어질 때 가장 효과적이다.

아동에게 제공되는 프로그램의 이름은 다르지만, 자연적 프로그램에는 다음과 같은 공통적인 요소들이 있다.

- 관련 활동에 아동을 참여시킨다.
- 아동이 주의를 집중하는 것에 관심을 갖는다.
- 아동이 나타내는 의사소통 행동은 어떤 것이든 반응한다.
- 아동의 의사소통 시도와 교대로 말하기 등을 확대시킨다.

의사소통 중재에 대한 직접 접근법

직접중재모델은 행동주의 심리학에서 정의하고 있는 학습원리에 기초를 두고 있다. 직접중재전략을 자연 상황에 병합시킬 때 자연적 접근법과 직접 접근법 간의 주요 차이는 상황에 도입한 구조의 양에 따라 결정된다. 대부분의 연구자는 직접 접근법이 영아에게 쉽게 적용되지 않지만, 중증장애를 지닌 영유아에게 후속결과를 인식하도록 하는 데 효과적일 수 있다고 믿고 있다.

환경적 교수 접근법

환경적 교수 접근법은 직접적인 행동주의적 접근과 자연적 접근을 혼합한 복합 접근법이다. 환경적 교수에서 교사는 아동에게 의사소통 이유를 제공하기 위해 환경을 신중히 구조화한다. 교사는 의사소통과 언어표적을 확인하고 목표를 달성하기 위해 교수 절차를 적용한다. 환경적 교수는 다음과 같은 기본적인 특징이 있다.

- 부모와 전문가가 아동이 관심을 가질 수 있는 구체물, 사건 및 관계에 대해 협의한다.
- 부모와 전문가는 아동의 의사소통 시도를 시범, 모방, 확대시킨다.

- 부모와 전문가는 아동이 이해하지 못한 것으로 보이는 단어를 반복하고 명료화하며 요구한다.
- 부모와 전문가는 발화 시 중요한 정보에 아동이 주의를 기울이도록 음성을 높여 강조한다.

환경적 교수 접근법은 의사소통 중재에 대해 행동주의적 접근에 배경을 두고 있으나, 각 중재의 주제나 선택한 강화는 아동 중심이다. 일어문 단계에 있는 아동을 위한 중재 표적은 좀 더 길고 복잡한 발화를 생성하는 동안, 영아를 위한 일반적인 중재 표적은 의사소통 행동의 빈도를 점차 증가시킬 수 있다. 모델링, 맨트모델링(듣는 이에게 어떤 행동을 취하도록 말하는 명령 등, 즉 행동지시 모델), 시간지연, 우연교수 등도 환경적 교수 접근법에서 널리 이용되는 기법이다.

3) 유아의사소통 촉진 전략

대부분의 연구자는 전문가와 부모가 일반적으로 의사소통문제를 지닌 영유아의 의사소통 촉진을 위해 언어치료사가 사용하는 전략을 이용한다. 언어치료사는 부모와 조기특수교육 전문가에게 일상적인 상호작용을 하는 가운데 다음과 같은 촉진 기법을 적용하도록 지도한다(정대영, 2017).

음성자극

음성자극은 아동이 놀이를 할 때 소리를 이용하도록 격려한다. 교사는 아동의 목소리를 모방하여 아동으로 하여금 음성화를 더욱 많이 다양하게 이용할 수 있도록 촉진시킨다.

> 아동: (장난감을 밀며) "바 – 바."
> 교사: (아동을 모방) "바 – 바."

교사는 아동의 음성화를 몇 차례 모방한 후, 좀 더 길게 모방하여 옹알이의 길이를 연장한다. 다음은 아동의 발화 목록에 없는 "다 - 다", "파 - 파", "마 - 마" 등을 아동에게 모방하도록 한다.

행동묘사(병행대화: 아동의 행동을 관찰하고 그 행동을 묘사하는 말하기)

아동에게 구두 반응을 요구하지 않는다. 아동이 바닥에 흩어진 장난감들을 가지고 놀 때 다음과 같이 할 수 있다.

> [아동이 트랙터를 집어서 밀기 시작한다.]
> 교사: 트랙터를 밀고 있구나.
> [아동이 트랙터를 뒤집어서 바퀴를 돌린다.]
> 교사: 바퀴를 보고 있네. 트랙터를 뒤집었구나./바퀴를 돌리고 있네.

조기특수교육자는 놀이 활동을 하는 동안 직접교수보다 병행대화를 더 자주 이용한다.

언어지도

병행대화와 마찬가지로 언어지도는 일반적으로 구어 능력이 없는 아동에게 이용된다. 교사는 언어지도와 함께 아동이 비언어적 의사소통 행위를 한 후 뒤이어 기술적 명칭을 제공한다.

후속촉진 기법은 영유아의 발화 길이와 복잡성을 증가시키는 데 도움이 된다. 이 기법은 유아언어를 보이는 아동뿐만 아니라 일어문 발화를 하는 아동에게 이용될 수 있다.

> [아동이 책장을 지나서 멈추어 선 다음 책을 보고 있다.]
> 아동: 어, 어.
> 교사: 책 갖고 싶어?
> 아동: (교사의 손을 잡아서 이끈다.)
> 교사: (책을 꺼내어 아동의 손에 들려 준다.) 책이야.

확장

확장은 아동의 발화를 듣고 부족한 부분을 채워 주는 것으로, 아동의 어순을 유지하며 아동 발화보다 성숙된 형식을 제공한다.

[아동이 무릎에 책을 얹은 채 컴퓨터 옆에 앉아 있다.]
아동: 책.
교사: 책을 펴 봐.
[아동이 몇 장을 넘긴다.]
[아동이 강아지 그림을 가리킨다.]
아동: 강아지, 멍멍.
교사: 강아지가 짖는다.

고쳐주기

고쳐주기 기법은 확장의 한 형태이지만, 목소리와 기분에 변화를 준다.

[아동이 마루 위의 바구니에 책을 천천히 집어 든다.]
아동: (책을 한 권 집어 들고 펴면서) 책.
교사: 책을 폈어?(고쳐주기)
아동: 응, 폈어.
교사: 그래, 책을 폈구나.(확장)

보상

보상은 확장과 비슷하지만, 확장 과정에 교사가 추가 정보와 같은 뭔가 새로운 것을 추가한다. 첫째, 교사는 아동이 '자음+모음'의 음절 구조를 말할 수 있도록 단어 중 첫음절에 주의를 기울이게 한다. 둘째, 교사는 아동의 발화에 추가의 의미를 첨가한다. 아동이 교실에서 보조교사의 무릎 위에 앉아 있으며 벗어나려고 시도한다. 언어치료사는 아동의 손에 책을 들려 주고 책을 펴도록 도와준다.

[아동은 책을 보며 벌 그림을 가리킨다.]
아동: ㅓ......ㄹ
교사: 벌이 날고 있다.(보상: 새 정보 추가)
아동: ㅓ....
교사: 벌이 먹고 있다.(확장: 먹고 있다.)
아동: ㅓ, ㅓ(첫째 ㅓ는 '벌'에서 표시하고 둘째 'ㅓ'는 '먹다'에서 표시한다.)
아동: 벌.

4) 의사소통장애를 지닌 영아의 언어지도 전략

영아를 중재할 때 사정 결과를 기초로 하여 기능적 및 상징적 놀이 기능, 상징적 제스처를 향상시키고, 대화 주도하기와 같은 의사소통 의도, 언어이해, 소리나 단어 말하기 등의 능력을 촉진시키기 위한 계획을 세우게 된다. 영아의 언어지도 계획을 세우기 위해 다음과 같은 점을 고려해야 한다(정대영, 2017).

- 아동이 다른 사람과 대화를 하려고 얼마나 자주 시도하고, 다른 사람의 대화 시도에 반응하는가?
- 질문하기, 불만 말하기, 요구하기, 인사하기, 자신의 환경에서 사물과 사건을 말하기 등 다양한 의사소통 시도를 보이는가?
- 주기, 보여 주기, 접촉하기, 지적하기, 손 흔들기, 고개 끄덕이기와 같은 의사소통적 제스처를 사용하는가?
- 다른 사람들과 의사소통을 하려는 시도로 옹알이를 사용하는가?
- 의도를 나타내기 위해 눈 맞춤과 표정을 이용하는가?
- 아동이 단어를 이해하고 말하는가?
- 아동이 상징놀이를 할 수 있는가?

영아의 의사소통 기술을 촉진시키기 위한 전략으로 스크립트 기법과 놀이중심 기법이 있다. 스크립트 기법은 익숙한 일상의 상황 속에서 의사소통 표적 행동을 지도하기 위해 이용되는 촉진적 기법이다. 스크립트란 목욕하기, 생일파티에 가기와 같은 익숙한 활동을 순서대로 기술한 사건을 차례대로 나열한 것이다. 교사가 차례 지키기, 대화 기술, 새로운 언어 형식 등을 지도하는 상황에서 이러한 일상적인 활동 스크립트를 제시한다. 이 스크립트는 새로운 표적 행동(예: 제스처, 의사소통 의도)과 언어 형태(예: 단어, 문법적 형태소)를 도입하는 상황으로 이용된다.

놀이중심 기법은 영아의 언어재활 상황에서 널리 이용되는 방법이다. 전문가와 부모는 장난감과 놀이를 이용하여 아동에게 필요한 기술을 지도한다.

5) 의사소통장애를 지닌 유아의 언어지도 전략

의사소통에 어려움을 지닌 유아는 학습문제를 일으킬 위험군이 될 가능성이 크다. 의사소통장애를 지닌 학령기 아동은 흔히 읽기와 쓰기에 어려움을 겪는다. 다음은 가정과 학급에서 할 수 있는 조기 문해 활동들이다(Heward, 2013).

- 음운인식 활동으로 소리 놀이 과제, 소리 혼합하기 과제, 소리 만들기 과제 등이 있다.
- 함께 이야기를 읽는다. 부모와 교사는 아동의 의사소통 및 문해 능력을 발달시키기 위해 다음과 같은 활동을 하는 것이 바람직하다.
  ① 언제, 어디서, 무엇을, 왜 등과 같이 추론적 질문을 아동에게 자주 한다.
  ② 아동이 말하는 문법적 형태나 단어를 확장시킨다.
  ③ 이야기를 여러 차례 읽어 주고, 아동과 교대로 이야기를 한다.

6) 의사소통장애를 지닌 초등학교 저학년 아동의 언어지도 전략

학령기 아동의 언어중재는 주로 학교 밖의 클리닉이나 개별 치료실에서 소집단이나 개별로 이루어지는 경향이 크다. 이러한 프로그램을 풀아웃 서비스, 즉 일반학급 밖의 서비스(분리 특수교육)라고 할 수 있다. 아동의 학급 참여를 촉진시키기 위해서는 푸시인 서비스, 즉 통합교육 환경에서 소집단 또는 개별 중심의 서비스(통합교육)를 실시하는 것이 바람직하다. 학급에서 교사들이 의사소통장애를 지닌 아동에게 이용할 수 있는 전략들은 다음과 같다(Cook, Klein, & Chen, 2020).

- 간단한 문장을 이용하여 질문한다.
- 지시를 이해하도록 반복한다.
- 과제, 숙제, 시험 등의 활동에는 추가의 시간을 부여한다.
- 아동이 정보를 처리할 수 있도록 천천히 명확하게 말한다.
- 지시나 질문을 반복하여 아동이 실수를 하지 않도록 한다.
- 음운인식을 향상시키기 위해 보충지도를 한다(첫 글자가 동일한 단어를 짝짓기, 한 글자를 줄인 단어를 말하기(감자 → 감)).
- 아동의 말을 수정하여 되풀이해 준다.
- 지도할 개념을 보다 상세히 지도한다.
- 학급 토의 시간에 구어적 시도를 할 경우 정적강화를 제공하여 참여를 촉진시킨다.
- 학급 규칙을 명확히 설명하고 지원을 요청하는 방법을 지도한다.
- 학생이 과제에 주의를 기울일 수 있도록 준비활동을 철저히 한다.
- 학생을 교실의 앞자리에 앉혀서 주의를 집중하도록 촉진시킨다.

7) 보완대체의사소통

보완대체의사소통은 말과 글을 통해서 의사소통 요구를 충족시키지 못하는 개인을 돕기 위한 다양한 전략과 방법을 말하며, 의미를 나타내거나 대표성을 지닌 상징 세트나 어휘, 상징을 선택할 수단, 상징을 전달하는 수단 등 세 가지 요소를 포함해야 한다(정대영, 2017).

보완대체의사소통의 세 가지 구성 요소 중 각 요소는 지원적이거나 자립적이 될 수 있다. 자립적 보완대체의사소통은 신체적 도움이나 장치를 필요로 하지 않으며, 구어, 제스처, 표정, 일반적인 몸의 자세, 수어 등이 포함된다. 지원적 보완의사소통 기법에는 외적 기구나 장비가 포함된다. 보완대체의사소통 기기로는 노테크(예: 연필이나 종이), 로우테크(예: 스위치를 눌러 문이나 문장을 전달하는 방법) 및 하이테크 전자장비(예: 컴퓨터를 이용한 목소리 산출기 등)가 있다.

요약

의사소통장애의 정의와 분류

- 의사소통장애는 말장애와 언어장애로 나뉘고, 이는 다시 각각 기능장애 유형에 따라 범주가 분리된다.
- 말장애에는 음운장애, 조음장애, 유창성장애(말더듬, 말지체), 음성장애가 있고, 원인과 처치에 관한 이론적 관점 역시 매우 다양하다.
- 조음장애는 아동이 신체적으로 주어진 소리를 내지 못함을 의미한다.
- 유창성장애는 말을 하다가 실수를 하거나 내용을 첨삭하거나, 내용을 생각하기 위해 자주 말을 중단하고 흐름이 방해받을 때 말더듬이나 말지체가 된다.
- 말더듬은 자음이나 모음을 속사포식으로 반복한다.
- 음성장애란 개인의 성과 연령 수준에 적합하지 못한 음성자질, 음의 크기, 공명, 음의 길이가 이상하거나 없는 특징을 보인다.
- 언어장애는 언어의 다섯 가지 요소, 즉 음운론, 구문론, 통사론, 의미론, 화용론 중에 한 가지 이상의 문제를 나타낼 수 있다. 언어장애는 흔히 수용언어장애와 표현언어장애로 구분된다.
- 「특수교육법」에 따르면 의사소통장애는 음성장애, 조음장애, 말 유창성장애, 언어수용장애와 언어표현장애로 구분된다.

의사소통장애의 원인과 출현율

- 말과 언어장애는 기질적인 문제, 즉 신체의 특정 기관이나 부분의 손상, 기능장애, 기형으로 인하여 말장애와 언어장애가 일어날 수 있다.
- 말지체는 환경실조에 의해 일어날 수 있다.
- 언어장애는 심각한 학습 결손으로 인해 발생할 수도 있다.
- 특수교육통계에 의하면, 언어장애를 지닌 특수교육대상 학생은 2,204명이며, 전체 특수교육대상 학생 중 2.4%에 해당한다.

의사소통장애의 특성

- 영아가 소리를 내거나 우는 횟수가 너무 적고, 지나치게 조용하다면 언어발달 지체를 의심해 볼 수 있다.
- 18개월이 지났는데도 전혀 단어를 말하지 못하거나 30개월 후에도 두 단어를 사용한 말을 하지 않는다면 언어발달지체를 생각해 볼 수 있다.
- 의사소통 능력은 단어 인지력, 독해력, 연산 능력 등 거의 모든 교과목의 학습에 필요한 기능이므로 의사소통장애를 지닌 아동은 학업성취에 어려움을 겪는다.
- 언어 수용과 해석의 문제는 개념 습득과 활용에 문제를 가져온다.
- 의사소통장애를 보이는 아동은 상대방으로부터 거절당하거나 따돌림을 당하여 열등감을 경험하는데 이러한 부정적인 경험은 낮은 자아존중감으로 이어져 정서행동문제를 일으킬 수도 있다.

의사소통장애의 진단평가와 사정

- 언어를 사정하기 위해서는 다학문적 팀 접근이 바람직하다.
- 유아 언어 사정에는 놀이중심 사정, 의사소통중심 사정, 부모 질문, 언어이해 사정, 언어표집 등이 있다.

의사소통장애를 지닌 영유아를 위한 교육적 지원과 중재

- 영유아 의사소통의 일반적 중재 원리는 조기중재, 프로그램의 강도, 부모와 아동의 동시 훈련 등을 들 수 있다.
- 중재 방법으로는 자연적 접근법, 직접 접근법, 환경적 교수 접근법이 있다.
- 유아의사소통 촉진 전략에는 음성자극, 행동묘사, 언어지도, 확장, 고쳐주기, 보상 등이 있다.
- 영아를 중재할 때 사정 결과를 기초로 하여 기능적 및 상징적 놀이 기능, 상징적 제스처를 향상시키고, 대화 주도하기와 같은 의사소통 의도, 언어이해, 소리나 단어 말하기 등의 능력을 촉진시키기 위한 계획을 세우게 된다.

- 의사소통에 어려움을 지닌 유아의 중재는 소리 놀이 과제, 소리 만들기 과제 등을 한다.
- 의사소통장애를 지닌 초등학교 저학년 아동의 언어지도 전략은 문장 이용, 지시 반복, 추가의 시간 부여, 보충지도 등이 있다.
- 보완대체의사소통은 말과 글을 통해서 의사소통 요구를 충족시키지 못하는 개인을 돕기 위한 다양한 전략과 방법을 말하며, 의미를 나타내거나 대표성을 지닌 상징 세트나 어휘, 상징을 선택할 수단, 상징을 전달하는 수단 등 세 가지 요소를 포함해야 한다.

Chapter 15 시각장애를 지닌 영유아

시각은 우리의 세계를 이해하도록 도와주고, 우리는 시각을 통해 자신과 타인의 지각적 이미지를 형성한다. 시각은 사물에 손을 뻗어 잡거나 만지고 싶어 하도록, 언덕을 올라가고 싶은 생각이 들도록, 그리고 친구의 미소에 반응하고 싶도록 동기를 유발시킨다. 시각장애를 지닌 아동은 자신의 세계를 이해하기 위해 잔존시력을 활용할 필요가 있다. 유아기 전문가는 시력 위험군 유아를 인식하고, 시력문제를 경고하는 징후들을 파악하는 것이 중요하다.

1 시각장애의 정의와 분류

1) 정의

시각장애는 시력장애와 시야결손장애로 구분된다. 시력장애는 안경, 콘택트렌즈를 포함한 모든 종류의 시력 교정법을 이용하여 측정된 교정시력을 기준으로 하고, 시야결손장애는 시각로가 차단되어 볼 수 없게 되는 경우를 말한다(정대영, 2017). 시각장애의 정의는 크게 「장애인복지법」의 정의와 「특수교육법」에 의한 교육적 정의로 나누어 생각해 볼 수 있다.

「장애인복지법」에서는 시각장애를 다음과 같이 정의하고 있다.

- ① 두 눈의 시력이 각각 0.1 이하인 자
  ② 한 눈의 시력이 0.02 이하 다른 눈의 시력이 0.6 이하인 자
  ③ 두 눈의 시야가 각각 10도 이내인 자

「특수교육법」(2007)에서는 시각장애를 지닌 특수교육대상자를 다음과 같이 정의하고 있다.

- 시각계의 손상이 심하여 시각 기능을 전혀 이용하지 못하거나 보조공학기기의 지원을 받아야 시각적 과제를 수행할 수 있는 사람으로서 시각에 의한 학습이 곤란하여 특정의 광학기구 · 학습 매체 등을 통하여 학습하거나 촉각 또는 청각을 학습의 주요 수단으로 사용하는 사람

한편, 교육적 정의로는 학생이 시력을 학습의 주된 수단으로 사용하는 능력에 초점을 두고 맹과 저시력으로 구분하고 있다. 교육적 맹은 시력을 사용하지 않고 청각과 촉각 등 다른 감각으로 학습하는 경우이며, 교육적 저시력은 시력을 학습의 주된 수단으로 사용하는 경우를 말한다(임안수, 2008).

2) 분류

시각장애를 분류하는 방법에는 잔존하는 시력의 정도를 기준으로 하는 방법과 시각장애가 발생하기 시작한 시기에 따라 나누는 방법 등이 있다. 발생 시기에 따라 나누면, 시각적인 이미지를 습득한 후에 시각장애가 시작되는 후천맹과 태어날 때부터 혹은 아주 어린 영유아 시기부터 시력을 잃은 선천맹으로 나눌 수 있다. 정대영(2017)은 시각장애를 해부학적 측면에서 눈의 굴절손상, 시각체계의 근육이상, 눈의 수용 구조의 문제 등으로 구분하였다.

눈의 굴절문제

- 원시: 외부 세계로부터 들어오는 평행광선이 망막을 지나 뒤에서 조점을 맺기 때문에 물체가 흐릿하게 보이는 상태
- 근시: 외부 세계로부터 들어오는 평행광선이 망막에 이르지 못하고 그 앞에 상을 맺는 상태
- 난시: 눈 안에 들어오는 평행광선이 각막 또는 수정체에 초점을 만들지 못하는 상태
- 백내장: 눈의 수정체가 혼탁해지는 질환

근육이상. 시각체계의 근육 결함은 눈 안에 있는 주요 근육 중 한 가지 이상에서 기능이 약화될 때 일어나며 조절력을 상실하고 긴장을 유지시켜 줄 수 없게 된다. 근육장애에는 안구진탕증, 사시, 약시 등이 있다.

수용 구조의 문제. 눈의 수용 구조와 관련된 장애는 망막과 시신경의 퇴화나 손상이 있을 경우 발생되며 시신경위축, 색소성망막염, 망막박리, 미숙아망막증, 녹내장 등이 있다.

2 시각장애의 원인과 출현율

1) 원인

시각장애의 원인에는 눈을 통해 들어오는 상을 뇌로 전달하는 시신경이 제대로 발육하지 못하여 발생하는 경우, 영양결핍이나 안질환, 미숙아망막증, 백내장, 녹내장 등이 있다. 선천적으로 시각장애를 갖고 태어나는 경우, 출생 시 문제로 인하여 시각장애가 발생하는 경우, 후천적으로 장애가 되는 경우 중 후천적인 경우가 가장 많은 것으로 조사되었다. 후천적 원인으로는 질환에 의한 경우가 58%이고, 사고에 의한 시각장애가 35.2%에 이른다(보건복지가족부 · 한국보건사회연구원, 2009). 결국, 시각장애의 88% 이상이 후천적 원인에 의해 발생한다는 점은 예방적 차원에서 시사하는 바가 크다.

유전적 원인. 시각장애를 유발하는 유전적 요인으로는 백색증, 색소성망막염, 망막아세포종, 시신경위축 및 백내장 등이 있으며, 그 외에도 망막박리와 연관된 심한 근시, 각막손상, 홍채이상, 소안구증, 뇌수종, 무안구증, 녹내장 등이 있다(정대영, 2017).

환경적 원인. 환경적 요인에 의한 시각장애는 출생 전, 출생 중, 출생 후에 각각 일어날 수 있다. 태아에게 방사선이나 약물이 투입되거나 풍진, 매독과 같은 질병의 감염, 인플루엔자, 유행성이하선염 등과 같은 질병이 시각장애를 유발한다. 외상, 감염, 염증 및 종양, 외피성 시각손상 등과 더불어 심한 외상, 질식, 발작, 중추신경계의 감염, 약물 중독 및 기타 신경계의 조건에 의해 일어날 수 있다(Cook, Klein, & Chen, 2020).

2) 출현율 및 현황

학령기 아동을 대상으로 조사한 연구에 의하면, 시각장애의 출현율은 0.03%로서 전체 특수교육대상 학생의 1.11%에 이른다(국립특수교육원, 2001). 특수교육통계(교육부, 2019)에 의하면 시각장애를 지닌 특수교육대상으로 선정된 특수교육을 받는 학생은 1,937명으로 전체 특수교육대상 학생의 2.1%를 차지한다.

3 시각장애의 특성

1) 인지 발달

어린 나이에 시각장애를 가지게 된 아동은 자신의 세계를 이해하는 데 필요한 정보의 양과 질에 제약을 받게 된다. 사람들은 시각장애를 가지게 되면 청력이 이를 보완할 것으로 생각하지만, 소리는 생애 초기 발달 과정에서 시각의 역할을 대신하지 못한다. 시각장애를 지닌 아동은 지식을 습득하는 데 있어 가장 중요한 감각인 시력의 도움을 받지 못하는 문제에 직면하게 된다.

시각장애를 지닌 아동은 시각의 손상으로 정보 획득이 어렵고 경험의 기회가 부족하여 지각이나 개념 형성에 많은 어려움을 보인다. 또한, 동기부족과 공간관계의 지각에 대한 경험의 부족 등으로 인하여 2세 정도까지 습득해야 하는 사물 항상성 개념이나 인과 개념을 습득하는 데 지연을 보인다(이경림, 2008).

모방은 시력으로 크게 동기부여를 받는다. 아동은 다른 아동이 과제를 수행하는 것을 관찰하면서 본 것을 반복한다. 시각적 모방은 특정한 얼굴 표현을 흉내 내는 것, 놀이, 친구처럼 블록을 가지고 탑을 쌓는 것, 큰 형이 어제 만들었던 것처럼 샌드위치를 만드는 것, 또는 칠판에 적혀 있는 숙제를 받아 적는 것처럼 간단할 수도 있다. 그러나 시각장애를 가진 대부분의 아동은 시각적 모방으로부터 도움을 받지 못한다.

일반적으로 아동은 개념을 발달시킬 때 부분에서 전체로 나아가지만, 시각장애를 지닌 아동의 경우는 다소 다르다. 시력을 가진 아동은 전체 물체를 보고 난 뒤, 특정 세부사항에 초점을 둔다. 그러나 시각장애를 지닌 아동은 물체의 부분에서 전체로 이동하며, 직접적으로 물체의 특징에 대해 학습할 시간을 요구한다(Heward, 2013).

대뇌의 지적 기능과 관련된 부위에 문제가 없는 한, 시각장애를 지닌 아동의 지능은 또래와 질적인 차이는 없다. 다만, 유아의 경우 학습을 하거나 기억을 해야 할 때 시각적 자료를 이용하는 경우가 더 잦은데, 시각장애를 지닌 아동은 이러한 과정이 어렵거나 불가능하기 때문에 학습 결과에서 차이를 나타낼 수 있다.

2) 언어적 특성

시각장애를 지닌 아동은 시각 대신 청각이나 다른 감각들이 발달하는 경우가 많다는 것이 일반적인 상식이다. 실제로 시각장애인은 시각 대신 촉각과 청각 등에 의지하는 경우가 많은데, 이것이 언어를 습득하는 데에 문제를 가져올 수도 있다. 또한, 사물이나 상황, 상태를 시각적으로 보지 않고 개념을 형성하게 되므로 실제의 의미와 다르게 인식할 수가 있다. 따라서 그렇게 습득하게 된 낱말을 사용하면서 의미가 정확하게 전달되지 않는 경우도 발생할 수 있다(Cook, Klein, & Chen, 2020).

시각장애를 지닌 아동은 소리를 잘 듣기 위해 얼굴을 소리가 나는 곳으로 향하기보다는 귀를 그곳으로 향하는 행동을 한다. 이들은 어떤 새로운 소리를 들었을 때 신체활동이 증가하는 것이 아니라 오히려 조용해 지거나 얼굴이 굳어질 수 있다. 이러한 행동은 소리를 보다 잘 듣기 위해서 하는 행동이다.

시각장애를 지닌 아동은 자기중심적인 말을 많이 하고, 사람이나 사물을 덜 언급하며, 자신에게 별 의미 없는 단어를 사용하는 장황한 언어, 또는 말을 지나치게 많이 하는 특성을 보일 수 있다. 또한, 자신이 경험하는 모든 세부적인 일을 불완전하게 인식하기 때문에 구어로 자신을 표현하는 데에 특히 어려움을 겪으며, 시각적 정보를 받아들이지 못하므로 제한적인 경험을 이용할 수밖에 없어 구어 어휘가 제한된다(정대영, 2017).

3) 행동 및 운동특성

시각장애를 지닌 아동은 체력적으로 약하거나 운동능력이 뒤떨어지는 경우가 많은데, 이것은 시각장애 그 자체가 원인이 된다기보다는 시각 문제로 인해 운동량이 부족해지고, 운동 경험이 제한적이기 때문이다. 시력이 좋지 않거나 결여된 경우에는 공간 내에서 자기의 몸을 인식하기 어렵기 때문에 팔이나 다리를 뻗거나 움직이려고 하지 않는다. 따라서 움직임은 소극적일 수밖에 없고 이에 따라 운동능력이 뒤처질 수밖에 없다(Allen & Cowdery, 2015).

유치원이나 어린이집 환경에서 시각장애를 지닌 유아도 활발하게 움직이는 것처럼 보일 수도 있다. 그러나 시각장애를 지닌 유아의 운동을 정확하게 측정해 보면, 다른 아동의 운동량에 1/3밖에 되지 않는 것을 발견할 수 있다(최중옥 외, 2002). 또한, 움직이는 범위도 좁을 수밖에 없기 때문에 운동량의 부족으로 자연스럽게 연결되고 또래 유아보다 평형감각, 달리기, 민첩성, 정밀성 등이 뒤떨어진다.

시각장애를 지닌 아동이 발달 영역에서 또래와 같이 발달하기 위해서는 운동을 할 수 있는 환경을 조성해 주고, 적절히 운동할 수 있도록 다양한 기회를 제공해 주어야 한다.

다음은 시각장애를 추측할 수 있는 외형이나 행동의 특성들이다. 영유아의 시각장애를 조기에 발견하기 위해서 이러한 부분들을 숙지해 둘 필요가 있다(Cook, Klein, & Chen, 2020).

- 눈과 손의 협응이 잘 안 된다.
- 다래끼가 자주 생기고, 눈이나 눈꺼풀이 충혈되고 눈물이 난다.

- 눈동자가 계속 움직인다.
- 눈꺼풀이 처지거나 부어있거나 각막이 혼탁하다.
- 책을 읽을 때 매우 큰 소리로 읽고, 머리를 매우 많이 움직인다.
- 신체활동을 싫어한다.
- 글씨를 쓰거나 읽을 때 얼굴을 찡그린다.
- 사물을 볼 때 눈을 자주 깜빡거리고 눈을 자주 비빈다.
- 현기증, 두통, 눈의 불쾌감 등을 느낀다고 말한다.
- 어떤 대상에 집중하는 시간이 짧고 자주 멍한 표정을 짓는다.
- 이름을 부르지 않으면 질문에 대답하지 않아서 무례한 아동으로 오해받기 쉽다.

4) 사회 정서 발달 특성

시각장애를 지닌 아동은 시력의 문제로 자신의 신체를 볼 수 없기 때문에 신체상을 제대로 형성하기가 어렵다. 이것은 자아에 대한 왜곡된 태도를 형성하게 하며, 다른 사람과의 대인관계나 상호작용에 어려움을 느끼게 한다. 또한, 모델링과 시각적 피드백은 아동이 사회적 기능을 습득하는 데 주요 수단이 될 수 있는데 시각장애를 지닌 유아는 이러한 시각을 통한 단서를 놓칠 수밖에 없기 때문에 발달에 어려움을 겪는다.

사회적 관계에 있어 영향을 주는 신체적 특징으로 몸매, 체취, 키, 체중, 머리 모양이나 피부색, 옷차림 등이 있다. 사람은 다른 사람의 외모, 위생 상태, 건강 등에 큰 관심을 가지며, 시각을 통한 상대방의 정보로 사람을 평가하기도 한다. 그러나 시각장애를 지닌 사람은 다른 사람이나 자신의 외모를 확인할 수 없기 때문에 사회적 모방도 힘들며, 자신의 외모에 관심을 두거나 가꾸기도 쉽지 않다. 시각장애를 지닌 아동에게 위생적인 생활과 단정한 외모를 갖출 수 있도록 가족과 교사가 도와주고 중요성을 알려주도록 한다.

4 시각장애의 진단평가와 사정

개별화교육지원팀은 시각장애를 지닌 아동을 판별하는 단계를 넘어 이들의 인지 능력, 학업성취, 언어 기술, 운동수행, 사회 정서적 기능 등과 더불어 다른 감각능력과 관련하여 잔존 시력을 어떻게 이용할 것인지에 초점을 맞추어야 한다.

1) 시력 측정과 시기능 사정

시력검사는 만국식 시력표를 이용하여 실시한다. 교정한 시력으로 나온 눈의 시각 민감성이 20/70에서 20/200 사이에 있는 피검자는 저시력을 지닌 것으로 판단된다. 시력검사를 할 경우, 3세는 20/50 이하, 4세는 20/40 이하, 5세는 20/30 이하의 결과를 얻으면 후속검사나 렌즈교정을 위해 의뢰하게 된다(National Society for the Prevention of Blindness, 1990, 정대영, 2017에서 재인용). 시야는 눈이 고정된 상태에서 물체들을 볼 수 있는 정도를 의미한다. 정상적인 시야는 사람이 앞으로 똑바로 보고 있을 때 머리의 한쪽 면에서 다른 면까지 대략 180도 정도가 된다. 시야의 최고 위쪽은 자신의 머리에서 약간 위(50도)이고, 제일 아래쪽 시야의 한계는 턱 아래(70도)이다.

시기능 사정은 매일 아동이 활동을 하는 가운데 시력을 어떻게 사용할 것인지, 아동의 시각적 수행능력을 돕는 것이 무엇인지 또는 방해하는 것이 무엇인지를 판별하는 데에 목적이 있다. 시각장애를 지닌 아동은 잔존 시력을 다양한 방법으로 이용하는데, 시력만으로 아동이 환경에서 얼마나 기능을 발휘하는지 알 수 없으므로 시기능을 사정하는 것은 의미가 크다. 시기능을 사정할 때는 시각적 능력, 시각적 주의집중, 시효율성 등을 고려해야 한다(Allen & Cowdery, 2015).

시각적 능력이란 시각적 민감성을 확대한 것이고, 시각적 주의집중은 시각적 기민성, 시각적 선택, 주의집중의 정도, 처리과정 등 네 가지 요소로 구성되어 있다. 시효율성은 자리를 바꾸거나 적절한 조명을 제공하는 등의 교수적 조정을 통해서 변화시킬 수 있다. 〈표 15-1〉은 시각장애를 가진 아동을 위한 시각 기반의 교수적 수정의 사례이다.

〈표 15-1〉 시각장애를 가진 아동을 위한 시각적 기반의 교수적 수정 사례

유형	사례
조명	유형, 위치
대비	강도의 수준, 색깔 혼합 선택
눈부심의 통제	반사적인 표면 덮기, 박판 없애기
시각적 배열	하얀색 공간을 더 많이 확보하기, 품목의 수와 세부적인 내용은 줄이기
확대	글씨체/상징 확대, 확대경 사용

2) 학습 매체의 평가

시기능의 평가와 상호보완적 관계에 있는 것은 학습 매체의 평가이다. 교사는 학습 매체를 평가하여 시각장애를 지닌 아동에게 적합한 학습 매체를 선택하여 교수-학습의 효과성과 효율성을 높여 준다. 이 과정을 통해 교사는 감각적 정보(시각, 청각, 촉각)의 사용과 의사소통, 학습, 문해활동에 필요한 감각 자료들의 유형에 대한 아동의 학습 효율성을 결정한다.

3) 발달적 및 학업적 사정

시각장애를 지닌 어린 아동의 발달을 사정할 때는 시력을 지닌 일반 아동을 사정하는 것과 다를 바가 없지만, 특히 두 가지 사항을 추가로 고려하는 것이 중요하다(Heward, 2013). 첫째, 적절한 사정 도구를 선택하는 것이다. 시각장애를 가진 많은 아동은 발달 비율이 정상의 또래들에 비해 뒤떨어지므로 표준화된 검사도구를 이용할 때 이들의 발달을 효과적으로 예측할 수 없다. 둘째, 검사자는 시각장애가 학습에 미치는 영향 및 시각장애를 지닌 아동을 위한 검사의 수정 및 조정에 대한 필요성을 이해할 필요가 있다.

5 시각장애를 지닌 영유아를 위한 교육적 지원과 중재

아동이 기능적 시력을 얼마나 지니고 있느냐에 따라 교육과정의 수정이 이루어져야 할 것이다. 시력이 낮을수록 청각적 및 촉각적 채널을 더 많이 이용하게 된다(Allen & Cowdery, 2015; Cook, Klein, & Chen, 2020; Heward, 2013).

1) 교육과정 적합화

신체운동 · 건강

시력이 제한된 아동은 그렇지 않은 다른 아동에 비해 건강과 안전문제에 더욱 주의를 기울여야 한다. 아동에게 이러한 문제를 일으키는 환경을 의식해야 하며, 가급적 청각정보와 지각정보를 증가시키려고 노력해야 한다. 그들은 자기가 있는 곳이 어디인지 아는 법을 배워야 하며, 안전하게 다른 장소로 이동하는 법도 익혀야 한다. 그러기 위해서는 감각운동 통합능력이 필요하므로, 감각운동 통합의 시각적 능력이 부족한 아동은 그들의 잔존시력을 보상하고 정제할 방법을 배워야 한다. 저시력을 지닌 아동에게 외부 활동은 상당히 어려운 과제라는 것을 인지하고, 안전한 장소에서 발달 기술을 훈련시켜야 한다.

건강과 안전. 건강과 안전은 모든 아동에게 중요하며, 어려운 학습 영역이다. 자신의 자발적 호기심을 의도적으로 드러내고 행동을 하기 전에 건강과 안전을 위하여 그 행동에 대해 생각해 보아야 한다. 저시력을 지닌 아동은 다른 아동에 비해 물건에 부딪히거나 물건을 떨어뜨릴 가능성이 더 크다. 아동이 시각보다 촉각과 청각 단서에 많이 의존하게 되면 학습 기술에 더 큰 협응 문제가 발생할 수 있다. 그들은 다른 사람이 자전거를 타고 접근해 오는 것을 보지 못한다. 따라서 저시력을 지닌 아동은 잔존시력을 이용하고 시력을 보상할 청력을 이용할 필요가 있다.

- 모든 아동이 적응 기술에서 독립성을 기르도록 도와준다. 몬테소리 자료는 이러한 기술을 개발하기에 적합하며, 쉽게 연습할 수 있도록 도와준다. 비누, 냅

킨, 쓰레기통 등을 이용하는 기술 등을 훈련한다.

- 안전, 보기, 듣기 기술을 지도한다. 아동이 자동차, 사이렌, 화재 경보음의 소리를 확인할 수 있게 하고, 소리를 확인했을 때 어떻게 할지를 지도한다.
- 아동이 물건을 들어 올릴 때 무릎을 굽히도록 지도한다. 무거운 물건을 들어 올릴 때 완충작용을 해 주는 것이 중요하다.
- 아동이 밖에서 뛰어놀 때 안경이 떨어지지 않도록 고정 장치를 한다.
- 그네, 시소와 같은 놀이기구에는 울타리를 설치한다. 또한, 자전거는 특정한 장소에서 타도록 지도해야 하며, 움직이는 물체에는 벨을 달아서 적절히 사용하도록 지도한다.

대근육운동. 아동은 자신의 신체에 관한 지식을 증가시키고, 자신의 환경을 탐색하는 방법으로 신체의 대근육을 이용한다. 최근 시력을 교정하였거나 저시력을 지닌 아동은 또래에 비해 기능의 섬세함이 떨어지므로 다음과 같은 연습을 할 필요가 있다.

- 균형을 유지하는 일은 매우 중요하다. 고정된 위치에서 균형을 잡는 법부터 시작하여 아동이 서 있거나 앉은 상태에서 균형 잡는 연습을 한다. 아동이 역동적인 균형을 잡기 위해 손에 물건을 들고 걷기, 점프하기, 기기 등의 행동을 하며 균형 잡는 연습을 한다.
- 특정 움직임에 대한 개념 형성이 미흡할 경우, 그들이 움직이기 전에 성인의 신체 윤곽을 느끼도록 하고 성인은 아동의 자세를 잡도록 도와서 운동감을 느끼도록 한다.

소근육운동. 소근육운동 기술과 눈-손 협응 능력을 발달시키고 정교화하기 위해서는 많은 연습이 필요하다. 처음에는 아동이 성공하기 쉬운 경험으로 시작하여 실망하지 않도록 해야 한다.

- 퍼즐 맞추기를 한다.
- 아동이 큰 조작활동에서 시작하여 점점 미세한 조작활동을 할 수 있도록 격려

한다.

- 아동에게 천을 구별하는 연습을 시킨다.

감각운동 통합. 저시력을 지닌 아동은 공간을 이동해 가기 위한 운동기억을 발달시켜야 한다.

- 아동이 크기가 다른 장애물의 위아래를 기어 다니게 하는 것은 공간적 방향정위를 지도하는 좋은 방법이다. 처음에는 인간장애물을 이용하여 아동을 지원할 수 있도록 하는 것이 좋다.
- 촉각운동 및 청각운동 활동을 강조한다.
- 아동이 지닌 시력을 이용하지만, 아동의 시력이 매일 달라질 수 있다는 점을 인식해야 한다.

의사소통

언어와 문해는 시각손상을 지닌 아동에게 어려운 영역이다. 언어는 지식을 습득하고 세계를 이해하며, 다른 사람과 의사를 소통하는 주요한 도구이다. 시각손상을 지닌 아동은 의사소통을 위해 주로 구어에 의존하고, 환경에 대해 학습을 하기 위해 듣기에 의존하며, 필요한 물건을 찾지 못하면 다른 사람들에게 묻는다. 그러므로 시각손상을 지닌 아동은 다른 아동이나 성인에게 지시를 하고 지시를 따르는 방법을 배워야 한다. 또한, 그들은 청력단서나 청각기억에 더욱 의존하게 되며, 주의를 집중하고 눈을 마주치는 등의 비구어적 자질의 일부를 잃게 되므로 추가의 단서를 얻기 위해 언어의 억양 패턴, 크기 및 속도에 초점을 맞추도록 도움을 받아야 한다(정대영, 2017; Cook, Klein, & Chen, 2020; Heward, 2013).

말하기. 시각손상을 지닌 아동은 말을 배울 때 주로 청각적 단서에 의존한다. 반면에 다른 아동은 입술, 입, 턱의 움직임을 보고 쉽게 모방할 수 있다. 아동에게 무엇을 의미하는지에 대해 질문을 하도록 조장하고 사용되는 명칭의 이해를 넓히도록 도와주어야 한다. 아동은 자신이 지각한 사실을 격려받음으로써 잘못 이해한 점을 바로잡고 구어능력을 향상시킨다.

- 구어지시 따르기는 언어의 중요한 기능이다. 1~2단계로 이루어진 간단한 지시부터 시작한다. 지시를 할 때는 항상 구체적으로 하도록 한다.
- 시각손상을 지닌 아동은 감정을 표현하고 이해하는 단어에 더욱 의존한다. 이러한 단어들을 배우도록 도와준다.
- 어린 아동은 대부분 자신에게 말을 한다. 이러한 현상은 모든 아동에게서 볼 수 있는 정상적인 언어행동이다. 시각손상을 지닌 아동 역시 상상의 친구들에게 말을 한다. 이러한 행동은 실제 친구보다 상상의 친구에게 더욱 빠져들지 않는다면 문제가 되지 않는다.

듣기. 시각손상을 지닌 아동은 어떤 과제를 수행하기 위해서 구어적 정보에 의존하므로 말을 이해할 필요성이 더 커진다. 시력문제를 교정한 아동조차 항상 안경을 쓰지는 않는다. 그러므로 그들이 소리를 확인하고 구별하는 법을 배우는 것은 매우 중요하다. 테이프나 CD를 듣고 유사한 소리를 구별하는 훈련을 통해서 이 분야의 기능을 발달시키도록 도와준다.

- 시각손상을 지닌 아동은 화자를 분명히 볼 수 없기 때문에 말하고 있는 사람을 보지 못할 수 있다. "나를 보세요. 사람들은 이야기할 때 말하는 사람을 보는 것을 좋아해요."라고 말해서 말하는 사람을 볼 수 있도록 격려한다.
- 시각손상을 지닌 아동이 소리 찾는 연습을 할 수 있도록 듣기 게임을 한다. 소리를 내고 아동은 그 소리가 나는 곳을 찾도록 한다. 아동이 소리 나는 곳을 찾으면 소리의 물체를 느껴야 하고 어떻게 이용되는지를 말해 준다.
- 통 속에 물건을 넣고 아동이 그 통을 흔들어서 소리를 내게 한다.
- 시각적 손상을 지닌 아동은 미세한 청각적 변별을 학습해야 하므로 아동이 들은 것에 대해 기술하고 설명하도록 한다.
- 이야기 테이프나 CD를 이용하여 긴소리, 짧은소리, 높은 소리, 낮은 소리를 구분하게 하고, 그 소리를 누가, 어떤 상황에서 어떻게 내는지를 확인한다.

- 가능하면 교사가 말하고 있는 사물의 모형을 준다. 크기는 상관이 없고, 모형으로 물체를 명확히 확인하고 실물이 아니라는 것을 알게 한다.
- '어디', '왜', '무엇'은 모든 아동이 이해하기 어렵다. 가능하면 이러한 단어들에 대해 시범을 보인다. 아동을 데리고 가서 무엇이 왜 그런 소리를 내는지 느끼게 한다.
- 아동이 가장 어려워하는 단어는 색깔, 하늘처럼 볼 수 없는 것들이다. 이러한 단어는 일상생활에서 아동에게 추가 단서를 주어 학습할 수 있게 한다.
- 냄새를 맡을 수 있고, 물체를 만질 수 있으며, 소리를 들을 수 있고, 물체를 볼 수 있고, 음식을 맛볼 수 있거나 직접 경험할 수 있는 것들을 지칭하는 단어들을 이용한다.
- 사물의 기술적 정의와 더불어 기능적 정의를 이용한다. '공은 구른다.', '공은 튄다.'와 같이 아동이 공을 굴리고 튀길 때 강화를 한다.
- 저시력을 지닌 아동은 자유롭게 움직이기 위해 구어적 지시를 따라야 한다. 이동을 위해 '제자리에 서/앞으로 가', '높은/낮은', '큰/작은' '안/밖/위', '딱딱한/부드러운'과 같은 단어들은 유용하다.

읽기. 이야기는 아동의 세계관을 넓혀주므로 유익하다. 이야기는 아동에게 친숙한 주제부터 시작하고 이야기의 요점을 간단히 설명하기 위해서는 그림을 이용하는 것이 좋다. 아동에게는 그림과 이야기의 관계를 지적하도록 한다. 문해 읽기 분야에서는 시각변별 기술을 발달시키고 정교화할 것을 강조한다.

- 교사는 이야기를 읽어 줄 때 아동이 보고 느낄 수 있는 모형물(토끼, 앵무새, 기차, 자동차, 강아지)을 이용하는 것이 좋다. 촉감을 느낄 수 있고 냄새를 맡을 수 있는 것도 좋다.
- 듣기 코너에서 녹음 교재를 듣게 한다. 이 경우에는 읽기를 개별화하여 개인이 좋아하는 책을 선택하게 한다.
- 확대문자 책이나 점자를 확보한다. 아동이 점자를 요구하지 않더라도 점자는 매우 유익한 쓰기의 형태라는 것을 이해시킨다.

- 원형, 삼각형, 사각형 등 모양이 단순한 큰 물체로 시작한다. 아동에게 이름을 말하게 하고 모양을 구분하고 특징을 말하게 한다.
- 아동이 큰 것을 구분할 수 있게 되면 작은 것을 구분하게 한다. 교사는 이러한 활동을 지도할 때 의미 있는 특징을 지적하도록 한다. 커다란 나무 문자를 이용하고 둘째 손가락과 셋째 손가락으로 따라가게 한다.
- 저시력을 지닌 아동의 읽기 준비를 발달시키기 위해 촉각 기능을 활용한다. 시력손상이 클수록 점자 쓰기의 선수 기능인 촉각변별의 요구는 늘어난다.
- 컴퓨터를 이용하여 글자의 크기를 확대한다.
- 인쇄에 대한 인식을 증가시켜 아동이 책을 느끼고 책의 각 부분을 확인하도록 돕는다.
- 아동에게 점자를 포함한 다른 유형의 글자를 보여 준다.
- 시각손상을 지닌 아동에 관한 책을 읽어 준다.

쓰기. 모든 아동은 단어를 말하는 능력과 쓸 수 있는 능력을 연계하여 발달시켜야 하고, 아동이 쓴 것을 다른 사람이 이해할 수 있어야 한다.

- 약시아동을 위해 넓은 마커를 이용하여 쉽게 볼 수 있도록 한다.
- 아동이 시각적 피드백을 이용할 수 없다면 미디어와 촉각적 피드백을 함께 적용한다.
- 아동에게 사포나 나무 문자를 주어 손가락으로 추적하게 한다.
- 다른 촉각적 속성을 지닌 쓰기 미디어를 이용한다.
- 아동이 나이가 들면 컴퓨터나 워드프로세서를 이용하여 쓰게 한다.
- 점자 읽기와 점자 쓰기를 할 수 있도록 한다.

사회관계

모든 아동은 집단의 일부가 되어 다른 사람의 강점과 요구에 관하여 배워야 한다. 성인은 안경과 같은 시력 보조구에 익숙하지만, 어린 아동은 그렇지 못하다. 모든 아동이 근본적으로 요구하는 것은 개인적 가치와 적절성이다. 자존감은 아동이 자신의 가치에 대해 개인적으로 판단하는 것으로서 자아지각과 타인지각에 의해 형성된다.

자존감. 시각장애를 지닌 아동은 자신감이 부족하고 경쟁을 한 경험이 거의 없기 때문에 몸의 인식이 보다 느리게 발달되는 경향이 있다. 대부분의 아동은 관찰을 통하여 여러 가지 사회 기술을 학습하지만, 시각손상을 지닌 아동의 경우에는 관찰이 어려우므로 특별한 방법으로 지도하여야 한다. 시각손상을 지닌 아동의 자존감을 높여줄 수 있는 방법들은 다음과 같다.

- 시각손상을 지닌 아동은 안경을 끼거나 광학기기를 이용하는 역할 모델이 필요하다.
- 다른 사람이 말할 때 얼굴을 돌리고 주의를 기울여야 할 상황에서 부주의한 모습을 보인다.
- 신체 부위를 말하는 노래를 부르며 율동을 한다.
- 아동이 다양한 방법으로 장소를 이동하도록 격려한다. 아동에게 그러한 행동을 언제 하는지를 말해 준다. 그리고 주변 환경과 관련하여 자신의 몸을 보다 잘 인식할 필요가 있다.
- 아동에게 자신의 감정을 설명하고 다른 사람의 정서를 이해할 수 있는 어휘를 지도한다.
- 자신감과 긍정적 자존감은 연령에 적합한 기술을 학습함으로써 갖게 된다. 이것은 집단 수용의 중요한 부분이고, 앞으로의 탐색을 하고 싶은 동기를 유발시킨다.

통합교육. 시각손상을 지닌 아동에 대한 교사의 태도는 학급의 분위기를 형성하는 데 큰 영향을 미친다. 시각손상을 지닌 아동에 대해 우려하거나 과잉보호를 하게 되면 다른 아동이 이러한 점을 쉽게 눈치채게 된다.

- 또래 아동이 시각손상을 지닌 아동에게 말을 걸 때 자신이 누구인지를 밝히도록 지도한다.

- 다른 아동에게 시각손상의 영향에 대해 설명한다. 가끔 아동은 시각손상을 지닌 아동이 반응을 하지 않을 것이라고 생각하거나, 그들에 대한 관심이 부족하여 접근하지 않을 수 있다.
- 저시력을 지닌 아동에게 특정 장난감이나 자료를 가지고 함께 놀자고 권할 수 있도록 격려한다.
- 저시력을 지닌 아동은 흔히 촉감 또는 운동지각을 통해 자신의 환경에 관하여 학습한다. 그들은 학급 동료들과 접촉하고 싶어 하므로, 허용되는 방법으로 상대를 터치하도록 지도한다.
- 일반 아동이 다양한 시각손상을 체험하는 활동을 할 수 있도록 한다. 여러 가지 시각 활동을 체험해 보고 어떤 느낌이 드는지, 어떻게 하면 어려움을 줄일 수 있는지 등에 대해 토의한다.

사회학습. 모든 아동은 자신을 둘러싸고 있는 세계에 대해 학습할 필요가 있고, 현장학습은 이러한 목적을 달성하는 데 매우 유용하고 즐거운 방법이다. 시각손상을 지닌 아동은 여러 가지 구체적인 경험을 통하여 정확히 일반화할 수 있다.

- 소집단 아동들을 대상으로 현장학습 계획을 세워 각자 경험할 수 있게 한다.
- 현장학습을 마친 후 이야기, 극놀이와 같은 후속활동 기회를 제공한다. 아동에게 무엇을 기억하고 있는지에 대해 모든 감각을 동원하여 기술하게 한다. 우유를 마시고, 농장과 관련된 소리를 내어보고 노래를 부른다.
- 아동을 위해 사물의 이름을 말할 때, 그 모습과 실제를 구분한다. "우리는 현장학습을 하는 동안 진짜 암소를 보았다. 이것은 장난감 암소이다." 실제 암소와 장난감 암소가 어떻게 다른지 아동에게 확인시킨다.
- 테이프, CD, DVD, 비디오는 아동이 자신의 사회적 세계를 확대하는 데 도움을 준다. 아동은 시각자극보다 청각자극에 더욱 민감해진다.
- 시력을 측정하고 정확한 렌즈를 처방하는 등 의료전문가의 역할을 인식하도록 도와준다. 이러한 것은 현장학습을 통하여 이루어질 수도 있고, 의사놀이를 통해서 할 수도 있다.

예술경험

창의적 예술은 아동에게 안전한 방법으로 자신의 세계를 탐색할 기회를 제공한다. 그들은 외부 활동을 교실 내에서 경험할 수 있다. 시각손상을 지닌 아동은 종이를 이용한 활동을 할 때 명확한 활동 경계가 필요하다.

음악은 듣기 기술과 청각적 변별력을 향상시키기 위해 이용될 수 있다. 음악활동은 몸 인식 능력을 습득하는 좋은 방법이지만, 물리적인 장애물이 없는 장소에서 해야 한다. 아동의 움직임이나 운동이 너무 클 때는 밀 수 있는 경계를 마련한다. 창의적 운동은 방향정위와 이동 기술을 지원한다. 시력이 제한된 아동은 안전하게 이동하는 다양한 방법을 학습해야 한다. 짝과 함께 이동하게 하고, 음악을 이용하여 소리의 위치를 찾고, 목소리를 구별하도록 도와준다. 악기와 목소리의 진동을 느끼게 하고, 음악을 이용하여 듣기훈련을 한다.

미술. 잔존시력이 매우 낮은 아동은 예술의 어떤 분야에서 제약을 받기도 하지만, 이러한 아동이 조작할 수 있는 촉각자료도 많다. 미술활동은 시각손상을 지닌 아동에게 정서적 이완을 경험하게 하므로 매우 가치 있는 경험이다.

- 다양한 모델링 자료를 이용하여 여러 가지 촉각 경험을 제공한다.
- 아동이 손가락을 사용할 수 있다면 테이블 위에서 핑거페인팅을 한다.
- 이젤페인트와 핑거페인트에 모래와 톱밥과 같은 추가 자료를 첨가하여 보다 쉽게 느낄 수 있게 한다.
- 이젤을 검은색 바탕으로 덮어 흰 종이를 이용할 때 경계가 잘 드러나도록 한다. 아동이 보지 못하는 경우 사포나 코르크 등으로 경계를 느낄 수 있게 해준다.
- 도화지에 검고 굵은 색으로 이름을 써 다른 사람의 것과 구분하기 쉽도록 한다.
- 아동이 쉽게 볼 수 있고, 다른 사람에게 알려 주기 쉬운 장소에 미술 작품을 걸어 둔다.

음악. 음악은 저시력을 가진 아동에게 매우 즐거운 활동으로, 시각장애를 지닌 사람 중에는 유명한 음악가도 많이 있다(예: Ray Charles, Stevie Wonder, Joaquin

Rodrigo). 그러나 시각장애를 지닌 아동이 선천적으로 음악을 잘할 것으로 기대해서는 안 된다. 시각장애를 지닌 아동은 음악활동을 통하여 섬세한 청각변별력과 기억력을 발달시킬 수 있다.

- 악기 소리를 듣고, 소리가 어디에서 나는지 찾아보게 한다.
- 음악의 소리 높이를 이용하여 '높다', '낮다'의 개념을 지도한다.
- 동작이 있는 노래로 이름, 행위, 명칭을 지도한다.
- 몸 인식 능력을 향상시킬 수 있는 노래와 아동이 하고 있는 활동을 기술하는 노래를 부른다.

창작활동. 창작활동은 아동이 추상적 개념을 학습하는 데 도움이 된다. 또한, 아동이 자신의 개념에 대해 이해하는 방법이기도 하다. 예를 들어, 아동에게 바람에 날리는 낙엽이 되라고 하면 어떤 모습으로 해석하는지를 볼 수 있다.

- 아동에게 다양한 방법으로 움직일 것을 요구한다.
- 개인적인 공간에 대해 이야기하고 다른 사람과 부딪치지 않고 이동하는 장소를 어떻게 알 수 있는지에 대해 이야기한다.
- 음악에 대한 창의적인 활동을 통하여 여러 가지 우아한 활동을 할 수 있게 된다. 왈츠나 트위스트, 마카레나 등은 협응력을 발달시키기에 좋은 운동이다.

극놀이. 아동은 극놀이를 통하여 상황에 관하여 학습하고 상황을 경험하고, 통제할 수 있게 된다. 그들은 극놀이를 통해 새로운 경험에 더욱 익숙해질 수 있다.

- 일부 극놀이는 일어나고 있는 활동에 대한 명확한 단서를 제공해 준다. 예를 들어, 찻잔과 받침 접시는 티파티를 의미한다.
- 극놀이는 다양한 활동을 위한 촉진제로 이용할 수 있다.

자연탐구

수학. 수 개념은 모든 아동에게 필요하다. 아동이 창의적으로 자신을 이용하여 세계를 탐색하고 분류하도록 돕는다. 저시력을 지닌 아동은 이러한 개념을 학습할 때 촉각운동 측면을 수정하여 추가할 수 있다.

- 아동에게 여러 가지의 모양, 크기, 무게를 촉각적으로 변별하고 짝지을 수 있도록 지도한다. 수 개념과 기하 도형을 지도할 때는 실물을 가지고 시작한다.
- 큰 도미노와 의도한 점을 대응시키는 것은 수 개념뿐만 아니라 소근육운동 기술 지도에도 좋은 활동이다.
- 블록을 쌓아서 공간을 구분하고 물리적 경계를 만들어서 아동이 그것을 쉽게 찾을 수 있도록 한다.
- 반복되는 촉각 패턴을 다양하게 이용하여 패턴과 관계를 지도한다(거친 것-부드러운 것-거친 것-부드러운 것-거친 것-부드러운 것).
- 여러 가지 자료를 다양하게 대응하기, 범주화하기, 순서화하기 등의 경험을 제공한다.

과학. 과학은 아동이 자연 세계는 물론 시각과 다른 감각을 학습하는 데 도움을 준다. 과학을 통해 창의성, 문제해결, 의사결정, 발견 등을 강조한다.

- 아동이 눈과 눈의 기능에 관하여 학습하도록 돕는다. 모형 눈으로 카메라의 개념을 이용하여 아동이 시력을 이해하도록 지도한다.
- 렌즈의 목적에 관하여 이야기한다. 과학시간에 이용할 수 있는 여러 가지 확대경과 현미경을 이용하여, 맨눈으로 볼 수 있는 것과 확대경으로 볼 수 있는 차이점에 대해 이야기한다.
- 버터 만들기, 얼음 녹이기, 찰흙으로 모형 만들기 등을 통해 물질의 모양이 변하는 것을 경험한다. 저시력을 지닌 아동 역시 변화를 경험하게 한다.
- 날씨와 날씨에 적절한 옷에 대해 이야기한다. 따뜻한 옷감과 차가운 가죽옷의 느낌에 대해 이야기한다. 특정 목적에 맞게 제작된 천으로 실험해 본다(비옷, 방한복 등).
- 다양한 온도의 물이 담긴 플라스틱병과 다양한 무게의 용기를 순서대로 늘어

놓고 온도나 촉감을 발달시키도록 한다.

- 아동이 유쾌한 맛과 불쾌한 맛을 확인하여 맛의 변별력을 발달시킨다. 이러한 정보는 어떤 냄새는 상하고 있음을 의미하고, 어떤 것은 환경적 정보를 제공하며(습기는 곧 비가 올 것을 의미함), 어떤 것은 위치 정보를 알려줄 수 있다(꽃향기는 정원이 가깝다는 것을 알려 줌)는 점에서 중요하다.

보조공학. 컴퓨터는 많은 부분이 시각적인 능력을 요구하므로 시각손상을 지닌 아동에게는 어려울 수 있으나, 자판이나 화면을 볼 수 있을 정도의 시력이 있는 아동은 문제가 거의 없다. 시각손상을 지닌 대부분의 아동은 숫자키패드 사용법이나 터치타이핑법을 배울 수 있다. 이러한 학습은 아동이 어릴 때 이루어지는 것이 바람직하다.

- 목소리 신시사이저와 컴퓨터를 함께 이용한다.
- 25인치 화면을 이용하여 글자를 크게 확대한다. 스크린의 글자를 확대할 수 있는 프로그램을 이용할 수도 있다.
- 컴퓨터는 텍스트와 배경색을 바꿀 수 있다. 일부 약시아동은 어떤 특정한 색이 배합될 때 더 잘 수행할 수 있으므로 최상의 색 배합을 찾아야 한다.

요약

시각장애의 정의와 분류

- 「특수교육법」은 시각장애를 지닌 특수교육대상자를 "**시각계의 손상이 심하여 시각 기능을 전혀 이용하지 못하거나 보조공학기기의 지원을 받아야 시각적 과제를 수행할 수 있는 사람으로서 시각에 의한 학습이 곤란하여 특정의 광학기구 · 학습 매체 등을 통하여 학습하거나 촉각 또는 청각을 학습의 주요 수단으로 사용하는 사람**"으로 정의하고 있다.
- 시각장애는 눈의 굴절문제에 따라 원시, 근시, 난시, 백내장으로 분류된다.

시각장애의 원인과 출현율

- 시각장애의 원인에는 눈을 통해 들어오는 상을 뇌로 전달하는 시신경이 제대로 발육하지 못하여 발생하는 경우, 영양결핍이나 안질환, 미숙아망막증, 백내장, 녹내장 등이 있다.
- 특수교육통계에 의하면 시각장애를 지닌 특수교육대상 학생은 1,937명으로, 전체 특수교육대상 학생의 2.1%에 해당한다.

시각장애의 특성

- 정보 획득이 어렵고 경험의 기회가 부족하여 지각 및 개념 형성에 많은 어려움을 보인다.
- 동기부족과 공간관계의 지각에 대한 경험의 부족 등으로 인하여 2세 정도까지 습득해야 하는 사물 항상성 개념이나 인과 개념을 습득하는 데 지연을 보인다.
- 자기중심적인 말을 많이 하고, 사람이나 사물을 덜 언급하며, 자신에게 별 의미 없는 단어를 사용하는 장황한 언어 형태 등을 보인다.
- 체력적으로 약하거나 운동능력이 뒤떨어지는 경우가 많은데, 이것은 시각장애 그 자체가 원인이 된다기보다는 시각 문제로 인해 운동량이 부족해지고, 운동 경험이 제한적이기 때문이다.

- 시력의 문제로 자신의 신체를 볼 수 없기 때문에 신체상을 제대로 형성하기가 어렵다. 이것은 자아에 대한 왜곡된 태도를 형성하게 하며, 다른 사람과의 대인관계나 상호작용에 어려움을 느끼게 한다.

시각장애의 진단평가와 사정

- 개별화교육지원팀은 시각장애를 지닌 아동을 판별하는 단계를 넘어 이들의 인지 능력, 학업성취, 언어 기술, 운동수행, 사회 정서적 기능 등과 더불어 다른 감각능력과 관련하여 잔존 시력을 어떻게 이용할 것인지에 초점을 맞추어야 한다.
- 시력검사는 만국식 시력표를 이용하여 실시한다.
- 시기능 사정은 매일 아동이 활동을 하는 가운데 시력을 어떻게 사용할 것인지, 아동의 시각적 수행능력을 돕는 것이 무엇인지 또는 방해하는 것이 무엇인지를 판별하는 데에 목적이 있다.
- 학습 매체의 평가는 시기능의 평가와 상호보완적 관계에 있는 것으로 아동에게 적절한 학습매체를 선택하여 교수-학습의 효과성과 효율성을 높여 준다.
- 발달적 및 학업적 사정은 일반 아동과 다를 바가 없다.

시각장애를 지닌 영유아를 위한 교육적 지원과 중재

- 아동이 기능적 시력을 얼마나 지니고 있느냐에 따라 교육과정의 수정이 이루어져야 할 것이다. 시력이 낮을수록 청각적 및 촉각적 채널을 더 많이 이용하게 된다.

Chapter 16 영재아동

모든 아동을 포함하고 교육적 평등성을 보장해야 한다면 지적으로 앞서는 아동을 위해서는 무엇을 해야 하는가? 일부에서는 영재성과 재능을 지닌 아동에 대한 특별한 배려가 없을 경우 국가적으로 소중한 자원이 낭비되고 있다고 보는 반면, 한편에서는 영재라면 특수교육이 제공되지 않더라도 잘할 수 있어야 한다고 생각한다.

1 영재의 정의

가정 또는 교육 현장에서 유난히 다른 또래보다 기억력이 좋은 아동, 어른처럼 말하는 아동, 상식 수준이 매우 높은 아동, 운동 기능이나 음악적 혹은 미술 분야에서 평균 이상으로 뛰어난 아동을 만날 수 있다. 이 아동은 또래와 동일한 내용은 같은 속도로 배우면 지루해하고, 새롭고 도전적인 일에 호기심을 느끼며 즐거워한다. 일반적으로 남들보다 눈에 띄게 뛰어난 재능을 가진 아이들을 '영재'라고 부른다.

「영재교육진흥법」(2001)에서 "**영재란 재능이 뛰어난 사람으로서 타고난 잠재력을 계발하기 위하여 특별한 교육이 필요한 사람**"으로 간략히 규정하고 있다. 한편, 미국 교육국이 1972년에 입법한 영재와 재능의 정의는 다음과 같다(Heward, 2013).

- 영재와 재능을 지닌 아동은 자격이 있는 전문가에 의해 특별한 능력을 지니고 있어 높은 성취가 가능한 것으로 판별된 자들이다. 이런 아동들이 잠재력을 계발하여 자신과 사회에 기여하기 위해서는 일반학교에서 제공하지 않는 차별화된 교육 프로그램과 서비스를 필요로 한다. 수행능력이 높은 아동은 다음 영역에서 성취나 잠재력을 보인다.

  ① 일반적인 지적 능력
  ② 특정 학과에서의 적성
  ③ 창의적이거나 생산적인 사고

④ 리더십 능력
⑤ 시각 예술과 행위 예술
⑥ 정신운동 능력

미국 연방 정의는 영재성을 일반적 지능이 높은 경우로 국한시키지 않고 특정 교과목 또는 예술에서 보이는 영재성도 인정하고, 나아가 창의성, 리더십, 정신운동 능력에까지 관심을 기울이고 있다(Cook, Klein, & Chen, 2020). 영재와 재능을 지닌 학생은 '정상적으로 제공되는 수준 이상의 차별화된 프로그램과 서비스'를 필요로 하므로 영재 프로그램을 개발하는 것이 타당하다는 입장을 취한다.

2 영재의 원인

지적 발달이 우수한 원인에 대해서는 여러 가지 논의가 있다. 뇌 연구 결과, 영재성의 잠재성은 생물학적 근거가 분명한 것으로 나타나고 있지만, 환경이 영재성의 발현뿐만 아니라 뇌 자체에서 영향을 미치는 것으로 밝혀지고 있다. 적절한 자극은 뉴런의 수상돌기 양을 증가시키고 서로 연결되도록 하는데, 이는 결국 아동의 복잡한 사고 능력을 증가시킨다(Hallahan, Kauffman, & Pullen, 2012).

사너를 출산한 가족은 아동에게 두 가지 방식으로 영향을 미치게 되는데, 가족은 아동이 지식, 기술, 정신적 전략을 습득할 수 있게 자극을 제공하고, 학습 및 성취와 관련된 가치와 적성을 전해 준다(Jackson, 2003). 생물학적 부모는 아동에게 유전자를 제공해 준다.

영재성을 지닌 어린 아동을 둔 부모들 사이에는 몇 가지 비슷한 점이 있음이 밝혀졌다. 가족들은 성취에 높은 가치를 두며, 자녀가 어릴 때 자녀에게 적어도 한쪽 부모가 가지고 있는 특별한 재능의 분야를 소개해 주었다. 아동의 특별한 기능은 가정 활동의 맥락에서 부모의 비형식적인 지도를 통해 발달하기 시작한다. 부모는 아동의 외부 활동에 참여하게 되고, 그 활동으로 아동이 연습할 기회를 갖도록 해 준다. 아동의 유전성은 이러한 환경과 함께 분리될 수 없는 상태로 상호작용을 하게 된다. 아동은 이 분야에서 일찍 꽃을 피우게 되고, 책을 읽게 되며, 부모는 자녀가 스스로 읽을 수 있을 때까지 꾸준히 지원하게 된다.

영재성을 지닌 아동으로 판별되는 비율은 문화적 및 인종적으로 차이가 있다. 이러한 문제는 정신능력 분야에서 성, 인종-민족의 차이가 있는지, 제대로 서비스를 받지 못하는 영재가 있는지에 대한 논쟁을 지속시키고 있다(Allen & Cowdery, 2015).

3 영재의 특성

터먼(Terman)의 연구에 따르면, 영재성을 지닌 아동은 사회적으로 잘 적응한다. 일반 아동과 비교해 볼 때, 영재성을 지닌 아동은 더 높은 성취를 보이고 더 쉽게 학습할 수 있으며, 더 많은 취미를 가지고 있고, 더 많은 책을 읽으며, 더 건강하다. 이러한 특성은 어른이 될 때까지 계속된다. 또한, 생산성이 높고 자신감이 높으며 지도력이 있고 목표 지향적이다. 월버그(Walberg)의 유명인사에 대한 연구에 나타난 바에 의하면, 영재성을 지닌 아동은 다재다능하고 인내심이 강하며, 우수한 의사소통 기술을 가지고 있다. 또한, 윤리 의식도 높으며 매력이 있고 환경을 자극하며 지능이 높다. 예술과 과학 분야에서 우수한 능력을 보이는 고등학생을 대상으로 조사한 결과를 보면 자신감, 해당 분야에 대한 관심의 정도, 지구력, 그리고 학교에 대한 호감이 높은 것으로 나타났다.

영재성을 지닌 아동은 언어와 사고의 발달이 다른 아동보다 빠르다. 언어의 발달이 급속하게 이루어지면서 환경이나 사물, 사태에 관한 개념을 빨리 확장시킬 수 있고 자신의 지식 기반의 폭을 넓힐 수 있다. 읽는 방법을 쉽게 배우며 때로는 누가 가르쳐 주지 않아도 스스로 터득하기도 한다. 언어에 대한 이해, 파지 능력이 우수하며 어휘, 문장 구사, 정보의 저장, 논리적인 능력도 뛰어나다. 또한, 조기에 쓰기, 수학, 음악, 예술적 능력이 나타나기도 한다.

어떠한 활동을 해내고자 하는 동기와 의지, 그리고 끝까지 해내려고 하는 지구력은 영재성을 지닌 아동의 공통적인 특성이며, 성인이 된 후의 성공에 중요한 역할을 한다. 그리고 이들은 호기심이 많아 새로운 것에 대한 관심의 폭을 넓혀 주어 새로운 도전을 가능하게 해 준다.

영재성을 지닌 아동의 정의적인 측면은 대체적으로 건전한 편이다. 그러나 사람에 따라서 사회적 부적응을 보이기도 하고 불안이나 우울증에 시달리는 아동도 있다. 영재성을 지닌 아동은 여러 가지 활동에서 성공의 경험을 자주 겪게 되고, 이러한 성공감은 일반적으로 높은 자신감, 독립심, 내적 통제감을 느끼게 한다. 그러나 높은 자기 기대는 좌절감을 느끼게 하는 경우도 있다(Cook, Klein, & Chen, 2020).

영재성을 지닌 아동은 독립적이며, 자기 주도적인 학습 양식을 갖고 있는 경향이 있다. 이들은 비구조화되고 참여하기 쉬운 학습 활동을 좋아한다. 그리고 직관적으로 가치와 도덕적인 문제를 이해하며 판단한다. 이들은 자기중심적인 경향이 덜하며 다른 사람의 권리, 감정을 존중하고 다른 이의 문제에 잘 공감한다.

창의성과 지능은 서로 다른 특성으로, 지능이 높다고 해서 창의성이 반드시 높다고 할 수는 없다. 이 두 요인은 서로 약간의 관계는 있으나, IQ가 약 120 이상이 될 경우에는 오히려 두 분야의 관계성은 낮아진다. 만일 IQ에만 근거하여 영재교육대상자를 선발한다면 창의적인 학생은 선발에서 누락될 수도 있다. 교사는 흔히 학교생활에서 교사의 말을 잘 듣는 학생을 영재아로 선발할 가능성이 크다. 교실에서는 창의성이 높은 학생보다 지능이 높은 학생이 더 돋보이는 경향이 있다. 그러니 창의적인 학생이 우리 사회에 더 큰 기여를 할 수 있다는 사실을 염두에 두어야 할 것이다(송인섭 외, 2001).

1) 가드너의 다중지능 이론

가드너(Gardner, 1983)는 단일 지능지수의 한계를 비판하며, "지능은 너무나 중요해서 지능 검사자들에게 맡길 수 없다."라고 했다. 지금까지의 영재는 지적 능력에 한정을 두는 경우가 많았는데, 가드너는 사람의 능력을 언어, 논리수학, 공간, 음악, 신체운동, 대인관계, 자기이해 능력 등으로 나누고 각각의 분야에서 뛰어난 능력을 가진 사람을 영재성이 있다고 정의하였다. 그는 처음에 일곱 가지 유형의 지능을 제시하였는데 최근 여덟 번째 지능의 영역을 추가하였다.

언어지능. 언어지능은 민감성과 명료성을 가지고 언어를 이해하고 이용할 수 있는 능력을 말한다. 아동은 단어의 순서, 의미 및 리듬을 이해한다. 언어지능이 높은 아동에게 낱말과 문법의 규칙을 이해하는 것은 흔히 하나의 게임과 같다. 그들은 새로운 언어를 만들어 내고 그 말을 가지고 놀기도 한다.

논리수학지능. 논리수학지능은 과학적 추론, 추상성에 대한 호기심, 수학 연산에 흥미를 보이는 등의 특징을 나타낸다. 논리수학지능이 높은 아동은 논리, 유추 및 추론을 이용하는 훌륭한 문제해결자이다. 그들은 범주화하고 가설을 설정하며, 실험하고 주장을 하는 데 흥미를 보인다. 또한, 그래프 그리기, 수 세기와 조작하기 등을 좋아한다.

음악리듬지능. 음악리듬지능이란 매우 정교한 수준으로 음악 요소(음정, 리듬, 박자 등)를 사용할 수 있는 능력을 말한다. 일부 아동은 음정을 정확히 확인하고 넓은 음역의 악보를 읽는다. 음악적 재능을 지닌 아동은 주변 환경으로부터 음에 관심을 가지고 인식할 수 있다.

시각적 공간지능. 시각적 공간지능이란 시각적 세계를 정확히 지각하고 그러한 시각적 경험을 예술 또는 그래픽으로 표현하는 능력이다. 그것은 정신상과 그 상을 조작하고 변형시키는 능력을 포함하고 있다. 시각공간지능이 높은 아동은 퍼즐과 다른 공간적 활동에 뛰어나다.

정신운동지능. 정신운동지능이란 자신의 신체나 신체의 각 부위를 능숙하게 조절할 수 있는 능력을 말한다. 정신운동지능이 높은 아동은 많이 움직이고 비형식적이거나 조직적인 게임, 스포츠를 좋아한다.

자기이해지능. 자기이해지능 또는 자성지능은 자신의 정확한 모델을 형성하고 상황을 평가하기 위해 이 모델을 정확히 이용할 수 있는 능력이다. 그것은 감정을 간파하고 구분하는 것을 포함하며, 이 지능이 높은 아동은 자신을 잘 이해하고 자신의 강점과 약점을 잘 이해한다.

대인관계지능. 대인관계지능은 다른 사람의 기분, 의도, 동기를 인식하고 구분할 수 있는 능력에 초점을 맞춘다. 이 지능이 높은 아동은 흔히 효과적인 리더나 조직자가 될 수 있다. 그들은 다른 사람의 요구와 열망에 공감적이고 민감하다.

자연탐구기능. 자연탐구기능은 자연의 패턴을 관찰하고 대상을 정의하고 분류하며 자연과 인공적인 체계를 이해하는 능력이다.

2) 렌줄리의 삼환모형

렌줄리(Renzulli)는 영재 행위를 세 가지 인간 특성군 사이의 상호작용으로 설명하였다. 이 특성군은 첫째, 평균 이상(반드시 아주 높을 필요는 없음)의 지능이나 특정 능력, 둘째, 높은 수준의 과제수행 의지, 셋째, 수준 높은 창의성 등이다. 이 세 요소가 결합해 수행을 촉진하여 영재 행동으로 나타난다. 렌줄리에 의하면, 이 세 가지 특성이 함께 나타나야만 영재성을 지녔다고 할 수 있다. 평균 이상의 능력이 있어도 과제를 끝까지 수행하고자 하는 의지나 동기가 강하지 않다면 내재된 능력만으로 끝나게 된다. 마찬가지로 과제 집착력만으로는 영재성을 나타내 보일 수 없고, 창의성만으로도 영재성을 드러낼 수 없다. [그림 16-1]처럼 세 가지 특성 모두가 겹치는 한가운데 부분이 영재성을 뜻한다.

가드너의 다중지능 이론이나 렌줄리, 그 외의 지능에 관한 이론이나 영재의 정의에 대한 여러 가지 이론 사이에는 많은 차이점이 있지만, 다음과 같은 공통적인 개념을 가진다.

- 지능은 단일한 부분이거나 고정되어 있는 특성이 아니다.
- 지능이란 교육에 의해 변할 수 있다.

- 지능은 문화 의존적이다.
- 지능은 내적 및 외적 요인들을 포함하고 있다. 즉 개인에게 유전되는 지적 잠재력은 환경과 상호작용에 의해 활성화되고 높아지거나 방해를 받기도 한다.

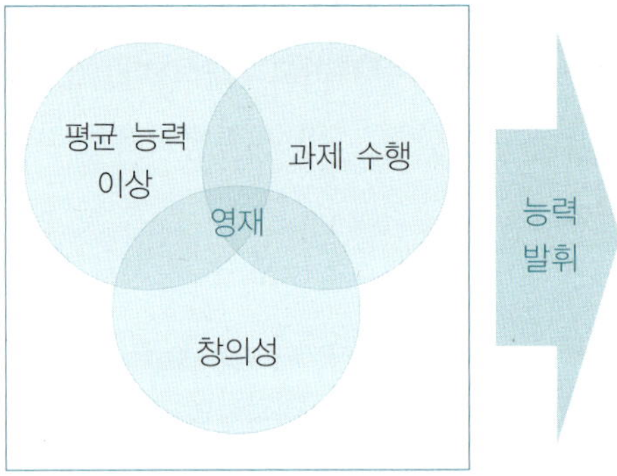

일반적 수행영역
수학, 사회과학, 음악, 시각예술, 법, 생활과학, 물리과학, 종교, 운동예술, 철학, 언어예술

특수 수행영역
만화그리기, 미세사진촬영, 아동보육, 천문학, 도시계획, 소비자보호, 여론조사, 오염통제, 요리하기, 보석디자인, 시, 조류학, 지도제작, 패션디자인, 가구디자인, 안무, 뜨개질, 항해, 전기(일대기), 희곡쓰기, 계통연구, 영화제작, 광고, 조각, 통계, 소비설계, 야생관리, 지역사학, 기상학, 세트디자인, 전기, 가면극, 농업연구, 작곡, 마케팅, 동물학습, 조경관리, 게임디자인, 영화비평, 화학, 저널리즘, 인구통계학, 전기음악

[그림 16-1] 렌줄리의 삼환 모델

출처: Renzulli, J. S.(2003). Conception of giftedness and its relationship to the development of social capital. IN N. Colangelo & G. A. Davis(eds.), Handbook of gifted education(3rd ed., p.76). NeedhamHeights, MA: Allyn & Bacon.

4 장애와 영재의 공존

1) 학습장애를 지닌 영재

영재성은 학습장애를 가릴 수 있고, 학습장애도 아동의 영재성을 가릴 수가 있다. 영재는 일반적으로 우수한 지능을 지니고 적응을 잘하며 우수한 학업성취와 능력을 보이는 대상을 말하고, 학습장애 아동은 평균 지능을 갖고 있지만 학교에서의 활동에 부진한 경우를 말하므로 영재와 학습장애는 대조적인 용어로 여겨지기 쉽다.

가능한 한 일찍 학습장애를 지닌 영재아동을 인식하는 것이 중요하다. 이들이 학습장애를 가지고 있으면서도, 영재성이 있음을 판별하는 데 있어서 교사에게 도움이 되는 몇 가지 차이점이 있다. 뛰어난 기억력, 탐구와 학습에 대한 남다른 호기심은 어린 영재 아동이 보이는 일반적인 특징이다. 아동이 아직 학교생활을 시작하지 않은 유아기에는 학습장애의 징후는 분명히 드러나지 않지만, 기초적인 읽기와 쓰기, 수학적 사실과 개념 등을 가르쳤을 때, 우수한 잠재력이 있음에도 불구하고 이를 파악하기 힘들어하며, 연필을 잡고 바르게 사용하기 힘들어하는 모습 등을 보인다면 학습장애를 의심해 보아야 한다(정대영, 2017; Cook, Klein, & Chen, 2020).

2) 청각장애를 지닌 영재

농이라는 제한은 영재 학생의 잠재력을 덮어버리기 쉽다. 이것은 농아에게 언어가 없다거나, 언어 발달이 지체되어 있다는 가정 때문이다. 사실 언어가 흔히 지적 능력과 동일시되기 때문에 농아동의 지적 능력은 의문시되고 있다. 교사는 농아동의 학업적 잠재력에 대하여 낮은 기대를 하고 있는 경우가 많으며, 농아동의 역사는 결함을 중심으로 접근하는 경우가 대부분이다.

그러나 이들은 언어 이외에 얼마든지 다양한 능력을 가지고 있을 수 있다. 공간, 운동 능력, 자성 능력, 자연탐구 기능 등 이들이 발휘할 수 있는 영역은 얼마든지 존재한다. 다중지능에 대한 가드너의 이론은 언어 능력에 기반을 두지 않고, 다양한 능력을 인정하는 영재성 이론이다. 모든 능력이 언어로써 반드시 표현될 필요도 없으며, 표현의 다양성을 인정한다. 농인의 주된 표현 방법인 수어는 곧 그들의 언어이다. 신경과학에서 발견한 결과로, 수어를 사용할 때와 구어를 사용할 때에 우리 뇌의 비슷한 부분이 사용된다고 한다(Hallahan, Kauffman, & Pullen, 2012). 수어는 곧 또 다른 방식의 언어인 것이다.

3) 시각장애를 지닌 영재

우수한 능력을 지니고 있는 시각장애 아동을 판별해 내기란 쉽지 않다. 먼저 우수한 능력을 발휘할 기회 자체가 흔치 않고 그들이 경험할 수 있도록 제공하는 학습 환경도 썩 다양하지 못하기 때문이다. 이렇게 경험의 폭이 좁으므로 발달적으로 지체를 가져오는 경우도 있다. 그러나 종종 시각장애인은 상대적으로 청각이나 촉각이 민감하여 이러한 감각들을 이용하는 분야에서 영재성을 나타내기도 하고 신체적으로 뛰어난 재능을 보이기도 한다. 물리치료사, 육상선수, 수영선수, 음악가 등 그들이 능력을 드러낼 수 있는 영역은 의외로 많다.

4) 뇌성마비를 지닌 영재

일반적으로 뇌성마비는 지적인 손상을 함께 나타낼 수 있다. 일부 연구에 의하면, 뇌성마비 아동의 약 1/3은 지능이 정상적인 범위 내에 있거나 그 이상을 보인다. 그러나 이들은 운동 및 언어손상을 지니고 있으므로 표준화 지능검사는 부적합한 경향이 있다. 따라서 지능 검사 결과만으로는 뇌성마비아동의 지적 잠재력이나 실제 능력을 측정하는 데 한계가 있어 다양한 검사를 해 볼 필요가 있다. 이들 중에는 운동장애만 가졌을 뿐 지적으로 우수한 경우 또는 영재아로 판명되는 경우도 있다.

5) 자폐성장애를 지닌 영재

자폐성장애를 지닌 영재로 유명한 사람은 템플 그랜딘(Temple Grandin)이다. 그녀에 관한 책이 시중에 나와 있을 만큼 유명한 사례로, 그녀는 박사학위를 취득하고 교수로 활동하였다. 그녀는 1947년에 태어나, 두 살 때까지도 말을 하지 못했기 때문에 부모가 진단평가를 의뢰하여 결국 뇌손상으로 진단을 받았다. 그러나 1950년대에 다시 진단을 받아 고전적 유아 자폐증으로 명명되었다. 그녀의 어머니는 지적으로 영재였고, 외조부는 비행기의 자동 조종장치를 발명하였다. 가족 중에는 정신분열증으로 짐작되는 사람과 난독증을 지닌 사람도 있었다. 템플은 6개월 때 몸이 뻣뻣해지고 반응이 없었다가, 거의 4세가 되어서야 비로소 정상적으로 말을 하기 시작했다. 상동행동에 몰두하고 사람과의 접촉과 큰 소리를 싫어했다. 그러나 8세 때 지능 검사를 실시한 결과, IQ는 137로 측정되었다. 그녀는 동물을 관찰하고 생각하는 데 관심을 보였으며, 동물의 행동을 이해하기 시작했다. 그 후에 대학에서 동물학에 관심을 갖게 되었고 일생의 직업으로 선택하게 되었다. 동물에 대한 감정 이입과 관심 덕분에 동물의 본능적인 행동을 고려하여, 그 특성에 적합하고 효과적으로 작동하는 혁신적인 장치와 장비를 설계하게 되었다(Heward, 2013).

5 영재의 진단과 평가

1) 영재의 조기판별

독특한 영재는 발달적 현상으로 나타난다. 이러한 영재성을 나타내는 유아는 일반적이고 독특한 패턴의 강점을 보인다. 일반적으로 지능의 안정성이 받아들여지고 있는데, 6~7세의 지능은 성인이 되더라도 상당히 안정된 상태로 지속되는 것으로 밝혀지고 있다. 학령기 이전에는 다소 가변적이다. 아동기 초기에 영재는 어떤 모습을 보여 줄까? 스턴버그와 장(Sternberg & Zhang, 2001)은 영재의 수행 조건으로 다음과 같이 다섯 가지 자질을 밝혔다.

- 동일연령의 또래와 동일한 양의 교수를 받고서 수행성이 상대적으로 우수하다.
- 동일연령의 또래 중에서 그 수가 적어야 한다.
- 일부 신뢰할 수 있고 타당성이 있는 평가를 통해 측정할 수 있어야 한다.
- 생산적이어야 하고 생산성에 대한 잠재력을 지녀야 한다.
- 사회적으로 가치를 지녀야 한다.

초기에는 이러한 조건들을 유아에게 적용할 수 없을 것으로 여겼지만, 이제 아동의 행동이 환경을 변화시킬 수 있는 방법을 고려해 본다면 그것은 더욱 분명해진다. 말을 일찍이 잘 하는 유아는 그렇지 않은 유아에 비해 극적으로 다른 사회적 기회를 갖는다. 5세에 혼자서 유창하게 책을 읽을 수 있는 유아는 책을 서툴게 읽거나 못 읽는 유아에 비해 아주 다른 정보에 접근할 수 있다.

지적으로 우수한 유아의 조기판별은 주로 수용언어와 표현언어의 발달, 긍정적인 동기 관련 행동에 초점을 맞춘다. 영재성을 지닌 아동을 3세가 되기 전에 판별하기란 매우 어렵다. 뿐만 아니라 현재 사용되고 있는 지능 검사는 앞으로의 발달을 제대로 예측하지 못한다. 유아의 능력을 예측할 수 있는 것으로 보이는 영역은 시각적 자극이다. 유아에게 재미있는 시각적 자극을 제시하면 그것에 주의를 기울인다. 영재성을 지녔다고 해서 반드시 또래들에 비해 발달과 성장에 차이가 난다는 것을 의미하는 것은 아니다. 유아가 신체적으로 정상발달을 하지만, 지적인 면에서 동일한 속도로 발달하지 못하면 균형을 이루지 못하기 때문에 유아는 특히 결함을 나타낼 수 있다(Cook, Klein, & Chen, 2020).

유아가 영재성을 드러낼 때까지 영재성 발달의 과정에 대해 거의 알 수 없지만, 나중에는 결국 판별된다. 유아의 자세가 좋으면 다음에 영재성으로 판별될 가능성이 크며, 언어 기술이 영재성을 예측할 수 있는 변수가 된다. 일반적인 성장률 역시 영재성을 지닌 유아와 그렇지 않은 유아를 구별하는 중요한 영역이 된다. 영재성을 지닌 유아는 검사를 받는 동안 목표 지향성이 더 강하고, 대상 지향적이며, 주의집중 기간이 길고, 협력적이고, 긍정적인 정서를 나타내며 자료에 반응을 더 보인다. 이러한 특징은 동기유발과 관련이 있으며, 영재성이 있는 동기유발이라고 할 수 있고 영재학습자를 판별하는 방법으로 이용되고 있다. 영재성을 판별할 수 있는 다른 지표로는 주의집중력, 강한 흥미와 호기심 등이 있다. 그러나 출생부터 3세까지의 영재성 판별에 관한 연구들은 완전하지 못하지만 다소 전망은 밝은 편이다. 재미있는 현상은 장애를 지닌 아동을 조기에 판별하여 중재하면 효과가 크다는 강한 신념을 가지고 있지만, 이러한 신념을 영재에 적용하지는 않고 있다.

일반적으로 인지 발달이 앞서는 아동은 지능이 낮은 또래에 비해 신체적 발달도 앞서는 것을 볼 수 있는데, 이는 다른 변인에 의해서라기보다는 사회 경제적 지위 때문일 가능성이 크다. 영재성을 지닌 아동의 정서 및 행동적 적응은 유아기 동안에는 두드러지게 나타나지 않을 수 있다. 지적으로 우수한 유아는 학교에 일찍 입학하는 경향이 있다. 교사는 이러한 학생을 더 부지런한 학생, 공부를 더 열심히 하는 학생, 행동이 더 모범적인 학생으로 특징지을 수 있다. 일반적으로 영재성을 지닌 아동은 일반 아동에 비해 책을 더 많이 읽는다. 이러한 이유로 아동은 학업적으로 성취 수준이 높아 월반을 하기도 하고, 학교에 적응하지 못하고 홈스쿨링이나 다른 길을 가기도 한다.

6 영재성을 지닌 영유아를 위한 교육적 지원과 중재

1) 교수전략

영재성을 지닌 유아의 요구를 충족시켜 주기 위해 여러 가지 전략을 이용한다. 일부 전문가는 영재성을 지닌 유아가 가능한 한 일반학급에 포함되어야 하고, 일반교사는 이들에게 적절한 학습 환경을 제공해야 한다고 생각한다. 이러한 입장에서는 일반교사가 또래에 비해 3~5년 이상 높은 성취를 하는 아동에게 흥미 있고 자극적인 환경을 제공해 줄 수 있다고 본다. 영재성을 지닌 유아를 수용하기 위해 학습 속도를 높이는 속진학습, 학급 내 능력집단 구성, 차별화된 교수 등을 이용할 수 있다.

속진학습. 속진학습acceleration은 기본적으로 일부 학생이 다른 학생들에 비해 줄곧 빠른 속도로 학습할 수 있다고 가정한다. 아동의 능력과 교육과정에 제시된 학습 내용은 잘 맞지 않는다. 교육과정은 국가, 지역 또는 학교 수준에서 집단 구성원들을 전체적으로 고려하여 학습해야 할 내용을 담고 있기 때문에 개인의 능력과는 적절히 합치되지 않을 수 있다. 속진학습은 평소의 학습 속도보다 더 빠른 속도로 학습해 나가는 과정이다.

선택할 수 있는 속진학습의 유형과 범위 때문에 이에 대한 찬반 의견이 엇갈리고 있다. 지지자들은 속진학습이 교수의 효과성과 효율성을 향상시킨다고 주장한다. 그들은 영재성을 지닌 아동에게는 적절한 교육 기회를 제공해 주고 학습에 대한 그들의 열정과 자극을 지속시킬 수 있는 도전거리를 제공해 준다고 본다. 즉 속진학습이 영재성을 지닌 아동의 요구를 충족시켜 주기 위한 첫 단계라고 본다(Van Tassel-Baska & Stambaugh, 2006). 한편, 반대자들은 일반적 지식의 격차를 우려한다. 그들은 유아기에 학업적 우수함을 보인 경우 그러한 장점을 계속 유지하지 못할 수도 있는 점을 우려한다. 또한, 속진학습은 유아가 경험하기에는 너무 벅찬 것으로 본다.

속진학습에는 여러 가지 유형이 있다. 영재성을 지닌 아동은 일반 유아보다 이른 나이에 유치원에 입학하는 등 취원 및 취학 시기를 당길 수 있다. 그들은 학년을 건너뛸 수도 있고, 두세 학년 수준을 결합시킨 학급에 배치할 수도 있다. 한두 교과의 경우 상급반에 배치하여 교과와 내용을 앞당겨 학습할 수 있다. 조기 입학을 했을 경우, 가장 적절한 속진학습을 제공하기 위해서는 다음과 같은 활동들을 고려할 필요가 있다(Cook, Klein, & Chen, 2020).

- 학교는 아동을 긍정적으로 받아들이는가?
- 학급 구조가 유연성이 있는가, 교사는 아동을 긍정적으로 받아들이는가?
- 학습 격차가 채워질까?
- 아동은 필요한 소근육운동 기술을 지니고 있는가?
- 아동이 읽기선수 기술을 지니고 있는가?
- 아동이 학교에 가고 싶어 하는가?
- 부모가 자녀를 학교에 보내고 싶어 하는가?
- 아동이 학급 내에서 가장 어린 학생이 되는 것을 불편해하지 않는가?
- 아동은 사회적 및 정서적으로 취학할 준비가 되어 있는가?
- 아동의 신체조건이 또래에 비해 더 큰가 아니면 평균 수준인가?
- 아동이 학교 상황에 대한 사전 경험이 있는가?

학급 내 능력집단 구성. 학급 내 능력집단 구성cluster grouping은 판별된 아동들로 학급 내의 소집단을 구성하는 것이다. 그들은 학급 안에서 집단으로 함께 배치되고 보다 복잡한 학습을 할 기회를 얻게 된다. 그들은 학습하는 동안 서로를 지원할 수 있다. 이 방법은 영재성을 지닌 아동을 일반학급에 배치해 둔 상황에서 이들의 학습 요구를 충족시켜줄 수 있다. 이 방법은 영재성을 지닌 아동을 위해 다른 프로그램으로 대체하는 것이 아니라 그들의 요구를 충족시켜주는 데 중점을 둔 것이다. 학급 내 능력집단은 학교의 규모에 따라 모두 영재성을 지닌 아동으로 구성할 수도 있고, 아니면 가드너의 다중지능 개념에 입각하여 선발할 수도 있다. 학급 내 능력집단의 교사는 교육과정을 압축하고 차별화한다. 단축형 강화학습은 아동이 관심을 갖는 주제에 대해 조사할 수 있도록 도와줄 수 있다. 모든 아동은 자신이 관심이 있는 주제를 다룰 때 역량이 강화된다. 모든 아동이 그렇듯이 영재성을 지닌 아동의 학습주기learning cycle는 탐색활동과 직접 경험을 통해 시작된다. 그들은 학습공동체로서 비판적 사고 기술, 새로운 지식 및 팀원으로서의 활동 능력을 발달시킨다.

차별화된 교수. 각 아동을 위해 차별화된 교육과정은 과거의 성취에 기초하여 구성되며, 추가의 성취를 할 수 있는 도전을 제시하고, 성공 기회를 제공하며, 참여의 장벽을 제거한다(Geogrge, 2003). 이 체제는 보편적 설계처럼 능력 범위에 적절한 과제를 구상한다. 또는 아동에게 표찰을 붙이지 않고, 개별 학생의 요구를 충족시키고자 한다. 전반적으로 모든 아동의 성취를 향상시키고자 하며, 모든 아동이 자신의 최상의 수행을 하도록 보장하고자 한다. 영재성을 지닌 아동을 위해 교육과정의 여러 측면을 차별화한다. 여러 강화프로그램은 고도의 사고 기술 시각을 향상시키는 모델을 이용한다. 사고 기술은 블룸(Bloom, 1985)의 분류체계의 낮은 기술에서 높은 기술, 즉 지식, 이해, 적용, 분석, 종합, 평가의 순서로 나아간다. 아동이 이해의 수준을 넘어 보다 높은 사고 기술을 이용할 수 있는 기회를 얻도록 하는 데 목표를 둔다. 다른 방법은 깊이 있는 통합단원을 포함시키는 등 교육과정 내용의 깊이를 더하는 것이다. 영재성을 지닌 아동을 위한 단원은 장기학습이 가능한 주제를 아우르는 것이 도움이 된다. 단원의 길이가 길수록 깊은 내용을 다룰 수 있다.

지도 지침. 영재성을 지닌 아동이 교육과정을 확대하고 조정하며 도전하기 위해서는 교사의 도움이 필요하다. 교사는 창의성을 발휘하여 아동이 집단에 포함되어 있을 때 이들에게 다양한 활동을 제공하고, 인지적 요구를 더욱 많이 할 수 있도록 해야 한다. 또한, 가치 판단을 미루고 모든 아동의 유사성과 차이점을 강조하며, 모든 강점을 강조하고 동시에 어려움을 겪는지 파악한다. 구체적인 지도 지침은 다음과 같다.

- 독립적인 활동을 습관화한다. 고립되는 것과 독립적인 것을 구분한다. 가정에서도 독립적인 활동을 할 수 있도록 권장한다.
- 사회적으로 수용될 수 있는 방법으로 정서를 다루도록 지도한다. 아동은 자신이 다른 사람과 다르다는 것을 알고, 더 빨리 학습하고, 또래들과 같은 수준으로 이해할 수 없는 상황을 경험하고 좌절할 수 있다.
- 다양하면서 깊이 있게 제시한다. 아동이 탐색할 수 있고, 재미있는 영역을 발견할 수 있는 활동과 경험이 중요하지만 그들이 만족할 수 있는 한 가지 영역에 집중하도록 하는 것 또한 중요하다.
- 수렴적 사고를 하도록 요구한다. 예를 들어, "지구가 자전을 멈춘다면?", "비가 오지 않는다면?", "해가 뜨지 않는다면?" 등과 같은 질문을 한다.
- 무슨 일이 왜, 어떻게 일어나는지를 강조한다. 아동이 어떤 사건에 대해 관심을 갖도록 하는 것을 넘어 왜, 어떻게 일어나는지를 생각하도록 지도한다.
- 고차원 사고 기능을 격려한다. 지식과 이해의 차원을 넘어 분석, 종합, 평가 및 문제해결을 강조한다.
- 반복을 줄이고 속도를 높인다. 아동에게 중요한 문제를 풀도록 한다.
- 지적 도전거리를 제공한다. 창의성과 수렴적 사고를 지원한다.
- 학생들이 과제를 완수하기 위해 서로 다른 학습 양식을 선택하고 이용할 수 있도록 허용한다.

2) 교육과정 적합화

영재성을 지닌 아동을 위한 활동은 더욱 다양해야 하고, 자료의 범위가 넓어야 하며, 고도의 사고 기능을 강조해야 하고, 개별적으로 관심을 가질 수 있는 것을 제공해 주어야 한다(Allen & Cowdery, 2015; Cook, Klein, & Chen, 2020).

신체운동 · 건강

영재성을 지닌 아동은 운동 능력이 그들의 정신연령보다 생활연령에 더 가까우며, 그들이 하고 싶은 것을 계획하는 능력은 실제로 그것을 하는 능력보다 우수하다. 특히, 유아 집단에서 이러한 특징을 볼 수 있다. 운동 기능이 좋지 못한 아동은 운동을 회피하는 경향이 있으므로 아동이 참여할 수 있도록 지원할 필요가 있다.

건강과 안전. 아동의 호기심과 실험정신은 위험한 문제를 일으킬 수 있기 때문에 건강과 안전은 중요하다. '내가 동전을 삼키면 어떻게 될까?', '내가 세탁 세제를 먹고 이리저리 뛰어다니면 세탁기처럼 거품이 날까?' 등과 같이 생각하고 행동한다면 위험한 문제를 일으킬 수 있다. 아동은 어떤 것을 탐색하기에 앞서 성인과 함께 점검하는 패턴을 개발하도록 배워야 한다.

- 이름을 보고 내용물이 안전한 것과 안전하지 못한 것을 분류한다.
- 망치, 드라이버, 칼 등을 안전하게 사용하는 방법에 대해 이야기하고 배운다.
- 안전장비(헬멧, 안전벨트, 안전안경)와 사용법, 그것을 사용하지 않았을 때 어떤 일이 일어날 수 있는지를 이야기한다.

대근육운동. 기초운동 기술이 발달하는 동안 외부 활동을 개념화하고 수행하는 능력이 고르지 못한 점을 이해하도록 도와준다.

- 상상의 장애물 코스를 개발한다. 상상의 장애물을 생각하며 기고, 비껴가고 넘어가는 등의 활동을 한다.
- 정글짐이나 더 큰 장비를 이용하여 바깥놀이를 스스로 창의적으로 계획하게 한다.

소근육운동. 아동의 소근육운동이 자신의 인지 능력의 발달 속도를 따라가지 못하면 어려운 문제가 될 수 있다. 창의적으로 계획하고 아동이 이러한 기능을 사용하고 정교화하도록 동기를 유발시켜 준다.

- 다양한 물질을 풍부하게 제공하여 아동의 창의성 발휘를 억제하지 않는다.
- 물질을 조작하기 전에 계획을 하고 예견해 보도록 격려한다.
- 짧은 실을 이용하여 매듭을 짓고 묶어보도록 한다.
- 고장 난 라디오, 시계 및 기타 장비들을 주고 분해하여 보도록 한다.

감각운동 통합. 운동 기술이 시각적, 청각적 및 운동지각적 경험과 통합될 수 있는 다양한 경험을 아동에게 제공하며, 그들이 참여하고 싶은 활동을 개발한다.

- 다양한 매체로 실험하게 하고 매체 및 결과의 조절과 관련짓는다(크레파스 대 마커, 수성물감 대 포스터물감).
- 다양한 두께의 솔, 크레파스(얇은 것, 두꺼운 것, 둥근 것, 각진 것), 페인트(농도가 다양한 것) 중 한 가지를 사용하여 어떤 크기, 어떤 모양의 무엇을 만들지 생각해 보게 한다.

의사소통

이 분야는 영재성을 지닌 아동이 강점을 보이는 영역이다. 또한, 읽기를 좋아하거나 스스로 읽을 수 있는 아동에게는 친숙한 활동이다. 읽기는 그 자체가 강점일 뿐만 아니라 여러 학업 교과의 학습을 위한 기초가 되므로 중요하다.

말하기. 아동이 다양하고 정확하게 말할 수 있도록 도와주어야 하고, 다른 사람이 이해하기 쉽도록 단어를 이용하게 돕는다.

- 언어의 유창성과 유연성을 격려한다.
- 도서관을 방문하고 책과 기록물, 도서관이 후원하는 일에 대해 토의한다.
- 브레인스토밍을 촉진한다.
- 창의적으로 생각한 다음 자신의 생각을 언어로 표현할 수 있도록 도와준다.

- 새로운 어휘를 학습하도록 촉진한다.
- 사람, 장소, 시간, 상황을 대치하는 등 자신의 말하기를 확장할 수 있도록 격려한다.

듣기. 듣기란 아동에게 있어 매우 복잡한 이해 과제이다. 손가락 놀이는 움직임과 언어를 조합한다. 그것은 처음에는 반응적이지만, 결국 아동이 창의적으로 표현할 수 있는 방법이 된다.

- 전신을 함께 움직이며 손가락 놀이를 하게 한다.
- 손놀이를 하도록 격려한다. 관심이 있는 소집단의 아동들에게 더 복잡하고 길게 할 수 있는 놀이를 가르친다.
- 듣기 기술과 다른 사람이 말할 때 훌륭한 청자는 어떻게 하는지에 대해 이야기한다. 대화나 토의 중 듣고 싶은 내용에 관하여 이야기한다.

읽기. 아동이 혼자서 읽을 수 있을 때라도 책을 읽어 준다. 아동의 발달이 고르지 못하기 때문에 개념적으로 복잡하게 얽혀 있는 읽기자료를 읽고 이해하기는 쉽지 않다. 통합교육 집단에서 모든 아동의 흥미를 이끌어낼 수 있을 정도로 재미있고 창의적인 이야기를 찾기란 쉽지 않다. 창의적인 삽화가 들어 있고 아동이 스스로 읽을 수 있는 책을 제공한다. 이야기와 시를 읽은 후 창의적인 반응을 불러일으킬 수 있는 간단한 질문을 하고, 아울러 학습센터에서 스스로 듣기를 할 수 있는 다양한 녹음도서를 제공한다. 새로운 이야기를 읽을 때 중요한 지점에서 중단시키고 어떻게 이야기가 끝날지에 대해 질문해 본다.

쓰기. 많은 아동은 작가처럼 자신에 관하여 생각하고 써 보는 것을 즐거워하고 무척 좋아한다. 아동에게 자신의 이야기를 써 보게 하고 소근육운동이 열등하여 쓰기를 잘 못할 경우 교사가 아동의 말을 받아 적는다. 함께 하는 프로젝트에 참여하여 쓰기를 하도록 촉진하기도 한다. 아동은 생각을 나누고 서로 이야기하고 서로 도와가며 쓰도록 지도한다.

사회관계

사회 기술을 발달시키기 위해 연습할 수 있도록 아동을 격려해야 한다. 영재성을 지닌 아동은 추상적인 대인관계 문제를 해결할 수 있는 방법을 잘 이해하지만 실제로 해결하고 실행하는 것은 다른 문제이며, 그들 역시 연습을 해야 한다.

자존감. 모든 아동은 자신에 관하여 좋게 생각할 필요가 있다. 또래보다 발달이 앞서는 능력이 있는 아동은 도달하기 어려운 표준을 정할 수 있다. 한 분야에서 매우 잘하는 아동이 모든 영역에서 잘할 수 있지만 그렇지 않을 수도 있다. 자신의 수행에 대해 현실적인 피드백을 제공하고, 새로운 활동이나 다른 사람보다 잘 못하는 분야에서 위험을 감수하도록 격려한다.

- 자신의 수행에 대해 현실적인 피드백을 제공한다.
- 새로운 활동이나 다른 사람보다 잘 못하는 분야에서 위험을 감수하도록 격려한다.
- 발달의 모든 영역에서 잘하지 못할 때라도 격려한다.
- 학급이나 학교에서 리더십을 발휘하도록 격려한다.

통합교육. 남과 다르다는 것은 힘든 일이고 때로는 좌절감을 느끼게 한다. 모든 아동은 또래집단이나 학급에 포함되고 수용되기를 바란다. 그러므로 유사성과 차이점을 강조하는 것은 모든 아동이 소속감을 갖도록 하는 데 도움이 된다. 교실에 있는 모든 아동이 다르고 개인차가 있음을 인정하고, 이들의 유사성과 차이점을 인정하고 수용하며, 모든 아동은 강점과 제한점을 지니고 있음을 인정한다. 학급에 있는 모든 아동이 보이는 특성 중 교사가 좋아할 수 있는 것을 정한다. 그러한 특성으로는 존중, 공정성, 자기훈육, 결정 등이 포함될 수 있다.

사회학습. 사회는 전통적 및 비전통적 역할과 직업을 다루고, 그러한 일을 하는 일상적인 방법에 관한 정보를 제공한다. 사회수업은 사회 내에서 자신의 역할을 이해하도록 설계한다.

- 여러 나라 음식을 요리하고 전통적인 방법으로 시식한다.

- 배관공, 컴퓨터 프로그래머, 제빵사, 물리학자, 생산업자, 프로운동선수 등 다양한 직업을 탐색해 본다.
- 먹거리가 생산되는 곳에 대해 이야기한다. 지역의 특산품에 대해서 알아본다.
- 학교 주변의 지도를 그리고 지도에 포함되어야 할 기본 요소(척도, 방위 등)를 배운다.
- 학급에 어떤 규칙이 있는지, 어떤 역할을 하는지에 대해 토의한다.
- 서로 다른 관점을 학습하도록 돕는다.
- 아동에게 역사적으로 유명한 사람의 역할을 하게 한다.

예술경험

아동은 문제를 규정하고 해결책을 찾으며 자신의 창의적 능력을 개발할 수 있다.

미술. 아동이 미술활동을 통해 자신의 세계를 탐색할 수 있도록 격려하며, 아동 자신이 결정하고 자신의 세계를 통제할 수 있는 활동을 도입한다.

- 아동은 자신을 피조물로 아주 작게, 또는 아주 크게 그린다. 피조물로서는 할 수 있으나 인간으로서는 할 수 없는 것에 대해 토의한다.
- 미술 학습은 예측할 수 있는 발달이다. 유아는 과정에 관심을 갖는다. 나이가 들면 결과물이 더 복잡해지고 결과물을 더욱 중요하게 여긴다.
- 이젤페인팅과 콜라주와 같은 활동을 반복할 때 소재의 색, 다양한 모습, 크기, 종이를 다양하게 한다.
- 색을 선택하게 하고 여러 가지 색을 섞어 어떤 색이 될지 예상해 보게 한다.
- 크레파스와 그림 붓을 이용하여 여러 가지 전통적인 미술활동을 한다.

음악. 음악은 아동의 신체적, 심미적 및 지적 발달에 큰 영향을 미친다. 그것은 큰 기쁨과 창의적 경험을 제공해 주고 청각 기능을 발달시키며 신체활동을 조장하고, 목소리의 범위와 유연성을 증대시켜 준다. 따라서 감상, 가창 및 기악 등 다양한 음악적 경험을 하도록 한다.

- 다양한 악기를 탐색하고 다루어 본다. 악기를 만져 보고 소리도 내어 보는 등 여러 가지 방법으로 탐색하고 이해한다.
- 이야기를 음악으로 만들어 보고 배경 음악을 선택하게 한다.
- 악기를 만들어 본다(종이박스 기타 등).
- 음정, 박자, 멜로디 등 음악의 개념을 소개한다.
- 다양한 문화의 음악을 경험하게 한다.
- 특별한 주제에 따라 음악을 선택한다.

창작활동. 자신의 신체를 이용하여 창의적으로 표현할 수 있는 기회를 제공하고 운동 영역을 자유롭게 탐색하도록 한다.

- 두 사람이 짝을 맞춰 놀이를 하고 상호작용을 격려한다.
- 음악과 이야기를 조합하여 창의적인 운동을 하고 즐기며 마음을 넓힌다.

극놀이. 인형과 접시 등 여러 가지 소품을 풍부하게 제공하여 창의적으로 활용한다. 필요한 소품을 모두 제공한다면 창의성을 충분히 연습할 수 있을 것이다.

- 기차나 비행기 여행을 계획한다.
- 자신의 식당을 열게 한다.
- 가능하면 실외에 작은 텐트를 치게 한다.

자연탐구

환경을 현실적으로 탐색하게 함으로써 과학적 탐구활동을 촉진시킬 수 있다. 아동은 관찰을 통해 과학적인 방법을 학습하고, 이론적 개념을 확대시키고 보다 추상적인 수준으로 나아가게 된다. 그들은 참고자료를 이용하여 스스로 문제해결을 촉진하고 지원할 수 있는 방법을 배울 수 있다(Allen & Cowdery, 2015; Heward, 2013).

수학. 수학활동은 게임처럼 조작해야 하고, 처음에는 구체적인 실험적 기초를 갖추어야 하며, 기초가 다져지면 보다 복잡한 방향으로 이동하게 된다. 아동은 기초

수 감각과 수 개념을 학습해야 한다. 그들이 수학을 문제해결의 방법으로 생각하게 하고, 수학에 관하여 이야기를 주고받을 수 있는 어휘를 지도해야 하며, 수학적 추론을 할 수 있도록 도와주어야 한다.

과학. 과학은 새로운 경험과 추론 기술을 습득할 수 있는 구조를 제공한다. 활동은 아동이 알고 있는 개념으로 시작하여 그것을 점차 확대시킨다. 아동에게 가설을 설정하게 하여 그것을 예측할 수 있는 능력을 길러 준다. 교사는 아동의 관점에서 흥미를 느낄 수 있는 문제를 제시하고 그들이 문제를 해결하는 동안 하는 것을 면밀하게 관찰한다. 또한, 과학의 패턴, 원리(일반적)를 파악하고 적용(특별한)할 수 있도록 가르친다.

보조공학. 보조공학은 아동이 캠코더를 이용하여 독자적으로 작업한 경험을 촬영하며, 그림을 다운로드하여 다른 사람에게 보내고 공유할 수 있게 한다. 또는 녹음기를 이용하여 다른 사람이 이야기하는 것을 녹음할 수도 있다. 이처럼 보조공학은 영재성을 지닌 아동의 무한한 잠재력을 이끌어 낼 수 있게 해 준다. 그러므로 아동의 발달을 촉진시키고 적절한 방법으로 개별적 학습 요구에 맞도록 편집할 수 있는 소프트웨어를 선택한다. 컴퓨터는 짝 학습뿐만 아니라 개별 학습을 지원할 수 있다. 주의할 점은 교사나 부모가 아동에게 적합한 소프트웨어를 선택해 줄 수 있느냐 하는 것이다.

요약

영재의 정의

- 「영재교육진흥법」은 "**영재란 재능이 뛰어난 사람으로서 타고난 잠재력을 계발하기 위하여 특별한 교육이 필요한 사람**"으로 간략히 규정하고 있다.

영재의 원인

- 영재성은 유전적, 생물학적 원인에 환경적 요인이 결합되어 발현되고 발달된다.

영재의 특성

- 사회적으로 잘 적응하고, 더 높은 성취를 보이고, 더 쉽게 학습할 수 있으며, 더 많은 취미를 가지고 있고, 더 많은 책을 읽으며, 더 건강하다.
- 다재다능하고 인내심이 강하며, 우수한 의사소통 기술을 가지고 있다.
- 윤리 의식도 높으며 매력이 있고 환경을 자극하며 지능이 높다.
- 자신감, 해당 분야에 대한 관심의 정도, 지구력, 학교에 대한 호감이 높다.
- 독립적이며, 자기 주도적인 학습 양식을 갖고 있는 경향이 있다.
- 창의성과 지능은 서로 다른 특성으로, 지능이 높다고 해서 창의성이 반드시 높다고 할 수는 없다.

장애와 영재의 공존

- 영재성은 학습장애, 청각장애, 시각장애, 지체장애 등과 공존할 수 있다.
- 영재성과 공존장애는 상호 영향을 줄 수 있으며, 영재성이 공존장애를 가릴 수 있고 공존장애로 인하여 영재성이 빛을 보지 못할 수도 있다.

영재의 진단과 평가

- 영재성 역시 조기판별이 중요하고 다중지능적 관점에서 다양한 방법을 적용할 필요가 있다.

영재성을 지닌 영유아를 위한 교육적 지원과 중재

- 교수전략으로는 속진학습, 학급 내 능력집단 구성, 차별화된 교수 등이 이용된다.
- 개인의 학습 요구를 고려하여 교육과정 적합화가 이루어진다.

부록

부록 1 개별화교육계획 관련 양식

20○ ○학년도

개별화교육계획

____________ 유치원 _____ 반 담당교사 : _________(인)

<table>
<tr><th rowspan="2">날짜</th><th colspan="2">확인란</th><th colspan="2">지도란</th><th rowspan="2">비고</th></tr>
<tr><th>계</th><th>부장</th><th>교감</th><th>교장</th></tr>
<tr><td></td><td></td><td></td><td></td><td></td><td></td></tr>
<tr><td></td><td></td><td></td><td></td><td></td><td></td></tr>
<tr><td></td><td></td><td></td><td></td><td></td><td></td></tr>
<tr><td></td><td></td><td></td><td></td><td></td><td></td></tr>
</table>

○ ○ 학교

학생 인적사항

20○ ○학년도

<table>
<tr><td>성명</td><td></td><td>성별</td><td></td><td>보호자명</td><td colspan="3"></td></tr>
<tr><td>생년월일</td><td colspan="3"></td><td>전화번호</td><td colspan="3"></td></tr>
<tr><td>학교명</td><td colspan="3"></td><td>주양육자</td><td></td><td>관계</td><td></td></tr>
<tr><td>학교급</td><td></td><td>학년반</td><td></td><td>기타연락번호</td><td colspan="3"></td></tr>
<tr><td>주소</td><td colspan="7"></td></tr>
<tr><td rowspan="2">개별화
교육계획</td><td>1학기</td><td>시작일</td><td colspan="2"></td><td>종료일</td><td colspan="2"></td></tr>
<tr><td>2학기</td><td>시작일</td><td colspan="2"></td><td>종료일</td><td colspan="2"></td></tr>
<tr><td rowspan="2">장애유형
및 정도,
특성</td><td colspan="3">장애유형 및 정도(등급 포함)</td><td colspan="4"></td></tr>
<tr><td>특이사항</td><td colspan="6"></td></tr>
</table>

20○○학년도 개별화교육 요구 사항

학부모님께서 자녀의 현재 수행 수준을 고려하여 20○○학년도에 우리 자녀에게 가장 필요하다고 생각되는 내용을 각 교과마다 1~2개씩 ○표시해 주시기 바랍니다. 항목에는 없지만 추가되었으면 하는 내용이 있으시면 기타 교육 요구 사항에 적어 주시기 바랍니다.

___ 학년 ___ 반 학생명: __________ 학부모: __________ (인)

<table>
<tr><th colspan="2">영역</th><th colspan="2">학부모 요구 사항</th></tr>
<tr><td rowspan="5">교과면</td><td>운동 발달</td><td>• 기본운동(달리기, 줄넘기 등) ( )
• 구기운동(축구, 농구 등) ( )
• 건강관리(등산, 비만 관리) ( )</td><td>• 리듬 및 표현 운동
(에어로빅, 체조, 요가 등) ( )
• 놀이와 게임 ( )</td></tr>
<tr><td>언어 발달</td><td>• 지시 따르기 ( )
• 이름 말하기, 읽기, 쓰기 ( )</td><td>• 낱말 말하기, 읽기, 쓰기 ( )
• 문장 말하기, 읽기, 쓰기 ( )</td></tr>
<tr><td>사회 발달</td><td>• 식사지도 ( ) 대소변 훈련 ( )
• 옷 입고 벗기 ( )
• 청소하기 ( )
• 지역사회기관 이용 ( )
• 전화 이용 ( )</td><td>• 교통기관 이용 ( )
• 심부름하기 ( )
• 물건 구입 ( )
• 규칙과 질서 지키기 ( )</td></tr>
<tr><td>정서 발달</td><td>• 음악 듣기 ( ) 악기 연주 ( )
• 노래 부르기 ( )
• 율동/무용/에어로빅 ( )</td><td>• 경험한 것 그리기 ( )
• 바탕에 색칠하기 ( )
• 작품 만들기 ( )</td></tr>
<tr><td>인지 발달</td><td>• 우리의 몸 알기 ( )
• 날씨/계절 변화 알기 ( )</td><td>• 생활용구 이용 ( )
• 동·식물의 이해 ( )</td></tr>
<tr><td colspan="2">생활면</td><td>• 문제행동 감소 ( )
• 안전에 대한 인식 ( )
• 여가생활 활용하기 ( )
• 정보통신 기기 활용하기 ( )</td><td>• 대인관계 ( )
• 자기표현하기 ( )
• 바른 식사태도 ( )</td></tr>
<tr><td colspan="2">기타 교육 요구 사항</td><td colspan="2"></td></tr>
</table>

개별화교육지원팀 회의록

유치원 (　　) 반　이름 (　　　　)

<table>
<tr><td>회의일시</td><td colspan="2"></td><td>회의장소</td><td></td></tr>
<tr><td rowspan="2">참석자</td><td colspan="2"></td><td colspan="2"></td></tr>
<tr><td>학부모
전화상담</td><td colspan="3">20○○년 (　　)월 (　　)일 (　　)요일 (　　)시</td></tr>
<tr><td>회의 영역</td><td colspan="4">현행 수준, 건강 및 특이 사항, 진로, 특수교육관련 서비스(가정지원, 치료, 보조인력, 교구 및 학습보조기, 보조공학기기지원, 통학 방법), 교과 지도 방향 및 학교생활 지원, 부적응행동 등</td></tr>
<tr><td>회의 내용</td><td colspan="4">① 현행 수준
:

② 건강 및 특이 사항
:</td></tr>
<tr><td rowspan="2">개별화
교육지원팀</td><td>(인)</td><td colspan="2">(인)</td><td>(인)</td></tr>
<tr><td>(인)</td><td colspan="2">(인)</td><td>(인)</td></tr>
</table>

특수교육관련 서비스

학생번호: 번 / 이름:

제공서비스	시작일	종료일	장소	참여요일 및 시간	특기사항
가족지원 (가족상담)					
보조인력	연중	월~금	교실		
통학지원	연중	월~금			등하교지도 통학비

기타 정보 조회

학생번호: 번 / 이름:

제공서비스	시작일	종료일	책임자 및 담당교사	장소	일정 (시간배정)	특기사항
토요 프로그램						

20ㅇㅇ학년도 ( )학기 개별화교육계획

학년도 : 〈시작일: 종료일: 〉

유치원 반 이름 :			담임교사 :	
구분 영역	현행수준	학기목표	평가	지도교사
운동 발달				
언어 발달				
인지 발달				
사회 발달				
정서 발달				

개별화교육지원팀	담임 (인)	교과 (인)	학부모 (인)
	(인)	(인)	(인)

20○○학년도 ( )학기 월별 개별화교육계획

학년도 : 〈시작일:　　　　종료일:　　　　〉

학교부	유치원	학반		성별		이름	
영역		1학기 목표				지도 교사	

구분 / 월	단원 (영역)	교육목표	교육내용	교육방법	평가준거	평가
3월	학생 실태 분석 및 계획 수립					
4월	• 봄과 나					
5월						
6월						
7월						

부록 2 개별화가족지원계획 관련 양식

<table>
<tr><th colspan="3">I. 신생아/영유아 및 가족 정보</th></tr>
<tr><td colspan="3">이름: 성별: 생년월일: 나이:
부모(보호자): 주소:
전화(집): 전화(직장): H.P:
영유아의 주요 사용 언어:</td></tr>
<tr><th colspan="3">II. 서비스 대표자 정보</th></tr>
<tr><td colspan="3">성명: 전화: 기관명:
주소:</td></tr>
<tr><th colspan="3">III. 가족의 의견</th></tr>
<tr><td colspan="3">1. 영유아의 강점을 적어 주세요.
2. 영유아의 요구에 부응할 수 있는 가족의 강점을 적어 주세요.
3. 가족이나 영아의 관심사(지원이 필요한 영역)를 체크해 주세요.</td></tr>
<tr><th>영아의 관심사</th><th colspan="2">가족의 관심사</th></tr>
<tr><td>□ 사람과 상호작용 하기
□ 의사소통하기
□ 놀이하기
□ 활동에 참여하기
□ 음식 먹기
□ 문제행동
□ 장비나 자료
□ 건강과 치과 치료
□ 시각, 청각
기타 ____________</td><td>□ 다른 가족이나 지원 그룹 만남
□ 영유아의 의료적 치료적 지원
□ 의사나 다른 전문가와의 만남
□ 다른 서비스 활동에 대한 안내
□ 장래에 대한 계획과 기대
□ 교통수단
□ 영유아 양육에 대한 정보
□ 휴식을 취하기 위한 도움
□ 가족의 능력 강화 훈련
□ 비장애 형제 지원</td><td>□ 여가활동
□ 재정 지원
□ 영유아의 장애에 대한 정보
기타 ____________</td></tr>
<tr><th colspan="3">IV. 영아의 현 수행 수준 요약</th></tr>
<tr><td colspan="2">1. 대·소근육운동 기술:</td><td rowspan="6">* 영유아의 강점과 요구:</td></tr>
<tr><td colspan="2">2. 의사소통 기술:</td></tr>
<tr><td colspan="2">3. 인지 기술:</td></tr>
<tr><td colspan="2">4. 사회·정서 발달:</td></tr>
<tr><td colspan="2">5. 자조 기술:</td></tr>
<tr><td colspan="2">6. 신체 발달(시각, 청각, 건강 상태 포함):</td></tr>
</table>

출처: 교육과학기술부(2008).

색인

ㅇ

ㅈ

ㅎ

참고문헌

강위영 · 윤치연(2004). 한국 자폐증 진단검사. 부산: 테스피아.
강위영 · 정대영(2001). 학습장애아동 교육. 대구: 형설출판사.
곽금주 · 오상우 · 김청택(2011). 한국 웩슬러 아동지능검사(K-WISC-IV). 서울: 학지사심리검사연구소.
교육과학기술부(2008). 개별화교육계획 수립 · 운영 자료.
교육과학기술부(2008). 장애영유아 교육과정 편성 운영 자료.
교육과학기술부(2008). 장애인 등에 대한 특수교육법령 해설자료.
교육과학기술부(2011). 유치원교육과정.
교육부(2015). 기본교육과정.
교육부(2015). 누리과정 총론.
교육부(2015). 유치원교육과정, 공통교육과정 및 선택 중심 교육과정.
교육부(2015). 특수교육 교육과정 총론.
교육부(2016). 2011 특수교육통계.
교육부(2019). 2019 개정 누리과정(안). 공청회 자료집.
국립특수교육원(2001). 특수교육 요구아동 출현율 조사연구.
권요한 · 김수진 · 김요섭 · 박중휘 · 이상훈(2010). 특수교육학개론. 학지사.
김경숙 · 양미경(2010). 어머니의 훈육방식 및 유아의 정서조절전략이 유아의 리더십에 미치는 영향. 한국보육지원학회지, 6(3), 23-44.
김동일(2000). 기초학습기능 수행평가체제-읽기검사(BASA-Reading). 서울: 학지사.
김동일 · 박희찬 · 이달엽(2004). 지역사회적응검사(CIS-A). 서울: 학지사.
김병하 · 석동일 · 원영조 · 이규식(2007). 청각장애아교육. 대구대학교출판부.
김승국(1990). 적응행동검사. 서울: 중앙적성출판사.
김승국 · 김옥기(1985). 사회성숙도검사. 서울: 중앙적성출판사.
김영태 · 김경희 · 윤혜련 · 김화수(2003). 영유아 언어발달검사(SELSI): 전문가용. 서울: 도서출판 특수교육.
김영태 · 성태제 · 이윤경(2003). 취학전 아동의 수용언어 및 표현언어 발달척도(PRES). 서울장애인종합복지관.
김영태 · 신문자(2004). 우리말조음 · 음운평가(U-TAP). 서울: 학지사.
김영태 · 장혜성 · 임선숙 · 백현정(1995). 그림어휘력검사. 서울장애인종합복지관.
김윤옥(2001). 읽기진단검사. 서울: 도서출판 특수교육.
김정권 · 권기덕 · 최영하(1997). 오세레츠키운동능력검사. 서울: 도서출판 특수교육.
김정권 · 여광응(1987). 학습준비도검사. 서울: 도서출판 특수교육.
김정원 · 이경화 · 이연규 · 전선옥 · 조순옥(2006). 보육과정. 서울: 파란마음.
김태련 · 박랑규(1992). 이화-자폐 아동 행동발달 평가도구(E-CLAC). 서울: 도서출판 특수교육.
김태련 · 박랑규(2005). 심리교육 프로파일(PEP-R). 서울: 도서출판 특수교육.
김태련 · 박랑규(1996). 아동기 자폐증평정척도(CARS). 서울: 도서출판 특수교육.
류재연 · 이준석 · 장정애(2018). 국립특수교육원 적응행동검사(NISE-K · ABS). 국립특수교육원.
문수백 · 변창진(2014). 한국판 K-ABC-II. 서울: 학지사심리검사연구소.
문수백 · 여광응 · 조용태(2003). 한국판 시지각발달검사-2(K-DTVP-2). 서울: 학지사.
박경숙 · 김계옥 · 송영준 · 정동영 · 정인숙(2005). KISE 기초학력검사(KISE-BAAT). 국립특수교육원.
박경숙 · 윤점룡 · 박효정(1989). 기초학습기능검사. 서울: 도서출판 특수교육.
박경숙 · 정동영 · 정인숙(2002). KISE 한국형 개인지능검사(KISE-KIT). 경기: 교육과학사.
박혜원 · 곽금주 · 박광배(1996). 한국 웩슬러 유아지능검사(K-WPPSI). 서울: 도서출판 특수교육.
배소영 · 임선숙 · 이지희 · 장혜성(1994). 구문의미 이해력검사. 서울장애인종합복지관.
배소영 · 임선숙 · 이지희(2000). 언어문제해결력검사. 서울장애인종합복지관.
백혜리 · 노은호 · 황성원 · 조미환 · 박종옥(2007). 보육과정. 서울: 창지사.
보건복지부(2016). 제3차 어린이집 표준보육과정에 기초한 연령별 보육 프로그램의 적용.

보건복지부 · 한국보건사회연구원(2008). 2008년 장애인실태조사.

송인섭 · 김정원 · 정미경 · 김혜숙 · 신은영 · 박소연(2001). *아동연구방법*. 서울: 학지사.

오경자 · 이혜련 · 홍강의 · 한은혜(1997). *아동 · 청소년 행동평가척도(K-CBCL)*. 서울: 중앙적성출판사.

유수옥(2005). *유아특수교육론*. 서울: 학지사.

유수옥(2010). *특수유아교육*. 서울: 창지사.

이경림(2008). 특수학급 교사의 초등학교 6학년 장애학생의 전이기 지원에 대한 중요도와 실행도 인식 분석 -부산광역시를 중심으로-. *중복 지체부자유아교육, 51*(2), 193-210.

이상복(1998). *정서 · 행동장애아 치료와 교육*. 대구대학교출판부.

이소현(2003). "활동-중심의 통합유치원 교육과정"이 장애유아의 사회적 통합에 미치는 영향. *특수교육학연구, 37*(4), 97-122.

이소현(2006). *특수아동교육*. 서울: 학지사.

이신동 · 정종진 · 이화진 · 이정규 · 김태은 옮김(2006). *다중지능과 교수-학습*. 서울: 시그마 프레스.

이태수 · 나경은 · 서선진 · 이준석 · 김우리(2017). *국립특수교육원 기초학습기능검사(NISE-B · ACT)*. 국립특수교육원.

임안수(2008). *시각장애아 교육*. 서울: 학지사.

임호찬(2004). *한국판 색채누진행렬(L-CPM)*. 경기: 한국가이던스.

정갑순 · 정희영 · 김미경 · 허계형 · 최영해 · 김나래 · 이만큼(2011). *장애유아 통합교육과정: 하나, 둘, 셋 단계별 따라 하기*. 서울: 학지사.

정대영(2003). 통합교육을 지원하는 교육구조와 실천 방향. *정서 · 행동장애연구, 19*(2).

정대영(2004). *영재장애아동의 이해와 지도*. 창원대학교 출판부.

정대영(2005). 통학교육의 개념과 쟁점 고찰. 한국통합교육학회 창립총회 및 학술대회 발표집.

정대영(2005). 통합교육에서의 주요 쟁점과 실천과제 고찰. *특수아동교육연구, 7*(1), 21-45.

정대영(2006). 통합교육의 개념과 쟁점 고찰. *통합교육연구, 1*(1), 1-21.

정대영(2007). 정서행동장애의 상위인지적 중재: 실행기능 자기조절 모형. *정서 · 행동장애연구, 23*(2), 1-28.

정대영(2009). *행동기능 평가와 긍정적 행동지원*. 서울: 양서원.

정대영(2017). *특수교육학 제2판*. 서울: 창지사.

정대영(2019). *전문가를 위한 학습장애 학생 교육*. 서울: 시그마프레스.

정대영 · 박희찬(1996). *KISE 자폐아동 교육진단검사*. 국립특수교육원.

정대영 · 권요한 · 한경임(2005). *장애영유아 통합보육 지침서*. 경남보육정보센터.

정인숙 · 강영택 · 김계옥 · 박경숙 · 정동영(2003). *KISE 적응행동검사(KISE-SAB)*. 국립특수교육원.

조윤경 · 신영 · 강지현 · 장지윤(2007). *장애유아 통합프로그램 운영의 A TO Z*. 서울: 창지사.

최중옥 · 김숙경 · 김윤옥 · 김진희 · 남상석 · 박희찬 · 서현아 · 안성우 · 오세철 · 이해균 · 정대영 · 최성규(2000). *특수아동의 이해와 교육*. 경기: 교육과학사.

홍준표(2009). *응용행동분석*. 서울: 학지사.

Algozzine, B., Algozzine, R., Daunic, A. P., & Smith, S. W. (2010). *Preventing problem behaviors: Schoolwide programs and classroom practices*(2nd eds.). CA: Corwin, A Sage Company.

Allen, K. E. & Cowdery, G. E. (2015). *The exceptional child: Inclusion in early childhood education*(8th eds.). US: Cengage Learning.

American Association on Mental Retardation: AAMR.(1992). *Mental Retardation*(9th ed). Washington, DC: AAMR.

American Psychiatric Association(2001). *Diagnostic and Statistical Manual of Mental Disorders* (DSM-IV-TR).

Aronen, E. T. & Arajarvi, T.(2004). Effects of early intervention in psychiatric symptoms of young adults in low-risk and high-risk families. In M. A. Felman(Ed.), *Early intervention: The essential readings*(pp. 214-

235). Massachusetts: Blackwell Publishing Ltd.

Bailes, C.(2001). Integrative ASL-English Language arts: Bridging paths to literacy. *Sign Language Studies*, *1*(2), 147-174.

Best, S. J., Heller, K. W., & Bigge, J. L.(2005). *Teaching individuals with physical or multiple disabilities*(5th ed.). New Jersey: Merrill/Prentice Hall.

Bloom, B. S.(1985). *Developing talent in young people*. New York: Ballantine Books.

Bronfenbrenner, U.(1979). *The echology of human development: Experiment by nature and design*. Cambridge: Harvard University Press.

Bronfenbrenner, U.(1992). Ecological systems theory. In R. Vasta(Ed.), *Six theories of child developmen: Revised formulations and current issues*(pp. 187-248). Pennsylvania: Jessica Kingsley.

Brown, J. E. & Stain, A. J.(2007). Having a baby: The brith process. In M. L. Batshaw, L. Pellegrino, & N. J. Roizen(Eds.), *Children with disabilities*(6th ed., pp. 35-45). Maryland: Paul H. Brookes Publishing Co.

Buysse, V., Bernier, K., & McWilliam, R.(2002). A statewide profile of early intervention services using the Part C data system. *Journal of Early Intervention*, *25*(1), 15-26.

Clerc Center(2007). Visual phonics. Gallaudet University. Retrieved March 25, 2007, from www. ClercCenter. com.

Cook, R. E., Klein, M. D., & Chen, D. (2020). *Adapting early childhood curricula for children with special needs*(10th eds.). NJ: Pearson.

Demonet, J. F., Tayolr, M. J., & Chaix, Y.(2004). Developmental dyslexia. *The Lancet*, *363*, 1451-1460.

Dockrell, Lindsay, Connelly, & Macki(2007). Constraints in the Production of Written Text in Children With Specific Language Impairments. *Journal of Exceptional Children*, *73*(2), 147-164.

Erting, C. J., Prezioso, C., & Hynes, M.(1990). The interactional content of deaf mother-infant communication. In V. Volterra & C. Erting(Eds.), *From gesture to language in hearing and deaf children*(pp. 97-106). New York: Springer-Verlag.

Follari, L. (2015). *Foundation and best practices in early childhood education: History, theories, and approaches to learning*.(3rd ed.). New York: Pearson.

Forster, D. C. & Webster, W. G.(2001). Speech-Motor Control and Interhemispheric Relations in Recovered and Persistent Stuttering. *Journal of Developmental Neuropsychology*, *19*(2), 125-145.

Gammeltoft, L. & Nordenhof, M. S.(2007). *Autism, play and social interaction*. London: Jessica Kingsley Publishers.

Gardner, H.(1983). *Frames of mind: The theory of multiple intelligences*. New York: Basic Books.

Garguilo, R. & Kilo, J.(2000). *Young children with special needs*. New York: Delmar.

Geers, A. E.(2006). Spoken language in children with cochlear implants. In P. E. Spencer & M. Marschark(Eds.), *Advances in the spoken language development of deaf and hard-of-hearing children*(pp. 244-270). New York: Oxford University Press.

George, D. R.(2003). *Gifted education: Identification and provision*(2nd ed.). London: David Fulton Publishers.

Gottfried, A. W., Gottfried, A. E., Bathurst, K., & Guerin, D. W.(1994). *Gifted IQ: Early developmental aspects: The fullerton longitudinal study*. New York: Plenum Press.

Greenspan, S., I. & Wieder, S.(2006). *Engaging autism: Using the floortime approach to help children relate, communicate, and think*. Massachusetts: Da Capo Press.

Grosenick, J. K., George, N. L., George, M. P., & Lewis, T. J.(1991). Public school services for behaviorally disordered students: Program practices in the 1980s. *Behavioral Disorders*, *16*(2), 87-96.

Hafer, J. C. & Wilson, R.(1986). *Signing for reading success*. Washington, DC: Gallaudet University Press.

Hafer, J. C., Rooke, C. C., & Charlifue-Smith, R.(2008a). Hearing screening and modification of TPBA for children who are deaf or hard of hearing. In T. Linder(Ed.), *Transdisciplinary play-based assessment*(2nd ed, pp. 265-298). Maryland: Paul H. Brookes Publishing Co.

Hafer, J. C., Rooke, C. C., & Charlifue-Smith, R.(2008b). Facilitating communication development: Strategies for improving hearing and communication. In T. Linfer(Ed.), *Transdisciplinary play-based intervention*(2nd ed, pp. 453-482). Maryland: Paul H. Brookes Publishing Co.

Hallahan, D. P., Kauffman, J. M., & Pullen, P. C.(2012). *Exceptional learners*(7th ed.). Massachusetts: Pearson.

Heward, L. M.(2009). *Exceptional Children: An introduction to special education*. New Jersey: Pearson.

Howard, P. J.(2000). *The owner's manual for the brain*(2nd ed.). Georgia: Bard Press.

Hewardm, W. L. (2013). *Exceptional children: An introduction to special education*. NY: Pearson.

Huffman, J. M. & Fortenberry, C. (2011). Helping preschoolers prepare for writing: Developing fine motor skills. *Young children*, *66*(5), 100-103.

Hurst, D. S.(2007). *Middle ear disease and allergy: Why allergy?* Retrieved April 25, 2007, from http://www.ear-allergy.com/.

Hyman, S. L. & Towbin, K. E.(2007). Autism Spectrum disorders. In M. L. Batshaw, L. Pellegrino, & N. J. Rosen(Eds.), *Children with disabilities*(6th ed., pp. 325-343). Maryland: Paul H. Brookes Publishing Co.

Jackson, N. R.(2003). Young gifted children. In N. Colangelo & G. A. Davis(Eds.), *Handbook of gifted education*(3rd ed., pp. 470-482). Massachusetts: Pearson Education, Inc.

Kauffman, J. M.(2005). *Characteristics of emotional and behavioral disorders of children and youth*(8th eds.). New Jersey: Pearson Prentice Hall.

Kirk, S., Gallagher, J. J., Anastasiow, N. J., & Coleman, M.(2006). *Educating exceptional Children*(11th ed.). Massachusetts: Houghton Mifflin.

Knoff, H. M. (2012). *School discipline, classroom management, and student self-management: A PBS implementation guide*. CA: Corwin, A Sage Company.

Kubiszyn, T. & Borich, G.(1996). *Educational testing and management*. New York: HarperCollins.

Lewis, R. & Doolag, D.(1999). *Teaching special students in general education classrooms*. New Jersey: Merrill/Prentice Hall.

Lovaas, O. I.(1987). Bahavioral treatment and normal intellectual and educational functioning in autistic children. *Journal of consulting and Clinical Psychology*, *55*, 3-9.

Macy, M. G., Bricker, D. D., & Squires, J. K.(2005). Validity and reliability of a curriculum based assessment approach to determine eligibility for Part C Services. *Journal of Early Intervention*, *28*(1), 1-16.

McLaughlin, L., Small, S., Spink-Mitchell, V., & Cripps, J.(2004). *A parent guidebook: ASL and early literacy*. Ontario: Ontario Society for Deaf.

McLean, M., Wolery, M., & Bailey, D. B.(2004). *Assessing infants and preschoolers with special needs*(3rd ed.). New Jersey: Merrill/Prentice Hall.

Miller, S. P.(2002). *Validated Practices for Teaching Students with Diverse Needs and Abilities*. Massachusetts: Allyn and Bacon. Pearson Education. Reprinted by permission of the publisher.

Northern, J. L. & Downs, M. P.(2002). *Hearing in children*(5th ed.). Phiadelphia: Lippincott, Williams & Wilkins.

Odom, S. & Wolery, M.(2003). A unified theory of practice in early intervention/early childhood special education: Evidence-based practices. *Journal of Special Education*, *37*(3), 164-173.

Pellegrino, L.(2007). Cerebral palsy. In M. L. Batshaw, L. Pellegrino, & N. J. Rosen(Eds.), *Children with disabilities*(6th ed., pp. 387-408). Maryland: Paul H. Brookes Publishing Co.

Peters, S. J. (2006). *Inclusive education: An EFA strategy for all children*. WORLD BANK: Washington, D.C.

Peterson, C., Luze, G., Eshbaugh, E., Jeon, H., & Kantz, L.(2007). Enhancing parent-child interactions through home visiting: Promising practice or unfulfilled promise? *Journal of Early Intervention*, *29*, 119-140.

Robb, A. & Reber, M.(2007). Behavioral and psychiatric disorders in children with disabilities. In M. L. Batshaw, L. Pellegrino & N. J. Rosen(Eds.), *Children with disabilities*(6th ed., pp. 297-311). Batimore: Paul H. Brookes Publishing Co.

Sacks, S.(1989). Robert Gaylord-Ross Peer-Mediated and teacher-directed social skills training for visually impaired students. *Behavior Therapy*, *20*(4), 619-640.

Salvia, J. & Ysseldyke, J.(2007). *Assesment: In Special and Inclusive Education*. Wadsworth Publishing.

Sebald, A. & Luckner, J.(2007). Successful partnerships with families of children who are deaf. *Teaching Exceptional Children*, *39*, 54-60.

Shapiro, B. K., Church, R. P., & Lewis, M. E. B.(2002). Specific learning disabilities. In M. L. Batshaw(Ed.), *Children with disabilities*(5th ed., pp. 417-442). Maryland: Paul H. Brookes Publishing Co.

Shapiro, B., Church, R. P., & Lewis, M. E. B.(2007). Specific learning disabilities. In M. L. Batshaw, L. Pellegrino & N. J Rosen(Eds.), *Children with disabilities*(6th ed., pp. 367-385). Maryland: Paul H. Brookes Publishing Co.

Sharon, L.(2009). *Voices not heard: Voice-use profiles of elementary music teachers, the effects of voice amplification on vocal load, and perceptions of issues surrounding voice use*. The University of Wisconsin-Madison. Ph.D.

Shonkoff, P. & Hauser-Cram, P.(1987). *Early intervention for disabled infants and their families: a quantitative analysis*. Am Acad Pediatrics.

Silver, L. B.(2002). What is ADHD? Is it a type of LD? Retrieved July 21, 2002, form http://www. ldonline.org/ld_indepth.add_adhd/what_is_adhd.html.

Skipper, S. (2006). Conceptual framework for effective inclusive schools.

Sternberg, R. J., & Zhang, L. F.(Eds.)(2001). *Perspectives on thinking, learning, and cognitive styles*. New Jersey: Lawrence Erlbaum Associates.

Storey, K. & Post, M. (2017). *Positive behavior supports in classrooms and schools: Effective and practical strategies for teachers and other service providers*(2nd eds.). Illinois: Charles C Thomas.

U.S. Department of Education, Office of Special Education Programs(2006). IDEA-Building the legacy of IDEA 2004, *Identification of Specific Learning Disabilities* Retrieved August 22, 2008, from http:.//idea.ed.gov/explore/view/p/%2Croot%2Cdynamic%CTopicaBrief%2C23%2C.

VanTassel-Baska, J. & Stambaugh, T.(2006). *Comprehensive curriculum for gifted learners*(3rd ed.). Massachusetts: Pearson Education, Inc.

Waber, D. P. (2011). *Rethingking learning disabilities: Understanding children who struggle in school*. New York: The Guilford Press.

Walker, H. M., Ramsey, E., & Gresham, F. M.(2004). *Antisocial behavior in school: Strategies and best practices*(2nd ed.). California: Brooks/Cole.

Williams. C. B. & Finnegan, M.(2003). From myth to reality: Sound information for teachers about students who are deaf. *Teaching Exceptional Children*, *35*(3), 40-45.

Williamson, G. G., & Anzalone, M. E.(2001). *Sensory integration and self-regulation in infants and toddler: Helping very young children interact with their environment*. Washington, DC: Zero to Three Press.

Wood, M.(1998). Whose job is it anyway? Educational roles in inclusion. *Council for Exceptional Children*, *64*(2).

Yaun, A. L. & Keating, R.(2007). The brain and the nervous system. In M. L. Batshaw, L. Pellegrino, & N. J. Rosen(Eds.), *Children with disabilities*(6th ed., pp. 185-202). Batimore: Paul H. Brookes Publishing Co.

http://www.mw.go.kr

http://www.mdakorea.org

http://www.seoulnong.sc.kr/spboard_pro/board

저자소개

정 대 영

■ 주요 경력

- 대구대학교 특수교육 전공(학사, 석사 및 박사)
- 국립특수교육원 교육연구사
- San Jose State University 연구 교수
- (현) 창원대학교 특수교육과 교수
- (현) 영광학원(대구대) 정이사

■ 주요 저서 및 역서

- 『학습장애 아동 교육』 (공저, 형설출판사, 2001)
- 『교사를 위한 특수교육 입문: 통합교육』 (공저, 학지사, 2005)
- 『특수아동 교육의 실제』 (공저, 교육과학사, 2005)
- 『학습장애: 토대, 특성, 효과적 교수』 (공역, 시그마프레스, 2007)
- 『발달장애 아동의 사회적 기술 훈련』 (공저, 양서원, 2007)
- 『예비특수교사를 위한 워크북: 교육실습의 이론과 실제』 (공저, 양서원, 2008)
- 『행동기능평가와 긍정적 행동지원』 (양서원, 2009)
- 『Schooling around the world: Debates, challenges, and practices』 (공저, Pearson Education, 2006)
- 『International practices in special education: Debates and challenges』 (공저, Gallaudet University Press, 2011).
- 『특수교육학』(제2판) (창지사, 2017)
- 『정서 및 행동장애아 교육』 (공저, 학지사, 2013)
- 『한국교사교육: 성찰과 미래 방향』 (공저, 학지사, 2019)
- 『전문가를 위한 학습장애학생 교육』 (시그마프레스, 2020)

■ 학회 활동

- 한국특수아동학회 회장 역임
- 한국학습장애학회 회장 역임
- 한국정서·행동장애학회 회장 역임
- 한국특수교육학회 회장(역임)

■ 연구 사업

- (현) 창원대학교 국제협력선도대학육성지원사업단 단장
  - 이 사업은 한국연구재단 공적개발지원(ODA) 연구사업으로서 2014년 6월부터 2018년 5월까지 4년 동안 약 22억 원을 투자하여 네팔 국립트리부번 대학교 학부 및 대학원 석사과정에 특수교육학과를 설립하여 교육과정 개발 및 운영을 지원함. 한국 특수교육 120년이 된 2014년을 시점으로 네팔 국립대학에 특수교육 전문 인력 양성 노하우를 전수하고, 네팔 교육부로 하여금 특수교육 발전계획을 수립하게 한 의미 있는 사업임

제2판)
0세부터 8세까지
특수아동 교육

초 판 1쇄 발행 2016년 12월 31일
초 판 2쇄 발행 2019년 8월 27일
제2판 1쇄 발행 2020년 1월 13일

지 은 이 | 정대영
펴 낸 이 | 김기섭
편 집 인 | 이혜란
펴 낸 곳 | 창지사 www.changjisa.com
08589 서울시 금천구 가산디지털 1로 83 파트너스타워 1차 9층
전화 (02)719-2211~3
팩스 (02)701-9386
등 록 | 1977년 4월 28일 · 제1-421호

ISBN 978-89-426-1272-7 (93370)

값 27,000원

이 도서의 국립중앙도서관 출판예정도서목록(CIP)은 서지정보유통지원시스템 홈페이지(http://seoji.nl.go.kr)와 국가자료공동목록시스템(http://www.nl.go.kr/kolisnet)에서 이용하실 수 있습니다(CIP제어번호: CIP2020001592)

이 책은 2015~2016년도 창원대학교 자율연구과제
연구비 지원으로 수행된 연구 결과임